公路水运工程试验检测专业技术人员
职业资格考试用书

公 共 基 础

（2021年版）

交通运输部安全与质量监督管理司
交通运输部职业资格中心　组织编写

人民交通出版社股份有限公司
北　京

内 容 提 要

本书为交通运输部安全与质量监督管理司和交通运输部职业资格中心组织编写并审定的《公路水运工程试验检测专业技术人员职业资格考试用书》之一。本书根据国家有关法律法规及交通运输行业规范性文件的管理要求，紧密联系公路水运工程试验检测实际，强调实用性和可操作性，内容全面、系统，全书共分三篇十三章，主要内容包括：概述，公路水运工程试验检测管理相关法律法规，公路水运工程试验检测管理，公路水运工程试验检测人员考试管理，检验检测机构资质认定管理，试验检测常用术语和定义，法定计量单位，数值修约规则与极限数值的表示和判定、测量误差与测量不确定度，能力验证，统计技术和抽样技术，仪器设备计量溯源及期间核查，公路水运工程标准体系，公路水运工程质量检验评定相关标准基础知识；结尾附有13个相关文件。本书在编写时紧扣2021年度《公共基础》科目考试大纲要求的内容，力求条理清楚，实践性强，重点突出。

本书既可作为公路水运工程试验检测技术人员培训教材，也可供试验检测管理及相关专业技术人员使用。

图书在版编目(CIP)数据

公路水运工程试验检测专业技术人员职业资格考试用书. 公共基础：2021年版 / 交通运输部安全与质量监督管理司，交通运输部职业资格中心组织编写. — 北京：人民交通出版社股份有限公司，2021.5
 ISBN 978-7-114-17274-8

Ⅰ.①公… Ⅱ.①交… ②交… Ⅲ.①道路工程—试验—资格考试—自学参考资料②道路工程—检测—资格考试—自学参考资料③航道工程—试验—资格考试—自学参考资料④航道工程—检测—资格考试—自学参考资料 Ⅳ.①U41②U61

中国版本图书馆 CIP 数据核字(2021)第082287号

书　　名：	公路水运工程试验检测专业技术人员职业资格考试用书　公共基础(2021年版)
著 作 者：	交通运输部安全与质量监督管理司 交通运输部职业资格中心
责任编辑：	刘永超　黎小东
责任校对：	赵媛媛　卢　弦
责任印制：	刘高彤
出版发行：	人民交通出版社股份有限公司
地　　址：	(100011)北京市朝阳区安定门外外馆斜街3号
网　　址：	http://www.ccpcl.com.cn
销售电话：	(010)59757973
总 经 销：	人民交通出版社股份有限公司发行部
经　　销：	各地新华书店
印　　刷：	北京市密东印刷有限公司
开　　本：	787×1092　1/16
印　　张：	25.5
字　　数：	616千
版　　次：	2021年5月　第1版
印　　次：	2022年1月　第9次印刷
书　　号：	ISBN 978-7-114-17274-8
定　　价：	75.00元

(有印刷、装订质量问题的图书，由本公司负责调换)

《公路水运工程试验检测专业技术人员职业资格考试用书 公共基础》(2021 年版)

主 编

沈小俊

主 审

解先荣 窦光武

前　言

　　交通运输是经济社会发展的重要基础性和先导性产业，也是事关国计民生的重要服务性行业。近年来，我国的交通运输基础设施建设取得了举世瞩目的成就，为国民经济和社会发展以及人民群众的安全便捷出行做出了贡献。公路水运工程试验检测工作是交通运输建设不可或缺的一项重要工作，对于工程建设过程控制、质量评价等方面具有不可替代的重要作用。培育一支高素质的公路水运工程试验检测专业技术人员队伍，是加强交通运输建设工程质量的重要保证。

　　2015年6月，人力资源社会保障部、交通运输部联合印发了《公路水运工程试验检测专业技术人员职业资格制度规定》和《公路水运工程试验检测专业技术人员职业资格考试实施办法》。据此，交通运输部职业资格中心公布了《2021年度公路水运工程试验检测专业技术人员职业资格考试大纲》。

　　为方便考生备考，按照《2021年度公路水运工程试验检测专业技术人员职业资格考试大纲》，我们组织来自全国公路水运工程试验检测相关单位和部分高校的专家，对《公共基础》《道路工程》《桥梁隧道工程》《交通工程》四个科目的考试用书进行了全面修订。

　　本套考试用书体现了公路水运工程试验检测的新标准、新工艺、新技术、新设备、新材料的发展对试验检测专业技术人员能力提升的新要求，注重理论联系实际，针对性、实用性和操作性强，既可作为广大考生复习备考的参考用书，也可作为相关从业人员及交通院校相关专业师生在实际工作和教学中的参考用书。

　　本书修订工作在历年考试用书的基础上完成，在此一并向所有参与编写及修订工作的单位及专家表示感谢！

　　由于水平有限，疏漏之处在所难免，敬请批评指正。

编写组

2021年4月

目 录

第一篇 概 述

第一章 概述 ··· 3
第一节 公路水运工程试验检测起源与发展 ····································· 3
第二节 公路水运工程试验检测的作用 ·· 6
第三节 《交通强国建设纲要》简介 ·· 7
第四节 《公路水运工程淘汰危及生产安全施工工艺、设备和材料目录》解读 ··· 10

第二篇 公路水运工程试验检测管理

第二章 公路水运工程试验检测管理相关法律法规 ····························· 13
第一节 计量法及计量法实施细则有关内容 ····································· 14
第二节 标准化法有关内容 ·· 19
第三节 强制性国家标准管理办法 ··· 30
第四节 产品质量法 ·· 34
第五节 建设工程质量管理条例 ··· 37
第六节 中华人民共和国认证认可条例 ·· 39

第三章 公路水运工程试验检测管理 ··· 45
第一节 《公路水运工程试验检测管理办法》简介 ······························ 46
第二节 公路水运工程试验检测机构等级标准 ·································· 51
第三节 公路水运工程试验检测机构等级评定及换证复核工作程序 ········ 58
第四节 公路水运工程试验检测机构和人员信用评价 ························· 80
第五节 公路水运工程工地试验室管理 ·· 84
第六节 公路水运工程试验检测人员的继续教育 ······························· 88
第七节 公路水运工程试验检测的安全管理 ···································· 90
第八节 试验检测记录与报告的管理要求 ······································· 95

第四章 公路水运工程试验检测人员考试管理 ………………………… 132
第一节 公路水运工程试验检测人员考试制度发展历程 ………………………… 132
第二节 试验检测人员职业资格考试专业及科目设置 ………………………… 133
第三节 试验检测人员职业资格考试管理 ………………………… 135

第五章 检验检测机构资质认定管理 ………………………… 139
第一节 《检验检测机构资质认定管理办法》简介 ………………………… 139
第二节 《检验检测机构资质认定能力评价 检验检测机构通用要求》释义 ………………………… 146
第三节 检验检测机构资质认定其他相关认证认可行业标准简介 ………………………… 189
第四节 管理体系文件编写要点 ………………………… 191
第五节 实验室认可基础知识介绍 ………………………… 201
第六节 检验检测机构实验室技术要求验收及诚信建设相关规定介绍 ………………………… 206
第七节 印章的分类与使用 ………………………… 207

第三篇 基础知识

第六章 试验检测常用术语和定义 ………………………… 213
第一节 试验检测管理术语 ………………………… 213
第二节 试验检测技术术语 ………………………… 216

第七章 法定计量单位 ………………………… 223
第一节 国际单位制 ………………………… 223
第二节 SI 单位及其倍数单位的应用 ………………………… 226
第三节 SI 基本单位的定义 ………………………… 228

第八章 数值修约规则与极限数值的表示和判定、测量误差与测量不确定度 ………………………… 230
第一节 数值修约规则 ………………………… 230
第二节 极限数值的表示和判定 ………………………… 233
第三节 测量误差与测量不确定度 ………………………… 236

第九章 能力验证 ………………………… 248
第一节 能力验证的基本概念 ………………………… 248
第二节 能力验证计划的类型 ………………………… 249
第三节 能力验证计划的设计与实施步骤 ………………………… 252
第四节 能力验证结果的统计处理和能力评价 ………………………… 254

第十章 统计技术和抽样技术 ………………………… 261
第一节 统计技术的基础 ………………………… 261

| 第二节 | 常用数理统计工具 | 268 |
| 第三节 | 抽样技术及应用 | 271 |

第十一章 仪器设备计量溯源及期间核查 … 277
第一节	仪器设备计量溯源	277
第二节	计量结果的确认及运用	285
第三节	校准数据的线性回归	292
第四节	期间核查	297
第五节	公路水运工程试验检测仪器设备计量要求	304

第十二章 公路水运工程标准体系 … 306
第一节	交通运输标准化体系	307
第二节	公路工程标准体系	313
第三节	水运工程标准体系	317

第十三章 公路水运工程质量检验评定相关标准基础知识 … 320

附 录

附录1	交通强国建设纲要	327
附录2	公路水运工程淘汰危及生产安全施工工艺、设备和材料目录	333
附录3	公路水运工程试验检测管理办法	338
附录4	公路水运工程试验检测人员继续教育办法(试行)	343
附录5	公路水运工程安全生产监督管理办法	346
附录6	关于进一步加强公路水运工程工地试验室管理工作的意见	355
附录7	工地试验室标准化建设要点	357
附录8	检验检测机构资质认定管理办法	362
附录9	公路水运工程试验检测专业技术人员职业资格制度规定	368
附录10	公路水运工程试验检测专业技术人员职业资格考试实施办法	371
附录11	公路水运工程试验检测信用评价办法	372
附录12	相关系数检验表	386
附录13	关于进一步推进检验检测机构资质认定改革工作的意见	387

参考文献 … 391

附 2021年度《公共基础》科目考试大纲 … 394

第一篇

概述

第一章 概 述

质量是工程的生命,试验检测是工程质量的重要组成部分,是工程质量科学管理的重要手段。交通基础设施建设关系到交通运输行业的科学发展和安全发展,直接涉及我国经济社会发展和人民群众切身利益。公路水运工程试验检测是交通基础设施建设安全和质量的基础性、保障性控制环节,是事关基础设施和公民出行安全的关键技术工作。伴随着公路水运工程建设的发展,试验检测也得到了较快发展,从业人员的数量和素质都有较大提高,试验检测在质量控制、评定中的作用得到充分发挥。回顾试验检测的发展历程,对于提高试验检测工作质量,为工程提供客观、公正、准确的检测数据具有重要意义。

第一节 公路水运工程试验检测起源与发展

我国公路水运工程试验检测起源于20世纪80年代,由于当时设备简陋,试验规范标准不全,施工质量控制大多凭经验,试验数据很少。直到20世纪90年代,国家为了加快经济的发展,交通建设投资规模急速增加。随着高速公路的建设发展,规范标准的逐步完善,质量意识的不断提高,公路工程试验检测数据已成为交(竣)工验收评定的依据,试验检测工作在质量控制方面的重要性日益显现,人们对试验检测工作的重视程度得到提高。

公路水运工程试验检测是指根据国家有关法律、法规的规定,依据相应技术标准、规范、规程等,对公路水运工程所涉及材料、制品、实体、环境等的有关技术参数进行的试验、检测、监测等。

公路水运工程试验检测专业技术人员是指具备相应公路水运工程试验检测知识和能力,并承担公路水运工程试验检测业务的专业技术人员。

工程建设中,"人"的因素是决定交通运输科学发展、安全发展的核心和关键。以职业资格为抓手,加强试验检测管理,是夯实工程质量安全基础,提升服务质量和水平,确保公共安全和公民人身财产安全的重要手段。公路水运工程试验检测专业技术人员是工程建设一线试验检测数据的提供者、安全监测的承担者,其专业知识和职业能力直接关系到工程安全和质量,其工作成果是交通基础设施安全运营的主要评判依据。

为加强对公路工程试验检测人员的管理,提高公路工程试验检测工作质量,实现检测数据对工程施工的质量控制和指导,交通部基本建设质量监督总站[1]于1997年首次对公路试验检测做出管理规定,出台了《公路工程试验检测机构资质管理暂行办法》,明确了从事公路试验

---

[1] 交通部基本建设质量监督总站已更名为交通运输部安全与质量监督管理司,后同。

检测的机构需取得相应的资质,并对资质等级以及设备、人员配置做出规定,之后又发布了《公路水运工程试验检测人员资质管理暂行办法》及《公路水运工程试验检测人员资质培训管理暂行办法》等规范性文件,规定试验检测人员资格系执业资格,分为公路工程和水运工程两个专业,有试验检测工程师、试验检测员两种资格。具备资格者,经试验检测机构聘任,按照核定的业务范围,从事相应的试验检测工作。这些管理规定的出台,初步建立了公路工程试验检测管理法规体系,这对于尚处于起步阶段的公路试验检测机构及人员的规范管理起到很好的指导作用,增强了人们对试验检测工作管理必要性的认识。

随着水运工程建设的快速发展,技术标准的提高,水运工程建设新技术、新工艺和新材料不断涌现,社会对水运工程的建设质量要求越来越高,水运工程实行了施工技术的质量检测验收制度。为了规范水运工程质量检测管理,保障质量检测验收数据的准确可靠,2002 年交通部❶出台了《水运工程试验检测机构资质管理办法》(交通部令 2002 年第 4 号),将水运检测机构分为材料和结构两个类别。材料分为甲、乙、丙三个等级,结构分为甲、乙两个等级,对从事水运工程试验检测的机构和人员做出了规定,在人员数量、设备配置、检测环境等方面提出了相应的要求。

《水运工程试验检测机构资质管理办法》的出台,在规范试验检测机构管理、人员检测行为等方面发挥了重要作用,引导了检测市场朝着规范、健康、有序的方向发展,为该时期水运工程质量的保障发挥了应有的作用,为后期公路水运工程检测市场的管理积累了经验,同时也为《公路水运工程试验检测管理办法》的出台奠定了基础。

为满足公路水运试验检测机构和人员对管理的需求,根据《中华人民共和国行政许可法》和国务院转变管理方式的文件精神,原有的公路与水运试验检测采用相互独立的两个管理办法的管理方式已经不适应当时的形势,要求必须改变思路,创新管理模式。2005 年交通部基本建设质量监督总站经过大量调查研究,广泛征求意见,历经多次专家会议的讨论,依据有关法律法规,针对公路水运工程建设特点,出台了《公路水运工程试验检测管理办法》(交通部令 2005 年第 12 号,以下简称《检测管理办法》)。该《检测管理办法》首次将公路水运工程检测要求进行了统一,建立了公路水运工程检测机构的等级评定制度,根据检测机构的能力水平实施等级管理,同时明确能力等级划分原则以保证检测机构能胜任与所从事的公路水运工程规定的试验检测参数相适应为准,同时出台了对应的等级标准及评定程序。为了适应公路水运工程试验检测的快速发展,进一步贯彻实施《检测管理办法》,2008 年修订出台了《公路水运工程试验检测机构等级标准》及《公路水运工程试验检测机构等级评定程序》(以下分别简称《等级标准》《等级评定程序》)。《等级标准》规定了各等级的检测能力及与之相对应的人员资格及数量、设备要求、试验检测用房等,各等级检测能力设置是根据公路工程质量检验评定标准和水运工程强制性标准来进行的,基本覆盖了标准中关键性指标和参数;在进行能力等级划分时,尽量与已形成的检测市场相衔接。对于水运工程,基本上沿袭了《水运工程试验检测机构资质管理办法》(交通部令 2002 年第 4 号)的划分模式,公路工程检测机构等级设置的综合甲、乙、丙级也和原有的相同,但增加了桥梁隧道和交通工程检测专项。

自 2008 年颁布实施《等级标准》《等级评定程序》以来,交通运输行业检测机构数量增长

---

❶ 交通部现已更名为交通运输部,后同。

迅速，检测市场得到培育发展，为公路水运工程的质量安全工作起到了保障支撑作用。经过几年的发展，部分通过等级评定的试验检测机构将陆续面临换证复核，为此，2013年陆续出台了《公路水运工程试验检测机构换证复核细则》和《公路水运工程试验检测机构换证复核作业指导书(2013年版)》。至此，基本建立起了比较完善的公路水运工程试验检测管理制度体系。为了适应新形势下公路水运工程试验检测工作发展的需求，解决近10年大量试验检测技术的更新和有关技术标准的更替所产生的检测工作不一致问题，进一步提高公路水运工程试验检测工作质量和管理水平，交通运输部对2005年10月19日发布的《公路水运工程试验检测管理办法》作了相应修正，其中有关管理活动的要求略有调整。于2016年12月10日重新发布了《公路水运工程试验检测管理办法》(交通运输令2016年第80号)，自发布之日起施行。作为贯彻落实《检测管理办法》的配套性文件，交通运输部发布了《公路水运工程试验检测机构等级标准》及《公路水运工程试验检测机构等级评定及复核工作程序》(交安监发〔2017〕113号)，新的《等级标准》《工作程序》的发布，对落实《检测管理办法》对检测行业的发展要求，加大公路水运工程试验检测市场秩序监管力度，引导试验检测机构做强做大，进一步提升试验检测人员素质，全面提高公路水运工程试验检测技术能力与管理水平具有很好的指导作用。考虑到新旧《等级标准》差异带来的相同等级证书，但检测能力和管理要求不同的问题，为了做好新旧政策衔接，保证检测机构等级管理工作平稳有序，交办安监函〔2017〕1124号发布《交通运输部办公厅关于做好当前公路水运工程试验检测工作有关事项的通知》，明确等级证书有效期在2019年7月31日以前的检测机构，不需换证复核，实行2年的过渡期，等级证书有效期自动延期至2019年7月31日。所有等级证书应按照新的《等级标准》及《工作程序》要求，在有效期内完成新证换发工作。持有原试验检测工程师和试验检测员资格证书，并按规定完成继续教育的检测人员，其受聘的检验检测机构申请等级评定或换证复核时，视同相应级别的持证人员。

交通基础设施建设具有鲜明的行业和专业特点，点多、线长、面广，跨地区，建设周期长、投资大，施工条件差，涉及专业门类多，对从业人员专业知识和职业能力要求较高，属于具备特殊条件和特殊技能的职业。

由于交通建设工程大都在远离城市、交通不便的地方，为了满足工地现场检测的需要，必须设立工地试验室，通过工地试验室的检测，实现对在建工程质量的控制。工地试验室的出现，在方便工地现场检测的同时，也给试验检测的管理工作提出了更高的要求。

《检测管理办法》针对交通行业特有的工地试验室做出规定，强调"取得《公路水运工程试验检测机构等级证书》的检测机构，可设立工地试验室，承担相应公路水运工程的试验检测业务，并对其试验检测结果承担责任"。这样设定，使责任主体得以明确，对保证工地试验室的检测工作质量可起到积极作用。

为了加强对试验检测人员的管理，提高试验检测人员的素质，交通部基本建设质量监督总站依据《检测管理办法》的规定，于2007年2月24日出台了《公路水运工程试验检测人员考试办法》，对试验检测人员考试的组织、考试科目与方式、考试报名及试验检测证书等内容作了详细规定。

2014年10月，《国务院关于取消和调整一批行政审批项目等事项的决定》公布取消公路水运工程试验检测人员准入类职业资格后，根据国家职业资格管理有关要求，交通运输部会同人力资源社会保障部共同设立了公路水运工程试验检测专业技术水平评价类国家职业资格制度,以人社部发〔2015〕59号发布了《关于印发〈公路水运工程试验检测专业技术人员职业资格制度规定〉和〈公路水运工程试验检测专业技术人员职业资格考试实施办法〉的通知》,顺利实现了政策衔接和平稳过渡,保障了试验检测人员的合法权益,保证了试验检测工作需要。

国家设立公路水运工程试验检测专业技术人员水平评价类职业资格制度,纳入全国专业技术人员职业资格证书制度统一规划,面向全社会提供公路水运工程试验检测专业技术人员能力水平评价服务。评价结果与工程系列相应级别职称有效衔接,为用人单位科学使用公路水运工程试验检测专业技术人才提供依据。

此次试验检测人员考试在制度设计中,将严守职业道德和工作程序,熟知公路水运工程技术标准和检测规程,具备提供公正、准确、可靠、有效的试验检测数据的能力和水平等,要求融入考试、登记、继续教育等环节,通过职业资格制度的实施,培育行业所需的专业技术人才。为加强公路水运工程试验检测专业技术人员队伍建设,提高试验检测专业技术人员素质提供了制度保障。

交通运输部实施公路水运工程试验检测制度20多年以来,形成了规范有效的从业队伍管理机制。自《检测管理办法》颁布以来,全国试验检测市场得到进一步发展,管理得到进一步规范,具有公路水运工程试验检测等级证书的机构达到一定的规模。全国检测机构的等级数量从高到低形成"金字塔"式的合理布局,交通行业检测市场得到了前所未有的发展。为了满足市场对检测人员的需求,交通运输部多次组织全国性的考试,全国有超过20万人取得了公路水运工程试验检测人员资格,培养了一批业务素质较高的队伍,为交通建设工程质量水平的提高夯实了基础。2017年由交通运输部职业资格中心首次组织了试验检测人员从业职业资格水平评价考试,试验检测人员持证数量和人员素质得以提高,为满足交通建设市场的高质量发展提供保障,试验检测市场正朝着健康有序的方向发展,在控制工程质量,提供科学、客观准确的数据,指导施工、创造品质工程方面,发挥着重要作用。

为了进一步适应公路水运工程试验检测行业的发展需要和国家"放管服"管理的要求,交通运输部于2019年对《检测管理办法》又做了局部修订,发布了《交通运输部关于修改〈公路水运工程试验检测管理办法〉的决定》(交通运输部令2019年第38号)。修订后的《检测管理办法》缩减了申请等级评定应向所在地省级交通质监机构提交材料的内容,取消了有关从业限制规定,将有利于试验检测机构减负和公平参与市场竞争。

第二节 公路水运工程试验检测的作用

试验检测贯穿公路水运工程的始终,从设计初期的地质勘察到施工建设,再延伸到使用中的监控养护,均离不开试验检测。设计需要地质勘察的数据为其设计方案提供依据,施工建设工程中的质量控制需要对所用材料的质量进行检测,避免使用不合格的材料,同时对已完工的工程实体进行检测,确保工程的实体质量满足相关规范要求;对于重点结构工程施工,一般还需在施工全过程进行监控、量测及预报。工程进入运营后,大量的养护管理也将涉及试验检测。总之,试验检测是工程建设中进行质量、安全、进度、费用等控制的重要手段。通过试验检测,可以合理地选择原材料,优化原材料的组合,提高工程质量,保证施工安全,降低建设成本,节约工程造价；可以确定新材料的使用品质，为提升新材料的质量提供技术支撑，为发展新技术做出贡献；可以不断改进施工工艺，优化施工流程，保障施工质量；可以确定工程内在质量和外观质量，验证施工与设计的一致性，及时发现、消除工程质量隐患，为保证工程质量奠定基础；还可以为分析工程质量事故的原因提供佐证，为实事求是地处理工程质量事故提供科学依据。检测机构在"等级证书"注明的项目(参数)范围内出具的试验检测数据报告，可以作为公路水运工程质量控制、质量评定、工程验收、技术状况评价、事故调查、投诉处理等的基础数据来源。可以说，试验检测工作是推进技术进步的先导，是加强质量管理的先行，是严格质量把关的重要关口，也是质量优劣评定的重要依据。

多年来，我国交通运输实现了跨越式发展，高速铁路、高速公路、港口、机场等基础设施建设创造了多项世界第一，交通运输事业取得了举世瞩目的成就，公路成网，铁路密布，高铁飞驰，巨轮远航，飞机翱翔，天堑变通途的梦想已成为现实。中国路、中国桥、中国港、中国高铁成为全球亮丽的"中国名片"。

面对大量新建和已建成正在使用中的道路、桥梁及水运工程项目，如何通过建设过程中的质量控制和使用后期的质量监测，采集并分析数据的变化，确定科学的养护方法和养护时间，保证其使用期间的质量满足要求，达到设计使用寿命或延长使用寿命，节约资源，已成为试验检测工作需要面临的新课题。

公路水运工程试验检测技术是一门正在发展的新兴学科，它融试验检测基本理论和测试操作技能及公路水运工程相关学科基础知识于一体，是工程设计参数、施工质量控制、施工验收评定、养护管理决策及各种技术规范和规程修订的主要依据。21世纪是我国进入全面建设小康社会、加快推进现代化建设的新阶段。随着工程建设管理水平的不断提高，人们给工程质量赋予了新的内涵，工程质量不仅关系到人民生命财产安全、人身健康、环境保护和其他公众利益，还与保护资源、节约投资、提高经济效益和社会效益息息相关。工程质量已成为人类创造文明财富、保护生态环境、推进科技创新、体现人文景观成果的综合反映。因此，面对工程质量的新内涵，试验检测人员需要不断更新理念，用科学、准确的数据为工程质量把好关，充分发挥试验检测对质量控制的作用。2021年将是"十四五"规划实施元年。在"十四五"期间，仍然是我国交通运输基础设施集中建设、扩大规模的重要时期，更是加快成网、优化结构的关键时期，是交通运输基础设施发展、服务水平提高和转型发展的黄金时期，要抓住这一时期，加快发展，不辱使命，为实现中华民族伟大复兴的中国梦发挥更大的作用。

第三节 《交通强国建设纲要》简介

中共中央、国务院于2019年9月印发了《交通强国建设纲要》(以下简称《纲要》)。《纲要》作为建设交通强国的顶层设计和系统谋划，掀开了新时代交通运输工作的新篇章。《纲要》共包括十一个部分，分别为：1 总体要求，2 基础设施布局完善、立体互联，3 交通装备先进适用、完备可控，4 运输服务便捷舒适、经济高效，5 科技创新富有活力、智慧引领，6 安全保障完善可靠、反应快速，7 绿色发展节约集约、低碳环保，8 开放合作面向全球、互利共赢，9 人才队伍精良专业、创新奉献，10 完善治理体系，提升治理能力，11 保障措施。具体内容参见附录1。

建设交通强国是以习近平同志为核心的党中央立足国情、着眼全局、面向未来作出的重大决策，是新时代做好交通工作的总抓手。编制《纲要》的核心思想，就是以习近平新时代中国特色社会主义思想为指导，深入贯彻党的十九大精神，立足交通、着眼全局、面向未来，重点是"五个坚持""三个转变"。"五个坚持"是坚持稳中求进工作总基调，坚持新发展理念，坚持推动高质量发展，坚持以供给侧结构性改革为主线，坚持以人民为中心的发展思想。"三个转变"是推动交通发展从追求速度和规模向更加注重质量和效益转变，由各种交通方式相对独立发展向综合交通发展转变，由依靠传统的要素驱动向更加注重创新驱动转变。

为了深入理解《纲要》的精髓，应牢牢把握以下三个方面：

第一，《纲要》明确了交通强国建设总目标。

交通强国建设的总目标为"人民满意、保障有力、世界前列"。"人民满意"是交通强国建设的根本宗旨，强调坚持以人民为中心的发展思想，建设人民满意交通。"保障有力"是交通强国建设的基本定位，强调为国家重大战略实施、现代化经济体系构建和社会主义现代化强国建设提供有力支撑。"世界前列"是交通强国建设的必然要求，强调全面实现交通现代化，交通综合实力和国际竞争力位于前列。"人民满意、保障有力、世界前列"三者相辅相成，缺一不可，共同构成了交通强国建设的总目标。在总目标下提出了两个阶段性目标：

第一个阶段，从2020年到2035年，用15年的时间基本建成交通强国。现代化综合交通运输体系基本形成，人民满意度明显提高，支撑国家现代化建设能力显著增强，交通国际竞争力和影响力显著提升。

第二个阶段，从2036年到2050年，就是到本世纪中叶全面建成交通强国。要全面建成人民满意、保障有力、世界前列的交通强国。基础设施的规模质量、技术装备、科技创新能力、智能化与绿色化的水平位于世界前列，交通安全水平、治理能力、文明程度、国际竞争力及影响力达到国际先进水平，全面服务和保障社会主义现代化强国建设，人民享有美好的交通服务。

在两个阶段性目标中，"三张交通网"和"两个交通圈"是具体的目标。

一是"三张交通网"：一是发达的快速网。主要包括高铁、高速公路、民航，主要突出高品质、速度快等特点。二是完善的干线网。主要是由普速铁路、普通国道、航道，还有油气管线组成，具有运行效率高、服务能力强等特点，人流、货流、物流快速有效输送。三是广泛的基础网。主要是由普通的省道、农村公路、支线铁路、支线航道、通用航空组成，覆盖空间大、通达程度深、惠及面比较广。

二是"两个交通圈"是指围绕国内出行和全球快货物流建立起来的快速服务体系。一是"全国123出行交通圈"，力争要实现都市区一小时通勤，城市群两小时通达，全国主要城市三小时覆盖。二是"全球123快货物流圈"，力争货物国内一天送达，周边国家两天送达，全球主要城市三天送达。

第二，《纲要》确定了九大重点任务。

一是基础设施布局完善、立体互联。提出建设现代化高质量综合立体交通网络，构建便捷顺畅的城市（群）交通网，形成广覆盖的农村交通基础设施网，构筑多层级、一体化的综合交通枢纽体系。

二是交通装备先进适用、完备可控。提出加强新型载运工具研发和特种装备研发，推进装备技术升级。

三是运输服务便捷舒适、经济高效。提出推进出行服务快速化、便捷化,打造绿色高效的现代物流系统,加速新业态新模式发展。

四是科技创新富有活力、智慧引领。提出强化前沿关键科技研发,大力发展智慧交通,推动新技术与交通行业深度融合,完善科技创新机制。

五是安全保障完善可靠、反应快速。强调提升本质安全水平,推进精品建造和精细管理,完善交通安全生产体系,强化交通应急救援能力。

六是绿色发展节约集约、低碳环保。强调促进资源节约集约利用,强化节能减排和污染防治,强化交通生态环境保护修复。

七是开放合作面向全球、互利共赢。提出构建互联互通、面向全球的交通网络,加大对外开放力度,深化交通国际合作,积极推动全球交通治理体系建设与变革。

八是人才队伍精良专业、创新奉献。提出培育高水平交通科技人才,打造素质优良的交通劳动者大军,建设高素质专业化的交通干部队伍。

九是完善治理体系,提升治理能力。强调深化行业改革,优化营商环境,健全市场治理规则,健全公共决策机制等。

第三,《纲要》提出了三方面保障措施。

一是加强党的领导。充分发挥党总揽全局、协调各方的作用,建立统筹协调的交通强国建设实施工作机制。

二是加强资金保障。深化交通投融资改革,完善政府主导、分级负责、多元筹资、风险可控的资金保障和运行管理体制。鼓励采用多元化市场融资方式,拓宽融资渠道。

三是加强实施管理。科学制定配套政策和配置公共资源,加强交通强国建设与自然资源、环保、财税、金融、投资、产业、贸易等政策协同。部署若干重大工程、重大项目,合理规划交通强国建设进程。鼓励有条件的地方、企业在交通强国建设中先行先试等。

应该说《纲要》牢牢把握住了交通运输是基础性、战略性、先导性、服务性,服务国家重大战略实施的定位。其中服务国家重大战略主要体现在四个方面:

第一,服务区域协调发展战略。推动四大板块,即东部率先、中部崛起、西部开发、东北振兴。长江经济带、京津冀协同发展以及雄安新区建设、"一带一路"倡议及粤港澳大湾区等区域交通协调发展,交通运输都是先行的,起引领作用的,都有专项规划。

第二,服务三大攻坚战。全面提升交通的服务水平、助力打赢防范化解重大风险、精准脱贫、污染防治三大攻坚战。

第三,服务乡村振兴战略。做好"四好农村路"建设,以之为重要载体,促进交通运输的公共服务均等化,大力推进革命老区、民族地区、边疆地区、贫困地区,包括垦区、林区的交通发展。

第四,服务扩大开放战略。交通运输的需求来自经济、社会和人类活动的需求,交通运输发展,特别是交通强国建设,一定是紧紧围绕这个需求满足服务支撑,真正做到人民满意、保障有力、世界前列的要求。

总之,《纲要》是一个总的统领、总的要求,在《纲要》公布之后,在它的指导下,国家正在编制 2020 年到 2050 年国家综合立体交通网规划纲要。在这个规划纲要当中,对未来的发展有更进一步的描述。

第四节 《公路水运工程淘汰危及生产安全施工工艺、设备和材料目录》解读

2020年10月30日,交通运输部会同应急管理部发布了《公路水运工程淘汰危及生产安全施工工艺、设备和材料目录》(2020年第89号,以下简称《目录》)。现就《目录》出台的背景及主要内容解读如下。

1. 出台背景

近年来,公路水运工程建设规模持续保持高位运行,各地交通运输主管部门和项目参建单位认真落实"品质工程"和"平安工地"建设要求,持续加强质量安全管理,公路水运工程建设质量安全形势总体稳定。但仍存在着一些不符合技术进步和行业发展要求,危及施工现场安全和工程结构安全耐久的落后工艺工法、施工设备、工程材料。为防范化解公路水运重大事故风险,推动相关行业淘汰落后工艺、设备和材料,根据《中华人民共和国安全生产法》《公路水运工程安全生产监督管理办法》等法律法规,特制订本《目录》。

2. 主要内容

《目录》拟淘汰的危及生产安全施工工艺、设备、材料总计29项,其中禁止类11项,限制类18项。《目录》按通用(公路、水运)、公路和水运三个部分组合。每个目录项内容包含名称,简要描述(如类别、技术性能指标、基本流程等),淘汰类型,限制条件和范围(限制类),供市场参考的可替代施工工艺、设备、材料,实施时间。具体内容参见附录2。

(1)《目录》通用(公路、水运)工程部分包含施工工艺8项,施工设备7项,工程材料1项。该部分目录将公路、水运工程中卷扬机钢筋调直工艺、人工挖孔桩手摇井架出渣工艺等7项施工工艺、材料、设备列为禁止使用;对基桩人工挖孔工艺、"直接凿除法"桩头处理工艺等9项施工工艺、材料、设备列为限制使用。

(2)《目录》公路工程部分包含施工工艺4项,施工设备1项。该部分目录将公路工程中盖梁(系梁)无漏油保险装置的液压千斤顶卸落模板工艺、桥梁悬浇配重式挂篮设备2项施工工艺、设备列为禁止使用;高墩滑模施工工艺、隧道初期支护混凝土"潮喷"工艺、桥梁悬浇挂篮上部与底篮精轧螺纹钢吊杆连接工艺3项施工工艺列为限制使用。

(3)《目录》水运工程部分包含施工工艺8项。该部分目录将水运工程中沉箱气囊直接移运下水工艺,沉箱、船闸闸墙混凝土木模板(普通胶合板)施工工艺2项施工工艺、设备列为禁止使用;沉箱预制"填砂底模+气囊顶升"工艺、沉箱预制滑模施工工艺等6项施工工艺列为限制使用。

各级交通运输主管部门要高度重视,加强宣贯落实,强化监督检查,督促各公路水运工程从业单位采取有力措施,严格执行《目录》有关规定,在规定的实施期限后,全面停止使用本《目录》所列"禁止"类施工工艺、设备和材料,不得在限制的条件和范围内使用本《目录》所列"限制"类施工工艺、设备。该列入目录中的施工工艺、设备和材料均有具体的实施时间,必须予以重点关注。

第二篇

公路水运工程试验检测管理

第二章　公路水运工程试验检测管理相关法律法规

我国检验检测机构分布在各个领域,它们都具有共同的特征,就是利用仪器设备,根据有关法律、法规、标准规范,实施对相关领域产品的质量检测,为保障产品的质量发挥了重要作用。提供客观准确数据是检验检测技术活动的核心,仪器设备的计量准确可靠直接决定数据的准确性。为了加强计量监督管理,保障国家计量单位制的统一和量值的准确可靠,有利于生产、贸易和科学技术的发展,适应社会主义现代化建设的需要,维护国家、人民的利益,1985年国家颁布《中华人民共和国计量法》(以下简称《计量法》),明确规定在中华人民共和国境内,建立计量基准器具、计量标准器具,进行计量检定,制造、修理、销售、使用计量器具,必须遵守《计量法》。为了落实《计量法》有关要求,1987年发布了《中华人民共和国计量法实施细则》(以下简称《计量法实施细则》),在规范计量单位使用以及计量器具准确,维护人民利益等方面发挥了重要作用。2015年,国家对原有《计量法》进行了修订,依据《计量法》发布的《计量法实施细则》于2016年进行了局部修订。

《计量法》及其实施细则规定,国家实行法定计量单位制度。国际单位制计量单位和国家选定的其他计量单位,为国家法定计量单位。国家法定计量单位的名称、符号由国务院公布。

随着我国经济的快速发展,原有的法律法规已不能适应新时代发展的要求,尤其是党的十八大以来,依法治国的基本理念深入各行各业。为了依法推进简政放权、放管结合、优化服务改革,国务院对行政许可项目及制约新产业、新业态、新模式发展涉及的行政法规进行了多次的清理和修改完善。2017年12月27日,《计量法》通过了全国人民代表大会常务委员会的第四次修正,并于2017年12月28日起施行。新修订的《计量法》对"国家实行法定计量单位制度"以及"因特殊需要采用非法定计量单位的管理办法,由国务院计量行政部门另行制定"等内容进一步明确。

2018年3月国务院公布《国务院关于修改和废止部分行政法规的决定》(中华人民共和国国务院令第698号),对《计量法实施细则》进行了第三次修改。有关条款明确规定:"国家实行法定计量单位制度。法定计量单位的名称、符号按照国务院关于在我国统一实行法定计量单位的有关规定执行。"

《中华人民共和国标准化法》(以下简称《标准化法》)颁布于1988年,已施行近30年。《标准化法》是我国标准化工作的一部基本法律,对于提升产品质量、促进技术进步和经济发展发挥了重要作用,对国家经济社会生活贡献巨大。随着我国国民经济和社会事业的发展,中国特色社会主义进入新时代,我国社会主要矛盾已经转化为人民日益增长的美好生活需要和不平衡不充分的发展之间的矛盾。1989年施行的《标准化法》确立的标准体系和管理措施已不能完全适应实际需要。2017年11月4日,中华人民共和国第十二届全国人民代表大会常务委员会第三十次会议修订通过了《标准化法》,自2018年1月1日起施行。新修订的《标准化法》在立法目的、加强标准化工作、提升产品和服务质量、促进科学技术进步、保障人身健康和生命财产安全、维护国家安全、生态环境安全、提高经济社会发展水平等方面提出全新的要求。

为了进一步加强修订后《标准化法》的有效实施,国家市场监督管理总局分别于2020年1月6日发布了《强制性国家标准管理办法》(国家市场监督管理总局令第25号)、2020年1月16日发布了《地方标准管理办法》(国家市场监督管理总局令第26号)等部门规章,初步构建完善了标准化工作法律法规体系。尤其是《强制性国家标准管理办法》对强制性国家标准的制定(包括项目提出、立项、组织起草、征求意见、技术审查、对外通报、编号、批准发布)、组织实施以及监督等作出了规定,有利于加强和规范强制性国家标准管理。

为了加强对建设工程质量的管理,保证建设工程质量,保护人民生命和财产安全,2000年国家颁布了《建设工程质量管理条例》,规定从事建设工程的新建、扩建、改建等有关活动及实施对建设工程质量监督管理的,必须遵守本条例。

中华人民共和国国务院令2017年第687号对《建设工程质量管理条例》施工图设计文件审查的内容进行了修改。交通工程属于建设工程的范畴,因此,其试验检测活动应符合《建设工程质量管理条例》的规定。

公路水运试验检测是检测人员依据相应的国家或交通行业规范标准,选择符合要求的仪器设备,对产品的使用性能进行的检测。为了保障检测数据的准确可靠,除所使用的仪器设备应进行检定/校准,选择的规范标准正确,操作符合规范要求外,还需依据国家的法律法规和行业管理要求对检测机构进行管理。为了在公路水运工程试验检测领域正确理解并运用相关法律,就相关条款说明如下。

第一节　计量法及计量法实施细则有关内容

《计量法》由总则,计量基准器具、计量标准器具和计量检定,计量器具管理,计量监督,法律责任和附则共六章三十四条组成。《计量法实施细则》由总则、计量基准器具和计量标准器具、计量检定、计量器具的制造和修理、计量器具的销售和使用、计量监督、产品质量检验机构的计量认证、计量调解和仲裁检定、费用、法律责任、附则共十一章六十条组成。

现将《计量法》及其实施细则中与本行业相关联的条款进行阐述。

一、名词术语

计量器具是指能用以直接或间接测出被测对象量值的装置、仪器仪表、量具和用于统一量值的标准物质,包括计量基准、计量标准、工作计量器具。

计量检定是指为评定计量器具的计量性能,确定其是否合格所进行的全部工作。

二、相关条款要求

《计量法》第3条规定　国家实行法定计量单位制度。

国际单位制计量单位和国家选定的其他计量单位,为国家法定计量单位。国家法定计量单位的名称、符号由国务院公布。

我国允许使用的计量单位是国家法定计量单位。国家法定计量单位,由国际单位制单位和国家选定的非国际单位制单位组成。因特殊需要采用非法定计量单位的管理办法,由国务院计量行政部门另行制定。

《计量法实施细则》第 2 条规定　国家实行法定计量单位制度。法定计量单位的名称、符号按照国务院关于在我国统一实行法定计量单位的有关规定执行。

"国家法定计量单位的名称、符号由国务院公布"。国务院 1984 年 2 月 27 日发布的《关于在我国统一实行法定计量单位的命令》,对法定计量单位的名称、符号已做了规定。具体内容详见第七章。

《计量法》第 5 条规定　国务院计量行政部门负责建立各种计量基准器具,作为统一全国量值的最高依据。

《计量法》第 6 条规定　县级以上地方人民政府计量行政部门根据本地区的需要,建立社会公用计量标准器具,经上级人民政府计量行政部门主持考核合格后使用。

《计量法》第 7 条规定　国务院有关主管部门和省、自治区、直辖市人民政府有关主管部门,根据本部门的特殊需要,可以建立本部门使用的计量标准器具,其各项最高计量标准器具经同级人民政府计量行政部门主持考核合格后使用。

(1)本条是对省级以上人民政府有关主管部门建立计量标准以及这些计量标准法律地位的规定。

(2)省级以上人民政府有关主管部门根据本部门的特殊需要建立的计量标准,在本部门内部使用,作为统一本部门量值的依据。

(3)"根据本部门的特殊需要",是指社会公用计量标准不能适应某部门专业特点的特殊需要。

(4)建立本部门的各项最高计量标准,须经同级人民政府计量行政部门主持考核合格后,才能在本部门内开展检定。"主持考核"是指同级人民政府计量行政部门负责组织法定计量检定机构或授权的有关技术机构进行的考核。

《计量法》第 8 条规定　企业、事业单位根据需要,可以建立本单位使用的计量标准器具,其各项最高计量标准器具经有关人民政府计量行政部门主持考核合格后使用。

《计量法》第 9 条规定　县级以上人民政府计量行政部门对社会公用计量标准器具,部门和企业、事业单位使用的最高计量标准器具,以及用于贸易结算、安全防护、医疗卫生、环境监测方面的列入强制检定目录的工作计量器具,实行强制检定。未按照规定申请检定或者检定不合格的,不得使用。实行强制检定的工作计量器具的目录和管理办法,由国务院制定。

对前款规定以外的其他计量标准器具和工作计量器具,使用单位应当自行定期检定或者送其他计量检定机构检定。

(1)本条是对强制检定的计量器具和非强制检定的计量器具检定管理的规定。

(2)社会公用计量标准,部门和企业、事业单位使用的最高计量标准,为强制检定的计量标准。强制检定的计量标准和强制检定的工作计量器具,统称为强制检定的计量器具。

(3)强制检定是指由县级以上人民政府计量行政部门指定的法定计量检定机构或授权的计量检定机构,对强制检定的计量器具实行的定点定期检定。检定周期由执行强制检定的计量检定机构根据计量检定规程,结合实际使用情况确定。

(4)本条关于县级以上人民政府计量行政部门对强制检定的计量器具实行强制检定的规定,在具体应用时,是指对强制检定的计量标准,由主持考核该项计量标准的有关人民政府计量行政部门指定的计量检定机构进行检定;对强制检定的工作计量器具,由当地县(市)级人民政府计量行政部门指定的计量检定机构进行检定。当地不能检定的,由上一级人民政府计量行政部门指定的计量检定机构进行检定。

(5)"前款规定以外的其他计量标准器具和工作计量器具",是指除了强制检定的计量器具以外的其他依法管理的计量标准和工作计量器具,即非强制检定的计量器具。

(6)非强制检定是指由使用单位自己依法进行的定期检定,或者本单位不能检定的,送有权对社会开展量值传递工作的其他计量检定机构进行的检定。

(7)强制检定与非强制检定,是对计量器具依法管理的两种形式。不按本条规定进行周期检定的,都要负法律责任。

(8)《中华人民共和国强制检定的工作计量器具检定管理办法》由国务院发布,并于1987年7月1日起施行。

《计量法实施细则》第12条规定　企业、事业单位应当配备与生产、科研、经营管理相适应的计量检测设施,制定具体的检定管理措施和规章制度,规定本单位管理的计量器具明细目录及相应的检定周期,保证使用的非强制检定的计量器具定期检定。同时**第22条规定**　任何单位和个人不准在工作岗位上使用无检定合格印、证或者超过检定周期或者经检定不合格的计量器具。在教学示范中使用计量器具不受此限。**第43条规定**　属于强制检定范围的计量器具,未按照规定申请检定和属于非强制检定范围的计量器具未自行定期检定或者送其他计量检定机构定期检定的,以及经检定不合格继续使用的,责令其停止使用,可并处一千元以下的罚款。

《计量法》第10条规定　计量检定必须按照国家计量检定系统表进行。国家计量检定系统表由国务院计量行政部门制定。

计量检定必须执行计量检定规程。国家计量检定规程由国务院计量行政部门制定。没有国家计量检定规程的,由国务院有关主管部门和省、自治区、直辖市人民政府计量行政部门分别制定部门计量检定规程和地方计量检定规程。

(1)本条是对计量检定所必须依据的技术规范的规定。

(2)国家计量检定系统表是指从计量基准到各等级的计量标准直至工作计量器具的检定程序所作的技术规定,它由文字和框图构成,简称国家计量检定系统。

(3)计量检定规程是指对计量器具的计量性能、检定项目、检定条件、检定方法、检定周期以及检定数据处理等所作的技术规定,包括国家计量检定规程、部门和地方计量检定规程。

(4)国家计量检定规程由国务院计量行政部门制定,在全国范围内施行。没有国家计量检定规程的,国务院有关主管部门可制定部门计量检定规程,在本部门内施行。省、自治区、直辖市人民政府计量行政部门可制定地方计量检定规程,在本行政区内施行。

部门和地方计量检定规程须向国务院计量行政部门备案。

《计量法》第 11 条规定　计量检定工作应当按照经济合理的原则,就地就近进行。

(1)本条是对实施强制检定和非强制检定所应遵循的原则的规定,也就是对全国量值传递体制的规定。

(2)"经济合理"是指进行计量检定,组织量值传递要充分利用现有的计量检定设施,合理地部署计量检定网点。

(3)就地就近进行计量检定,是指组织量值传递不受行政区划和部门管辖的限制。

《计量法》第 18 条规定　县级以上人民政府计量行政部门应当依法对制造、修理、销售、进口和使用计量器具,以及计量检定等相关计量活动进行监督检查。有关单位和个人不得拒绝、阻挠。

该条款为修订后的《计量法》新增条款,明确对制造、修理、销售、进口和使用计量器具,以及计量检定等有关的计量活动受到监督,同时有关单位和个人对执法监督必须给予配合。

《计量法实施细则》第 20 条规定　县级以上地方人民政府计量行政部门对当地销售的计量器具实施监督检查。凡没有产品合格印、证标志的计量器具不得销售。

本条款对于试验检测机构购买仪器设备验收时,所购买计量器具是否满足法律规定提出了具体要求。

《计量法实施细则》第 24 条规定　县级以上人民政府计量行政部门的计量管理人员,负责执行计量监督、管理任务;计量监督员负责在规定的区域、场所巡回检查,并可根据不同情况在规定的权限内对违反计量法律、法规的行为,进行现场处理,执行行政处罚。

计量监督员必须经考核合格后,由县级以上人民政府计量行政部门任命并颁发监督员证件。

《计量法》第 20 条规定　县级以上人民政府计量行政部门可以根据需要设置计量检定机构,或者授权其他单位的计量检定机构,执行强制检定和其他检定、测试任务。

执行前款规定的检定、测试任务的人员,必须经考核合格。

(1)本条是对县级以上人民政府计量行政部门实施计量法制监督所需要的计量检定机构和计量检定人员的规定。

(2)县级以上人民政府计量行政部门依法设置的计量检定机构,为国家法定计量检定机构。

(3)"计量检定机构"是指承担计量检定工作的有关技术机构。

(4)"其他检定、测试任务",在具体应用时,是指本法规定的计量标准考核,制造、修理计量器具条件的考核,定型鉴定,样机试验,仲裁检定,产品质量检验机构的计量认证,法定计量检定机构进行的非强制检定,以及政府计量行政部门授权的机构面向社会进行的非强制检定。

(5)"授权其他单位的计量检定机构,执行强制检定和其他检定、测试任务",在具体应用时,采取以下形式:

①授权专业性或区域性计量检定机构,作为法定计量检定机构;

②授权有关技术机构建立社会公用计量标准;

③授权某一部门或某一单位的计量检定机构,对其内部使用的强制检定的计量器具执行强制检定;

④授权有关技术机构,承担法律规定的其他检定、测试任务。

(6)执行强制检定和本条解释的第4项"其他检定、测试任务"的人员,必须经县级以上人民政府计量行政部门考核合格,发给计量检定证件,取得执行检定、测试任务的资格。

《计量法》第 21 条规定　处理因计量器具准确度所引起的纠纷,以国家计量基准器具或者社会公用计量标准器具检定的数据为准。

(1)本条是对作为处理计量纠纷所依据的检定数据的规定。

(2)因计量器具准确度所引起的纠纷,为计量纠纷。

(3)以计量基准或社会公用计量标准检定的数据作为处理计量纠纷的依据,具有法律效力。

(4)用计量基准或社会公用计量标准所进行的以裁决为目的的计量检定、测试活动,统称为仲裁检定。

《计量法》第 22 条规定　为社会提供公证数据的产品质量检验机构,必须经省级以上人民政府计量行政部门对其计量检定、测试的能力和可靠性考核合格。

(1)本条是对为社会提供公证数据的产品质量检验机构,实施计量法制监督的规定。

(2)省级以上人民政府计量行政部门对产品质量检验机构计量检定、测试的能力和可靠性考核合格,即为产品质量检验机构的计量认证。

计量法及其实施细则规定,凡是为社会提供公正数据的产品质量检验机构必须经省级以上人民政府计量行政部门计量认证。认证的内容包含:

①计量检定测试设备的性能;

②计量检定、测试设备的工作环境和人员的操作技能;

③保证量值统一、准确的措施及检测数据公正可靠的管理制度。

按照《计量法》及其实施细则的规定,作为为社会提供公正数据的第三方产品检验机构,它的可信任程度取决于是否独立于制造、销售或至少独立研究、开发,真正处于公正地位;是否具有评价产品质量优劣所需要的技术手段;出具的检定、测试数据是否得到社会的承认。

《计量法》中所说的"公正数据"是指向社会从事检测工作的技术机构为他人作决定、仲裁、裁决所出具的可引起一定法律后果的数据,除了具有真实性和科学性外,还具有合法性;为了保证数据的可靠,量值必须溯源到国家计量基准,以保证国家单位量值的统一;同时规定,计量认证在省级以上的计量行政部门考核合格,才有资格为社会提供公正数据,未取得计量认证合格证书的产品质量检验机构,不得开展产品质量检验工作。

《计量法实施细则》第 11 条规定　使用实行强制检定的计量标准的单位和个人,应当向主持考核该项计量标准的有关人民政府计量行政部门申请周期检定。

使用实行强制检定的工作计量器具的单位和个人,应当向当地县(市)级人民政府计量行政部门指定的计量检定机构申请周期检定。当地不能检定的,向上一级人民政府计量行政部门指定的计量检定机构申请周期检定。

《计量法实施细则》第 15 条规定　凡制造在全国范围内从未生产过的计量器具新产品,

必须经过定型鉴定。定型鉴定合格后,应当履行型式批准手续,颁发证书。在全国范围内已经定型,而本单位未生产过的计量器具新产品,应当进行样机试验,样机试验合格后,发给合格证书。凡未经型式批准或者未取得样机试验合格证书的计量器具,不准生产。

《计量法》第 25 条规定　属于强制检定范围的计量器具,未按照规定申请检定或者检定不合格继续使用的,责令停止使用,可以并处罚款。

《计量法》第 26 条规定　使用不合格的计量器具或者破坏计量器具准确度,给国家和消费者造成损失的,责令赔偿损失,没收计量器具和违法所得,可以并处罚款。

(1)本条是对违反本法第 16 条和使用不合格的计量器具,给国家和消费者造成损失的行为,追究行政法律责任和民事法律责任的规定。

(2)本条规定的行政处罚适用于任何单位和个人。

(3)"使用不合格的计量器具",是指使用无检定合格印、证,或者超过检定周期,以及经检定不合格的计量器具。

第二节　标准化法有关内容

标准是国家的质量基础设施,是经济活动和社会发展的技术支撑,是国家治理体系和治理能力现代化的基础性制度。在推动供给侧改革和质量的提升,促进社会经济高质量发展中发挥着引领性、支撑性的作用。标准化工作已经渗透到生活的方方面面,标准化工作是提升产品和服务质量,建设质量大国,提高经济社会发展水平,支撑中国经济社会转型升级的杠杆和基础,新修订的《标准化法》于 2018 年 1 月 1 日起正式实施,该法与贯彻落实党的十九大精神、深化标准化工作改革、开展质量提升、国家创新驱动发展战略、"一带一路"建设相结合,明确加强标准化工作,提升产品和服务质量,提高经济社会发展水平的立法宗旨。

《标准化法》由总则、标准的制定、标准的实施、监督管理、法律责任、附则共六章四十五条组成。在标准分类、制定的有效性、标准的实施与监督等方面作了明确规定,对开展标准化工作具有很好的指导性和可操作性。正确理解和运用标准化法及标准化法实施条例,对试验检测工程中正确选择标准,保障试验检测工作质量起到关键作用,现将《标准化法》及实施条例中与公路水运工程试验检测有关条款作详细介绍。

一、名词术语

(1)**标准(含标准样品)**:是指农业、工业、服务业以及社会事业等领域需要统一的技术要求。

标准包括国家标准、行业标准、地方标准和团体标准、企业标准。国家标准分为强制性标准、推荐性标准,行业标准、地方标准是推荐性标准。

强制性标准必须执行。国家鼓励采用推荐性标准。

标准是通过标准化活动,按照规定的程序经协商一致制定,为各种活动或其结果提供规则、指南或特性,供共同使用和重复使用的文件。标准以科学、技术和经验的综合成果为基础。

(2)**标准样品**:是实物标准,指保证标准在不同时间和空间实施结果一致性的参照物,具有均匀性、稳定性、准确性和溯源性。标准样品是实施文字标准的重要技术基础,是标准化工作中不可或缺的组成部分。

(3)**标准化**:是指为了在既定范围内获得最佳秩序,促进共同效益,对现实问题或潜在问题确立共同使用和重复使用的条款以及编制、发布和应用文件的活动。标准化以制定、发布和实施标准达到统一,确立条款并共同遵循,来实现最佳效益。

标准是标准化活动的结果。标准具有民主性,是各利益相关方协商一致的结果;标准具有权威性,标准要按照规定程序制定,必须由能够代表各方利益,并为社会所公认的权威机构批准发布;标准具有系统性,需要协调处理标准化对象各要素之间的关系,统筹考虑使系统性能和秩序达到最佳;标准具有科学性,来源于人类社会实践活动,其产生的基础是科学研究和技术进步的成果,是实践经验的总结。

二、《标准化法》制定的目的及标准的分类

第1条规定 为了加强标准化工作,提升产品和服务质量,促进科学技术进步,保障人身健康和生命财产安全,维护国家安全、生态环境安全,提高经济社会发展水平,制定本法。

本条款阐述了立法的目的和作用。通过立法实现如下目标:
(1)调整标准体系、管理体制,加强标准化工作。
(2)进一步规范标准制定程序和要求,提升标准质量和水平,促进产品和服务质量提升。
(3)为科学技术研究成果制定为标准提供制度保障,有利于更好地推动科学技术进步。
(4)为各类与安全相关的行为、产品、服务等设置底线和门槛,为保障和维护各类安全筑牢屏障。
(5)引导和鼓励全社会运用标准化方式组织生产、经营、管理和服务,能够切实提升经济效益、社会效益和生态效益,全面提高经济社会发展水平。

第2条规定 标准(含标准样品),是指农业、工业、服务业以及社会事业等领域需要统一的技术要求。

标准包括国家标准、行业标准、地方标准和团体标准、企业标准。国家标准分为强制性标准、推荐性标准,行业标准、地方标准是推荐性标准。

强制性标准必须执行。国家鼓励采用推荐性标准。

本条是关于标准的范围和分类的规定。

我国标准按制定主体分为国家标准、行业标准、地方标准和团体标准、企业标准。国家标准、行业标准和地方标准属于政府主导制定的标准,团体标准、企业标准属于市场主体自主制定的标准。国家标准由国务院标准化行政主管部门制定。行业标准由国务院有关行政主管部门制定。地方标准由省、自治区、直辖市以及设区的市人民政府标准化行政主管部门制定。团体标准由学会、协会、商会、联合会、产业技术联盟等社会团体制定。企业标准由企业或企业联合制定。

我国标准按实施效力分为强制性标准和推荐性标准。这种分类只适用于政府制定的标准。强制性标准仅有国家标准一级,本法第十条另有规定的除外。推荐性标准包括推荐性国

家标准、行业标准和地方标准。强制性标准必须执行，不符合强制性标准的产品、服务，不得生产、销售、进口或者提供。违反强制性标准的，依法承担相应的法律责任。推荐性标准，国家鼓励采用，即企业自愿采用推荐性标准，同时国家将采取一些鼓励和优惠措施，鼓励企业采用推荐性标准。但在有些情况下，推荐性标准的效力会发生转化，必须执行：

（1）推荐性标准被相关法律、法规、规章引用，则该推荐性标准具有相应的强制约束力，应当按法律、法规、规章的相关规定予以实施。

（2）推荐性标准被企业在产品包装、说明书或者标准信息公共服务平台上进行了自我声明公开的，企业必须执行该推荐性标准。企业生产的产品与明示标准不一致的，依据《产品质量法》承担相应的法律责任。

（3）推荐性标准被合同双方作为产品或服务交付的质量依据的，该推荐性标准对合同双方具有约束力，双方必须执行该推荐性标准，并依据《合同法》的规定承担法律责任。

第3条规定 标准化工作的任务是制定标准、组织实施标准以及对标准的制定、实施进行监督。

县级以上人民政府应当将标准化工作纳入本级国民经济和社会发展规划，将标准化工作经费纳入本级预算。

本条是关于标准化工作任务及政府将标准化工作纳入国民经济和社会发展规划、纳入财政预算的规定。

标准化工作的范围包括制定标准、组织实施标准以及对标准的制定、实施进行监督，这涵盖了标准化活动的全过程。制定标准是由标准制定主体按照其既定的制定程序编制和发布标准。组织实施标准是指标准化机构宣传、推广标准，社会各方面应用、实施标准。对标准的制定、实施进行监督是指法定监管部门依法对标准的制定程序、标准的内容以及实施标准的行为等进行监督，并对相关违法行为追究法律责任。

三、关于标准的制定和实施

第4条规定 制定标准应当在科学技术研究成果和社会实践经验的基础上，深入调查论证，广泛征求意见，保证标准的科学性、规范性、时效性，提高标准质量。

本条是关于制定标准基本要求的规定。

标准是科学技术研究成果和社会实践经验的总结，标准是公认的技术准则，是利益相关方协调一致的产物。标准的制定还应当遵循相应的制定程序和编写规则。

第9条规定 对在标准化工作中做出显著成绩的单位和个人，按照国家有关规定给予表彰和奖励。

本条是关于标准化表彰奖励的规定。

第10条规定 对保障人身健康和生命财产安全、国家安全、生态环境安全以及满足经济社会管理基本需要的技术要求，应当制定强制性国家标准。

国务院有关行政主管部门依据职责负责强制性国家标准的项目提出、组织起草、征求意见和技术审查。国务院标准化行政主管部门负责强制性国家标准的立项、编号和对外通报。国务院标准化行政主管部门应当对拟制定的强制性国家标准是否符合前款规定进行立项审查，对符合前款规定的予以立项。

省、自治区、直辖市人民政府标准化行政主管部门可以向国务院标准化行政主管部门提出强制性国家标准的立项建议，由国务院标准化行政主管部门会同国务院有关行政主管部门决定。社会团体、企业事业组织以及公民可以向国务院标准化行政主管部门提出强制性国家标准的立项建议，国务院标准化行政主管部门认为需要立项的，会同国务院有关行政主管部门决定。

强制性国家标准由国务院批准发布或者授权批准发布。

法律、行政法规和国务院决定对强制性标准的制定另有规定的，从其规定。

本条是关于强制性国家标准制定范围和制定程序的规定。

(1) 强制性国家标准的制定范围

为了加强强制性标准的统一管理，避免交叉重复、矛盾冲突，保证执法的统一性，除法律、行政法规和国务院决定对强制性标准的制定另有规定外，只设强制性国家标准一级，行业标准和地方标准均为推荐性标准。

强制性国家标准严格限定在保障人身健康和生命财产安全、国家安全、生态环境安全和满足社会经济管理基本需求的范围之内。例如，《家用和类似用途电器的安全》(GB 4706) 系列国家标准属于保障人身健康和生命财产安全的范畴；《计算机信息系统 安全保护等级划分准则》(GB 17859—1999) 属于保障国家安全的范畴，《环境空气质量标准》(GB 3095—2012) 属于保障生态环境安全的范畴；《公民身份号码》(GB 11643—1999) 和《法人和其他组织统一社会信用代码编码规则》(GB 32100—2015) 属于满足社会经济管理基本需要的范畴。

(2) 强制性国家标准的制定程序

强制性国家标准制定程序包括项目提出、立项、组织起草、征求意见、技术审查、对外通报、编号、批准发布等。国务院有关行政主管部门依据职责负责强制性国家标准的项目提出、组织起草、征求意见和技术审查，这里的"依据职责"即职责法定，根据法律、行政法规授予国务院有关行政主管部门的职责来开展强制性国家标准制定的相关工作。

①项目提出和立项

强制性国家标准的制定项目由国务院有关行政主管部门负责向国务院标准化行政主管部门提出，国务院标准化行政主管部门评估审查后，对符合要求的项目予以立项。同时，省、自治区、直辖市人民政府标准化行政主管部门也可以向国务院标准化行政主管部门提出立项建议，由国务院标准化行政主管部门会同国务院有关行政主管部门决定是否立项。社会团体、企业事业组织以及公民也可以向国务院标准化行政主管部门提出立项建议，国务院标准化行政主管部门认为需要立项的，会同国务院有关行政主管部门决定是否立项。

②组织起草、征求意见、技术审查

国务院有关行政主管部门负责强制性国家标准的组织起草、征求意见、技术审查。

③对外通报

根据世界贸易组织《技术性贸易壁垒协定》第29条的要求，"只要不存在有关国际标准或拟制定的强制性国家标准中的技术内容与有关国际标准中的技术内容不一致的，且如果该强制性国家标准可能对其他成员的贸易有重大影响，则各成员国应当通过秘书处对其他成员进行通报，说明拟制定的强制性国家标准所涵盖的产品、制定目的和理由"。强制性国家标准由国务院标准化行政主管部门统一通过我国的WTO通报点进行对外通报。

④编号

国务院标准化行政主管部门负责强制性国家标准的统一编号。

⑤批准发布

强制性国家标准需要统一批准发布,以保障统一性、权威性和强制执行力。强制性国家标准由国务院批准发布或授权批准发布。

(3)强制性标准制定的例外规定

将强制性国家标准、行业标准和地方标准整合为强制性国家标准,建立统一的强制性标准体系,能有效避免标准间的交叉重复矛盾,防止出现行业壁垒和地方保护,做到"一个市场、一条底线、一个标准"。长远看,我国的强制性标准应实行统一管理的模式,形成统一的市场技术规则体系。但是考虑到我国现有强制性标准数量多、涉及范围广、影响面大,以及标准化管理的历史沿革和特殊情况,过渡性地保留强制性标准例外管理。

目前,部分法律、行政法规和国务院决定对强制性标准制定另有规定,如《环境保护法》《食品安全法》等法律,《农业转基因生物安全管理条例》等行政法规。这些法律法规涉及领域有环境保护、工程建设、食品安全、医药卫生等,这些领域的强制性国家标准或者强制性行业标准或者强制性地方标准按现有模式管理。

第11条规定 对满足基础通用、与强制性国家标准配套、对各有关行业起引领作用等需要的技术要求,可以制定推荐性国家标准。

推荐性国家标准由国务院标准化行政主管部门制定。

本条是关于推荐性国家标准制定范围和制定主体的规定。

(1)推荐性国家标准的制定范围

推荐性国家标准作为政府主导制定的标准,应定位于政府职责范围内的公益类标准。推荐性国家标准重点制定基础通用、与强制性国家标准配套、对各有关行业起引领作用的标准。推荐性国家标准的主要作用在于:一方面,解决跨行业、跨专业的需要协调的问题而制定出基础通用的技术解决方案,主要指术语、图形符号、统计方法、分类编码等基础标准,通用的方法、技术和管理标准。另一方面,解决强制性标准执行所需要的配套标准。例如,对于健康、安全和环境保护技术要求的测试方法需要协调统一,以满足强制性标准合格评定的需要,如《机动车安全运行技术条件》(GB 7258—2017)的配套推荐性国家标准有《塑料 燃烧性能的测定 水平法和垂直法》(GB/T 2408)、《道路车辆 标牌和标签》(GB/T 25978)、《汽车用自适应前照明系统》(GB/T 30036)等。除此之外,推荐性国家标准还应重点制定对各行业起引领作用的标准。

推荐性国家标准制定范围中的"等"字是为了根据国家经济社会发展需要,为未来制定推荐性国家标准发展留有空间。

(2)推荐性国家标准的制定主体

推荐性国家标准由国务院标准化行政主管部门制定,即由国务院标准化行政主管部门负责推荐性国家标准的立项、组织起草、审查、编号、批准发布等工作。

第12条规定 对没有推荐性国家标准、需要在全国某个行业范围内统一的技术要求,可以制定行业标准。

行业标准由国务院有关行政主管部门制定,报国务院标准化行政主管部门备案。

本条是关于行业标准制定范围、制定主体和备案要求的规定。

(1)行业标准的制定范围

行业标准是推荐性国家标准的补充。行业标准的制定范围应当同时满足两个要求。一是没有推荐性国家标准,即已有推荐性国家标准的,不得制定行业标准;二是在本行业范围内需要统一的技术要求,即不能超越本行业范围、不能超越国务院有关行政主管部门的职责制定行业标准。作为政府主导制定的标准,行业标准也应定位于政府职责范围内的公益类标准。

(2)行业标准的制定主体

行业标准由国务院有关行政主管部门制定,即由国务院有关行政主管部门负责行业标准的立项、组织起草、审查、编号、批准发布等工作。需要说明的是,不是所有的国务院部门都可以制定行业标准。国务院有关部门是否可以制定行业标准、行业标准的具体领域、行业标准的代号均需经过国务院标准化行政主管部门批准。目前我国有67个行业标准代号,分别由42个国务院行政主管部门管理,例如AQ(安全生产)、DL(电力)、公共安全(GA)、机械(JB)、建工(JGJ)、交通(JT)、有色金属(YS)、铁路(TB)等。

(3)行业标准的备案

行业标准,应当由制定标准的部门报国务院标准化行政主管部门备案。根据《行业标准管理办法》的规定,行业标准的制定部门应当在行业标准批准发布后三十日内,将已发布的行业标准及编制说明连同发布文件各一份,送国务院标准化行政主管部门备案。行业标准如违反国家有关法律、法规和强制性国家标准,国务院标准化行政主管部门不予备案,并责成行业标准制定部门限期改正或停止实施。

第13条规定 为满足地方自然条件、风俗习惯等特殊技术要求,可以制定地方标准。

地方标准由省、自治区、直辖市人民政府标准化行政主管部门制定;设区的市级人民政府标准化行政主管部门根据本行政区域的特殊需要,经所在地省、自治区、直辖市人民政府标准化行政主管部门批准,可以制定本行政区域的地方标准。地方标准由省、自治区、直辖市人民政府标准化行政主管部门报国务院标准化行政主管部门备案,由国务院标准化行政主管部门通报国务院有关行政主管部门。

本条是关于地方标准制定范围、制定主体和备案要求的规定。

(1)地方标准的制定主体

地方标准的制定主体包括省、自治区、直辖市人民政府标准化行政主管部门和设区的市级人民政府标准化行政主管部门。31个省、自治区、直辖市标准化行政主管部门均可以制定地方标准。但设区的市级人民政府标准化行政主管部门的地方标准制定权须经省、自治区、直辖市人民政府标准化行政主管部门"批准"后才能获得。截至目前,我国共有318个设区的市,它们经批准可以制定地方标准。

本条并没有直接规定授予设区的市标准制定权,而是由所在地省、自治区、直辖市人民政府标准化行政主管部门批准授予。这一规定借鉴了《立法法》关于设区的市立法权的规定,即设区的市制定地方性法规的"具体步骤和时间,由省、自治区的人民代表大会常务委员会综合考虑本省、自治区所辖的设区的市的人口数量、地域面积、经济社会发展情况以及立法需求、立法能力等因素确定。"同时,也体现了对授予设区的市标准制定权的审慎态度。

地方标准的制定包括地方标准的立项、组织起草、审查、编号、批准发布等工作。

(2) 地方标准的制定范围

我国幅员辽阔、民族众多,自然条件和民族生活习惯差异较大,省级人民政府以及经省级人民政府批准的设区的市可以制定符合本行政区域自然条件、民族风俗习惯的特殊技术要求以及地理标志产品标准。此外,由于我国地域广阔,各地经济社会发展水平差异较大,根据本条规定,地方标准还可涉及社会管理和公共服务领域,这也是地方政府规范管理和提高管理服务效率的需要。需要特别强调的是,根据本法第二十二条的规定,禁止利用标准实施妨碍商品、服务自由流通等排除、限制市场竞争的行为。

设区的市制定的标准亦属于地方标准范畴,不能与国家标准、行业标准和省级标准化主管部门制定的地方标准相互交叉重复矛盾。

(3) 地方标准的备案

地方标准由省、自治区、直辖市人民政府标准化行政主管部门报国务院标准化行政主管部门备案。设区的市制定的地方标准须经省、自治区、直辖市人民政府标准化行政主管部门报国务院标准化行政主管部门备案。地方标准的备案信息由国务院标准化行政主管部门通报国务院有关行政主管部门。

根据《地方标准管理办法》的规定,地方标准的制定部门应当在地方标准批准发布后30日内,将地方标准批文、地方标准文本及编制说明各一份报国务院标准化行政主管部门备案。地方标准如违反有关法律、法规和强制性标准规定,国务院标准化行政主管部门不予备案,并有权责成地方标准制定部门限期改正或停止实施。

第14条规定 对保障人身健康和生命财产安全、国家安全、生态环境安全以及经济社会发展所急需的标准项目,制定标准的行政主管部门应当优先立项并及时完成。

本条是关于优先制定急需标准的规定。

本条所列优先制定的标准包括强制性国家标准以及经济社会发展急需的标准,这些也是国家规划的重点。比如,保障农产品安全、消费品安全、信息安全、生产安全、食品安全、生态环境安全的强制性国家标准以及节能减排、基本公共服务、新一代信息技术、智能制造和装备升级、新型城镇化、现代物流等领域急需的标准。

第15条规定 制定强制性标准、推荐性标准,应当在立项时对有关行政主管部门、企业、社会团体、消费者和教育、科研机构等方面的实际需求进行调查,对制定标准的必要性、可行性进行论证评估;在制定过程中,应当按照便捷有效的原则采取多种方式征求意见,组织对标准相关事项进行调查分析、实验、论证,并做到有关标准之间的协调配套。

本条是关于强制性标准和推荐性标准制定工作要求的规定。

标准立项取决于标准是否必要,是否能解决问题,是否能产生相应经济效益和社会效益,标准制定部门应广泛调查行政主管部门、企业、社会团体、消费者和教育、科研机构等方面的实际需求,组织专家或委托第三方评估机构对标准项目的必要性、可行性进行论证评估,通过网络公开征求社会意见,根据评估结果或公示意见决定是否立项。立项评估应建立科学的评价体系和机制,做到客观公正,保证市场和社会需要的标准能够得到制定,避免价值不高的项目造成资源的浪费。

标准的制定过程需要科学、严谨的态度和方法,同时标准又是协商一致的产物,需要公正开放地接纳社会各方的意见。征求意见的方式可以采取分发、邮寄、电子邮箱、征求意见工作平台、网上公开征求意见等多种形式。从技术的角度做好必要的调查分析、实验、论证,从程序公正的角度,最大限度地听取、分析、处理相关方的意见,保证标准具有广泛的可接受度。

政府主导制定的标准要重点考虑标准之间的协调配套,包括行业标准、地方标准与国家标准之间的协调配套,推荐性标准与强制性标准之间的协调配套,以及不同类别标准之间的协调配套,例如方法标准与产品标准之间的协调配套。因此,制定标准要统筹布局、分工协作,实现标准应用的最佳效果。

第 16 条规定　制定推荐性标准,应当组织由相关方组成的标准化技术委员会,承担标准的起草、技术审查工作。制定强制性标准,可以委托相关标准化技术委员会承担标准的起草、技术审查工作。未组成标准化技术委员会的,应当成立专家组承担相关标准的起草、技术审查工作。标准化技术委员会和专家组的组成应当具有广泛代表性。

第 17 条规定　强制性标准文本应当免费向社会公开。国家推动免费向社会公开推荐性标准文本。

本条是关于强制性标准和推荐性标准免费公开的规定。

标准是科学技术和实践经验的总结,是集体智慧的结晶,具有创造性智力成果属性,依法受著作权法保护,这也是国际通行规则。

强制性标准必须强制执行,违反强制性标准的行为依法将追究法律责任。因此,社会公众必须知晓强制性标准内容,此次法律明确强制性标准文本应当免费公开。

推荐性标准属于政府主导制定,具有公益性,免费公开有助于推进标准实施,提升政府公共服务水平,有助于进一步释放标准化工作改革红利、共享发展成果,更好地服务大众创业、万众创新。但采用国际标准制定的推荐性标准的免费公开,还应当遵循国际标准组织的版权政策。

国务院标准化行政主管部门积极推动标准公开,制定了国家标准公开实施方案。目前强制性国家标准文本和非采标的推荐性国家标准文本已经免费公开。采标的推荐性国家标准的相关题录信息也已公开。新批准发布的国家标准一般在发布后 20 个工作日内公开。行业标准、地方标准的公开参照实施。

标准的查阅可以登录:

(1)国家技术标准资源服务平台(http://gb688.cn/sacinfo/PCStandard/showMain);

(2)全国标准信息公共服务平台(http://www.std.gov.cn);

(3)国家工程建设标准化信息网(http://www.ccsn.gov.cn)。

第 18 条规定　国家鼓励学会、协会、商会、联合会、产业技术联盟等社会团体协调相关市场主体共同制定满足市场和创新需要的团体标准,由本团体成员约定采用或者按照本团体的规定供社会自愿采用。

制定团体标准,应当遵循开放、透明、公平的原则,保证各参与主体获取相关信息,反映各参与主体的共同需求,并应当组织对标准相关事项进行调查分析、实验、论证。

国务院标准化行政主管部门会同国务院有关行政主管部门对团体标准的制定进行规范、引导和监督。

第 19 条规定　企业可以根据需要自行制定企业标准，或者与其他企业联合制定企业标准。

第 21 条规定　推荐性国家标准、行业标准、地方标准、团体标准、企业标准的技术要求不得低于强制性国家标准的相关技术要求。

国家鼓励社会团体、企业制定高于推荐性标准相关技术要求的团体标准、企业标准。

本条是关于标准之间关系的规定。

强制性国家标准所规定的技术要求是全社会应遵守的底线要求，其他标准技术要求都不应低于强制性国家标准的相关技术要求。本条也是对其他标准进行监督的依据。

推荐性标准是政府推荐的基本要求，企业和社会团体要在市场竞争中占据优势，提升自身和行业的市场竞争力，不能仅满足于推荐性标准的基本要求，而应积极制定高于推荐性标准的企业标准和团体标准。

第 24 条规定　标准应当按照编号规则进行编号。标准的编号规则由国务院标准化行政主管部门制定并公布。

本条是关于标准编号的规定。

为了便于标准的识别和管理，应当对标准进行编号。为了统一协调标准编号，避免重复冲突，造成标准实施过程中的混乱，法律授权标准的编号规则由国务院标准化行政主管部门制定并公布。

国家标准、行业标准、地方标准和团体标准、企业标准的编号规则，均由国务院标准化行政主管部门制定。国家标准、行业标准、地方标准和团体标准、企业标准的制定主体自行对标准进行编号，但都必须遵守国务院标准化行政主管部门制定的编号规则。

第 27 条规定　国家实行团体标准、企业标准自我声明公开和监督制度。企业应当公开其执行的强制性标准、推荐性标准、团体标准或者企业标准的编号和名称；企业执行自行制定的企业标准的，还应当公开产品、服务的功能指标和产品的性能指标。国家鼓励团体标准、企业标准通过标准信息公共服务平台向社会公开。

企业应当按照标准组织生产经营活动，其生产的产品、提供的服务应当符合企业公开标准的技术要求。

本条是关于团体标准和企业标准自我声明公开和监督制度的规定。

（1）企业标准自我声明公开和监督制度

企业标准自我声明公开和监督制度调整的对象是企业生产的产品和提供的服务所执行的标准，这类标准规定了企业生产的产品和提供的服务所应达到的各类技术指标和要求，是企业对其产品和服务质量的硬承诺，应当公开并接受市场监督。因此，企业产品和服务标准公开是企业的法定义务。

（2）团体标准自我声明公开和监督制度

为宣传推广团体标准，促进团体标准实施，国家实行团体标准自我声明公开和监督制度。社会团体应当公开其团体标准的名称、编号等信息。团体标准涉及专利的，还应当公开标准涉及专利的信息。

第 29 条规定 国家建立强制性标准实施情况统计分析报告制度。

国务院标准化行政主管部门和国务院有关行政主管部门、设区的市级以上地方人民政府标准化行政主管部门应当建立标准实施信息反馈和评估机制,根据反馈和评估情况对其制定的标准进行复审。标准的复审周期一般不超过五年。经过复审,对不适应经济社会发展需要和技术进步的应当及时修订或者废止。

本条是关于标准实施的统计分析报告和信息反馈、评估、复审制度的规定。

(1)强制性国家标准实施情况统计分析报告制度

建立强制性国家标准实施情况统计分析报告制度是对强制性国家标准进行监督管理的一种重要方式,通过对强制性标准进行跟踪、信息收集、统计、反馈,提高强制性标准的适用性。

强制性国家标准实施情况统计分析报告制度主要内容包括:

①标准起草部门搜集标准实施中的问题,对企业和有关机构实施强制性标准的情况进行跟踪评价。

②监督执法部门将标准的执法信息、标准的认证信息以及其他有关的实施信息反馈给标准起草部门。

③起草部门应根据掌握的情况,编制强制性国家标准实施情况统计分析报告,并与国务院标准化行政主管部门和其他有关部门进行信息共享。

(2)标准的实施信息反馈、评估和标准复审机制

一项标准的发布实施,并不意味着标准化工作的结束。标准在实施中是否存在问题、标准技术随着科学技术发展和社会进步有无不适应、跟不上,这是标准制定部门应随时关注的问题。标准实施信息反馈、标准评估和标准复审机制是形成标准化闭环管理,维持标准"新陈代谢",保持标准生命力的重要措施。

标准实施信息反馈是指标准实施后,标准制定部门收集标准实施情况和实施中遇到的问题并进行处理的过程。标准制定部门应建立方便快捷的信息收集渠道,主动收集信息。例如,在标准的前言中告知用户向谁反馈信息,在互联网网站上建立收集信息的平台。标准用户作为标准的直接使用者,对实施中发现的问题以及相关技术建议,可以随时向标准制定部门反馈。标准制定部门应及时组织相关技术归口单位对反馈的信息进行分析处理,并采取相应的工作措施。例如,对标准进行解释、发布标准修改单、启动标准修订程序等。

标准评估是指标准实施后,对标准的实施应用情况、标准对经济社会活动所产生的影响进行测算、评价的过程。标准评估既可以针对一项标准,也可以针对一组标准。标准评估既可以对经济效益、社会效益、生态效益等正面影响进行评价,也可以对负面影响进行评价。标准评估一般由标准制定部门组织开展,也可以由标准重大利益方(例如行业部门、行业协会、产业基地、标准化示范区等)组织。

标准复审是指对标准的技术内容是否适应经济社会发展需要所进行的重新审查。标准复审一般由制定标准的部门组织技术委员会开展。标准复审的结论分为继续有效、修订或废止。对于继续有效的标准,向社会公布复审日期;对于需修订的标准,重新立项开展技术内容的修订;对于需废止的标准,由制定标准的部门按照程序发布废止公告。标准的复审周期一般不超过五年。

标准实施信息反馈、标准评估、标准复审是标准实施后需要开展的工作,它们之间既有联

系,又各有侧重。标准实施信息反馈和标准评估的结果可以作为标准复审的依据。

第30条规定 国务院标准化行政主管部门根据标准实施信息反馈、评估、复审情况,对有关标准之间重复交叉或者不衔接配套的,应当会同国务院有关行政主管部门作出处理或者通过国务院标准化协调机制处理。

本条是关于标准之间重复交叉等问题的处理规定。

对于标准实施信息反馈、评估、复审情况中反映出的标准之间重复交叉或者不衔接配套的问题,国务院标准化行政主管部门会同国务院有关行政主管部门作出处理,包括对相关标准做出整合、修订、废止的决定,并由责任部门落实。如果通过上述途径仍无法解决的,由国务院标准化行政主管部门提出处理意见,提交国务院标准化协调机制解决。

第31条规定 县级以上人民政府应当支持开展标准化试点示范和宣传工作,传播标准化理念,推广标准化经验,推动全社会运用标准化方式组织生产、经营、管理和服务,发挥标准对促进转型升级、引领创新驱动的支撑作用。

四、关于标准的监督管理

第32条规定 县级以上人民政府标准化行政主管部门、有关行政主管部门依据法定职责,对标准的制定进行指导和监督,对标准的实施进行监督检查。

第33条规定 国务院有关行政主管部门在标准制定、实施过程中出现争议的,由国务院标准化行政主管部门组织协商;协商不成的,由国务院标准化协调机制解决。

第34条规定 国务院有关行政主管部门、设区的市级以上地方人民政府标准化行政主管部门未依照本法规定对标准进行编号、复审或者备案的,国务院标准化行政主管部门应当要求其说明情况,并限期改正。

五、关于法律责任方面的规定

第41条规定 国务院标准化行政主管部门未依照本法第十条第二款规定对制定强制性国家标准的项目予以立项,制定的标准不符合本法第二十一条第一款、第二十二条第一款规定,或者未依照本法规定对标准进行编号、复审或者予以备案的,应当及时改正;对负有责任的领导人员和直接责任人员可以依法给予处分。

第42条规定 社会团体、企业未依照本法规定对团体标准或者企业标准进行编号的,由标准化行政主管部门责令限期改正;逾期不改正的,由省级以上人民政府标准化行政主管部门撤销相关标准编号,并在标准信息公共服务平台上公示。

本条是关于社会团体、企业未依法编号法律责任的规定。

团体标准和企业标准依法编号是制定标准的社会团体和企业需要遵循的法定义务。社会团体、企业在标准制定活动中,未依照本法的规定对其进行编号主要是指如下两种情况:一是不进行编号;二是编号不符合团体标准、企业标准的编号规则。

社会团体或企业未依法对各自制定的团体标准、企业标准进行编号的,县级以上人民政府标准化行政主管部门可以责令其限期改正。对于拒不改正的,可以由省级标准化行政主管部门撤销相关标准的编号。对于被撤销编号的团体标准、企业标准,相关社会团体和企业不能继续在各项活动中使用。

团体标准和企业标准被撤销编号的,还应当通过标准信息公共服务平台将社会团体和企业的违法情况向社会公示。违法信息的公示有助于向社会公众发出警示信息,避免相关单位和个人被错误的标准编号所误导。

第三节　强制性国家标准管理办法

《强制性国家标准管理办法》(国家市场监督管理总局令第25号)规定,强制性国家标准的制定(包括项目提出、立项、组织起草、征求意见、技术审查、对外通报、编号、批准发布)、组织实施以及监督工作,适用本办法。该办法共55条,自2020年6月1日起施行。以下就相关条款进行阐述。

第3条规定　对保障人身健康和生命财产安全、国家安全、生态环境安全以及满足经济社会管理基本需要的技术要求,应当制定强制性国家标准。

第4条规定　制定强制性国家标准应当坚持通用性原则,优先制定适用于跨领域跨专业的产品、过程或者服务的标准。

第5条规定　制定强制性国家标准应当在科学技术研究成果和社会实践经验的基础上,深入调查论证,保证标准的科学性、规范性、时效性。

第6条规定　制定强制性国家标准应当结合国情采用国际标准。

第8条规定　强制性国家标准应当有明确的标准实施监督管理部门,并能够依据法律、行政法规、部门规章的规定对违反强制性国家标准的行为予以处理。

第9条规定　国务院标准化行政主管部门统一管理全国标准化工作,负责强制性国家标准的立项、编号和对外通报。国务院有关行政主管部门依据职责负责强制性国家标准的项目提出、组织起草、征求意见和技术审查。强制性国家标准由国务院批准发布或者授权批准发布。

县级以上人民政府标准化行政主管部门和有关行政主管部门依据法定职责,对强制性国家标准的实施进行监督检查。

第12条规定　国务院有关行政主管部门提出强制性国家标准项目前,应当充分征求国务院其他有关行政主管部门的意见,调查企业事业组织、社会团体、消费者和教育、科研机构等方面的实际需求,对项目的必要性和可行性进行论证评估。

第14条规定　国务院标准化行政主管部门应当按照下列要求对强制性国家标准项目进行审查：

(1)是否符合本办法第三条和第四条规定的原则；

(2)是否符合有关法律、行政法规的规定,是否与有关强制性标准的技术要求协调衔接；

(3)是否符合本办法第十二条和第十三条的要求；

(4)需要审查的其他内容。

第15条规定　国务院标准化行政主管部门应当将符合本办法第十四条规定的强制性国家标准项目在全国标准信息公共服务平台向社会公开征求意见。

征求意见期限不得少于三十日。紧急情况下可以缩短征求意见期限,但一般不得少于七日。

第 19 条规定 强制性国家标准的技术要求应当全部强制,并且可验证、可操作。

强制性国家标准编写应当遵守国家有关规定,并在前言中载明组织起草部门信息,但不得涉及具体的起草单位和起草人信息。

第 20 条规定 强制性国家标准应当对相关事项进行调查分析、实验、论证。

有关技术要求需要进行试验验证的,应当委托具有相应能力的技术单位开展。

第 21 条规定 起草强制性国家标准应当同时编写编制说明。编制说明应当包括下列内容:

(1)工作简况,包括任务来源、起草人员及其所在单位、起草过程等;

(2)编制原则、强制性国家标准主要技术要求的依据(包括验证报告、统计数据等)及理由;

(3)与有关法律、行政法规和其他强制性标准的关系,配套推荐性标准的制定情况;

(4)与国际标准化组织、其他国家或者地区有关法律法规和标准的比对分析;

(5)重大分歧意见的处理过程、处理意见及其依据;

(6)对强制性国家标准自发布日期至实施日期之间的过渡期(以下简称过渡期)的建议及理由,包括实施强制性国家标准所需要的技术改造、成本投入、老旧产品退出市场时间等;

(7)与实施强制性国家标准有关的政策措施,包括实施监督管理部门以及对违反强制性国家标准的行为进行处理的有关法律、行政法规、部门规章依据等;

(8)是否需要对外通报的建议及理由;

(9)废止现行有关标准的建议;

(10)涉及专利的有关说明;

(11)强制性国家标准所涉及的产品、过程或者服务目录;

(12)其他应当予以说明的事项。

第 22 条规定 组织起草部门应当以书面形式向涉及的有关行政主管部门以及企业事业组织、社会团体、消费者组织和教育、科研机构等方面征求意见。

书面征求意见的有关行政主管部门应当包括强制性国家标准的实施监督管理部门。

第 23 条规定 组织起草部门应当将强制性国家标准征求意见稿、编制说明以及拟订的过渡期,通过本部门门户网站和全国标准信息公共服务平台向社会公开征求意见。

公开征求意见期限不少于六十日。紧急情况下可以缩短公开征求意见期限,但一般不得少于三十日。

第 24 条规定 对于涉及面广、关注度高的强制性国家标准,组织起草部门可以采取座谈会、论证会、听证会等多种形式听取意见。

第 25 条规定 对于不采用国际标准或者与有关国际标准技术要求不一致,并且对世界贸易组织(WTO)其他成员的贸易有重大影响的强制性国家标准,组织起草部门应当按照要求将强制性国家标准征求意见稿和中英文通报表送国务院标准化行政主管部门。

国务院标准化行政主管部门应当按照世界贸易组织(WTO)的要求对外通报,并将收到的意见反馈组织起草部门。

第 26 条规定 制定中的强制性国家标准有关技术要求发生重大变化的,应当再次向社会公开征求意见。需要对外通报的,还应当再次对外通报。

第28条规定　组织起草部门可以委托相关标准化技术委员会承担对强制性国家标准送审稿的技术审查工作。

未组成标准化技术委员会的,组织起草部门应当成立审查专家组承担强制性国家标准送审稿的技术审查。涉及两个以上国务院有关行政主管部门的强制性国家标准项目,牵头组织起草部门应当会同其他组织起草部门成立审查专家组。审查专家组应当具有权威性和代表性,人数不得少于十五人。

起草人员不得承担技术审查工作。

第29条规定　技术审查应当采取会议形式,重点审查技术要求的科学性、合理性、适用性、规范性、与相关政策要求的符合性,以及与其他强制性标准的协调性。

审查会议应当形成会议纪要,并经与会全体专家签字。会议纪要应当真实反映审查情况,包括会议时间地点、会议议程、专家名单、具体的审查意见、审查结论等。

第30条规定　组织起草部门根据技术审查意见决定报送批准发布的,应当形成报批稿,送国务院标准化行政主管部门统一编号。

两个以上国务院有关行政主管部门联合起草的,牵头组织起草部门应当经其他组织起草部门同意后,送国务院标准化行政主管部门统一编号。

第32条规定　强制性国家标准不能按照项目计划规定时限报送的,组织起草部门应当提前三十日向国务院标准化行政主管部门说明情况,并申请延长期限。

延长的期限不得超过一年。

第33条规定　强制性国家标准报送编号前,组织起草部门认为相关技术要求存在重大问题或者出现政策性变化的,可以重新组织起草或者向国务院标准化行政主管部门提出项目终止建议。

第35条规定　强制性国家标准的编号由强制性国家标准代号(GB)、顺序号和年代号构成。

第36条规定　国务院标准化行政主管部门依据国务院授权批准发布强制性国家标准。强制性国家标准应当以国务院标准化行政主管部门公告的形式发布。

第37条规定　国务院标准化行政主管部门应当自发布之日起二十日内在全国标准信息公共服务平台上免费公开强制性国家标准文本。

第38条规定　强制性国家标准从项目计划下达到报送强制性国家标准报批稿的期限一般不得超过两年,国务院标准化行政主管部门从收到强制性国家标准报批稿到授权批准发布的期限一般不得超过两个月。

第39条规定　强制性国家标准发布后实施前,企业可以选择执行原强制性国家标准或者新强制性国家标准。

新强制性国家标准实施后,原强制性国家标准同时废止。

第41条规定　强制性国家标准发布后,有下列情形之一的,由国务院标准化行政主管部门依据国务院授权解释:

(1)强制性国家标准的规定需要进一步明确具体含义的;

(2)出现新的情况,需要明确适用强制性国家标准依据的;

(3)需要解释的其他事项。

强制性国家标准解释草案由组织起草部门研究提出并报国务院标准化行政主管部门。

强制性国家标准的解释与标准具有同等效力。解释发布后,国务院标准化行政主管部门应当自发布之日起二十日内在全国标准信息公共服务平台上免费公开解释文本。

属于强制性国家标准实施过程中有关具体问题的咨询,由组织起草部门研究答复。

第42条规定 国务院标准化行政主管部门应当通过全国标准信息公共服务平台接收社会各方对强制性国家标准实施情况的意见建议,并及时反馈组织起草部门。

第43条规定 组织起草部门应当收集强制性国家标准实施效果和存在问题,及时研究处理,并对实施情况进行跟踪评估。

强制性国家标准的实施监督管理部门与组织起草部门为不同部门的,监督管理部门应当将行政检查、行政处罚以及其他有关信息及时反馈组织起草部门。

第44条规定 强制性国家标准实施后,组织起草部门应当定期组织对强制性国家标准实施情况进行统计分析,形成实施情况统计分析报告并送国务院标准化行政主管部门。

强制性国家标准实施情况统计分析报告应当包括强制性国家标准实施情况总体评估以及具体实施效果、存在的问题、改进建议等。

第45条规定 组织起草部门应当根据反馈和评估情况,对强制性国家标准进行复审,提出继续有效、修订或者废止的结论,并送国务院标准化行政主管部门。

复审周期一般不得超过五年。

第46条规定 复审结论为修订强制性国家标准的,组织起草部门应当在报送复审结论时提出修订项目。

强制性国家标准的修订,按照本办法规定的强制性国家标准制定程序执行;个别技术要求需要调整、补充或者删减,采用修改单方式予以修订的,无需经国务院标准化行政主管部门立项。

第47条规定 复审结论为废止强制性国家标准的,由国务院标准化行政主管部门通过全国标准信息公共服务平台向社会公开征求意见,并以书面形式征求强制性国家标准的实施监督管理部门意见。公开征求意见一般不得少于三十日。

无重大分歧意见或者经协调一致的,由国务院标准化行政主管部门依据国务院授权以公告形式废止强制性国家标准。

第48条规定 强制性国家标准制定实施中出现争议的,由国务院标准化行政主管部门组织协商;经协商未形成一致意见的,提交国务院标准化协调推进部际联席会议研究解决。

第49条规定 任何单位或者个人有权向标准化行政主管部门、有关行政主管部门举报、投诉违反本办法规定的行为。

标准化行政主管部门、有关行政主管部门依据职责予以处理,对于实名举报人或者投诉人,应当告知处理结果,为举报人保密,并按照国家有关规定对举报人给予奖励。

第50条规定 强制性国家标准制定过程中涉及国家秘密的,应当遵守有关保密规定。

第51条规定 强制性国家标准涉及专利的,应当按照国家标准涉及专利的有关管理规定执行。

制定强制性国家标准参考相关国际标准的,应当遵守相关国际标准化组织的版权政策。

第四节　产品质量法

《中华人民共和国产品质量法》（以下简称《产品质量法》）由总则、产品质量的监督、生产者的产品质量责任和义务、销售者的产品质量责任和义务、损害赔偿、罚则、附则组成。本节主要介绍本法与工程建设相关条款的运用解释。

1. 总则

总则强调了立法的目的、适用范围。

第 1 条规定　为了加强对产品质量的监督管理，提高产品质量水平，明确产品质量责任，保护消费者的合法权益，维护社会经济秩序，制定本法。

产品质量是由各种要素所组成的。这些要素亦被称为产品所具有的特征和特性，不同的产品特征和特性各异。因此，产品所具有的特征和特性的总和，便构成了产品质量的内涵。国际标准化组织颁布的 ISO/DIS 9000:2000 标准，将质量的含义规定为："产品、体系或过程的一组固有特性满足顾客和其他相关方要求的能力。"本定义所称的"要求"往往随时间而变化，与科学技术的不断进步有着密切的关系。"要求"可转化成具有具体指标的特征和特性。"要求"可以包括使用性能、安全性、可靠性、可维修性、经济性和环境等几个方面。

①产品的使用性能是指产品在一定条件下，实现预定目的或者规定用途的能力。任何产品都具有其特定的使用目的。

②产品的安全性是指产品在使用、储运、销售等过程中，保障人体健康和人身、财产安全免受侵害的能力。

③产品的可靠性是指产品在规定条件下和规定的时间内，完成规定功能的程序或者能力。一般可用功能效率、平均寿命、失效率、平均故障时间、平均无故障工作时间等参量进行评定。

④产品的可维修性是指产品在发生故障以后，能迅速维修，恢复功能的能力。通常采用平均修复时间等参量表示。

⑤产品的经济性是指产品的设计、制造、使用等各方面所付出或所消耗成本的程度。同时，亦包含其可获得经济利益的程序，即投入与产出的效益能力。

制定产品质量法的主要目的：一是为了加强国家对产品质量的监督管理，促使生产者、销售者保证产品质量；二是为了明确产品质量责任，严厉惩治生产、销售假冒伪劣产品的违法行为；三是为了切实地保护用户、消费者的合法权益，完善我国的产品质量民事赔偿制度；四是为了遏制假冒伪劣产品的生产和流通，维护正常的社会经济秩序。

①加强对产品质量的监督管理，是指国家对产品质量采取必要的宏观管理和激励引导的措施，促使企业保证产品质量，并且通过加强对生产和流通领域的产品质量监督检查，建立运用市场公平竞争、优胜劣汰制约假冒伪劣产品的机制，维护社会经济秩序。

②本法所称"产品质量"，是指产品满足需要的适用性、安全性、可用性、可靠性、维修性、经济性和环境等所具有的特征和特性的总和。

③本法所称"用户"，是指将产品用于社会集团消费和生产消费的企业、事业单位，社会组织等。

④本法所称"消费者",是指将产品用于个人生活消费的公民。

第2条规定 在中华人民共和国境内从事产品生产、销售活动,必须遵守本法。

本法所称产品是指经过加工、制作,用于销售的产品。

建设工程不适用本法规定。但是建设工程产品,如工业、民用建筑物,虽然也是经过加工制作,有些也是用于销售的,但不适用于《产品质量法》;而建筑工程材料,特别是建设工程中使用的建筑材料、建筑构配件和设备,适用于《产品质量法》。

由总则的规定可以看出,交通建设工程所建设的公路、桥梁、隧道、码头等永久性设施,不是用于销售的产品,不适用《产品质量法》;但建设过程中所用到的原材料,如钢筋、水泥、外加剂等适用《产品质量法》。

第8条规定 国务院产品质量监督管理部门负责全国产品质量监督管理工作。国务院有关部门在各自的职责范围内负责产品质量监督管理工作。

县级以上地方人民政府管理产品质量监督工作的部门负责本行政区域内的产品质量监督管理工作。

2. 产品质量的监督管理规定

第12条规定 产品质量应当检验合格,不得以不合格产品冒充合格产品。

第19条规定 产品质量检验机构必须具备相应的检测条件和能力,经省级以上人民政府产品质量监督管理部门或者其授权的部门考核合格后,方可承担产品质量的检验工作。法律、行政法规对产品质量检验机构另有规定的,依照有关的法律、行政法规的规定执行。

第21条规定 产品质量检验机构、认证机构,必须依法按照有关标准,客观、公正地出具检验结果或认证证明。

产品质量认证机构应当依照国家规定对准许使用认证标志的产品进行认证后的跟踪检查;对不符合认证标准而使用认证标志的,要求其改正;情节严重的,取消其使用认证标志的资格。

第25条规定 产品质量监督部门或者其他国家机关以及产品质量检验机构不得向社会推荐生产者的产品;不得以对产品进行监制、监销等方式参与产品经营活动。

3. 生产者、销售者的产品质量责任和义务

第26条规定 生产者应当对其生产的产品质量负责。

产品质量应当符合下列要求:

(1)不存在危及人身、财产安全的不合理的危险,有保障人体健康和人身、财产安全的国家标准、行业标准的,应当符合该标准;

(2)具备产品应当具备的使用性能,但是,对产品存在使用性能的瑕疵作出说明的除外;

(3)符合在产品或者其包装上注明采用的产品标准,符合以产品说明、实物样品等方式表明的质量状况。

本条对生产者保证产品质量规定了三项要求:

(1)产品不得存在危及人身、财产安全的不合理的危险;

(2)产品应当具备应有的使用性能;

(3)产品质量应当符合明示的质量状况。

（1）、（2）是法律对产品质量规定的默示担保条件；（3）是法律对产品质量规定的明示担保条件。产品质量符合上述三项要求，即为合格产品。

判定产品质量是否符合规定要求的依据是：

（1）符合保障人体健康，人身、财产安全的国家标准、行业标准中的安全、卫生指标；

（2）符合明示采用的产品标准中规定的使用性能，未制定相应标准的产品，其使用性能应当符合公众普遍认为应当具备的使用性能；

（3）符合在产品或者包装上注明采用的产品标准所规定的质量指标，或者符合在产品说明中规定的质量指标，或者符合以实物样品等方式表明的质量状况。

第 27 条规定 产品或者其包装上的标识必须真实，并符合下列要求：

（1）有产品质量检验合格证明；

（2）有中文标明的产品名称、生产厂厂名和厂址；

（3）根据产品的特点和使用要求，需要标明产品规格、等级、所含主要成分的名称和含量的，用中文相应予以标明；需要事先让消费者知晓的，应当在外包装上标明，或者预先向消费者提供有关资料；

（4）限期使用的产品，应当在显著位置清晰地标明生产日期和安全使用期或者失效日期；

（5）使用不当，容易造成产品本身损坏或者可能危及人身、财产安全的产品，应当有警示标志或者中文警示说明。

裸装的食品和其他根据产品的特点难以附加标识的裸装产品，可以不附加产品标识。

第 32 条规定 生产者生产产品，不得掺杂、掺假，不得以假充真、以次充好，不得以不合格产品冒充合格产品。

4. 损害赔偿规定

第 43 条规定 因产品存在缺陷造成人身、他人财产损害的，受害人可以向产品的生产者要求赔偿，也可以向产品的销售者要求赔偿。属于产品的生产者的责任，产品的销售者赔偿的，产品的销售者有权向产品的生产者追偿。属于产品的销售者的责任，产品的生产者赔偿的，产品的生产者有权向产品的销售者追偿。

第 46 条规定 本法所称缺陷，是指产品存在危及人身、他人财产安全的不合理的危险；产品有保障人体健康和人身、财产安全的国家标准、行业标准的，是指不符合该标准。

5. 罚则

第 49 条规定 生产、销售不符合保障人体健康和人身、财产安全的国家标准、行业标准的产品的，责令停止生产、销售，没收违法生产、销售的产品，并处违法生产、销售产品（包括已售出和未售出的产品，下同）货值金额等值以上三倍以下的罚款；有违法所得的，并处没收违法所得；情节严重的，吊销营业执照；构成犯罪的，依法追究刑事责任。

第 50 条规定 在产品中掺杂、掺假，以假充真，以次充好，或者以不合格产品冒充合格产品的，责令停止生产、销售，没收违法生产、销售的产品，并处违法生产、销售产品货值金额百分之五十以上三倍以下的罚款；有违法所得的，并处没收违法所得；情节严重的，吊销营业执照；构成犯罪的，依法追究刑事责任。

第 51 条规定 生产国家明令淘汰的产品的,销售国家明令淘汰并停止销售的产品的,责令停止生产、销售,没收违法生产、销售的产品,并处违法生产、销售产品货值金额等值以下的罚款;有违法所得的,并处没收违法所得;情节严重的,吊销营业执照。

第 52 条规定 销售失效、变质的产品的,责令停止销售,没收违法销售的产品,并处违法销售产品货值金额二倍以下的罚款;有违法所得的,并处没收违法所得;情节严重的,吊销营业执照;构成犯罪的,依法追究刑事责任。

第 53 条规定 伪造产品产地的,伪造或者冒用他人厂名、厂址的,伪造或者冒用认证标志等质量标志的,责令改正,没收违法生产、销售的产品,并处违法生产、销售产品货值金额等值以下的罚款;有违法所得的,并处没收违法所得;情节严重的,吊销营业执照。

第 57 条规定 产品质量检验机构、认证机构伪造检验结果或者出具虚假证明的,责令改正,对单位处五万元以上十万元以下的罚款,对直接负责的主管人员和其他直接责任人员处一万元以上五万元以下的罚款;有违法所得的,并处没收违法所得;情节严重的,取消其检验资格、认证资格;构成犯罪的,依法追究刑事责任。

产品质量检验机构、认证机构出具的检验结果或者证明不实,造成损失的,应当承担相应的赔偿责任;造成重大损失的,撤销其检验资格、认证资格。

产品质量认证机构违反本法第二十一条第二款的规定,对不符合认证标准而使用认证标志的产品,未依法要求其改正或者取消其使用认证标志资格的,对因产品不符合认证标准给消费者造成的损失,与产品的生产者、销售者承担连带责任;情节严重的,撤销其认证资格。

第五节 建设工程质量管理条例

《建设工程质量管理条例》(中华人民共和国国务院令第 279 号)规定,从事建设工程的新建、扩建、改建等有关活动及实施对建设工程质量监督管理的,必须遵守本条例。中华人民共和国国务院令 2017 年第 687 号对《建设工程质量管理条例》施工图设计文件审查的内容进行了修改。该条例由总则,建设单位的质量责任和义务,勘察、设计单位的质量责任和义务,施工单位的质量责任和义务,工程监理单位的质量责任和义务,建设工程质量保修,监督管理,罚则,附则组成。以下就相关条款进行阐述。

一、建设工程质量管理条例的适用范围

第 2 条规定 凡在中华人民共和国境内所有从事建设工程的新建、扩建、改建等有关活动及实施对建设工程质量监督管理的,必须遵守本条例。

本条例所称建设工程,是指土木工程、建筑工程、线路管道和设备安装工程及装修工程。交通建设属于土木工程范畴。

第 5 条规定 从事建设工程活动,必须严格执行基本建设程序,坚持先勘察、后设计、再施工的原则。

二、建设单位的质量责任和义务的规定

第 10 条规定 建设工程发包单位不得迫使承包方以低于成本的价格竞标,不得任意压缩

合理工期。

建设单位不得明示或者暗示设计单位或者施工单位违反工程建设强制性标准,降低建设工程质量。

第 13 条规定　建设单位在领取施工许可证或者开工报告前,应当按照国家有关规定办理工程质量监督手续。

第 16 条规定　建设单位收到建设工程竣工报告后,应当组织设计、施工、工程监理等有关单位进行竣工验收。

建设工程竣工验收应当具备下列条件:
(1)完成建设工程设计和合同约定的各项内容;
(2)有完整的技术档案和施工管理资料;
(3)有工程使用的主要建筑材料、建筑构配件和设备的进场试验报告;
(4)有勘察、设计、施工、工程监理等单位分别签署的质量合格文件;
(5)有施工单位签署的工程保修书。
建设工程经验收合格的,方可交付使用。

第 17 条规定　建设单位应当严格按照国家有关档案管理的规定,及时收集、整理建设项目各环节的文件资料,建立、健全建设项目档案,并在建设工程竣工验收后,及时向建设行政主管部门或者其他有关部门移交建设项目档案。

三、施工单位的质量责任和义务的规定

第 29 条规定　施工单位必须按照工程设计要求、施工技术标准和合同约定,对建筑材料、建筑构配件、设备和商品混凝土进行检验,检验应当有书面记录和专人签字;未经检验或者检验不合格的,不得使用。

第 30 条规定　施工单位必须建立、健全施工质量的检验制度,严格工序管理,做好隐蔽工程的质量检查和记录。隐蔽工程在隐蔽前,施工单位应当通知建设单位和建设工程质量监督机构。

第 31 条规定　施工人员对涉及结构安全的试块、试件以及有关材料,应当在建设单位或者工程监理单位监督下现场取样,并送具有相应资质等级的质量检测单位进行检测。

第 32 条规定　施工单位对施工中出现质量问题的建设工程或者竣工验收不合格的建设工程,应当负责返修。

第 33 条规定　施工单位应当建立、健全教育培训制度,加强对职工的教育培训;未经教育培训或者考核不合格的人员,不得上岗作业。

四、工程监理单位的质量责任和义务规定

第 38 条规定　监理工程师应当按照工程监理规范的要求,采取旁站、巡视和平行检验等形式,对建设工程实施监理。

五、监督管理

第 43 条规定　国家实行建设工程质量监督管理制度。

国务院建设行政主管部门对全国的建设工程质量实施统一监督管理。国务院铁路、交通、水利等有关部门按照国务院规定的职责分工,负责对全国的有关专业建设工程质量的监督管理。

县级以上地方人民政府建设行政主管部门对本行政区域内的建设工程质量实施监督管理。县级以上地方人民政府交通、水利等有关部门在各自的职责范围内,负责对本行政区域内的专业建设工程质量的监督管理。

第 44 条规定　国务院建设行政主管部门和国务院铁路、交通、水利等有关部门应当加强对有关建设工程质量的法律、法规和强制性标准执行情况的监督检查。

第六节　中华人民共和国认证认可条例

《中华人民共和国认证认可条例》(以下简称《认证认可条例》)2003 年 9 月 3 日中华人民共和国国务院令第 390 号公布。根据 2016 年 2 月 6 日《国务院关于修改部分行政法规的决定》第一次修订。根据 2020 年 11 月 29 日《国务院关于修改和废止部分行政法规的决定》第二次修订。《认证认可条例》由总则,认证机构,认证,认可,监督管理,法律责任和附则共七章七十七条组成。本节摘录了部分条款。

1. 总则

第 1 条规定　为了规范认证认可活动,提高产品、服务的质量和管理水平,促进经济和社会的发展,制定本条例。

第 2 条规定　本条例所称认证,是指由认证机构证明产品、服务、管理体系符合相关技术规范、相关技术规范的强制性要求或者标准的合格评定活动。

本条例所称认可,是指由认可机构对认证机构、检查机构、实验室以及从事评审、审核等认证活动人员的能力和执业资格,予以承认的合格评定活动。

第 4 条规定　国家实行统一的认证认可监督管理制度。

国家对认证认可工作实行在国务院认证认可监督管理部门统一管理、监督和综合协调下,各有关方面共同实施的工作机制。

第 6 条规定　认证认可活动应当遵循客观独立、公开公正、诚实信用的原则。

第 7 条规定　国家鼓励平等互利地开展认证认可国际互认活动。认证认可国际互认活动不得损害国家安全和社会公共利益。

第 8 条规定　从事认证认可活动的机构及其人员,对其所知悉的国家秘密和商业秘密负有保密义务。

2. 认证机构

第 9 条规定　取得认证机构资质,应当经国务院认证认可监督管理部门批准,并在批准范围内从事认证活动。

未经批准,任何单位和个人不得从事认证活动。

第 10 条规定　取得认证机构资质,应当符合下列条件:

(1) 取得法人资格;
(2) 有固定的场所和必要的设施;
(3) 有符合认证认可要求的管理制度;
(4) 注册资本不得少于人民币 300 万元;
(5) 有 10 名以上相应领域的专职认证人员。

从事产品认证活动的认证机构,还应当具备与从事相关产品认证活动相适应的检测、检查等技术能力。

第 11 条规定 认证机构资质的申请和批准程序:

(1) 认证机构资质的申请人,应当向国务院认证认可监督管理部门提出书面申请,并提交符合本条例第十条规定条件的证明文件;

(2) 国务院认证认可监督管理部门自受理认证机构资质申请之日起 45 日内,应当作出是否批准的决定。涉及国务院有关部门职责的,应当征求国务院有关部门的意见。决定批准的,向申请人出具批准文件,决定不予批准的,应当书面通知申请人,并说明理由。

国务院认证认可监督管理部门应当公布依法取得认证机构资质的企业名录。

第 13 条规定 认证机构不得与行政机关存在利益关系。

认证机构不得接受任何可能对认证活动的客观公正产生影响的资助;不得从事任何可能对认证活动的客观公正产生影响的产品开发、营销等活动。

认证机构不得与认证委托人存在资产、管理方面的利益关系。

第 14 条规定 认证人员从事认证活动,应当在一个认证机构执业,不得同时在两个以上认证机构执业。

第 15 条规定 向社会出具具有证明作用的数据和结果的检查机构、实验室,应当具备有关法律、行政法规规定的基本条件和能力,并依法经认定后,方可从事相应活动,认定结果由国务院认证认可监督管理部门公布。

3. 认证

第 16 条规定 国家根据经济和社会发展的需要,推行产品、服务、管理体系认证。

第 21 条规定 认证机构以及与认证有关的检查机构、实验室从事认证以及与认证有关的检查、检测活动,应当完成认证基本规范、认证规则规定的程序,确保认证、检查、检测的完整、客观、真实,不得增加、减少、遗漏程序。

认证机构以及与认证有关的检查机构、实验室应当对认证、检查、检测过程作出完整记录,归档留存。

第 27 条规定 为了保护国家安全、防止欺诈行为、保护人体健康或者安全、保护动植物生命或者健康、保护环境,国家规定相关产品必须经过认证的,应当经过认证并标注认证标志后,方可出厂、销售、进口或者在其他经营活动中使用。

第 28 条规定 国家对必须经过认证的产品,统一产品目录,统一技术规范的强制性要求、标准和合格评定程序,统一标志,统一收费标准。

统一的产品目录(以下简称目录)由国务院认证认可监督管理部门会同国务院有关部门制定、调整,由国务院认证认可监督管理部门发布,并会同有关方面共同实施。

第29条规定 列入目录的产品,必须经国务院认证认可监督管理部门指定的认证机构进行认证。

列入目录产品的认证标志,由国务院认证认可监督管理部门统一规定。

第30条规定 列入目录的产品,涉及进出口商品检验目录的,应当在进出口商品检验时简化检验手续。

第31条规定 国务院认证认可监督管理部门指定的从事列入目录产品认证活动的认证机构以及与认证有关的实验室(以下简称指定的认证机构、实验室),应当是长期从事相关业务、无不良记录,且已经依照本条例的规定取得认可、具备从事相关认证活动能力的机构。国务院认证认可监督管理部门指定从事列入目录产品认证活动的认证机构,应当确保在每一列入目录产品领域至少指定两家符合本条例规定条件的机构。

国务院认证认可监督管理部门指定前款规定的认证机构、实验室,应当事先公布有关信息,并组织在相关领域公认的专家组成专家评审委员会,对符合前款规定要求的认证机构、实验室进行评审;经评审并征求国务院有关部门意见后,按照资源合理利用、公平竞争和便利、有效的原则,在公布的时间内作出决定。

第32条规定 国务院认证认可监督管理部门应当公布指定的认证机构、实验室名录及指定的业务范围。

未经指定的认证机构、实验室不得从事列入目录产品的认证以及与认证有关的检查、检测活动。

第34条规定 指定的认证机构、实验室应当在指定业务范围内,为委托人提供方便、及时的认证、检查、检测服务,不得拖延,不得歧视、刁难委托人,不得牟取不当利益。

指定的认证机构不得向其他机构转让指定的认证业务。

4. 认可

第36条规定 国务院认证认可监督管理部门确定的认可机构(以下简称认可机构),独立开展认可活动。

除国务院认证认可监督管理部门确定的认可机构外,其他任何单位不得直接或者变相从事认可活动。其他单位直接或者变相从事认可活动的,其认可结果无效。

第37条规定 认证机构、检查机构、实验室可以通过认可机构的认可,以保证其认证、检查、检测能力持续、稳定地符合认可条件。

第42条规定 认可机构应当公开认可条件、认可程序、收费标准等信息。

认可机构受理认可申请,不得向申请人提出与认可活动无关的要求或者限制条件。

第43条规定 认可机构应当在公布的时间内,按照国家标准和国务院认证认可监督管理部门的规定,完成对认证机构、检查机构、实验室的评审,作出是否给予认可的决定,并对认可过程作出完整记录,归档留存。认可机构应当确保认可的客观公正和完整有效,并对认可结论负责。

认可机构应当向取得认可的认证机构、检查机构、实验室颁发认可证书,并公布取得认可的认证机构、检查机构、实验室名录。

第45条规定 认可证书应当包括认可范围、认可标准、认可领域和有效期限。

第 46 条规定 取得认可的机构应当在取得认可的范围内使用认可证书和认可标志。取得认可的机构不当使用认可证书和认可标志的,认可机构应当暂停其使用直至撤销认可证书,并予公布。

第 47 条规定 认可机构应当对取得认可的机构和人员实施有效的跟踪监督,定期对取得认可的机构进行复评审,以验证其是否持续符合认可条件。取得认可的机构和人员不再符合认可条件的,认可机构应当撤销认可证书,并予公布。

取得认可的机构的从业人员和主要负责人、设施、自行制定的认证规则等与认可条件相关的情况发生变化的,应当及时告知认可机构。

5. 监督管理

第 50 条规定 国务院认证认可监督管理部门可以采取组织同行评议,向被认证企业征求意见,对认证活动和认证结果进行抽查,要求认证机构以及与认证有关的检查机构、实验室报告业务活动情况的方式,对其遵守本条例的情况进行监督。发现有违反本条例行为的,应当及时查处,涉及国务院有关部门职责的,应当及时通报有关部门。

第 51 条规定 国务院认证认可监督管理部门应当重点对指定的认证机构、实验室进行监督,对其认证、检查、检测活动进行定期或者不定期的检查。指定的认证机构、实验室,应当定期向国务院认证认可监督管理部门提交报告,并对报告的真实性负责;报告应当对从事列入目录产品认证、检查、检测活动的情况作出说明。

第 52 条规定 认可机构应当定期向国务院认证认可监督管理部门提交报告,并对报告的真实性负责;报告应当对认可机构执行认可制度的情况、从事认可活动的情况、从业人员的工作情况作出说明。

国务院认证认可监督管理部门应当对认可机构的报告作出评价,并采取查阅认可活动档案资料、向有关人员了解情况等方式,对认可机构实施监督。

6. 法律责任

第 56 条规定 未经批准擅自从事认证活动的,予以取缔,处 10 万元以上 50 万元以下的罚款,有违法所得的,没收违法所得。

第 58 条规定 认证机构接受可能对认证活动的客观公正产生影响的资助,或者从事可能对认证活动的客观公正产生影响的产品开发、营销等活动,或者与认证委托人存在资产、管理方面的利益关系的,责令停业整顿;情节严重的,撤销批准文件,并予公布;有违法所得的,没收违法所得;构成犯罪的,依法追究刑事责任。

第 59 条规定 认证机构有下列情形之一的,责令改正,处 5 万元以上 20 万元以下的罚款,有违法所得的,没收违法所得;情节严重的,责令停业整顿,直至撤销批准文件,并予公布:

(1)超出批准范围从事认证活动的;
(2)增加、减少、遗漏认证基本规范、认证规则规定的程序的;
(3)未对其认证的产品、服务、管理体系实施有效的跟踪调查,或者发现其认证的产品、服务、管理体系不能持续符合认证要求,不及时暂停其使用或者撤销认证证书并予公布的;
(4)聘用未经认可机构注册的人员从事认证活动的。

与认证有关的检查机构、实验室增加、减少、遗漏认证基本规范、认证规则规定的程序的,依照前款规定处罚。

第60条规定 认证机构有下列情形之一的,责令限期改正;逾期未改正的,处2万元以上10万元以下的罚款:

(1)以委托人未参加认证咨询或者认证培训等为理由,拒绝提供本认证机构业务范围内的认证服务,或者向委托人提出与认证活动无关的要求或者限制条件的;

(2)自行制定的认证标志的式样、文字和名称,与国家推行的认证标志相同或者近似,或者妨碍社会管理,或者有损社会道德风尚的;

(3)未公开认证基本规范、认证规则、收费标准等信息的;

(4)未对认证过程作出完整记录,归档留存的;

(5)未及时向其认证的委托人出具认证证书的。

与认证有关的检查机构、实验室未对与认证有关的检查、检测过程作出完整记录,归档留存的,依照前款规定处罚。

第61条规定 认证机构出具虚假的认证结论,或者出具的认证结论严重失实的,撤销批准文件,并予公布;对直接负责的主管人员和负有直接责任的认证人员,撤销其执业资格;构成犯罪的,依法追究刑事责任;造成损害的,认证机构应当承担相应的赔偿责任。

指定的认证机构有前款规定的违法行为的,同时撤销指定。

第62条规定 认证人员从事认证活动,不在认证机构执业或者同时在两个以上认证机构执业的,责令改正,给予停止执业6个月以上2年以下的处罚,仍不改正的,撤销其执业资格。

第63条规定 认证机构以及与认证有关的实验室未经指定擅自从事列入目录产品的认证以及与认证有关的检查、检测活动的,责令改正,处10万元以上50万元以下的罚款,有违法所得的,没收违法所得。

认证机构未经指定擅自从事列入目录产品的认证活动的,撤销批准文件,并予公布。

第64条规定 指定的认证机构、实验室超出指定的业务范围从事列入目录产品的认证以及与认证有关的检查、检测活动的,责令改正,处10万元以上50万元以下的罚款,有违法所得的,没收违法所得;情节严重的,撤销指定直至撤销批准文件,并予公布。

指定的认证机构转让指定的认证业务的,依照前款规定处罚。

第66条规定 列入目录的产品未经认证,擅自出厂、销售、进口或者在其他经营活动中使用的,责令改正,处5万元以上20万元以下的罚款,有违法所得的,没收违法所得。

第67条规定 认可机构有下列情形之一的,责令改正;情节严重的,对主要负责人和负有责任的人员撤职或者解聘:

(1)对不符合认可条件的机构和人员予以认可的;

(2)发现取得认可的机构和人员不符合认可条件,不及时撤销认可证书,并予公布的;

(3)接受可能对认可活动的客观公正产生影响的资助的。

被撤职或者解聘的认可机构主要负责人和负有责任的人员,自被撤职或者解聘之日起5年内不得从事认可活动。

第68条规定 认可机构有下列情形之一的,责令改正;对主要负责人和负有责任的人员给予警告:

(1)受理认可申请,向申请人提出与认可活动无关的要求或者限制条件的;

（2）未在公布的时间内完成认可活动，或者未公开认可条件、认可程序、收费标准等信息的；

（3）发现取得认可的机构不当使用认可证书和认可标志，不及时暂停其使用或者撤销认可证书并予公布的；

（4）未对认可过程作出完整记录，归档留存的。

第 72 条规定　认证人员自被撤销执业资格之日起 5 年内，认可机构不再受理其注册申请。

第 73 条规定　认证机构未对其认证的产品实施有效的跟踪调查，或者发现其认证的产品不能持续符合认证要求，不及时暂停或者撤销认证证书和要求其停止使用认证标志给消费者造成损失的，与生产者、销售者承担连带责任。

7. 附则

第 74 条规定　药品生产、经营企业质量管理规范认证，实验动物质量合格认证，军工产品的认证，以及从事军工产品校准、检测的实验室及其人员的认可，不适用本条例。

依照本条例经批准的认证机构从事矿山、危险化学品、烟花爆竹生产经营单位管理体系认证，由国务院安全生产监督管理部门结合安全生产的特殊要求组织；从事矿山、危险化学品、烟花爆竹生产经营单位安全生产综合评价的认证机构，经国务院安全生产监督管理部门推荐，方可取得认可机构的认可。

第 77 条规定　本条例自 2003 年 11 月 1 日起施行。1991 年 5 月 7 日国务院发布的《中华人民共和国产品质量认证管理条例》同时废止。

第三章　公路水运工程试验检测管理

　　第二章介绍了与试验检测相关的法律法规，它是规范各领域试验检测机构管理及行为的准则。试验检测活动必须遵循国家的法律法规。公路水运工程属于《建设工程质量管理条例》中规定的土木工程的范畴，但由于道路、桥梁、隧道、港口、航道、船闸等公共设施专业检测的特殊要求，须制定符合专业实际的管理规定来规范公路水运试验检测活动。试验检测是控制和保障工程质量、安全的必要手段。科学准确的试验检测数据是评判工程质量的重要依据。控制和保障工程质量和安全，也是各类工程行业主管部门和参建各方的广泛共识和普遍做法。

　　为保证试验检测工作规范开展，不断提升试验检测综合能力，交通部于2005年颁布实施了《公路水运工程试验检测管理办法》(交通部令2005年第12号)，极大地促进了公路水运工程试验检测工作的规范化水平。为了贯彻实施《公路水运工程试验检测管理办法》，原交通运输部质监总站出台了重要配套文件《公路水运工程试验检测机构等级标准》及《公路水运工程试验检测机构等级评定程序》。2008年对配套文件进行修订，印发《公路水运工程试验检测机构等级标准》及《公路水运工程试验检测机构等级评定程序》(交质监发〔2008〕274号)，进一步明确检测机构各等级的人员、设备、检测能力、试验用房等标准，规范了等级评定的程序。该文件是开展公路水运工程试验检测等级管理工作的重要依据，为公路水运工程的质量安全工作起到了保障支撑作用。2011年，大量机构都面临《等级证书》5年有效期满，需要换证复核评审。为了满足规范检测机构换证工作的需要，统一换证工作的标准和要求，交通运输部工程质量监督局❶以质监综字〔2011〕17号文印发《公路水运工程试验检测机构换证复核细则》的通知，明确换证评审的工作要求。除此以外，交通运输部质监总站还相继出台《公路水运工程试验检测信用评价管理办法(试行)》、《关于进一步加强公路水运工程工地试验室管理工作的意见》(厅质监字〔2009〕183号)等规范性文件。工地试验室管理意见强调了设立工地试验室的前提是母体取得检测机构等级证书。这些文件的出台为试验检测市场的培育发展、规范化管理提供了依据，为交通行业试验检测市场健康有序、又好又快发展奠定了基础。

　　近年来，国家十分重视检验检测工作，先后出台了多项举措，激发检验检测市场活力，推动检验检测整体能力水平快速提升。《国务院关于取消和调整一批行政审批项目等事项的决定》取消了公路水运工程试验检测人员资格许可事项后，人社部与交通运输部联合印发了《公路水运工程试验检测专业技术人员职业资格制度规定》(人社部发〔2015〕59号)，明确设立公路水运工程试验检测专业技术人员水平评价类职业资格制度。为此，《公路水运工程试验检

---

❶　交通运输部工程质量监督局已更名为交通运输部安全与质量监督管理司，后同。

测管理办法》关于管理机构和试验检测人员的条款亟待修改,同时,有关试验检测管理方法也面临调整,以便更好地贯彻落实国务院有关提升检验检测行业整体水平和政府"放管服"改革要求的精神。在此背景下,交通运输部先后两次对《检测管理办法》进行了修订。具体为:《交通运输部关于修改〈公路水运工程试验检测管理办法〉的决定》(交通运输部令2016年第80号)于2016年12月8日经第29次部务会议通过,并于2016年12月10日公布施行;《交通运输部关于修改〈公路水运工程试验检测管理办法〉的决定》(交通运输部令2019年第38号)于2019年11月20日经第26次部务会议通过,并于2019年11月28日公布施行。

历经两次修订后的《检测管理办法》就公路水运试验检测机构、从业人员的资格及工地试验室的管理等方面提出新要求。对试验检测人员职业资格按水平评价类划分要求进行了重新划分,即"试验检测工程师"修改为"试验检测师","试验检测员"修改为"助理试验检测师";对试验检测机构的管理方式作了局部调整;删除涉及"检测机构可以申请增加上一等级检测项目"的有关规定,进一步严格了等级管理;删除关于收取《等级证书》工本费的规定,明确规定"等级评定不得收费,有关具体事务性工作可通过政府购买服务等方式实施";简化了等级评定申请提交有关证明事项的资料清单;调整了试验检测机构参与市场服务的有关规定。

为贯彻落实新的《检测管理办法》,适应新形势下公路水运工程试验检测工作发展的需求,解决近些年来大量试验检测技术的更新和有关技术标准的更替所产生的检测工作不一致问题,进一步提高公路水运工程试验检测工作质量和管理水平,交通运输部于2017年8月4日以交安监发〔2017〕113号文印发了修订后的《公路水运工程试验检测机构等级标准》(以下简称《等级标准》)及《公路水运工程试验检测机构等级评定及换证复核工作程序》(以下简称《工作程序》),明确了现有检测机构等级评定及换证复核工作的过渡要求。原质监综字〔2011〕17号文《公路水运工程试验检测机构换证复核细则》作废。为了实现试验检测工作的标准化、规范化、信息化、智能化,交通运输部发布了《公路水运工程试验检测等级管理要求》(JT/T 1181—2018),并于2018年5月1日起实施。它是对《检测管理办法》《等级标准》《工作程序》等文件的补充和完善,对准确理解和落实试验检测有关规定具有较强的指导作用和可操作性。在下面章节中将对上述文件有关内容逐一介绍。

第一节 《公路水运工程试验检测管理办法》简介

《检测管理办法》由总则、检测机构等级评定、试验检测活动、监督检查、附则组成,全面阐述了检测机构专业分类、等级设立、等级评定、检测活动、监督检查、人员资格、工地试验室的管理等内容,明确了适用范围,规定从事公路水运工程试验检测活动应当遵守该办法。

一、目的、适用范围和相关名词术语

《检测管理办法》在总则中阐明了制定检测办法的目的、适用范围、相关的名词术语以及职责分工。目的是为了规范公路水运工程试验检测活动,保证公路水运工程质量及人民生命和财产安全,准确定位了试验检测活动在公路水运工程建设中的地位。将试验检测活动的规范提升到人民生命和财产安全的高度,是对试验检测活动在公路水运工程建设中的作用和地位的进一步认识,是试验检测工作得到不断认可的结果。

《检测管理办法》对"公路水运工程试验检测""公路水运工程试验检测机构""公路水运工程试验检测人员"等名词做了定义。为准确理解《检测管理办法》的要求,对其中涉及的名词术语阐述如下。

(1) 公路水运工程试验检测:指根据国家有关法律、法规的规定,依据工程建设技术标准、规范、规程,对公路水运工程所用材料、构件、工程制品、工程实体的技术指标等进行测试,以确定其质量特性的活动。简称试验检测。

(2) 公路水运工程试验检测机构:指依法成立,承担公路水运工程试验检测业务并对试验检测结果承担责任的专业技术组织。简称检测机构。

(3) 公路水运工程试验检测人员:指具备相应公路水运工程试验检测知识、能力,并承担相应公路水运工程试验检测业务的专业技术人员。简称检测人员。

(4) 公路水运工程试验检测机构等级标准:由交通运输部工程质量监督机构制定,检测机构在基本能力范围(试验检测项目及参数)、仪器设备、人员配置、场地环境等方面达到的等级要求。简称等级标准。

(5) 公路水运工程试验检测机构等级证书:向符合等级标准要求的检测机构颁发的证明文件。包括正本和副本,注有检测机构的名称、地址、主要负责人、等级类别、编号、能力范围等信息。简称等级证书。

(6) 公路水运工程试验检测机构等级评定:根据《检测管理办法》的有关规定,按照等级标准,对检测机构的仪器设备及检测人员的配备情况、试验检测环境等基本条件,以及试验检测技术水平和管理水平进行评审,确认其从事公路水运工程试验检测工作等级的活动。简称等级评定。

(7) 公路水运工程试验检测机构换证复核:根据《检测管理办法》的有关规定,对已获得等级证书的检测机构,在其等级证书期满后拟继续开展公路水运工程试验检测业务的,根据其提出的换证申请,复核其是否继续满足所持有等级标准的活动。简称换证复核。

总则中要求开展试验检测活动应遵循的原则,即"科学、客观、严谨、公正"。"科学",就是要求开展试验检测活动要采用科学的技术手段和管理手段,试验检测机构要建立严密、完善、运行有效的质量保证体系,应注意仪器设备运行中的检查和正常维护,定期校准和检定,应重视科技进步,及时更换落后的试验检测仪器设备,不断提高业务水平。对于监督机构而言,应科学分析影响检测质量的各种因素,有针对性地采用科学手段加强对试验检测工作的监管。"客观",就是要求开展试验检测活动要以事实为准绳,客观反映事物的原来面目和真实本质。试验检测机构要建立严密的工作程序,试验检测人员严守职业道德,不造假数据,不出假证明,不做假鉴定。"严谨",就是要求开展试验检测活动要考虑周全严密。试验检测机构要严格按照现行有效的标准、规范、规程的要求从事试验检测,试验检测程序要严密,出具的试验检测报告要素齐全,试验检测依据明确,检测方法得当。"公正",就是要求开展试验检测活动不受外界任何因素干扰,试验检测机构要独立开展检测工作,不受任何行政干扰和利益影响。这些总的原则,条款中都有具体体现。

《检测管理办法》赋予交通运输部质量监督机构和省级交通质量监督机构(以下简称质监机构)具体实施试验检测活动的监督管理职责和落实责任。交通运输部质量监督机构(以下简称部质量监督机构)为具体实施公路水运工程试验检测活动的监管部门,省级交通质量监督机构(以下简称省级交通质监机构)为本行政区域内试验检测活动的监管部门。对检测机构的责任也予以了规定,明确检测机构对检测结果承担责任。

二、公路水运试验检测机构类别、专业、等级设置规定

《检测管理办法》依据有关法律法规,针对公路水运建设特点,规定了检测机构类别、专业及等级设置,建立了检测机构等级评定制度。等级评定是一种必要的行业引导和管理手段。检测机构按其能力水平进行等级管理,同时明确能力等级划分原则是以保证能胜任与所从事的公路水运工程相适应为准。《检测管理办法》第6条规定,公路水运检测机构分为公路工程、水运工程两个专业类别。

公路工程专业分为综合类和专项类,水运工程专业分为材料类和结构类。

公路工程综合类设甲、乙、丙3个等级,专项等级分交通工程、桥梁隧道工程2个专项。

水运工程材料类设甲、乙、丙3个等级,结构类设甲、乙2个等级。

公路水运工程试验检测机构类别、专业、等级设置如表3-1所示。

公路水运试验检测机构类别、专业、等级设置表   表3-1

专业	类别	等级	评定
公路工程	综合类	甲级	部质量监督机构
		乙级	省级交通质监机构
		丙级	
	专项类	交通工程	部质量监督机构
		桥梁隧道工程	
水运工程	材料类	甲级	部质量监督机构
		乙级	省级交通质监机构
		丙级	
	结构类	甲级	部质量监督机构
		乙级	省级交通质监机构

检测机构等级是依据检测机构的公路水运工程试验检测水平、主要试验检测仪器设备及检测人员的配备情况、试验检测环境、检测用房面积等基本条件对检测机构进行的能力划分。

检测机构等级的设置是充分考虑公路水运建设的需要,设置了满足基本检测要求的低等级试验室,也满足检测需要的综合性和专业的专项试验机构,避免大而全的检测机构数量过多,既浪费资源,也不利于检测机构根据实际需要专业做强做大。

检测机构等级的差异只反映检测参数的多少,并不代表其检测水平的高低。无论等级高低,其提供的检测数据都应准确、可靠,对相同的检测参数其检测结论应一致。如公路综合甲级与丙级同时具备对土的检测能力,两者之间的差异是检测参数的不同,对同一样品进行相同指标的检测,其检测数据应是一致或相近的。

《检测管理办法》中设置的等级所需人员、环境条件以及相应的检测能力要求见《公路水运工程试验检测机构等级标准》。

三、试验检测机构等级评定

部质量监督机构负责公路工程综合类甲级、公路工程专项类和水运工程材料类及结构类甲级的等级评定工作。

省级交通质监机构负责公路工程综合类乙、丙级和水运工程材料类乙、丙级,水运工程结构类乙级的等级评定工作。

第 8 条规定 检测机构可以同时申请不同专业、不同类别的等级。检测机构取得相应等级证书后升级的,需满足两个方面的要求:

(1)取得试验检测机构等级证书时间满一年。

(2)检测机构正常运行,具有相应的试验检测业绩。

第 10 条规定 公路水运工程试验检测机构的等级评定工作分为受理、初审、现场评审 3 个阶段。

目前试验检测机构等级申报受理后,需要填报申报信息系统,为机构申报等级提供了方便。

第 13 条规定 初审合格的进入现场评审阶段;初审认为有需要补正的,质监机构应当通知申请人予以补正直至合格;初审不合格的,质监机构应当及时退还申请材料,并说明理由。

第 14 条规定 现场评审是通过对申请人完成试验检测项目的实际能力、检测机构申报材料与实际状况的符合性、质量保证体系和运转等情况的全面核查。

现场评审所抽查的试验检测项目,原则上应当覆盖申请人所申请的试验检测各大项目。抽取的具体参数应当通过抽签方式确定。

第 17 条规定 质监机构依据《现场评审报告》及检测机构等级标准对申请人进行等级评定。

第 19 条规定 《公路水运工程试验检测机构等级证书》(以下简称《等级证书》)有效期为 5 年。换发等级证书需提前 3 个月向原发证机关提出换证申请。

《等级证书》分为正本和副本,正本和副本具有同等法律效力。

任何单位和个人不得伪造、涂改、转让、租借《等级证书》;除发证机构外,任何单位和个人均不得扣压。检测机构在领取新的《等级证书》的同时,应当将原《等级证书》交回发证机构予以注销。

第 22 条规定 换证复核合格的,予以换发新的《等级证书》;不合格的,质监机构应当责令其在 6 个月内进行整改,整改期内不得承担质量评定和工程验收的试验检测业务。整改期满仍不能达到规定条件的,质监机构根据实际达到的试验检测能力条件重新作出评定,或者注销《等级证书》。

第 23 条规定 检测机构名称、地址、法定代表人或者机构负责人、技术负责人等发生变更的,应当自变更之日起 30 日内到原发证质监机构办理变更登记手续。

检测机构的名称、地址、法定代表人、行政负责人、技术负责人、质量负责人等发生的变更属于重要变更,检测机构需到发证的质监机构办理手续。质监机构需核查确认变更后的内容是否符合《检测管理办法》及等级标准的要求。地址变更一般进行现场评审确认,其他变更可进行书面审核确认。

2018年4月10日,交通运输部办公厅发布了《关于公路水运工程试验检测机构等级评定工作有关事项的通知》(交办安监函〔2018〕549号),规定试验检测机构的技术负责人、质量负责人变更时,经质监机构审核通过后,试验检测机构可自行从公路水运工程试验检测管理信息系统中打印变更登记信息及二维码,粘贴于等级证书副本变更栏后生效,与加盖质监机构印章具有同等效力。

第24条规定 检测机构停业时,应当自停业之日起15日内向原发证质监机构办理《等级证书》注销手续。

第25条规定 等级评定不得收费,有关具体事务性工作可以通过政府购买服务等方式实施。

四、试验检测活动方面规定

第28条规定 取得《等级证书》,同时按照《计量法》的要求经过计量行政部门考核合格的检测机构,可在《等级证书》注明的项目范围内,向社会提供试验检测服务。

第29条规定 工程所在地省级交通质监机构应当对工地临时试验室进行监督。

从事交通试验检测的机构必须取得相应的《等级证书》,设立工地试验室的前提是母体取得《等级证书》,工地试验室检测范围不得超出母体。凡是工地试验室的母体不具备《等级证书》的,其所出的数据将不作为公路水运工程质量评定和工程验收的依据,质监机构将不予认可。

第32条规定 检测机构应当建立样品管理制度,提倡盲样管理。

盲样管理是对样品实施管理的一种方式,在实施样品的检测时,需要提供完成检测所必需的信息。

第35条规定 检测机构在同一公路水运工程项目标段中不得同时接受业主、监理、施工等多方的试验检测委托。

为保障检测机构公正、公平地开展检测工作,检测机构在同一公路水运工程项目标段中,不得同时接受业主、监理、施工等多方的试验检测委托。

第36条规定 检测机构依据合同承担公路水运工程试验检测业务,不得转包、违规分包。

检测机构不得超出《等级证书》批准的能力范围接受委托检测,并出具加盖相应等级印章的报告。当出现委托产品中大多数检测参数自身具备能力,就将个别不具备的少数参数能力转包或分包给其他有检测能力的机构,该做法属于违规转包、分包。

第37条规定 检测人员分为试验检测师和助理试验检测师。检测机构的技术负责人应当由试验检测师担任。试验检测报告应当由试验检测师审核、签发。

该条款检测人员分类依据国家设立公路水运工程试验检测专业技术人员水平评价类职业资格制度,公路水运工程试验检测专业技术人员职业资格分为试验检测师和助理试验检测师2个级别,取得试验检测师或助理试验检测师证书的检测人员简称持证检测人员。

第39条规定 检测人员应当严守职业道德和工作程序,独立开展检测工作,保证试验检测数据科学、客观、公正,并对试验检测结果承担法律责任。

第40条规定 检测人员不得同时受聘于两家以上检测机构,不得借工作之便推销建设材料、构配件和设备。

五、监督检查方面规定

第 46 条规定 质监机构在监督检查中发现检测机构有违反本规定行为的,应当予以警告、限期整改,情节严重的列入违规记录并予以公示,质监机构不再委托其承担检测业务。

实际能力已达不到《等级证书》能力等级的检测机构,质监机构应当给予整改期限。整改期满仍达不到规定条件的,质监机构应当视情况注销《等级证书》或者重新评定检测机构等级。重新评定的等级低于原来评定等级的,检测机构 1 年内不得申报升级。被注销等级的检测机构,2 年内不得再次申报。

质监机构应当及时向社会公布监督检查的结果。

第 47 条规定 质监机构在监督检查中发现检测人员违反本办法的规定,出具虚假试验检测数据或报告的,应当给予警告,情节严重的列入违规记录并予以公示。

六、新增条款介绍

第 49 条规定 本办法施行前检测机构通过的资质评审,期满复核时应当按照本办法的规定进行《等级证书》的评定。

第二节　公路水运工程试验检测机构等级标准

《公路水运工程试验检测机构等级标准》及《公路水运工程试验检测机构等级评定程序》是《公路水运工程试验检测管理办法》的重要配套文件,是开展公路水运工程试验检测等级管理工作的重要依据。为了更好地贯彻《检测管理办法》的要求,交通运输部 2017 年 8 月 4 日以交安监发〔2017〕113 号文印发了修订后的《公路水运工程试验检测机构等级标准》(以下简称《等级标准》)及《公路水运工程试验检测机构等级评定及换证复核工作程序》(以下简称《工作程序》)。该《等级标准》和《工作程序》按照《检测管理办法》设立的等级,在检测项目、参数、仪器设备配置、持证人员数量及专业要求,以及检测用房试验环境等方面重新规定;在检测机构的基本能力中,设置了必选试验检测参数(即强制性参数)和可选试验检测参数(即非强制参数),按照规范标准的要求新增加或删除了部分检测参数,新增相应参数对应设备配置及有关检测能力范围等作了修改;在等级评定工作程序方面,根据试验检测行业管理实践,将等级评定和换证复核的工作程序合并,命名为《公路水运工程试验检测机构等级评定及换证复核工作程序》,原《公路水运工程试验检测机构换证复核细则》(质监综字〔2013〕7 号)废止。修订后的《等级标准》和《工作程序》在机构检测能力要求、人员的数量和专业配置等方面提出新的要求,评审程序得到进一步细化,更加符合当前的实际需要,增强了可操作性,解决了近 10 年大量试验检测技术的更新和有关技术标准的更替所产生的检测工作不一致问题,满足新形势下公路水运工程试验检测工作发展的需求,进一步提高公路水运工程试验检测工作质量和管理水平。新的《等级标准》及《工作程序》已于 2017 年 8 月 2 日印发,并于印发之日起实施。当前新申报等级评审或复核换证的机构需满足新的等级标准对人员、检测参数、设备等的要求。下面就《等级标准》的主要内容进行阐述,《工作程序》将在第三节阐述。

1. 公路工程试验检测机构等级标准中对人员配置、检测环境的规定

(1) 公路工程人员配置要求见表 3-2。

公路工程试验检测人员配置要求　　　　表 3-2

项　目	综合甲级	综合乙级	综合丙级	交通工程专项	桥梁隧道工程专项
持试验检测人员证书总人数	≥50	≥23	≥9	≥28	≥30
持试验检测师证书人数	≥20	≥8	≥4	≥13	≥15
持试验检测师证书专业配置	道路工程≥10人 桥梁隧道工程≥7人 交通工程≥3人	道路工程≥6人 桥梁隧道工程≥2人	道路工程≥3人 桥梁隧道工程≥1人	交通工程≥13人	道路工程≥3人 桥梁隧道工程≥12人
相关专业高级职称(持试验检测师证书)人数及专业配置	≥12 道路工程≥6人 桥梁隧道工程≥5人 交通工程≥1人	≥3 道路工程≥2人 桥梁隧道工程≥1人	—	≥8 交通工程≥8人	≥8 道路工程≥1人 桥梁隧道工程≥7人
技术负责人	1.相关专业高级职称; 2.持试验检测师证书; 3.8年以上试验检测工作经历	1.相关专业高级职称; 2.持试验检测师证书; 3.5年以上试验检测工作经历	1.相关专业中级职称; 2.持试验检测师证书; 3.5年以上试验检测工作经历	1.相关专业高级职称; 2.持交通工程试验检测师证书; 3.8年以上试验检测工作经历	1.相关专业高级职称; 2.持桥梁隧道工程试验检测师证书; 3.8年以上试验检测工作经历
质量负责人	1.相关专业高级职称; 2.持试验检测师证书; 3.8年以上试验检测工作经历	1.相关专业高级职称; 2.持试验检测师证书; 3.5年以上试验检测工作经历	1.相关专业中级职称; 2.持试验检测师证书; 3.5年以上试验检测工作经历	1.相关专业高级职称; 2.持试验检测师证书; 3.8年以上试验检测工作经历	1.相关专业高级职称; 2.持试验检测师证书; 3.8年以上试验检测工作经历

注:1.表中黑体字为强制性要求,一项不满足视为不通过。非黑体字为非强制性要求,不满足按扣分处理。
　　2.试验检测人员证书名称及专业遵循国家设立的公路水运工程试验检测专业技术人员职业资格制度相关规定。

（2）公路工程试验检测环境要求见表3-3。

公路工程试验检测环境要求　　　　　　　　　　　　　　　表3-3

项　目	甲级	乙级	丙级	交通工程专项	桥梁隧道工程专项
试验检测用房使用面积（不含办公面积）(m²)	≥1300	≥700	≥400	≥900	≥900
	试验检测环境应满足所开展检测参数要求，布局合理、干净整洁				

注：此表内容为强制性要求。

2. 水运工程试验检测机构等级标准中对人员配置、检测环境的规定

（1）水运工程试验检测机构等级标准中人员配备见表3-4。

水运工程试验检测人员配置要求　　　　　　　　　　　　　　表3-4

项　目	材料甲级	材料乙级	材料丙级	结构(地基)甲级	结构(地基)乙级
持试验检测人员证书总人数	≥26人	≥11人	≥7人	≥22人	≥9人
持试验检测师证书人数	≥10人	≥4人	≥2人	≥8人	≥3人
持试验检测师证书专业配置	水运材料≥10人	水运材料≥4人	水运材料≥2人	水运结构与地基≥8人	水运结构与地基≥3人
相关专业高级职称(持试验检测师证书)人数及专业配置	≥5人 水运材料≥5人	≥2人 水运材料≥2人	—	≥4人 水运结构与地基≥4人	≥1人 水运结构与地基≥1人
技术负责人	1. 相关专业高级职称； 2. 持水运材料试验检测师证书； 3. 8年以上试验检测工作经历	1. 相关专业高级职称； 2. 持水运材料试验检测师证书； 3. 5年以上试验检测工作经历	1. 相关专业中级职称； 2. 持水运材料试验检测师证书； 3. 5年以上试验检测工作经历	1. 相关专业高级职称； 2. 持水运结构与地基试验检测师证书； 3. 8年以上试验检测工作经历	1. 相关专业高级职称； 2. 持水运结构与地基试验检测师证书； 3. 5年以上试验检测工作经历
质量负责人	1. 相关专业高级职称； 2. 持试验检测师证书； 3. 8年以上试验检测工作经历	1. 相关专业高级职称； 2. 持试验检测师证书； 3. 5年以上试验检测工作经历	1. 相关专业中级职称； 2. 持试验检测师证书； 3. 5年以上试验检测工作经历	1. 相关专业高级职称； 2. 持试验检测师证书； 3. 8年以上试验检测工作经历	1. 相关专业高级职称； 2. 持试验检测师证书； 3. 5年以上试验检测工作经历

注：1. 表中黑体字为强制性要求，一项不满足视为不通过。非黑体字为非强制性要求，不满足按扣分处理。
　　2. 试验检测人员证书名称及专业遵循国家设立的公路水运工程试验检测专业技术人员职业资格制度相关规定。

(2)水运工程试验检测环境要求见表3-5。

水运工程试验检测环境要求　　　　表3-5

项　目	材料甲级	材料乙级	材料丙级	结构(地基)甲级	结构(地基)乙级
试验检测用房使用面积(不含办公面积)(m^2)	≥900	≥600	≥200	≥500	≥200
	试验检测环境应满足所开展检测参数要求,布局合理、干净整洁				

注:此表内容为强制性要求。

表3-2~表3-5中明确规定,表中黑体字为强制要求,如公路综合甲级中要求,持试验检测人员证书总人数≥**50人**、持试验检测师证书人数≥**20人**,一项不满足视为不通过。

非黑体字为非强制要求,不满足时,等级评定时采取扣分处理。扣分标准见本章第三节。

试验检测人员证书名称和专业遵循国家设立的公路水运试验检测专业技术人员资格制度相关规定。

公路工程、水运工程试验检测环境要求均为黑色字体,即为强制要求,当面积不满足要求时不得申请。

表中所列规定清楚表明:

(1)各等级检测机构试验检测人员的配置不仅持证总数量满足要求,还需考虑持证试验检测师数量及专业配置、具有高级职称同时持证试验检测师及专业配置满足要求的人数。在实际工作中,一定要避免人员总数量符合要求,但专业配置不合理或只有高级职称不持证的情况发生。这些要求均为强制条件。

(2)各等级检测机构的技术负责人、质量负责人任职资格条件有明确要求,在公路工程综合类甲、乙、丙等级要求中,技术负责人、质量负责人任职资格条件相同,如公路工程综合甲级技术负责人资格条件**"相关专业的高级职称、持试验检测师证书"**为黑色字体,属于强制条件,"8年以上试验检测工作经历"为非黑体字,属于非强制条件。但在公路工程专项中,技术负责人任职资格条件与质量负责人有所不同,技术负责人所持有的试验检测师证书有专业要求,质量负责人只要持试验检测师证书即可,无专业要求,该条件为强制条件,职称和工作年限经历条件要求相同为非强制条件的。当非强制项不满足要求时,等级评定时采取扣分制。公路综合乙级的质量负责人具有高级职称且持试验检测证书设为强制条件,和原有等级标准相比,该条件有较大提高。

(3)相关专业的高级职称人员要求中,具有高级职称并持试验检测师证书人员数量为强制项条件,持证人员专业配置为非强制项,当高级职称的人员专业配置项不满足时,等级评定采取扣分制。

(4)在水运工程等级分类中,有材料和结构(地基)两个专业类别,其技术负责人任职资格条件与质量负责人在持证、职称和工作年限经历条件相同,但持证专业要求不同,技术负责人所持有的试验检测师证书有专业要求,质量负责人只要持试验检测师证书即可,无专业要求。

通过比较可以看出,无论公路工程还是水运工程的试验检测机构,只要满足技术负责人任职资格条件,均满足质量负责人的任职条件。技术负责人可以兼任质量负责人。同时具有公路、水运等级的试验检测机构,其质量负责人应是同一个人,这也符合公路水运试验检测机构质量体系运行的实际情况。

在公路工程中,满足专项类的技术负责人条件一定满足综合类的要求,反之则不一定满足专项技术负责人相应要求。

依据《检测管理办法》第9条第二款的规定,申请公路水运试验检测机构等级评定应建立质量保证体系,质量保证体系建立的主要依据是《检验检测机构资质认定能力评价　检验检测机构通用要求》,体系文件中有关技术负责人、质量负责人等的任职资格条件必须满足《等级标准》中的要求。这是根据公路水运工程行业的特色对试验检测机构的要求。有关《检验检测机构资质认定能力评价　检验检测机构通用要求》内容将在本书中第五章第二节介绍。

(5)公路水运试验检测机构申请等级或换证复核时,公路工程持证检测人员应持有公路工程专业的职业资格证书;水运工程持证检测人员应持有水运工程专业的职业资格证书。只有质量负责人持有试验检测师证书不受专业限制。有关人员证书应用详细说明将在本章第三节介绍。

(6)试验检测用房面积是强制要求,不满足要求不得申请等级评定。

检测机构应具有长期稳定的场所开展试验检测工作,且应保证其环境条件满足相应规范、标准、规程等的要求。具有检测用房的产权或长期(不小于5年)使用权。试验检测用房面积包括各检测室、养护室、委托、留样、档案存放等用房面积,用于放置车载式仪器设备的室内场地面积可计入检测用房面积,不应包括检测机构用于办公的场地面积,如办公室、会议室。试验检测不仅面积数量满足要求,布局应合理,遵循互不干扰、经济合理原则。检测机构应具有长期稳定的场所开展试验检测工作,且应保证其环境条件满足相应规范、标准、规程等的要求。

3. 试验检测能力基本要求及主要仪器设备

《等级标准》中的试验检测能力由试验检测的专业、领域、项目及参数4个层次表示。

《公路水运工程试验检测等级管理要求》(JT/T 1181—2018)中规定试验检测专业分为公路工程和水运工程,分别用GL和SY代码表示。

公路水运工程试验检测领域包括工程材料与制品、工程实体与结构、工程环境及其他,对应的代码分别为Q、P、Z。

《等级标准》中参数的设置是根据公路工程质量检验评定标准和水运工程强制性标准来进行的,基本覆盖了标准中的关键性指标和参数,也是为更好地对公路水运建设工程提供全面高质量的检测服务所必需的。新的等级标准在进行能力等级划分时,考虑到了要尽量与原有形成的等级标准项目能力和检测市场相衔接,对原有等级能力参数进行了调整,对应的设备配置也相应调整。考虑各地域的特点不同,检测机构差异化的发展,将参数分为必选参数、可选参数,对应设备分为必选设备和非可选设备。强制参数和设备属于必须满足的条件,而非强制参数和设备检测机构可根据地域差异,结合实际需要选择性配置。但可选参数申请数量应不低于本等级可选参数总数量的60%,否则不得申请;非强制参数申请介于总量的60%~80%时,评审时采取扣分制。

与2008年的《等级标准》相比较,新修订后的2017年《等级标准》保留了原有等级标准的能力要求,在试验检测项目及参数的设置方面,根据公路工程综合甲级在公路检测领域的定位,将桥梁隧道工作专项的全部检测参数纳入综合甲级,考虑二者在不同专业领域的检测技术水平,在参数的必选和可选上有所区别;其次是以工程质量控制与检测市场监管需求为导向,以相关工程技术标准、规范及规程为基本依据,充分考虑新材料、新工艺、新技术对检测行业的技术影响,在广泛征求建设工程相关方意见的基础上,对各等级试验检测项目进行了增加和调整,以满足交通建设工程的质量安全监管需要。

在试验检测仪器设备配置要求方面,考虑等级标准涉及的工程技术标准、规范、规程等更新幅度较大,智能化、无损化的新型设备已逐步得到广泛应用。本次修订对于能够提升检测工作效率、提高检测结果准确性的新技术、新装备,视其技术指标重要程度进行补充。如道路自动化综合检测车、落球式岩土回弹模量测试仪、钢结构无损探伤技术、北斗(BD)卫星定位技术等。

为了正确理解《等级标准》中试验检测能力基本要求及主要仪器设备配置的内容,下面以公路工程综合乙级等级标准试验项目、设备配置数量为例进行说明,其具体要求示例见表3-6。

综合乙级试验检测能力基本要求及主要仪器设备(示例)　　　　表3-6

序号	试验检测项目	主要试验检测参数	仪器设备配置
1	土	**含水率**,**密度**,**颗粒组成**,**界限含水率**,**击实试验**(**最大干密度**、**最佳含水率**),**承载比**(**CBR**),比重,天然稠度,粗粒土和巨粒土最大干密度,回弹模量,自由膨胀率,烧失量,有机质含量,易溶盐总量,砂的相对密度	**烘箱**,**天平**,**电子秤**,**环刀**,**储水筒**,**灌砂仪**,**标准筛**,**摇筛机**,**密度计**,**量筒**,**液塑限联合测定仪**,**标准击实仪**,**脱模器**,**CBR 试验装置**(**路面材料强度仪或其他荷载装置**),收缩皿,比重瓶,恒温水槽,砂浴,表面振动压实仪(或振动台),杠杆压力仪,千分表,承载板,自由膨胀率测定仪,高温炉,油浴锅,水浴锅,瓷蒸发皿,相对密度仪
...	...	...	...
5	水泥混凝土、砂浆	(1)水泥混凝土:**稠度**,**表观密度**,**含气量**,**凝结时间**,**抗压强度**,**抗压弹性模量**,**抗弯拉强度**,**抗渗性**,**配合比设计**,抗弯拉弹性模量,劈裂抗拉强度,泌水率,干缩性,扩展度及扩展度经时损失; (2)砂浆:**稠度**,**密度**,**立方体抗压强度**,**配合比设计**,**保水性**,凝结时间,分层度	**坍落度仪**,**维勃稠度仪**,**振动台**,**秒表**,**试样筒**,**电子秤**,**含气量测定仪**,**贯入阻力仪**,**标准筛**,**压力试验机**,**微变形测量仪**,**抗弯拉试验装置**,**水泥混凝土渗透仪**,**烘箱**,**天平**,**标准养护室**,**混凝土搅拌机**,**砂浆稠度仪**,**容量筒**,**砂浆保水性试验装置**,**砂浆搅拌机**,劈裂夹具,砂浆凝结时间测定仪,砂浆分层度仪,测长仪,干缩箱,扩展度测试装置
...	...	...	...
16	交通安全设施	**外形尺寸**,**安装高度**,**安装距离**,**安装角度**,**立柱竖直度**,**立柱埋深**,立柱防腐层厚度,标线抗滑值,标志标线光度性能	**直尺**,**卷尺**,**卡尺**,**万能角尺**,**塞尺**,**锤线**,**板厚千分尺**,**超声波测厚仪**,**涂镀层测厚仪**(**磁性**、**电涡流**),标线涂层厚度测试仪,摆式摩擦系数测试仪,全站仪,竖直度尺,标志逆反射测量仪,标线逆反射测量仪,立柱埋深测量仪

注:1.所列的仪器设备功能、量程、准确性,以及配套设备设施均应符合所测参数现行依据标准的要求。
　　2.表中黑体字标注的参数和仪器设备为必须满足的要求,任意一项不满足视为不通过。
　　3.可选参数(非黑体)的申请数量应不低于本等级可选参数总量的60%。

表3-6是公路综合乙级试验检测能力及主要仪器设备的基本要求,共有土、集料、岩石、水泥、水泥混凝土、砂浆、水、外加剂、掺合料、无机结合料稳定材料、沥青、沥青混合料、钢材与连接接头、路基路面、混凝土结构、基坑、地基与基桩、交通安全设施等共16个试验检测项目,对表中的内容释义如下:

(1)表中的参数分为必选参数,用黑色字体表示,如试验项目"土"中的**"含水率"**;可选参数用非黑色字体表示,如"土"中的"比重"。黑色字体的仪器设备表示为必选设备,如**"烘箱"**;非黑色字体为可选设备,如"比重瓶"。

(2)表中黑体字标注的参数和仪器设备为必须满足的要求,任意一项不满足视为不通过。必选仪器设备应全部配置,可选仪器设备按照相应试验检测参数要求的试验方法配置。

(3)可选参数(非黑体)可根据自身条件和业务需求部分申请。可选参数(非黑体)的申请数量应不低于本等级可选参数总量的60%。当非强制参数申请数量为总量的60%(含等于)~80%时,评审时采取扣分制,在评审时每缺1个参数扣0.5分,只有申请参数大于或等于总量的80%时,评审不扣分。

(4)所列的仪器设备功能、量程、准确性,以及配套设备设施均应符合所测参数现行依据标准的要求。设备的功能、精度、量程等符合规范要求,如钢材与连接接头项目中力学测试设备伺服万能试验机,就要根据不同规格的钢筋予以合理配置,保证在总量程的20%~80%范围使用;应力环应根据测试值的范围不同,规格也不同;电子天平的配置应满足不同量程精度的要求,数量根据各个检测室的设置和检测工作需要配置;烘箱根据规程要求的试验条件不同而配置的规格不同,配置数量应满足检测工作量的要求,不能将不同试验条件的样品同时置于一个烘箱。总之,仪器设备配置的数量和精度应符合规范要求,数量应满足需要,并应同时具有其所有权和使用权。

(5)同一试验检测参数具有多个试验方法时,检测机构的试验检测能力还应符合相应等级的试验方法要求。如混凝土、砂浆项目中的"稠度"参数对应的设备有坍落度仪、维勃稠度仪、扩展度仪等,需要的设备数量明显多于参数数量。机构在配置设备时需要关注配套的设备设施。

(6)未列入等级标准的试验检测参数,检测机构需要开展的,应按照国家有关检验检测机构管理规定执行。

以上规定在公路工程、水运工程两个类别对应的其他等级中同样适用,在此不再一一举例说明。

为了方便计算《等级标准》中公路水运工程各等级项目参数及设备配置数量,将各项要求数量汇总见表3-7,供大家参考。公路水运工程各等级对应的试验检测能力基本要求和主要仪器设备配置详细要求见《公路水运工程试验检测机构等级标准》。

试验检测能力基本要求及主要仪器设备数量汇总表 表3-7

专业类别	等级	检测项目总数量(个)	检测参数总数量(个)	必选参数数量(个)	可选参数数量(个)	仪器设备(台)	
						必选设备	可选设备
公路工程	综合甲	25	536	393	143	431	166
	综合乙	16	195	112	83	194	110
	综合丙	12	105	66	39	123	53
	交通工程专项	7	909	784	99	360	70
	桥梁隧道工程专项	14	207	157	50	156	38
水运工程	材料甲	19	280	218	62	274	55
	材料乙	12	116	84	32	123	34
	材料丙	7	53	40	13	60	10
	结构甲	6	79	44	35	81	56
	结构乙	6	36	25	11	64	12

随着新产品、新工艺的出现及规范标准的日益更新,存在所用材料或公路水运工程实体增加或取消某些检测方法和参数,使用的新材料所需检测的参数《等级标准》中未包含的情况,

因此,现行试验检测能力基本要求及主要仪器设备的规定具有一定的时效性,各检测机构应根据规范标准的更新而增加或减少检测参数,更新仪器设备,加强人员培训,以满足相应规定的检测能力要求,不应局限于公路水运工程试验检测能力基本要求中的内容。

第三节 公路水运工程试验检测机构等级评定及换证复核工作程序

上一节介绍了公路水运试验检测机构《等级标准》要求,为确保公路水运工程试验检测机构等级评定及换证复核工作科学、公正、规范,根据《公路水运工程试验检测管理办法》,交通运输部发布了《公路水运工程试验检测机构等级评定及换证复核工作程序》(以下简称《工作程序》)(交安监发〔2017〕113号),明确等级评定及换证复核工作程序及"三统一"规定,即"统一工作要求、统一工作程序、统一评审方法",为实现等级评定工作的规范化、标准化,奠定了基础。为了准确理解并在评定工作中贯彻执行好《工作程序》,减少人为因素的影响,交通运输部发布了《公路水运工程试验检测等级管理要求》(JT/T 1181—2018),并于2018年5月1日起实施。该标准是对《检测管理办法》《等级标准》《工作程序》等文件的补充和完善,它对准确理解和落实等级评定的"三个统一",规范核查行为,指导现场评审并保证工作质量,实现等级评定工作标准化具有较强的指导作用和可操作性。为了保障全国评审工作步调一致,准确落实评审要求,减少评审结果的差异,交通运输部办公厅于2018年4月10日发布《关于公路水运工程试验检测机构等级评定工作有关事项的通知》(交办安监函〔2018〕549号),针对评审过程中可能会产生差异的条款做了进一步明确,为更进一步实现评审工作全国一盘棋,实现评审工作"公平、公正、统一"夯实基础。

一、《工作程序》内容概述

《工作程序》由总则、受理和初审、现场评审、评定、公示与公布及附表组成。总则对文件中涉及的名词术语进行规定,提出质监机构评定工作分工;受理和初审规定了申请机构需提供的文件要求及复核换证的条件、初审的工作要求等内容;现场评审规定现场评审的工作内容;评定、公示与公布规定现场评审结束后评定结果的发布管理规定。

1. 名词术语

(1)公路水运工程试验检测机构等级评定:根据《公路水运工程试验检测管理办法》(以下简称《检测管理办法》)的有关规定,按照等级标准,对检测机构的仪器设备及检测人员的配备情况、试验检测环境等基本条件,以及试验检测技术水平和管理水平进行评审,确认其从事公路水运工程试验检测工作等级的活动。简称等级评定。

(2)公路水运工程试验检测机构换证复核:根据《检测管理办法》的有关规定,对已获得等级证书的检测机构,在其等级证书期满后拟继续开展公路水运工程试验检测业务的,根据其提出的换证申请,复核其是否继续满足所持有等级标准的活动。简称换证复核。

2. 质监机构等级评定工作职责划分

交通运输部工程质量监督机构(以下简称部质量监督机构)负责公路工程综合类甲级、公路工程专项类和水运工程材料类及结构类甲级的等级评定及换证复核工作。

省级交通质量监督机构(以下简称省级交通质监机构)负责本行政区域内公路工程综合类乙、丙级和水运工程材料类乙、丙级、水运工程结构类乙级的等级评定及换证复核工作。

部质量监督机构和省级交通质监机构以下简称质监机构。

二、申请的要求及准备

(1)《等级标准》是检测机构申请公路水运工程试验检测机构等级评定或换证复核时的基本条件,申请等级评定的检测机构(含首次申请、复核、升级评定)除了人员条件、检测参数与设备配置、检测环境等满足要求外,应先将人员、场地、仪器设备等信息录入公路水运试验检测管理信息系统中,再向所在地省级质监机构提交申请材料。

(2)填报《公路水运工程试验检测机构等级评定申请书》,并按《检测管理办法》第9条规定,向所在地省级交通质监机构提交以下材料(一式二份):
①《公路水运工程试验检测机构等级评定/换证复核申请书》;
②申请人法人证书原件及复印件;
③通过资质认定(计量认证)的,资质认定(计量认证)证书副本的原件及复印件;
④检测人员证书和聘(任)用关系证明文件原件及复印件;
⑤所申报试验检测项目的典型报告(包括模拟报告)及业绩证明;
⑥试验检测用房所有权或使用权材料及场地布局示意图;
⑦试验检测仪器设备权属证明材料及检定/校准证书;
⑧管理体系文件。

检测机构应提供足够的辅助材料,以证明试验检测技术和管理水平,为方便机构申请,可参考"表3-8 申请书证明材料分类索引表"准备证明材料。

申请书证明材料分类索引表　　　　表3-8

序　号	材料名称、内容	页　码	备　注
1	成立文件(复印件或扫描件)		
2	营业执照(复印件)		
3	资质认定证书		
4	任命文件		
5	受控标准规范清单		
6	房屋所有权证明或租赁证明		
7	信用等级		
8	仪器设备相关证明使用权属证明、检定校准证书		
9	人员资料		
10	检测报告(业绩证明)		
11	能力验证		
12	质量体系文件质量手册、程序文件		

因《检测管理办法》于2019年11月进行了修订,其第9条正是进行了修订的条款之一,按照《交通运输部关于修改〈公路水运工程试验检测管理办法〉的决定》(交通运输部令2019年

第38号)第9条的规定,申请公路水运工程试验检测机构等级评定,应向所在地省级交通质监机构提交以下材料:《公路水运工程试验检测机构等级评定申请书》;质量保证体系文件。因此,按照新修订的管理办法,机构申请公路水运工程试验检测机构等级评定时,无需按照《工作程序》的相关规定,向所在地省级交通质监机构提交前述②~⑦中的有关证明材料。由此,表3-8"申请书证明材料分类索引表"中序号1~11的内容均不需要提交纸质证明材料。

为支持检测机构做大做强,提升综合检测能力,交通运输部办公厅2018年4月10日发布的关于《公路水运工程试验检测机构等级评定工作有关事项的通知》(交办安监函〔2018〕549号)(以下简称《等级评定工作有关事项的通知》),明确规定持有公路(水运)行业试验检测机构等级证书满一年且具有相应试验检测业绩的检测机构,可申请同等级的水运(公路)行业试验检测机构等级评定。试验检测机构可以直接申请公路工程专项类等级。持有公路工程专项类等级证书满1年且具有相应试验检测业绩的试验检测机构,可以申请公路工程综合甲级。

公路水运试验检测机构需要按照《检验检测机构资质认定能力评价 检验检测机构通用要求》的有关规定,建立符合公路水运试验检测机构实际的质量体系,按照体系文件的要求实施管理。检测机构提供的管理体系文件应现行有效,至少应包括质量手册和程序文件。有关质量体系文件编写要求的内容见第五章第四节。

需要检测机构提供的有关证明材料复印件应加盖申请单位公章,提交的申请资料应真实可靠,不得存在欺诈、隐瞒信息或故意违反相关规定的行为,如申请资料与事实不符、提交的申请资料有不真实的情况、同一材料内或材料与材料之间多处出现自相矛盾或时间逻辑错误、与其他申请人资料雷同等。检测机构应对材料的真实性负责。

(3)持有原试验检测工程师和试验检测员资格证书,并按规定完成继续教育的检测人员,其受聘的检验检测机构申请等级评定或换证复核时,视同相应级别的持证人员。

原试验检测工程师和试验检测员资格证书与国家职业资格证书对应关系见本书第四章第二节。

(4)申请换证复核的检测机构除应满足以上要求外,信用及业绩还应符合以下条件:

①等级证书有效期内信用等级为B级及以上。

②所开展的试验检测参数应覆盖批准的所有试验检测项目且不少于批准参数的85%。

③甲级及专项类检测机构每年应有不少于一项高速公路或大型水运工程的现场检测项目或设立工地试验室业绩,其他等级检测机构每年应有不少于一项公路或水运工程现场检测项目或设立工地试验室业绩。

(5)对于同一检测机构申请多个等级的评定或持有多个等级证书换证复核时,应符合下列要求:

①同一人所持的多个专业检测人员证书,可在不同的等级评定或换证复核中使用,但不得超过2次。

②除行政、技术、质量负责人外,其他持单一专业检测人员证书的人员不得重复使用。

③同时申请公路工程、水运工程检测等级的机构,其技术负责人可按公路工程、水运工程专业分别配置;当技术负责人不分别配置时,应同时持有公路工程、水运工程专业的检测人员证书。

④公路工程、水运工程专业重叠部分的检测用房可共用,不重叠部分检测用房应独立分别

满足要求。

在试验检测面积的计算方面,除《等级标准》要求外,《等级评定工作有关事项的通知》规定,同一试验检测机构的档案室及设备仓库总面积在核定试验检测用房时,最多只计 $50m^2$,且不得在多等级申请中重复计算。对于车载式检测设备停放场地,未封闭的不计入检测用房面积,封闭的最多只计 $100m^2$。试验检测用于开展培训、教育、演练等工作的场地不计入试验检测用房面积。

⑤公路工程、水运工程专业重叠部分的仪器设备可共用。

多个等级评定包括同时申请1个以上新等级评定,已获得1个以上等级证书换证复核,换证复核与新申请等级二合一评定等。

三、受理和初审

《检测管理办法》第 10 条规定   公路水运工程试验检测机构等级评定工作分为受理、初审、现场评审 3 个阶段。

1. 受理的规定

《检测管理办法》第 11 条规定   省级交通质监机构认为所提交的申请材料齐备、规范、符合规定要求的,应当予以受理;材料不符合规定要求的,应当及时退还申请人,并说明理由。

《工作程序》第 6 条规定   申请的等级属于部质监总站负责评定范围的,省质监机构应在 10 个工作日内完成核查工作。对于受理的,退回申请材料中相关材料的原件,出具核查意见,并将申请材料转报部质监总站。

省级交通质监机构收到申请材料后,应在 5 个工作日内完成符合性审查,作出书面受理或不受理决定。

受理检测机构等级属于部质量监督机构负责办理的,省级交通质监机构应在 10 个工作日内出具核查意见,连同申请材料报送部质量监督机构。

《工作程序》第 7 条规定   质监机构受理申请后,应在 15 个工作日内按照《检测管理办法》第八条及第十二条要求的内容完成初审工作。初审发现问题需澄清的,质监机构应当通知检测机构予以澄清或补正,并出具"公路水运工程试验检测机构申请材料补正通知书";初审不合格的,质监机构应当及时书面向申请人说明理由;初审合格的,进入现场评审阶段。

2. 材料初审时应关注的主要内容

(1)检测机构的合法地位证明材料;
(2)检测机构所持有等级是否符合《检测管理办法》第 8 条的规定;
(3)检测机构的信用及业绩情况(复核换证要求);
(4)检测机构是否有固定的工作场所,其面积是否满足其申请等级标准的要求;
(5)申请的试验检测参数是否符合相应等级标准的要求;
(6)仪器设备配置是否满足其申请等级标准的要求;
(7)持证检测人员数量、专业是否满足其申请等级标准的要求;技术负责人、质量负责人及特殊岗位检测人员的职称和工作经历是否符合规定;

(8)组织机构框图是否清晰合理;

(9)管理体系文件相关规定是否具有可操作性;

(10)检测人员、场地、仪器设备等信息的登记情况;

(11)参加能力验证和比对试验情况;

(12)机构重要信息变更情况。

按照新修订的《检测管理办法》的相关规定,因机构所提交的证明材料缩减为两项,在初审时应关注的主要内容应予以相应调整,主要应关注上述内容中的(2)~(12)项,这些内容的相关信息均能从所提交的申请材料中获得。

3. 初审结果处理

(1)初审合格的,进入现场评审阶段。

(2)初审发现问题需澄清的,质监机构应通知申请人予以澄清或补正,并出具"公路水运工程试验检测机构申请材料补正通知书"。检测机构按要求提供补正材料后,质监机构应继续开展初审工作。

(3)初审不合格的,质监机构应及时说明理由,并出具"公路水运工程试验检测机构等级评定/换证复核初审不合格通知书"。

(4)检测机构申请等级评定初审不合格的,自通知之日起3个月内,质监机构一般不再次受理其提出的等级评定申请。检测机构申请换证复核初审不合格的,应及时整改,并在自通知之日起1个月内再次提交换证复核申请。

四、现场评审的规定

1. 现场评审工作程序

(1)组建专家组

《工作程序》第 10 条规定　现场评审专家组(以下简称评审组)应根据被评审检测机构申请或换证等级的专业、类别和检测项目,按照专业覆盖的原则,从质监机构建立的专家库中随机抽取组成。与被评审检测机构有利害关系的人员不得进入评审组。

评审组一般应由外省区人员组成,一般为3人及以上,设组长1名(以下称评审组长)。

质监机构可派员对现场评审过程进行监督。

(2)发放通知

《工作程序》第 11 条规定　质监机构应在实施现场评审5个工作日前向检测机构发出"公路水运工程试验检测机构等级能力现场评审通知书"。现场评审时间一般为2天。

(3)现场评审预备会议

①在正式评审之前,组长组织召开评审工作预备会议,会议的主要内容包括:

a. 明确现场评审的具体日程安排;

b. 确认人员分工,并向评审组成员提供相应评审文件及现场评审工作用表;

c. 介绍试验检测机构文件审查情况,听取评审组成员对有关工作的意见并采纳其合理化建议,对评审工作的安排和内容予以修改,解答评审组成员提出的问题;

d. 抽取现场试验操作考核参数及其试验操作人员；
e. 宣布评审纪律和要求；
f. 评审组长与新参加评审工作的专家进行沟通交流。
现场评审包括总体要求、基本条件、管理能力、技术能力四个方面。
②抽取的现场试验操作考核参数应覆盖全部申请试验检测项目，并不低于必选参数总量的15%，一般可采取随机抽取参数题库的方式进行，且宜重点考虑以下方面：
a. 难度较大、操作复杂、涉及结构安全（如基桩、钢结构、混凝土结构、桥梁隧道工程等检测项目），以及能够代表检测机构能力水平的试验检测参数；
b. 在资料审查中发现的技术能力薄弱方面，以及开展频率很低或未开展的试验检测参数；
c. 能力验证结果存在问题的试验检测参数；
d. 最近2年内标准规范发生变更的试验检测参数；
e. 最近1年内新上岗检测人员开展的试验检测参数；
f. 当为多项等级申请合并评审时，现场试验操作考核应按不同等级类型分别进行考核，并以新申请等级或增加部分为主；
g.《等级评定工作有关事项的通知》要求，公路水运工程试验检测机构等级评定工作中，应加强对等级标准中新增参数能力的核查。现场试验操作考核时，新增参数占参数总量应不低于30%。若随机抽取的新参数不足30%时，应调整至30%，若超过30%时，则不做调整。
③现场试验操作考核参数时抽取试验操作人员应遵循以下原则：
a. 检测机构对每个现场考核参数至少提供3名持证检测人员，其中至少有1名试验检测师，由评审专家指定或随机确定操作人员；
b. 拟安排的实操人员比例一般不低于该机构本次申报持证检测人员数量的60%，且应尽量减少人员交叉重复情况。

（4）首次会议
依据《等级标准》和《工作程序》介绍评审组成员组成，宣布现场评审计划考核内容和人员分工；对检测机构提出评审工作要求。

2. 现场评审内容
现场评审内容包括总体要求、基本条件、管理能力、技术能力四个方面。
《工作程序》第14条规定　评审组应通过对检测场地面积及布局、环境条件、样品管理、设备配置及管理、文件控制、安全防护及环境保护等的现场评审，评价检测机构开展试验检测工作的总体情况。
对规模较大的检测机构，可分组或分专业进行。
1）总体要求
（1）检查试验室总体布局、功能分区是否合理、试验检测人员操作是否方便，检测活动是否受外界条件干扰；
（2）试验室的环境条件是否满足规范要求；
（3）有针对性地考核仪器设备的配备、标识、检校、维护、使用记录等情况；
（4）留样室管理情况，以及样品管理、流转及标识情况；

（5）管理文件和技术标准、规范、作业指导书等文件的现场使用情况；

（6）各种药品、试剂、气瓶等的存放情况，废气、废液的处置措施，以及对安全防护有特殊要求的区域的警示及防护措施；

（7）发生紧急情况，如着火、停电、停水等的预防及应急措施。

2）基本条件评审

《工作程序》第 15 条规定　　评审组通过现场符合性检查，核查检测机构的人员、设备设施、检测参数开展情况及工作业绩等实际状况是否与所申请材料的内容一致且满足要求，并应核查以下内容：

（1）所申请试验检测参数要求配置的仪器设备是否缺少、是否符合相应技术标准要求。

（2）检测机构登记的持证试验检测人员是否在岗，签订的劳动合同和办理的社会保险是否齐全、规范、有效。

（3）所申请检测参数的原始记录和试验检测报告（含模拟报告）是否齐全。

（4）检测机构用房产权证明或租赁期限证明材料是否有效（租赁期限应大于等于 5 年）。

（5）换证复核应核查检测机构取得等级证书后持证人员调离该机构的人数占原总持证人数的比例；检测机构的重要变更是否在规定期限内办理手续；设立工地试验室和开展现场检测项目情况。

评审组依据上述第十五条规定，结合申请书的内容和现场实际，同时遵照《等级评定工作有关事项的通知》中关于"试验检测机构申请可选参数的数量，应以现场评审组最终确认的数量为准"的要求，主要核查内容如下：

（1）核查仪器设备的数量和运行使用状况，与申请材料是否一致，是否满足相应等级标准要求。要重点核查购置年代较远（超过 10 年）、进行过大修或已进行更新、新购置的仪器设备。所申请试验检测参数要求配置的仪器设备及其耗材、辅助设备等不得缺少。

（2）检查仪器设备摆放及安装是否合理，试验检测环境是否满足要求。

（3）检查检测机构所列持证检测人员的劳动关系情况。一般检查签订的劳动合同和办理的社会保险等是否齐全、规范、有效，应至少检查近 3 个月的证明材料，且应重点检查劳务派遣持证检测人员的证明材料。

（4）查验检测人员职称证书、学历证书、试验检测证书是否真实有效，查验技术负责人和质量负责人、授权签字人是否符合要求以及持证检测人员的专业配置是否满足要求。

（5）检查人员档案是否建立完善，是否包括履历表、劳动合同、毕业证书、职称证书、试验检测证书、能力确认、上岗授权、学习培训记录及业绩情况等。

《检验检测机构资质认定能力评价　检验检测机构通用要求》有关人员要求，检验检测机构应拥有为保证管理体系的有效运行、出具正确检验检测数据和结果所需的技术人员（检验检测的操作人员、结果验证或核查人员）和管理员相关授权、能力、教育、资格、培训、技能、经验和监督的记录，并包含授权、能力确认的日期。通过建立人员业绩（技术）档案体现管理的水平和体系运行的状态。

人员的技术档案不同于人事档案，通过技术档案了解人员在业务方面的水平和专长，技术人员技术档案包括但不限于：

①人员简历；

②学历证明；
③职称证书；
④资格证书（上岗证书）；
⑤培训证书；
⑥岗位确认记录；
⑦监督记录；
⑧荣誉证书；
⑨年度工作总结；
⑩内审员证书；
⑪所发表的论文、论著等；
⑫其他。

表3-9是人员业绩档案卷内目录的格式，可供参考。

人员业绩档案卷内目录 表3-9

序号	内容	页次	备注
1	人员情况登记表	1	
2	学历证明	1	
3	职称证书		
4	资格证书（上岗证书）		
5	培训证书	1+1+…	
6	岗位确认记录	1+1+…	
7	监督记录	1+1+…	
8	荣誉证书		
9	年度工作总结	1+1+…	
10	内审员证书		
11	所发表的论文、论著等		
12	其他		

人员技术档案中的各类证书如资格证书、培训证书、荣誉证书等可为复印件。原件另行保存。年度工作总结等数量每年都有变化的记录，为了方便管理建议写成1+1+…格式。

（6）检查所申请检测参数的原始记录和试验检测报告（或模拟报告）是否齐全。对于有模拟报告而无业绩的参数，应核查其比对试验报告，若未能提交比对试验报告的，应予以记录，并在技术能力评审环节进行现场试验操作考核。

（7）核查试验检测场地的面积是否满足要求，检查检测机构用房的产权证明或租赁期限证明材料是否有效，租赁合同期限应不小于5年。核实试验检测用房使用面积，若对申请材料所示面积存在怀疑，可抽查部分试验室进行测量，与检测机构提供的图纸比对核实。

各家检测机构由于检测用房条件不同，在检测室、设备的布局方面各不相同，但是无论如何，检测用房应满足规范标准的试验条件要求，符合检测流程的需要，方便试验；各检测用房面积合理，避免检测用房总面积满足要求但个别检测室过于拥挤的现象。检测场所不应布局分散影响管理。

（8）试验环境是否满足要求，应根据规范标准对试验环境如温度、湿度、振动干扰、化学试剂的储存条件等进行评价。

（9）检查检测机构的重要信息变更是否按规定办理手续。

（10）换证复核现场评审时，应核查公路水运工程现场检测项目或设立工地试验室业绩情况。可查阅委托合同、检测报告及质监机构印发的备案通知书等。通过近5年的试验检测典型报告，核查检测机构所开展试验检测参数是否覆盖批准的所有试验检测项目，且不少于批准参数的85%。检测机构设立的工地试验室所开展的试验检测参数可作为其开展参数的业绩；对于有模拟报告而无实际业绩的参数，不应计入检测机构已开展参数。

（11）换证复核现场评审时，应核查上一次现场评审时持证的人员调离该机构的数量，调离的人数占原总持证人数的比例在40%及以内不扣分。超出40%的，按照评分规则扣分。

3）管理能力评审

《工作程序》第 16 条规定　评审组对检测机构的管理体系运行情况、设备管理、环境条件、人员培训、能力验证、机构被处罚情况作出评价。检查的主要内容如下：

（1）管理体系文件是否齐全，有关规定是否合理适用，受控、宣贯及运行是否有效。

（2）检测机构所有仪器设备是否具有所有权；主要仪器设备的管理档案、标识、使用记录、维护维修记录、检定/校准证书及计量确认记录是否完整、规范。

（3）各试验功能区域划分是否清晰、合理，仪器设备布局是否合理，环境条件是否满足相关技术标准等。

（4）人员培训及能力验证情况。

（5）检测机构受到的通报批评、停业整顿等处罚情况。

检验检测机构依据《检验检测机构资质认定能力评价　检验检测机构通用要求》建立管理体系，一方面满足评审准则的通用要求，同时作为交通行业的检验检测机构还应满足行业的管理规定，如《检测管理办法》《等级标准》《工作程序》、工地试验室等行业管理制度的要求，确保建立的管理体系要素完整、规定适宜、运行有效，按照管理体系对检测工作的要求实施管理，而不是将要求仅停留在纸面上，或者文件规定缺少可操作性无法实施。质量手册、程序文件、作业指导书等体系文件是检测机构运行的依据，应根据政策要求的变化、检测机构实际运行的需要不断修订完善，真正做到"做你所写，写你所做"。

（1）管理体系文件

机构管理能力评审首先需核查建立的管理体系是否符合自身实际情况，是否覆盖准则要求的全部要素，即完整性，其次是检测机构按照体系文件运行的情况，通过查阅相应的记录，进一步确认体系文件在运行中的充分性、适宜性和有效性。

以检验检测机构每年应建立的工作计划为导向，按照计划应形成的记录为线索，查阅相应的记录来了解机构的管理水平。机构每年建立的工作计划至少应包括以下几个方面。

人员方面：人员培训计划、监督计划。

设备方面：设备检定/校准管理的总体计划；

计量溯源周期检定/校准计划；

期间核查计划；

维护保养计划。

管理方面：内审计划、管理评审计划。

质量控制方面：能力验证计划、实验室间的比对计划及实验室内部比对计划。

以检测工作流程为主线，针对每个环节的特点和要求，查阅其相应记录的信息完整、准确程度，与体系文件规定的一致性。

管理体系运行记录是否齐全、真实且信息充足，能否证明管理体系运行的有效性，重点核查以下内容：

①开展试验检测业务的工作流程是否科学、合理、顺畅。机构制定的工作流程是其管理水平的体现，只有科学合理的工作流程图才能保障检测报告的准确、科学。公路水运试验检测机构的检测包括来样检测和现场检测。检测工作流程可参考图3-1。

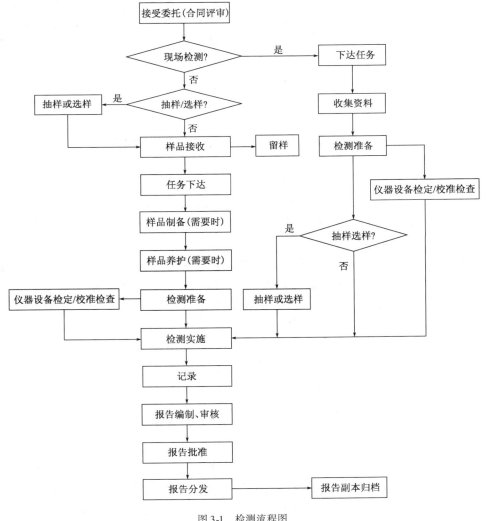

图3-1　检测流程图

②是否有效实施合同评审。不同情况下的评审规定或要求是否明确;是否对不同类型的委托书、标书或合同,按照不同的规定实施了评审;特殊合同评审是否符合要求。

③是否有效实施对检测结果有影响的消耗材料的管理。核查相关管理程序文件、合格供应商名单及评价、采购记录、验收记录、使用记录。

④是否有效实施内审、管理评审,针对内审或外审开出的不符合项,并通过纠正措施、预防措施持续改进其质量体系;有关内审及管理评审的具体要求详见第五章第二节。

⑤是否有效开展质量控制。核查相关质量控制程序、年度质量控制计划及实施情况、质量控制数据分析及相应处理措施;质量控制活动是检测机构出具的检测数据报告准确可靠的保障,通过制订质量控制计划并实施,为每个参数的准确可靠提供保障,给客户传递信任。有关质量控制活动的具体要求详见第五章第二节。

⑥是否有效开展文件控制。文件管理控制程序的有关内容和环节是否齐全,规定是否合理且具有可操作性;内部文件的审批、发放手续是否齐全,各类文件唯一标识和状态标识是否清晰;是否有受控文件清单,受控文件是否定期审核,必要时进行修订,更改的文件是否经过再批准,并加以注明。文件控制的具体措施及要求见第五章第二节。

(2)检查仪器设备管理情况

仪器设备管理情况应检查以下方面:

①检测机构是否设立了仪器设备管理员岗位,是否指定专人进行仪器设备管理,每台仪器设备是否有规定的存放或安装地点。

②检查主要仪器设备的使用记录信息是否完善,记录信息应包含但不限于检测样品编号、使用时间、试验前后状况、使用人等。

③仪器设备档案是否齐全完整、分类清晰、管理规范、查询方便,仪器设备档案应包含但不限于设备验收单、使用说明书、检校证书、使用记录、维护记录、维修记录等信息;随机抽查主要仪器设备的使用记录、维修记录、检定/校准/内部校准证书及确认记录;重点核查有疑问仪器设备的所有权凭证。

仪器设备档案的管理是十分重要的,它是检测机构管理体系的一个重要组成部分,档案内容为检测数据的准确、可靠提供相关的证据,设备档案至少包含以下内容:

a.设备名称、型号、制造厂商、购置价格、购置日期、出厂编号、本单位固定资产管理编号、保管人、放置地点、目前状态(在用、停用、报废)。

b.说明书,若是外文说明书,应有使用方法及校准部分的中文译文。

c.仪器检定、校准或校验情况记录,包括检定校准日期、周期、证书号、检定单位及电话、有效期、送检人、计量检定(校准)证书原件。

d.购置仪器的申请、仪器装箱单、验收清单、验收日期及验收记录、仪器启用日期。

e.仪器设备使用记录,期间核查记录,仪器设备损坏、故障、修理记录,仪器设备维护保养记录,设备存放位置变更记录和仪器设备报废情况记录。

为了方便检测机构试验仪器设备的档案管理,笔者总结了多家检测机构的经验,根据交通试验检测机构的特点和《检验检测机构资质认定能力评价 检验检测机构通用要求》的要求,形成了表3-10设备档案目录清单,表3-11为仪器设备管理卡,表3-12为仪器设备的验收清单格式,以供参考。

设备档案目录清单(参考)格式 表 3-10

序号	内 容	页 次	备 注
1	仪器设备管理卡	1	
2	说明书	5	
3	产品合格证	1	
4	购置申请	1	
5	验收单	1	
6	检定校准证书	1+1+…	
7	设备使用记录	1	
8	维护保养记录	1	
9	期间核查记录	0	
10	设备的购置发票(复印件)	1	
11	维修、改装记录		
12	其他		
13			

考虑检定校准证书的数量每年都会发生变化,因此记录时不宜填写总量,建议写成如上 1+1+…的形式。

仪器设备管理卡 表 3-11

名称		型号/规格	
生产厂商		购置价格	
出厂编号		购置日期	
管理编号		启用日期	
存放地点		管理人	

仪器设备的验收清单格式 表 3-12
(机械名称)

设备名称			型号/规格	
生产厂商			出厂编号	
购置价格			出厂日期	
验收日期			验收人	
随机附件		1. 装箱单		
		2. 合格证		
		3. 说明书		
		4. 其他		
随机配件				
使用功能情况				
设备接收(使用)人			接收日期	
备注:				

④仪器设备的管理标识和状态标识是否齐全、规范,主要检查状态标识的有效期是否与检定/校准证书一致,是否超过有效期;标识粘贴位置是否合理;功能性检查和内部校准类设备的标识填写是否正确。

⑤仪器设备是否按计划进行维护、保养。

⑥仪器设备是否按计划进行量值溯源,是否有效开展计量溯源结果的确认工作,重点核查有修正信息的仪器设备是否进行信息更新、备份和正确使用。

⑦仪器设备内部校准规程是否齐全,并按内部校准规程严格执行。

⑧是否有效开展仪器设备的期间核查工作。

《检验检测机构资质认定能力评价 检验检测机构通用要求》规定,检验检测机构应根据设备的稳定性和使用情况来判断设备是否需要进行期间核查,判断依据包括但不限于:

设备检定或校准周期;

历次检定或校准结果;

质量控制结果;

设备使用频率;

设备维护情况;

设备操作人员及环境的变化;

设备使用范围的变化。

⑨仪器设备外出使用、借用管理是否规范。

外出检测借用设备时,借用人应填写出入库登记表,借用人与设备管理人应不同。登记表中应记录合同编号或委托单编号,借出日期、归还日期,借出/归还时设备的状态。

除此以外,每台设备还应有设备使用记录台账。

⑩对试验检测结果有重要影响的工作标准、耗材、辅助设备等管理及使用是否规范。

(3) 人员培训情况

检查是否充分且有效地开展检测人员培训和人员监督。主要核查参加新标准规范、有关管理制度的宣贯和业务知识培训的相关计划、记录,以及通过与检测人员的交流,了解培训效果。

根据制订的培训计划、人员监督计划,查验相应培训记录和监督记录,通过人员交流了解培训实施情况和培训效果。人员培训计划至少包括培训时间、培训内容、培训参加人员、培训方式、培训效果考核方式等信息。制订的培训计划应具有可操作性,培训计划一经批准应按照计划实施,当发现计划不能满足机构实际工作需要时,应结合本机构的工作实际补充完善。培训计划参考格式见表3-13。

培训计划参考格式   表3-13

序号	培训时间	培训内容	培训方式	参加人员	考核方式	备注
1	3—4月	《质量手册》	理论授课	全体新上岗人员	提问	内部培训
2	6—7月	《水泥化学分析方法》(GB/T 176—2017)	理论授课、现场操作	水泥室全体人员	实操	内部培训
3	8—9月	《程序文件》	座谈会	检测人员	理论考试	内部培训
4	6—12月	《公路水运工程试验检测等级管理要求》	—	质量负责人	—	外部培训等候通知
—						

(4)核查能力验证或比对情况

能力验证或比对情况应核查以下方面：

①检测机构参加各级交通运输主管部门、质监机构及其他部、省级单位和授权的专业机构组织的能力验证结果资料；

②检测机构内部定期组织或参加实验室间的比对试验活动的计划及实施结果和结果分析资料，原则上实验室间的比对应有3家及以上机构参加；

③能力验证若出现不满意结果时的整改情况；

④未按规定参加能力验证或比对活动的，应予以记录，并按评分规则扣分。

(5)检查惩处情况

检查检测机构提供的工作业绩证明材料和有关行业主管部门发布的文件，确认检测机构是否存在因试验检测失误造成损失或引发纠纷，受到的通报批评、停业整顿的情况。

4)技术能力评审

《工作程序》第17条规定 评审组通过查验检测机构的试验记录、报告，考核现场试验操作，检查试验检测人员能否完整、规范、熟练地完成检测项目试验，评价检测机构的试验检测技术能力。检查的主要内容如下：

①检测业务流程。业务委托、合同评审、任务分派、样品管理、报告审批等是否规范。

②试验检测记录和报告。在覆盖所有检测项目的基础上，抽查不少于10%的必选参数和5%的可选参数的试验检测记录和报告。重点检查依据标准是否适宜、是否执行技术标准、信息是否完整正确、结论表述是否正确，以及签字、用章的规范性等。

③现场试验操作考核。现场试验操作考核参数一般应采取随机抽取的方式确定，且应覆盖所申请评定的等级能力范围的所有检测项目，并不低于必选参数总量的15%，同时抽取相应参数的检测人员。对于有模拟报告而无业绩且未能提交比对试验报告的参数，应进行现场试验操作考核。主要考核内容如下：

a.操作人员的检测证书，确认是否为所申报的人员；

b.检测人员的实际操作过程是否完整、规范、熟练；

c.随机抽查试验检测人员相关试验检测知识；

d.提交的现场操作项目报告的规范性、完整性；

e.对从事涉及结构安全的基桩、钢结构、混凝土结构、桥梁隧道工程等检测项目的主要操作人员进行现场考核；

f.换证复核现场评审应侧重考核难度较大、等级证书有效期内未开展或开展频率低、标准规范发生变更、能力验证结果存在问题的检测参数。

(1)检查样品管理情况

样品管理情况应检查以下方面：

①收样、留样等环节的运转记录是否齐全、规范；

②样品的唯一性标识和检测过程中的状态标识是否清晰，样品信息是否齐全；

③样品保管环境是否满足要求；

④样品的接收、存储、保留、清理等流转程序是否科学、合理。

样品的管理应包含如下几个方面的要求:

a. 注意样品信息的完整性。对于待检验品至少应有名称、规格、样品编号、数量、龄期(若需要)、检测状态。留样的样品,除前面所要求的信息外,还应增加留存日期、保存期限等。

b. 待检样品的完整性和数量应符合规程规范的要求。

c. 储存情况。无论是待检或留样均应满足温湿度的要求,如水泥、化学用品以及标准物质的储存保管。

d. 试验室建立样品的唯一标识系统是样品管理的关键环节,样品除名称、种类等信息外,还应有状态标识,表明该样品的检测/校准状态,是待检、在检、还是已检。每个样品都应有唯一编号。当一组样品有多个试件时,应有该组样品的编号和每个试件的细分号,以避免错拿样品或试验室无细分号出现数据记录错误。

常见样品状态标识格式如表3-14所示。

常见样品状态标识　　　　　　　　　　表3-14

样品名称	
样品规格(数量)	
样品编号	
检测状态	待检◇　　在检◇　　已检◇

(2)检查出具试验检测数据报告情况

出具试验检测数据报告情况应检查以下方面:

①档案分类是否清晰、管理是否规范、查询是否方便,主要检查管理规定、记录及报告分类依据、目录与内容符合性、保存环境等;

②检测机构所开展的试验参数所涉及的相关标准规范收集是否齐全、现行有效并受控;

③查阅检测机构出具的数据报告,应覆盖所有试验检测项目,并不少于10%的必选参数和5%的可选参数,核查试验检测报告的真实性、规范性、完整性;

④对于已取得等级证书的检测机构,检查其试验检测报告加盖印章的规范性;

⑤原始记录和报告签字是否齐全,有无漏签、冒名(顶替)代签现象;试验检测报告的审核、签发人是否具备试验检测师资格,签发人是否授权,原始记录的试验、复核和试验检测报告的试验、审核人是否有经过确认的资格。检测机构若采取电子签名方式出具试验检测报告,应有明确的文件规定,并合理设置权限,确保电子签名的真实性和有效性;

⑥记录和报告的相关信息是否完整,原始记录更改是否规范,单位制的使用是否正确,试验检测结论表述是否正确,依据标准是否正确,有无漏标准、多标准、错标准现象等;

⑦电子记录的管理是否规范,是否防止未经授权的入侵和修改,是否加密、加备等;

⑧是否存在超出核准业务范围出具数据报告的情况。

(3)考核现场试验操作

现场试验操作应考核以下主要内容:

①提问考核技术负责人和质量负责人的业务和质量管理的相关知识;

②检查操作人员的检测证书,确定是否为所申报的人员,避免替换;

③观察检测人员的实际操作过程,是否完整、规范、熟练;

④通过提问或问卷,随机抽查试验检测人员相关试验检测知识;

⑤审查提交的现场操作项目报告的规范性、完整性;

⑥对从事涉及结构安全的基桩、钢结构、混凝土结构、桥梁隧道工程等检测项目的主要操作人员,应进行现场考核;

⑦对于有模拟报告而无业绩且未能提交比对试验报告的参数,应进行现场考核。

(4)考核方式及评分

对检测机构的现场试验操作考核,主要采取现场试验的方式进行,当采取现场演示试验时,应结合查阅检测报告验证和现场提问组合确认的方式进行。现场试验应出具检测报告,现场演示试验可不出具检测报告。

评审专家应根据现场试验操作考核情况,对检测机构的试验检测技术水平进行评价。

专家评分要求如下:

①专家评分分为水平测试现场评分和总体评分两部分,其中总体评分包含水平测试现场评分,评分分为用于等级评定和换证复核现场评审评分,每名评审专家独立评分。公路水运工程试验检测机构现场评分表见表3-15、水平测试现场评分细化表见表3-16。

公路水运工程试验检测机构现场评分表 表3-15

考核项目	规定分值		评分标准	评分
	等级评定	换证复核		
相关专业高级职称专业配置	2分	1分	持证高级职称专业配置不符合等级标准要求,每少1人扣0.5分	
*技术负责人、质量负责人	4分	2分	相关工作年限满足等级标准要求,熟悉管理体系及相关技术标准的要求,不符合扣1分/人	
*人员专业配置	3分	2分	人员专业配置不符合等级标准要求,每少1人扣1分	
人员档案	2分	2分	人员证书、合同、隶属关系证明等档案齐全,不符合扣1~2分	
人员培训	3分	3分	1.及时参加标准、规范的宣贯培训;2.及时参加行业管理办法的宣贯培训;3.积极参加行业管理部门或专业机构组织的业务知识培训;4.积极组织机构内部专业知识培训。每项不满足要求扣1分	
仪器设备配置	8分	6分	配置符合相关技术标准、试验方法要求的仪器设备的可选参数申请率低于80%,每少1个参数扣0.5分	
环境状况	5分	4分	1.试验室布局合理;2.仪器设备摆放合理整齐;3.环境整洁干净;4.环境条件满足检测要求;5.环境条件监控记录及时完整。一处不达标扣0.5分	
*管理体系运行有效性评价	4分	4分	依照资质认定评审准则,建立管理体系: 1.管理体系健全,质量文件各要素齐全,不满足扣1分; 2.人员了解运行管理要求并按要求落实,不满足扣1分; 3.各种体系运行记录完整,能有效运转,不满足扣1~3分	

续上表

考核项目	规定分值		评分标准	评分
	等级评定	换证复核		
*试验记录、报告	11分	12分	1. 档案分类清晰、管理规范、查询方便;2. 记录、报告格式规范一致;3. 相关信息完整;4. 更改规范;5. 单位制使用正确;6. 结论表述正确;7. 签字齐全,专用标识章等使用规范;8. 依据标准正确;9. 相关检测方法收集齐全,现行有效并受控;10. 检测方法发生变化应及时进行确认并保留相关记录;11. 无其他错误。每一项不满足要求扣1分	
*仪器设备管理	11分	11分	1. 有专人管理仪器设备,固定存放地点;2. 使用记录齐全完整;3. 各种标识齐全、规范;4. 内部校验规程齐全并严格执行;5. 设备按规定维护、保养;6. 仪器设备按规定检定、校准;7. 计量确认记录规范、齐全;8. 仪器设备档案齐全完整,分类清晰、管理规范、查询方便。 第6项每1台仪器设备未检定、校准扣1分,其余每一项未达到扣1分	
样品管理	5分	5分	1. 标识清晰;2. 信息齐全;3. 保管规范;4. 流转有序;5. 有关制度合理且完善。 每一项不满足要求扣1分	
能力验证活动	3分	5分	1. 参加部、省级交通主管部门(质监机构)组织的能力验证,结果为满意。 能力验证结果为不满意或不合格的,部级一次扣3分,省级一次扣2分;结果为基本满意或可疑的,部级一次扣1分,省级一次扣0.5分。 2. 机构内部定期组织或参加试验室间的比对试验活动及开展活动的有效性。 未组织或参加过试验室间的比对试验扣2分/年,参加过但有效性较差的扣1分/年	
实际操作	35分	35分	见"水平测试现场评分细化表"	
业绩	4分	4分	1. 申请的可选参数无业绩或模拟报告的,每个参数扣0.5分; 2. 在部、省级主管部门(质监机构)组织的督查中受到通报批评或停业整顿的,部级的每次扣3分,省级的每次扣2分	
人员离岗及重要信息变更办理情况	0分	4分	1. 有效期内持证人员变更比例高于40%时,变更比例每增加10%扣1分; 2. 试验检测机构的重要变更(指机构名称、地址、法定代表人、行政负责人、技术负责人、质量负责人等的变更)未在规定期限内办理变更手续,扣2分	适用于换证复核
合 计	100分	100分		

水平测试现场评分细化表　　　　　　　　　　　　　　　　表 3-16

类别	评分标准	规定分值	评分
水平测试 (35 分)	1. 操作人员持证上岗,上岗不持证 1 人扣 1 分	2 分	
	2. 环境条件应符合试验规程要求	2 分	
	3. 在试验前后分别对所用的仪器设备进行了状态检查测试	2 分	
	4. 能够按照标准、规范和规程所规定的方法和步骤完整、规范、熟练操作	5 分	
	5. 能够熟练地使用仪器设备	2 分	
	6. 所记录的原始记录应是对试验过程的实时记录,记录时有复颂、核对、检查	3 分	
	7. 能够熟练正确地进行计算	2 分	
	8. 试验报告必要信息完整、依据标准适宜、结论表述正确	9 分	
	9. 检测人员签字齐全、有效,用章规范	2 分	
	10. 熟练掌握所承担检测领域的相关的技术要求和方法(根据现场对检测人员的提问评分)	6 分	
评审专家		总评分	

日期：　　　年　月　日

②现场评审中若发现检测机构未能满足等级标准强制性要求,即视为不通过,不再填写此表。

③各考核项目评分不得大于规定分值,最低为零分。

④标"＊"的项得零分视为没有通过资格。即技术负责人和质量负责人、人员专业配置、管理体系运行有效性评价、试验记录与报告、仪器设备管理 5 个评分项,只要出现 1 项得零分,机构失去通过资格。

⑤试验检测机构在交通运输主管部门(质监机构)组织的比对试验中,比对参数在申请等级评定的参数范围内,结果为基本满意或不满意的,按规定扣分;参数不在申请范围内,则不予扣分。

(5) 其他情况处理

现场试验操作考核过程中若出现下列情况,应按以下规定处理：

①当采用现场演示试验进行能力确认时,评审专家应对操作演示的全过程进行跟踪,并进行有针对性的提问考核和查验典型报告,以评定人员操作的熟练程度、正确性和完整性;演示试验数量一般不宜大于技术考核参数总量的 10%。

②由于样品制备、处理或测试时间较长,由检测人员提出偏离申请报技术负责人审核,得到专家批准后方可实施偏离,偏离申请应作为检测报告附表。

换证复核现场评审应侧重考核难度较大、等级证书有效期内未开展或开展频率低、标准规范发生变更、能力验证结果存在问题的检测参数。

《工作程序》第 18 条规定　对检测机构行政、技术、质量负责人等关键岗位人员,应重点考查资历条件是否满足等级标准及有关要求,是否理解和熟悉岗位职责等内容。考核可采取口头问答或书面考试等方式进行。

现场试验操作应考核以下主要内容：
①提问考核技术负责人和质量负责人的业务和质量管理的相关知识；
②检查操作人员的检测证书,确定是否为所申报的人员,避免替换；
③观察检测人员的实际操作过程,是否完整、规范、熟练；
④通过提问或问卷,随机抽查试验检测人员相关试验检测知识；
⑤审查提交的现场操作项目报告的规范性、完整性；
⑥对从事涉及结构安全的基桩、钢结构、混凝土结构、桥梁隧道工程等检测项目的主要操作人员,应进行现场考核；
⑦对于有模拟报告而无业绩且未能提交比对试验报告的参数,应进行现场考核。

(6)技术能力确认

《工作程序》第 17 条第四款规定　技术能力的确认规定,评审组根据技术能力考核情况,确认检测机构的试验检测能力范围。有必要对参数检测方法或范围、设备的测量范围、精确度等做出限制时,评审组应予以注明。

《等级评定工作有关事项的通知》中规定,试验检测机构申请可选参数的数量,应以现场评审组最终确认的数量为准。

交通工程多种产品多次出现的可选参数按 1 个参数计,经核减,可选参数总量为99 个。

评审组应根据现场评审情况,确认检测机构具备能力的试验检测参数,作为质监机构核准检测机构业务范围的依据,即试验检测能力确认,且遵循以下原则：

①能力确认一般以技术能力考核结果和评审专家的专业判断为依据,确认方式主要有现场试验(含演示试验)、现场提问、核对仪器设备配置、查阅检测报告、查阅试验检测机构参加能力验证的情况等；质量技术监督部门、交通运输行业主管部门和有关专业机构组织的能力验证,可作为相应能力确认的依据。

②试验检测能力应以现有的条件为依据,不得以许诺、推测作为依据。

③租用、临时借用仪器设备不得作为相应试验检测能力的确认依据。

④若检测机构存在不能提供试验检测标准、检测人员不具备相应的技能、无试验检测仪器设备或试验检测仪器设备配置不正确、环境条件不满足检验检测要求等情况,均应按不具备相应试验检测能力处理。

⑤试验检测参数所应具备的试验检测能力尚应满足《公路水运工程试验检测机构等级评定管理要求》(JT/T 1181—2018)的试验方法要求。当有必要对试验检测参数的试验方法或范围、仪器设备的测量范围或精确度等做出限制时,评审组应对相应项(参数)采用"只做…"或"不做…"等方式予以注明。对于必须具备的试验方法不满足要求的,应对该参数能力不予确认,必须参数能力不予确认的,应终止现场评审。

⑥评审组应按规定对变更的技术、质量负责人等关键岗位技术人员,根据其职责,通过提问、书面考试、交流、现场操作考核等方式进行能力确认。

5)评审组内部评议

评审组长应主持召开评审组内部会议,主要内容包括:

(1)按基本条件的规定,对试验检测人员、设备设施、环境、取得资质认定证书情况、信用评价、检测参数覆盖率以及检测工作业绩等做出整体评价;

(2)按管理能力的规定,通过现场符合性检查,对检测机构实际状况是否与申请材料的内容一致,是否满足相应要求做出客观、公正评价;

(3)按技术能力的规定,通过对样品管理、典型检测报告的核查,并依据标准或规范要求,确定现场考核的项目是否合格,对检测机构的试验检测能力进行最终确认;

(4)对于有确凿证据表明检测机构存在严重缺陷的问题,评审组应如实写入评审意见,不得以检测机构承诺整改等方式予以回避;

(5)汇总评审情况,确定总体评价,提出存在的问题和整改要求,整理完善各评审工作表,并在充分评议的基础上,各评审专家独立打分,其中评审组长评分权重为40%。评审组长汇总计算加权平均分。

质监机构监督人员可参加评审组内部会议,并不得干扰、干预评审专家评议、评分工作。评审专家及监督人员对评议情况、现场评审分数及结果不得随意向外界透露。

评审组长应对专家评分进行及时核对,对专家独立打分分值相差大于5分及以上的,应认真了解情况,相关情况应予以记录,专家组长及有关专家应签字确认。

6)与检测机构沟通

评审组长组织评审组与检测机构主要负责人进行座谈,通报评审中发现的主要问题,听取检测机构的意见。如检测机构对存在的问题提出异议,评审组应列举客观证据进行说明。确属评审组客观证据不足或检测机构能提供充足的符合性证据的,应修改有关评审记录。相关情况可在填写"现场评审工作备忘录"时予以记录,专家组长及有关专家应签字确认。

7)召开评审情况反馈会议

评审组长应主持召开评审情况反馈会议,参加人员一般与评审工作布置会议相同,会议主要内容包括:

(1)评审专家反馈评审过程中发现的问题;

(2)通报现场评审总体情况及评审意见,要求检测机构按现场评审专家反馈意见内容落实整改;

(3)检测机构主要负责人对评审意见表明态度;

(4)若有必要,其他有关人员讲话;

(5)评审组长宣布会议结束,现场评审工作结束;

(6)评审组应完成公路水运工程试验检测机构等级评定/换证复核现场评审报告。

8)汇总评审材料并上报

现场评审结束后,评审组长应对照现场评审资料汇总表,负责将《公路水运工程试验检测机构等级评定/换证复核现场评审报告》、有关工作用表及两份典型试验检测报告等评审材料整理齐备,在《工作程序》规定的期限内提交给质监机构,并同时发送电子材料,其余现场操作项目报告应内容完整,并由检测机构及时存档。

评审材料上的专家签名应为手写签名。

9)终止现场评审

《工作程序》第 22 条规定 发生下列任何情况之一,评审组经报告质监机构同意后可终止现场评审工作:

(1)检测机构实际状况与申请资料严重不符,包括人员、场地等强制性指标要求的实际情况低于材料申报内容;

(2)申请检测项目与实际能力不符,不能满足基本条件;

(3)检测机构管理体系控制失效,相关记录缺失或失实;

(4)检测机构有意干扰评审工作,评审工作不能正常进行;

(5)发现检测机构存在伪造试验检测报告、出具虚假数据等弄虚作假行为;

(6)存在被考核人员冒名顶替、借(租)用试验检测仪器设备等情况;

(7)检测机构存在其他严重的违法违规问题。即发生下列情况之一,评审组经报告质监机构同意后可终止评审工作,并由组长和有关专家签字确认:

①检测机构实际状况与申请资料严重不符,包括人员、场地等强制性指标要求的实际情况低于材料申报内容。如:

a. 持证检测人员实际数量低于等级标准要求;

b. 未配置必选仪器设备或所配置必选仪器量程、准确度不满足要求;

c. 场地面积低于等级标准要求。

②申请检测项目与实际能力不符,不满足基本条件,如:

a. 必选参数要求的仪器设备不能正常工作,必选参数不能按规定要求完成;

b. 所抽查典型报告中涉及结构安全的参数出现重要数据及主要结论错误、失实等;当检测机构出具给客户的试验检测报告与存档报告在计算、数据、结论等方面存在不一致时,属于报告失实情况;

c. 必选试验检测参数的原始记录和试验检测报告或模拟检测报告缺失;

d. 必选试验检测参数能力不予确认的。

③检测机构管理体系控制失效,相关记录缺失或失实。

④检测机构有意干扰评审工作,评审工作不能进行。如检测机构未按要求提供评审所需的必要条件,无法提供评审所需的有关资料等。

⑤发现检测机构存在伪造试验检测报告、出具虚假数据等弄虚作假行为。

⑥存在人员冒名顶替、借(租)用检测仪器设备用于能力确认的证明等。

⑦检测机构存在其他严重的违法违规问题。如发生可直接确定为 D 级的失信行为,以及被有关主管部门通报存在严重违规行为等。

五、评审结果的处理

《工作程序》第 23 条规定 现场评审需要检测机构整改的,要求如下:

(1)评分≥85 分的,整改期限一般为 1 个月。评审组长在收到整改材料后 10 个工作日内完成材料审核,并形成现场评审整改情况确认意见,报送质监机构。

(2)80 分≤评分<85 分的,整改期限一般为 3 个月。完成整改后,由评审组专家进行现

场检查验证,形成现场评审整改情况确认意见,并报送质监机构。

(3)评分<80分、或被终止现场评审、或在规定期限内未完成整改工作的,检测机构没有通过资格。

《工作程序》第 24 条规定　质监机构根据《检测管理办法》及能力验证情况、监督检查情况、现场评审材料、整改情况等对检测机构进行综合评定,确定对检测机构申请等级评定或换证复核的评定结果(以下简称评定结果)。

评定结果分为通过、整改及不通过三类。

《工作程序》第 25 条规定　质监机构应将评定结果向社会公示,公示期不得少于 7 天。对于公示期间有异议的,质监机构应进行核实,并将核实情况书面通知检测机构。

《工作程序》第 26 条规定　质监机构应根据评定结果和公示情况,公布等级评定或换证复核结果。

(1)对于评定结果为通过,且公示期满无异议或者经核实异议不成立的检测机构,质监机构发出"公路水运工程试验检测机构等级评定/换证复核通知书",并核发《等级证书》及"公路水运工程试验检测机构专用标识章",在公路水运工程试验检测管理信息系统中更新相关信息,供社会公开查询。

(2)对于评定结果为整改的检测机构,质监机构一般应在 5 个工作日内发出"公路水运工程试验检测机构等级评定/换证复核整改通知书",明确整改期限和整改内容。

(3)对于评定结果为不通过的检测机构,申请等级评定的,质监机构发出"公路水运工程试验检测机构等级评定不予通过通知书"。申请换证复核的,按照《检测管理办法》第二十二条处理。即质监机构责令其在 6 个月内进行整改。整改期内不得承担质量评定和工程验收的试验检测任务。整改期内达不到规定条件的,质监机构根据实际达到的检测能力条件重新作出评定,或注销等级证书。

本节讲述等级评定的程序及评审具体内容,为方便大家了解评定程序的全貌,将等级评定程序用流程图如图 3-2 所示。

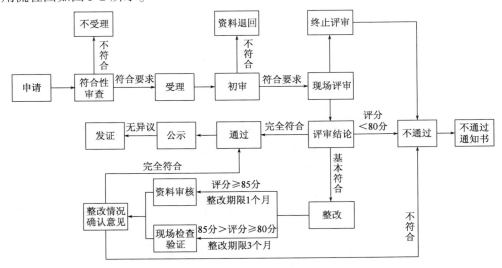

图 3-2　等级评定程序用流程

第四节　公路水运工程试验检测机构和人员信用评价

公路水运工程试验检测行业关系到国家和人民生命、财产的安全,其信用状况尤为重要。信用是职业道德的体现,是一个行业发展到一定阶段所必须面对的问题。在公路水运试验检测市场蓬勃发展之际,交通运输部发布《关于印发〈公路水运工程试验检测信用评价办法〉的通知》(交安监发〔2018〕78 号),通过建立行业信用体系,来加强公路水运试验检测管理和诚信建设,引导和监控试验检测市场和试验检测行为,树立检测机构讲诚信的风气。

一、信用评价办法的主要内容

《信用评价办法》由五章正文(共 20 条)和 7 个附件组成,如图 3-3 所示。正文规定了信用评价范围及评价程序,附件提供了信用评价标准及相关表格。

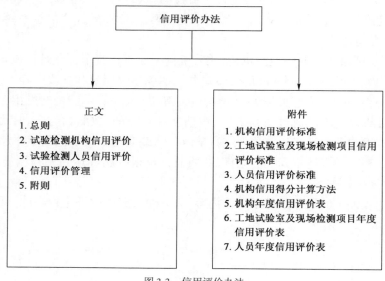

图 3-3　信用评价办法

二、评价范围

《信用评价办法》第 2 条规定　本办法所称信用评价是指交通运输主管部门对持有公路水运工程试验检测师或助理试验检测师(试验检测工程师或试验检测员)资格证书的试验检测从业人员(以下简称检测人员)和取得公路水运工程试验检测等级证书并承担公路水运工程试验、检测及监测业务的试验检测机构的从业承诺履行状况等诚信行为的综合评价。

(1)评价对象。持有公路水运工程试验检测师或助理试验检测师(试验检测工程师或试验检测员)资格证书的试验检测从业人员;取得公路水运工程试验检测等级证书的机构。

(2)评价范围。承担公路水运工程试验、检测及监测业务的试验检测机构的从业承诺履行状况。

三、评价方法及程序

1. 检测机构的评价方法

《信用评价办法》第 6 条规定　试验检测机构的信用评价实行综合评分制。试验检测机构设立的公路水运工程工地试验室(以下简称工地试验室)及单独签订合同承担的工程试验、检测及监测等现场试验检测项目(以下简称现场检测项目)的信用评价,作为其信用评价的组成部分。

即试验检测机构对外派的工地试验室有连带责任,工地试验室数量越多,其信用评价的风险也越大。综合评价的计算公式如下:

$$W = W'(1-\gamma) + \frac{\gamma}{n} \cdot \sum_{i=1}^{n} W_i^n$$

式中:W——试验检测机构信用评价综合得分;
　　W'——母体机构得分;
　　W_i——工地试验室及现场检测项目得分;
　　n——工地试验室及现场检测项目数;
　　γ——权重。

$n=0$ 时,$\gamma=0$;
$n=1\sim3$ 时,$\gamma=0.3$;
$n=4\sim6$ 时,$\gamma=0.4$;
$n=7\sim10$ 时,$\gamma=0.6$;
$n>10$ 时,$\gamma=0.7$。

试验检测机构、工地试验室及现场检测项目的评价采用扣分制。基准分为 100 分。具体扣分内容见附录 11《公路水运工程试验检测信用评价办法》中的有关内容。

2. 人员的信用评价方法

人员的信用评价实行随机检查累计扣分制。在评价周期内,试验检测人员在不同项目和不同工作阶段发生的违规行为实行累计扣分。一个具体行为涉及两项以上违规行为的,以扣分标准高者为准。具体扣分内容见附录 11《公路水运工程试验检测信用评价办法》中的有关内容。

评价周期内:20 分≤人员累计扣分分值<40 分,属信用较差;人员累计扣分分值≥40 分,属信用很差。

连续 2 年被评为信用较差的人员,信用等级直接按很差发布,并列入黑名单。伪造证书信用评为很差,列入黑名单。

3. 试验检测机构信用等级的划分

《信用评价办法》第 8 条规定　试验检测机构信用评价分为 AA、A、B、C、D 五个等级,评分对应的信用等级分别如下。

AA 级:信用评分>95 分,信用好;
A 级:85<信用评分≤95 分,信用较好;

B级:70＜信用评分≤85分,信用一般;

C级:60＜信用评分≤70分,信用较差;

D级:信用评分≤60分,信用很差。

被评为D级的试验检测机构直接列入黑名单,并按《公路水运工程试验检测管理办法》予以处罚。

4. 试验检测机构及人员信用评价程序

评价具体程序及时间要求如图3-4所示。

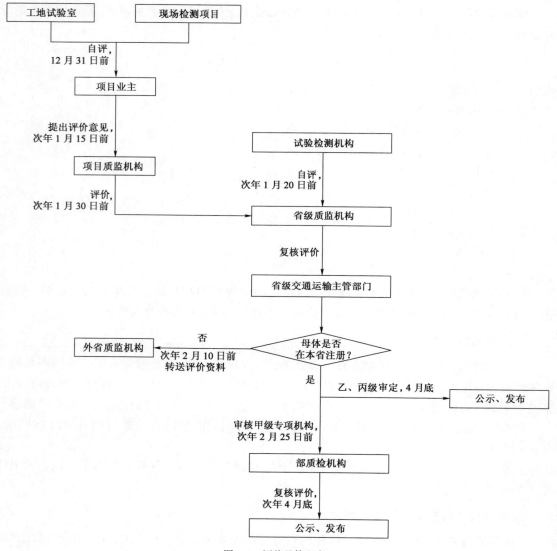

图3-4 评价具体程序

注:图中各时间节点以附录11《公路水运工程试验检测信用评价办法》中的相关规定为准。

《信用评价办法》第10条规定 质监机构用于复核评价的不良信用信息采集每年至少

1次且要覆盖到评价标准的所有项。

评价依据包括：

（1）检测机构自评情况；

（2）各级交通运输主管部门、质监机构开展事中事后监管活动中和建设单位、监理单位在工程建设管理中发现的失信行为；

（3）投诉举报查实的违规行为；

（4）交通运输主管部门或质监机构通报批评或行政处罚的失信行为；

（5）等级评定、换证复核中发现的失信行为；

（6）检测机构及其设立的工地试验室在各级质监机构、行业组织开展的比对试验活动中出现的失信行为；

（7）相关交通运输管理部门在公共信用信息服务平台中发布的有关行政处罚行为。

质监机构应指定专人负责试验检测机构和试验检测人员信用评价工作，及时完成相关信用信息的数据录入、整理、资料归档等工作。

信用评价实行评价人员及评价机构负责人签认负责制，并接受上级部门及社会各界的监督。发现评价结果不符合实际情况的应予以纠正；发现在评价工作中徇私舞弊、打击报复、谋取私利的，按有关规定追究相关人员的责任。

四、信用评价实施及结果发布

《信用评价办法》第4条规定　交通运输部负责公路水运工程试验检测机构和人员信用评价工作的统一管理。负责持有试验检测师（试验检测工程师）资格证书的检测人员和取得公路水运甲级（专项）等级证书并承担高速公路、独立特大桥、长大隧道及大中型水运工程试验、检测及监测业务试验检测机构的信用评价和信用评价结果的发布。交通运输部工程质量监督机构（以下简称部质监机构）负责信用评价的具体组织实施工作。

省级交通运输主管部门负责在本行政区域内从事公路水运工程试验检测业务的持有助理试验检测师（试验检测员）资格证书的检测人员和乙级、丙级试验检测机构信用评价工作的管理。省级交通运输主管部门所属的质量监督机构（以下简称省级质监机构）负责信用评价的具体组织实施工作。

上一级质监机构应当对下一级质监机构信用评价工作进行监督检查。

《信用评价办法》第5条规定　信用评价周期为1年，评价的时间段从1月1日至12月31日。评价结果定期公示、公布。

五、信用评价标准释义

《信用评价办法》明确：工程试验检测机构信用评价标准有24项失信行为，工地试验室及现场检测项目信用评价标准有19项失信行为，试验检测人员信用评价标准有14项失信行为。正确理解标准的含义，才能真正使用评价结果管理市场，优胜劣汰，促进检测市场健康有序发展。新颁布的《信用评价办法》中，其信用评价标准规定得比较明确，容易理解，建议直接参阅附录11《公路水运工程试验检测信用评价办法》中的有关内容。

第五节 公路水运工程工地试验室管理

公路水运工程工地试验室是作为加强工程建设现场质量管理而设立的临时试验室,工地试验室随建设项目的开工而建立,伴随建设工程的结束而撤销。工地试验室所提供的试验检测数据是工程建设现场质量控制和评判的重要基础数据来源,是工程建设质量保证体系的重要组成部分,直接关系到工程质量和施工安全生产,影响对工程建设质量的过程控制和最终评判。根据新修订的《检测管理办法》第 29 条规定,取得《等级证书》的检测机构,可设立工地临时试验室。

与常设试验检测机构相比较,其工地试验室具有临时性的特点,决定了机构及人员的相对不稳定,加大了管理难度。

为了进一步贯彻《检测管理办法》的有关规定,加强工地试验室的监管,规范工程建设现场试验检测活动,保证工地试验室的检测质量,交通运输部出台了《关于进一步加强公路水运工程工地试验室管理工作的意见》(厅质监字〔2009〕183 号)(以下简称《意见》)。《意见》对设立工地试验室的条件、责任、管理等方面提出了指导意见。为加快推行现代工程管理,提升工程质量、安全管理水平,2011 年,交通运输部在全国开展了高速公路施工标准化活动。部质监局于 2012 年出台了《关于印发工地试验室标准化建设要点的通知》(厅质监字〔2012〕200 号)(以下简称《要点》),明确工地试验室标准化建设的核心是质量管理精细化、检测工作规范化、硬件建设标准化、数据报告信息化。为进一步细化和统一各项标准化建设指标和要求,部质监局组织编写了《公路工程工地试验室标准化建设指南》,为扎实有效推动工地试验室标准化建设奠定了基础。本节就工地试验室设立、管理等有关要求进行详细阐述。

一、工地试验室设立的原则和基本要求

1. 工地试验室设立的原则

《意见》强调"取得《等级证书》的检测机构,可设立工地试验室,承担相应公路水运工程的试验检测业务,并对其试验检测结果承担责任"。这样设定,使责任主体得以明确,对保证工地试验室的检测质量将起到积极作用。

2. 工地试验室设立的基本要求

工地试验室必须由取得《等级证书》的检测机构设立。按合同段划分单独设立,工程线路跨度较大时,应设立分支工地试验室。分支工地试验室作为工地试验室的组成部分,也应按照标准化建设要求建设,并接受项目质监机构的监管。

工地试验室标准化建设应坚持因地制宜、量力而行、务求实效和经济适用的工作原则。各功能室分区设置,布局合理、互不干扰、经济适用,目标是保证试验检测数据的准确性和客观性,而不是过分要求加大投入,片面追求表面效应,而忽视了标准化建设本身的内涵。

工地试验室所从事的检测业务范围也必须是《等级证书》核定的检测业务范围,不能超范围开展检测工作。凡是查出工地试验室有问题的,按照信用评价办法对其母体进行处理。凡

是工地试验室的母体不具备《等级证书》的,其所出具的数据将不能作为公路水运工程质量评定和工程验收的依据,质监机构将不予认可。

新修订的《检测管理办法》第35条规定,检测机构在同一公路水运工程项目标段中不得同时接受业主、监理、施工等多方的检测委托。

因此,需设立工地试验室的机构必须满足规定。其次,由于建设规模的差异或建设项目工地与母体检测机构相距较近,可以利用母体检测机构或距离工地现场不远的第三方检测机构完成试验检测,原则是方便服务且经济。如果需要设立,公路水运工程建设项目建设单位应在招标文件、合同文件中明确工地试验室的检测能力、人员、仪器设备配备要求,督促中标单位保证工地试验室的投入,加强对工地试验室试验检测工作的监督检查,按照《信用评价办法》的要求,开展对工地试验室和试验检测人员的信用评价工作。

考虑建设单位大多无《等级证书》,因此允许建设单位通过招标等方式直接委托具有《等级证书》和《计量认证证书》(以下简称《计量证书》)的第三方试验检测机构设立工地试验室,承担工程建设项目监理的全部或部分试验检测工作,但不包含施工方的工地检测。

二、工地试验室的管理要求

(1)任何单位不得干预工地试验室独立、客观地开展试验检测活动。

(2)设立工地试验室的母体试验检测机构,应当在其等级证书核定的业务范围内,根据工程现场管理需要或合同约定,对工地试验室进行授权。公路水运工程工地试验室设立授权书包括工地试验室可开展的试验检测项目及参数、授权负责人、授权工地试验室的公章、授权期限等。授权书应加盖母体试验检测机构公章及等级专用标识章。

授权人应考虑被授权人的证书专业领域是否涵盖工地现场授权的参数范围,避免超领域签发报告。

(3)当工地现场需要的试验检测参数超出母体检测机构《等级证书》范围时,应当委托具有交通行业《等级证书》且通过计量认证的机构,参数超出《等级标准》的范围时,应当委托通过计量认证的机构。

(4)工地试验室应在母体试验检测机构授权的范围内,为工程建设项目提供试验检测服务,不得对外承揽试验检测业务。

工地试验室开展试验检测工作,应由具有等级的母体试验检测机构有效授权,并建立完善的质量保证体系和管理制度。强调母体检测机构对外派工地试验室的管理职责,通过母体检测机构对工地的管理,提高工地试验室检测水平,保障工程质量。

当母体检测机构对工地试验室检测参数采取部分授权时,未授权的参数可以由母体机构实施检测,也可以选择委托第三方其他等级机构实施检测。

工地试验室实行授权负责人责任制,并按照《信用评价办法》进行全面信用评价,以促进工地试验室诚信建设,提高试验检测人员职业道德。

三、工地试验室备案程序

工地试验室备案设立实行登记备案制。按照母体试验检测机构授权→工地试验室填写

"公路水运工程工地试验室备案登记表"→建设单位初审→质监机构登记备案→通过时出具"公路水运工程工地试验室备案通知书"的流程。

工地试验室被授权的试验检测项目及参数,或试验检测持证人员进行变更的,应当由母体试验检测机构报经建设单位同意后,向项目质监机构备案。

四、工地试验室与授权母体的关系

母体试验检测机构应加强对授权工地试验室的管理和指导,根据工程现场管理需要或合同约定,合理配备工地试验室试验检测人员和仪器设备,并对工地试验室试验检测结果的真实性和准确性负责。

(1)工地试验室是由母体试验检测机构派出,代表母体试验检测机构在工地现场从事检测工作,工地试验室的工作质量和管理水平直接反映母体的水平,尤其是施工单位的母体检测机构更多履行的是管理职能,其检测业绩大多是通过工地检测报告反映,需要将工地试验室的相关资料(如授权书、备案通知书、设备的使用记录、检测的原始记录、检测台账等)在工程完工后移交母体检测机构,是母体业绩的证明材料。

(2)工地试验室应按照母体试验检测机构质量管理体系及工地试验室管理程序的要求,建立完整的试验检测人员技术档案、仪器设备管理档案和试验检测业务档案,严格按照试验检测规程操作,并做到试验检测台账、仪器设备使用记录、试验检测原始记录、试验检测报告相互对应。记录和试验检测报告的签字人必须是专业满足签字领域的持证人员。

(3)工地试验室试验检测环境(包括所设立的养护室、样品室、留样室等)应满足试验检测规程要求和试验检测工作需要。鼓励工地试验室推行标准化、信息化管理。

(4)工地试验室出具的试验检测报告应加盖工地试验室印章,印章包含的基本信息有:母体试验检测机构名称+建设项目标段名称+工地试验室。

五、工地试验室人员配置的要求及职责

1. 工地试验室人员配置的要求

工地试验室应根据工程内容、规模、工期要求和工作距离等因素,科学合理地配备试验检测人员数量,确保试验检测工作正常、有序开展。所有试验检测人员均应持证上岗,并在母体试验室注册登记,不得同时受聘于两家或两家以上的工地试验室。试验检测人员专业应配置合理,能涵盖工程涉及的专业范围和内容。

工地试验室不得聘用信用较差或很差的试验检测人员担任授权负责人,不得聘用信用很差的试验检测人员从事试验检测工作。

工地试验室实行授权负责人责任制。工地试验室授权负责人对工地试验室运行管理工作和试验检测活动全面负责,授权负责人必须是母体试验检测机构委派的正式聘用人员,且须持有试验检测工程师证书。

2. 人员职责

授权负责人有以下职责:

（1）审定和管理工地试验室资源配置，确保工地试验室人员、设备、环境等满足试验检测工作需要；审核或签发工地试验室出具的试验检测报告，对试验检测数据及报告的真实性、准确性负责；对违规人员有权辞退。

（2）建立完善的工地试验室质量保证体系和管理制度，包括人员、设备、环境以及试验检测流程、样品管理、操作规程、不合格品处理等各项制度，监督各项制度的有效执行。

（3）严格按照国家和行业标准、规范、规程以及合同的约定独立开展试验检测工作。有权拒绝影响试验检测活动公正性、独立性的外部干扰和影响，保证试验检测数据客观、公正、准确。

（4）实行不合格品报告制度，对于签发的涉及结构安全的产品或试验检测项目不合格报告，工地试验室授权负责人应在2个工作日之内报送试验检测委托方，抄送项目质量监督机构，并建立不合格试验检测项目台账。

3. 岗位能力要求

（1）授权负责人应掌握一定的管理知识，有较丰富的管理经验，能够合理、有效地利用工地试验室配备的各种资源；熟悉质量管理体系，具有较好的组织协调、沟通以及解决和处理问题的能力。

（2）试验检测工程师应具有审核报告的能力，能够正确使用标准、规范、规程对试验结果进行分析、判断和评价，具备异常试验检测数据的分析判断和质量事故处理的能力。

（3）试验检测员应熟练掌握专业基础知识、试验检测方法和工作程序，能够熟练操作仪器设备，规范、客观、准确地填写各种试验检测记录和报告。

（4）设备管理员应熟悉试验检测仪器设备的工作原理、技术指标和使用方法，具备仪器设备故障产生的原因和对试验检测数据准确性影响的分析判断能力，具有对仪器设备简单维修、维护保养的专业知识和能力。

（5）样品管理员应掌握一定的质量管理基础知识，熟悉样品管理工作流程、取、留样方法、数量和方式等，能够严格执行样品管理制度，对样品的整个流转过程进行有效控制，确保试验检测工作顺利进行。

（6）资料管理员应熟悉国家、行业和建设项目有关档案资料管理基础知识和要求，能够严格执行档案资料管理制度，及时、规范完成资料汇总和整理归档等工作，并不断完善档案资料管理。

工地试验室应根据配置人员的实际情况，可设置专职人员，也可由兼职的试验人员履行设备、样品、资料管理员相应岗位职责，前提是试验检测人员要具备相应能力。

六、工地试验室授权负责人的管理

（1）母体试验检测机构应制订工地试验室授权负责人管理制度，对其工作进行监督管理。

（2）质监机构应建立工地试验室授权负责人专用信息库，加强监督检查。按照《信用评价办法》对其从业情况进行全面的信用评价。

（3）工地试验室授权负责人变更，需由母体试验检测机构提出申请，经项目建设单位同意后报项目质监机构备案。擅自离岗或同时任职于两家及以上工地试验室，均视为违规行为，按照《信用评价办法》予以扣分。

(4)工地试验室授权负责人信用等级被评为信用较差的,2年内不能担任工地试验室授权负责人。信用等级被评为信用很差的,5年内不能担任工地试验室授权负责人。

(5)工地试验室信用评价结果小于等于70分的,其授权负责人两年内不能担任工地试验室授权负责人。

第六节 公路水运工程试验检测人员的继续教育

《公路水运工程试验检测管理办法》第39条规定,试验检测人员应当重视知识更新,不断提高试验检测业务水平。为了确保试验检测人员的知识更新,适应新的技术水平的发展需要,交通运输部于2011年10月制定发布了《公路水运工程试验检测人员继续教育办法(试行)》,明确了继续教育的目的和适用范围。通过继续教育,实现公路水运工程试验检测人员知识和技能的不断更新、补充、拓展和提高,完善知识结构,提高基本素质、创新能力和职业水平。《公路水运工程试验检测人员继续教育办法(试行)》(以下简称《继续教育办法》)在以下几个方面做出了阐述。

一、继续教育的目的、原则和适用范围

继续教育以巩固并不断提高试验检测人员的能力和技术水平,适应公路水运工程试验检测工作发展需要,促进试验检测人员继续教育制度化、规范化、科学化为目的;适用范围为取得公路水运工程试验检测工程师和试验检测员证书的从业人员。

《继续教育办法》中的继续教育是指为持续提高试验检测人员的专业技术和理论水平,在规定期限内完成的教育;强调接受继续教育是试验检测人员的义务和权利;要求试验检测机构应督促本单位试验检测人员按要求参加继续教育,并保证试验检测人员参加继续教育的时间,提供必要的学习条件。

二、继续教育的组织方式及分工

部质监局的职责:主管全国公路水运工程试验检测人员继续教育工作,负责制定继续教育相关制度,确定继续教育主体内容,统一组织继续教育师资培训,监督、指导各省开展继续教育工作。

交通运输部职业资格中心配合部质监局开展相关具体工作。

各省级交通运输主管部门质量监督机构(以下简称"省级质监机构")的职责:负责本省范围内试验检测人员继续教育工作,负责制定本行政区域继续教育相关制度和年度计划,结合实际确定继续教育补充内容,组织、协调本省继续教育工作。

三、承担继续教育机构和师资的条件

承担继续教育的机构应受省级质监机构委托,机构需满足以下条件:

(1)具有较丰富的公路、水运工程试验检测和工程经验,能够独立按照教学计划和有关规

定开展继续教育相关工作；

（2）具有独立法人资格，具备完善的教学、师资等组织管理及评价体系；

（3）有不少于 10 名的师资人员；

（4）有教学场所、实操场所（如租用场所应至少有三年以上的协议）；

（5）收支管理规范，有收费许可证、税务登记证；能够按照相关规定核算有关费用，合理确定收费项目和收费标准。

师资人员一般应具备以下条件：

（1）具有较高的政治、业务素质，较强的政策能力，在专业技术领域内有较高的理论水平和较丰富的工程经验；

（2）具有相关专业高级技术职称；

（3）通过部质监局组织的师资培训。

四、继续教育实施的内容和效果

省级质监机构应根据部质监局确定的继续教育主体内容结合实际制定，并公布本省继续教育计划和内容，指导试验检测机构合理、有序地组织试验检测人员参加继续教育。

继续教育的方式有集中面授方式，逐步推行网络教学和远程教育。

强调继续教育的授课内容应突出实用性、先进性、科学性，侧重试验检测工作实际需要，注重与实际操作技能相结合，一般应包括：

（1）与试验检测工作有关的法律法规、标准、规范、规程；

（2）试验检测人员职业道德教育；

（3）试验检测业务的新理论、新方法；

（4）试验检测新技术、新设备；

（5）试验检测案例分析；

（6）实际操作技能；

（7）其他有关知识。

五、继续教育的周期和学时要求

公路水运工程试验检测继续教育周期为 2 年（从取得证书的次年起计算）。试验检测人员在每个周期内接受继续教育的时间累计不应少于 24 学时。

试验检测人员的以下专业活动可以折算为继续教育学时。每个继续教育周期内，不同形式的专业活动折算的学时可叠加。

（1）参加试验检测考试大纲及考试用书编写工作的，折算 12 学时；

（2）参加试验检测考试命题工作的，折算 24 学时；

（3）参加试验检测工程师考试阅卷工作的，折算 12 学时；参加试验检测员考试阅卷工作的，折算 8 学时；

（4）担任继续教育师资的，折算 24 学时；

（5）参加部组织的机构评定、试验检测专项检查等专业活动的，折算 12 学时；

（6）参加省组织的机构评定、试验检测专项检查等专业活动的，折算8学时。

六、继续教育的监督检查

试验检测人员在继续教育过程中有弄虚作假、冒名顶替等行为的，取消其本周期内已取得的继续教育记录，并纳入诚信记录。

试验检测人员须意识到参加继续教育是每位试验检测人员的义务和权利，因此，为了维护自身的权益，在规定的教育周期内必须参加规定的学时教育。

随着交通建设事业的快速发展，以人为本、安全至上、生态环保、资源节约的理念在交通建设中得以贯彻，新材料、新工艺、新技术、新工法的使用，促进了公路交通可持续发展，公路安全水平得到提高。通过继续教育让试验检测人员知识、理念不断更新，综合素质不断提高，才能适应交通建设又好又快的发展形势。

第七节 公路水运工程试验检测的安全管理

随着我国经济文化的不断发展，安全已经成为一个为社会高度关注的话题。安全意识观，决定着人们对安全生产和安全生活的思维方式，并进而决定了人们的安全理念、奋斗目标、战略技术、方式方法等。为了加强公路水运工程安全生产监督管理，防止和减少生产安全事故，保障人民群众生命和财产安全，根据《中华人民共和国安全生产法》《建设工程安全生产管理条例》《生产安全事故报告和调查处理条例》等法律、行政法规，交通运输部发布了《公路水运工程安全生产监督管理办法》(交通运输部令2017年第25号，以下简称《安全生产监督管理办法》)，于2017年8月1日实施。该办法对公路水运工程的安全生产监督做出了相关规定。本节结合公路水运工程试验检测工作的安全管理的特性，就如何实现检测工作的安全管理作阐述。

一、公路水运工程试验检测安全监督管理的基本规定

"安全第一，预防为主，综合治理"是安全生产工作的指导方针，是企业安全生产的灵魂和统帅。安全意识是安全科学发展之本，是实现安全生产和安全生存的灵魂；是所有企业经济效益的重要基础，公路水运试验检测企业的安全监督管理也同样如此。公路水运工程安全生产工作应当以人民为中心，坚持安全第一、预防为主、综合治理的方针，强化和落实从业单位的主体责任，建立从业单位负责、职工参与、政府监管、行业自律和社会监督的机制。

《安全生产监督管理办法》第2条规定 公路水运工程建设活动的安全生产行为及对其实施监督管理，应当遵守该办法。

第3条规定 该办法的适用范围是所有的公路水运工程，既经依法审批、核准或者备案的公路、水运基础设施的新建、改建、扩建等建设项目。

本办法所称从业单位，是指从事公路、水运工程建设、勘察、设计、施工、监理、试验检测、安全服务等工作的单位。公路水运工程安全生产监督管理应当坚持安全第一、预防为主、综合治理的方针。

第 7 条规定 交通运输主管部门应当建立公路水运工程从业单位和从业人员安全生产违法违规行为信息库,实行安全生产失信黑名单制度,并按规定将有关信用信息及时纳入交通运输和相关统一信用信息共享平台,依法向社会公开。

二、有关公路水运工程试验检测的安全生产条件

第 11 条规定 从业单位从事公路水运工程建设活动,应当具备法律、法规、规章和工程建设强制性标准规定的安全生产条件。任何单位和个人不得降低安全生产条件。

第 13 条规定 公路水运工程施工招标文件及施工合同中应当载明项目安全管理目标、安全生产职责、安全生产条件、安全生产信用情况及专职安全生产管理人员配备的标准等要求。

第 15 条规定 从业单位应当依法对从业人员进行安全生产教育和培训。未经安全生产教育和培训合格的从业人员,不得上岗作业。

第 20 条规定 对严重危及公路水运工程生产安全的工艺、设备和材料,应当依法予以淘汰。交通运输主管部门可以会同安全生产监督管理部门联合制定严重危及公路水运工程施工安全的工艺、设备和材料的淘汰目录并对外公布。

从业单位不得使用已淘汰的危及生产安全的工艺、设备和材料。

第 22 条规定 公路水运工程施工现场的办公、生活区与作业区应当分开设置,并保持安全距离。办公、生活区的选址应当符合安全性要求,严禁在已发现的泥石流影响区、滑坡体等危险区域设置施工驻地。

工地试验室的选址及驻地建设也需遵从该条款的规定。

第 26 条规定 从业单位应当依法参加工伤保险,为从业人员缴纳保险费。

鼓励从业单位投保安全生产责任保险和意外伤害保险。

三、有关公路水运工程试验检测的安全生产责任

第 27 条规定 从业单位应当建立健全安全生产责任制,明确各岗位的责任人员、责任范围和考核标准等内容。从业单位应当建立相应的机制,加强对安全生产责任制落实情况的监督考核。

第 32 条规定 依合同承担试验检测或者施工监测的单位应当按照法律、法规、规章、工程建设强制性标准和合同文件开展工作。所提交的试验检测或者施工监测数据应当真实、准确,数据出现异常时应当及时向合同委托方报告。

第 33 条规定 依法设立的为安全生产提供技术、管理服务的机构,依照法律、法规、规章和执业准则,接受从业单位的委托为其安全生产工作提供技术、管理服务。

从业单位委托前款规定的机构提供安全生产技术、管理服务的,保障安全生产的责任仍由本单位负责。

第 43 条规定 作业人员应当遵守安全施工的规章制度和操作规程,正确使用安全防护用具、机械设备。发现安全事故隐患或者其他不安全因素,应当向现场专(兼)职安全生产管理人员或者本单位项目负责人报告。

作业人员有权了解其作业场所和工作岗位存在的风险因素、防范措施及事故应急措施,有

权对施工现场存在的安全问题提出检举和控告,有权拒绝违章指挥和强令冒险作业。

四、有关公路水运工程试验检测的安全监督管理

第45条规定　交通运输主管部门对公路水运工程安全生产行为的监督检查主要包括下列内容:

(一)被检查单位执行法律、法规、规章及工程建设强制性标准情况;

(二)本办法规定的项目安全生产条件落实情况;

(三)施工单位在施工场地布置、现场安全防护、施工工艺操作、施工安全管理活动记录等方面的安全生产标准化建设推进情况。

第46条规定　交通运输主管部门在职责范围内开展安全生产监督检查时,有权采取下列措施:

(一)进入被检查单位进行检查,调阅有关工程安全管理的文件和相关照片、录像及电子文本等资料,向有关单位和人员了解情况;

(二)进入被检查单位施工现场进行监督抽查;

(三)责令相关单位立即或者限期停止、改正违法行为;

(四)法律、行政法规规定的其他措施。

第47条规定　交通运输主管部门对监督检查中发现的安全问题或者安全事故隐患,应当根据情况作出如下处理:

(一)被检查单位存在安全管理问题需要整改的,以书面方式通知存在问题的单位限期整改;

(二)发现严重安全生产违法行为的,予以通报,并按规定依法实施行政处罚或者移交有关部门处理;

(三)被检查单位存在安全事故隐患的,责令立即排除;重大事故隐患排除前或者排除过程中无法保证安全的,责令其从危险区域撤出作业人员,暂时停止施工,并按规定专项治理,纳入重点监管的失信黑名单;

(四)被检查单位拒不执行交通运输主管部门依法作出的相关行政决定,有发生生产安全事故的现实危险的,在保证安全的前提下,经本部门负责人批准,可以提前24小时以书面方式通知有关单位和被检查单位,采取停止供电、停止供应民用爆炸物品等措施,强制被检查单位履行决定;

(五)因建设单位违规造成重大生产安全事故的,对全部或者部分使用财政性资金的项目,可以建议相关职能部门暂停项目执行或者暂缓资金拨付;

(六)督促负有直接监督管理职责的交通运输主管部门,对存在安全事故隐患整改不到位的被检查单位主要负责人约谈警示;

(七)对违反本办法有关规定的行为实行相应的安全生产信用记录,对列入失信黑名单的单位及主要责任人按规定向社会公布;

(八)法律、行政法规规定的其他措施。

对从事安全生产或作业的机构或单位,当公路水运工程安全生产监督管理部门在监督检查中发现存在安全问题时,依据《公路水运工程安全生产监督管理办法》第三十七条规定将视

情况做出如下处理：

(1)从业单位存在安全管理问题需要整改的,以书面方式通知存在问题单位限期整改；

(2)从业单位存在严重安全事故隐患的,责令立即排除；

(3)重大安全事故隐患在排除前或者在排除过程中无法保证安全的,责令其从危险区域内撤出作业人员或者暂时停止施工。

第 49 条规定　交通运输主管部门对有下列情形之一的从业单位及其直接负责的主管人员和其他直接责任人员给予违法违规行为失信记录并对外公开,公开期限一般自公布之日起 12 个月：

(一)因违法违规行为导致工程建设项目发生一般及以上等级的生产安全责任事故并承担主要责任的；

(二)交通运输主管部门在监督检查中,发现因从业单位违法违规行为导致工程建设项目存在安全事故隐患的；

(三)存在重大事故隐患,经交通运输主管部门指出或者责令限期消除,但从业单位拒不采取措施或者未按要求消除隐患的；

(四)对举报或者新闻媒体报道的违法违规行为,经交通运输主管部门查实的；

(五)交通运输主管部门依法认定的其他违反安全生产相关法律法规的行为。

对违法违规行为情节严重的从业单位及主要责任人员,应当列入安全生产失信黑名单,将具体情节抄送相关行业主管部门。

第 50 条规定　交通运输主管部门在专业性较强的监督检查中,可以委托具备相应资质能力的机构或者专家开展检查、检测和评估,所需费用按照本级政府购买服务的相关程序要求进行申请。

五、与公路水运工程试验检测有关的法律责任

第 54 条规定　从业单位及相关责任人违反本办法规定,国家有关法律、行政法规对其法律责任有规定的,适用其规定；没有规定的,由交通运输主管部门根据各自的职责按照本办法规定进行处罚。

第 55 条规定　从业单位及相关责任人违反本办法规定,有下列行为之一的,责令限期改正；逾期未改正的,对从业单位处 1 万元以上 3 万元以下的罚款；构成犯罪的,依法移送司法部门追究刑事责任：

(一)从业单位未全面履行安全生产责任,导致重大事故隐患的；

(二)未按规定开展设计、施工安全风险评估,或者风险评估结论与实际情况严重不符,导致重大事故隐患未被及时发现的；

(三)未按批准的专项施工方案进行施工,导致重大事故隐患的；

(四)在已发现的泥石流影响区、滑坡体等危险区域设置施工驻地,导致重大事故隐患的。

六、公路水运工程试验检测安全工作的重点

公路水运工程试验检测从检测工作的场所来分可以分为室内试验和室外检测。

室内试验检测的对象是工程建设所用原材料、半成品或成品,常见的原材料有钢材、水泥、砂、石料、钢绞线等,半成品有水泥混凝土试件、砂浆试件等,成品有橡胶支座、防撞护栏的波形梁板、标志等;**室外检测**的对象主要是工程实体,如路基路面的质量、桥梁的质量、码头、护岸、船闸等。

《公路水运工程安全生产监督管理办法》规定,机构需建立健全安全生产责任制度,《检验检测机构资质认定能力评价 检验检测机构通用要求》也要求质量体系文件中要建立《安全作业管理程序》,无论是室内还是室外检测,检测机构都需根据实际建立切实可行的安全管理规章制度和操作规程,确保安全工作有章可循。

试验检测机构应根据组织机构的设立情况合理分配各岗位及部门职能,明确责任,建立健全各项规章制度,尤其是安全管理的程序和操作规程,并做好监督检查和制度的落实。常见的安全管理至少应包含以下几个方面。

1. 仪器、设备的安装使用

(1)仪器、设备的安装,应符合有关安全技术标准,电动设备应有良好的接地装置,并以检查确认后方可使用;对于有飞溅情况的试验设备应设置有效防护,防止试件飞溅伤害人员及设备。

(2)仪器设备使用中,试验检测人员应熟悉设备仪具性能,严格遵守操作规程;操作人员不得擅自离开,防止安全事故的发生;操作中若发现设备仪具运转异常,或有异味,或遇停电、停水、漏油、漏水时,应立即停机,切断电源、水源,属故障停机时应排除故障。

(3)加强仪器设备检查维护保养及维修,确保其使用时性能稳定、示值准确。

2. 危险化学品安全管理

危险化学品安全管理需依据《危险化学品安全管理条例》进行。

凡具有毒害、腐蚀、爆炸、燃烧、助燃等性质,对人体、设施、环境具有危害的化学品和其他化学品均属危险化学品。

目前交通行业检测机构常用的化学试剂中,强酸、强碱,如盐酸、硫酸、氢氧化钠,易燃助燃的有酒精、三氯乙烯等均属危险化学品范畴,因此无论是购买、储存、使用都应制定相应的规章制度和程序,确保化学危险品的安全使用。

依据《危险化学品安全管理条例》二十四条的规定,危险化学品应当储存在专用储藏室内,由专人负责管理;剧毒化学品以及存储数量构成重大危险源的其他危险化学品,应当在专用仓库内单独存放,实行双人收发、双人保管制度。

危险化学品的储存方式、方法以及存储数量应当符合国家标准和国家有关规定。

存储危险化学品的单位应当建立危险化学品出入库核查、登记制度。

使用化学品的单位,其使用条件(包括工艺)应当符合行政法规的规定和国家标准、行业标准的要求,并根据所使用的化学危险品的种类、危险特性以及使用量和使用方式,建立健全使用危险化学品的安全管理制度和安全操作规程,保证危险化学品的安全使用。

3. 现场检测及临时设施的安全管理

(1)开放交通的道路现场检测

目前,随着交通建设的飞速发展,试验检测技术水平不断提高,检测设备的自动化程度越来越高,为工程质量的方便、快捷、准确检测提供了保障,尤其是为已开放交通的道路质量检测提供了极大的便利。采用自动化检测设备或多种检测指标一体的综合检测车辆进行现场检测时,由于道路上的车辆流动,各种不确定因素较多,给自身检测车辆和人员安全增加了风险,因此必须制定科学安全可行的现场检测方案,除在距离检测现场一定距离的地方设置安全警示标志外,检测人员须身穿安全防护服。

(2)桥梁、码头、船闸等结构物现场检测高空作业安全事项

依据《建设工程安全生产管理条例》的规定,现场检测所使用的机械设备、机具、配件应当对其安全性能进行检测,且应有检测合格证明;施工现场安装、拆卸施工起重机械和整体提升脚手架、模板等自升式架设设施,必须有相应资质的单位承担;设施安装完毕后需进行自检。

检验检测机构对检测合格的施工起重机械和整体提升的自升式架设设施,应当出具安全合格证明文件,并对检测结果负责。

(3)试验检测临时用房的安全

对于设立的工地试验室临时用房,需按照《建设工程安全生产管理条例》二十九条的规定,施工现场临时搭建的建筑物符合安全使用的要求。使用的装配式活动房屋应当具有产品合格证。

临时用电满足负荷要求,必须采取符合要求的安全措施。

现场管理是安全管理的出发点和落脚点,也是保持安全的主要因素,而现场管理工作的要点则在于做好相关系列准备工作。因此,必须提前做好准备工作,加强现场管理,搞好环境建设,规范岗位作业标准化,预防"人""物"的不安全因素,确保生产顺畅。

坚持"安全第一、预防为主"的安全观念、增强安全意识,牢固树立"安全生产人人有责"的意识保证安全生产,真正做到"预防为主",对安全生产进行事前控制,必须严格落实"四大保障"措施。

安全观是对安全活动、安全行为、安全环境、安全事物、安全标准、安全原则、安全现实条件的基本态度和观点。安全意识对人的不安全行为产生控制作用。企业作为安全生产的主体,不断培育有自己特色的企业安全意识,从提高人的素质入手,最终实现企业的本质安全,规范职工的安全行为,使每一个人都明晰安全的含义、明确安全责任、意识到事故的危害,自觉地规范自己的安全行为,自觉帮助他人规范安全行为,最终实现减少和消除各类事故。

第八节 试验检测记录与报告的管理要求

试验检测贯穿于工程建设的始终,从初期的地质勘察到工程施工建设,从运营管理的质量监控到养护实施,均需通过检测获取大量的试验检测数据,通过这些数据来了解工程质量的状况,做出科学判断和决策。原始记录和试验检测报告是记录试验过程的信息载体,其所记录信息的完整性、科学性、格式图表的可阅读性至关重要,到目前为止交通行业还没有对记录、报告制定过相应标准,记录和报告格式和信息品种繁多,内容不统一,给质量监控和信息交流带来不便,也影响了试验室实现信息化、标准化、智能化的步伐。为了实现试验室的规范化管理,推进试验检测工作的标准化、规范化、信息化,交通运输部于2019年发布《公路水运试验检测数

据报告编制导则》，明确了记录报告的格式、要素，编制填写要求。本节就记录和报告的有关内容进行阐述。

一、记录与报告的基本要求

1. 记录

试验检测机构的管理体系文件包括质量手册、程序文件、作业指导书、相关记录文件格式四个层次，其中相关记录文件格式是体系运行质量的记录载体，通过这个载体了解体系文件运行的有效性、适宜性，以便通过修订完善体系文件，使得体系文件更加具有针对性，符合试验检测机构的实际状况，最终提高试验检测机构的管理水平。常见的记录文件有管理记录文件和技术记录文件，本部分内容介绍的是技术记录文件。

（1）技术记录的基本要求

技术记录是将被测对象按照规范标准要求进行试验检测后所产生的数据和信息，包括原始观察数据、导出数据、确保检测活动公正准确可以追溯的其他信息，如试验环境条件、检测活动的主要仪器设备、试验检测人员信息、必要的备注说明等。利用数据和信息可以判定被测对象是否达到了规定的技术指标或技术要求，及时掌握质量波动和变化趋势，为质量判定提供依据。

依据《检验检测机构资质认定能力评价 检验检测机构通用要求》的要求，原始记录应具有溯源性、真实性、完整性和准确性。溯源性是指通过记录的信息可追溯各个环节和要素，再现试验检测的整个过程，因此记录的信息应尽可能详尽；真实性就是如实记录当时当地进行的试验检测的情况，包括试验检测过程产生的数据、现象、所用仪器设备、环境条件等信息；完整性是指记录中涉及或影响报告中检查结果、数据和结论的因素都必须完整、详尽，应能使审核报告人通过提供的信息了解试验的全过程；准确性包括试验检测所测得原始数据、计算、修约的正确性，以及环境条件、设备状态等信息的准确可靠。

记录文件与记录是有区别的，记录文件是记录的格式，按照记录文件的格式填写相关内容后生成的是记录。同理，试验检测报告与试验检测报告文件是不同的，检测报告文件仅仅是格式，而报告是在报告文件格式中填写信息后生成的试验检测的最终产品。

无论记录格式还是记录，报告格式或报告，都应实施受控管理。记录格式、报告格式有相应的受控编号，记录、报告有唯一性编号。

每项试验检测的记录应包含充分的信息，以便在需要时，识别不确定度的影响因素，并确保该检验检测在尽可能接近原始条件情况下能够重复检测活动。记录应包括抽样的人员、试验人员和结果校核人员的标识。观察结果、数据和计算应在产生时予以记录，对记录的所有改动应有改动人的签名或签名缩写。对电子存储的记录也应采取同等措施，以避免原始数据的丢失或改动。所有记录应予安全保护和保密。记录可存于任何媒体上。

记录内容包括但不限于以下信息：

①样品描述；

②样品唯一性标识；

③所用的检测或校准方法；

④环境条件(适用时);
⑤所用设备和标准物质的信息;
⑥检测或校准过程中的原始观察记录以及根据观察结果所进行的计算;
⑦从事相关工作人员的标识;
⑧检测报告或校准证书的副本;
⑨其他重要信息。

除特殊情况外,所有技术记录,包括检测或校准的原始记录,应至少保存6年。如果法律法规、专业领域要求文件或客户规定了更长的保存期要求,则检验检测机构应满足这些要求。人员或设备记录应随同人员工作期间或设备使用时限全程保留,在人员调离或设备停止使用后,人员或设备技术记录宜再保存3年。技术记录,无论是电子记录还是纸面记录,应包括从样品的接收到出具检测报告证书过程中观察到的信息和原始数据,并全程确保样品与检测报告的对应性。

检验检测机构应在记录表格中或成册的记录本上保存检测的原始数据和信息,也可直接录入信息管理系统中。当使用数据处理系统时,如果系统不能自动采集数据,检验检测机构应保留原始记录。

原始记录应为试验人员在试验过程中记录的原始观察数据和信息,而不是试验后所誊抄的数据,当确实需要誊抄时,须保留对应的原始记录。原始记录不可用空白纸取代记录格式。原始记录可以划改,划改后的数据或信息依然可辨识。

对于检验检测机构现场检验时,原始记录还应包括被测对象的位置照片、状况影像资料等。

试验室使用信息管理系统(LIMS)时,应确保该系统满足所有相关要求,包括审核路径、数据安全和完整性等。试验室应对 LIMS 的符合性和适宜性进行完整的确认,并保留确认记录;对 LIMS 的改进和维护应确保可以获得先前产生的记录。

(2)试验检测原始记录的常见问题

试验检验原始记录不规范,虽然不会改变检验结果,但原始记录是实验室检验过程的证明材料,一旦实验室与检验委托方或相关第三方发生纠纷时,检验原始记录就不能起到证据的作用,将检验检测机构置于危险境地。通常每个试验检测机构都会按《检验检测机构资质认定能力评价　检验检测机构通用要求》的规定,制订自己的记录管理规定,但个别机构不能很好地执行,表现在:

①检验样品的准备、处置和制备记录不全。

检验原始记录最基本的要求是将观察到的情况、数据加以记录,这里指的观察到的情况包括从样品的准备、处置和制备开始到检验结束所观察到的全过程。实验室往往对检验过程观察到的情况记录比较详细,但对样品的准备、处置和制备过程,如样品在恒温恒湿间的等温过程、水泥的水养护过程等记录不全,甚至不予记录。现场检测混凝土回弹强度时,设备率定值缺少记录。按照"实验室记录应及时、准确、完整"的要求,检验样品的准备、处置和制备,也是检验的过程,也应及时、准确、完整地加以记录,同时,对检验员要加强教育,要有完整准确地记录原始记录的意识。

②引用数据缺少可追溯性。

检验后的计算过程中往往需要引用一些常数或系数。所有引用数据都应有出处,常数主要是标准中给出,系数则是在检验前作出标准曲线后得出,标准曲线不是做出一次后永远使用,而是应定期做标准曲线,因此,在使用标准曲线时,应在原始记录中附上本次检测使用的标准曲线或注明标准曲线编号。因此,检验人员在记录检验原始记录时,应将引用的标准曲线附在原始记录中,或将引用的标准曲线的编号在原始记录中注明,使得原始记录中的引用数据具有可追溯性。

③从笔记本上转抄检验记录。

检验原始记录是原始的观察记录,应该在观察时实时记录,有些检验员出于自己保留数据的原因,也有些检验员出于保持原始记录干净整洁的原因,养成了将原始记录先记录在笔记本上,过后再转抄到格式化的原始记录上。因此,实验室有必要要求检验人员将记录及时记录在受控的格式化的原始记录表式中,不得先记录在笔记本上然后转抄到格式化的原始记录上。

2. 报告

(1)报告的基本要求

报告是试验检测产生的最终产品,报告反映被检对象的质量信息,用户通过报告的信息可以判定产品的质量,做出科学结论和决策。因此报告编写需规范、通俗易懂,所涵盖的信息必须完整,图表清晰明了,数据、图片、名词术语准确无误,结论准确,标识清晰,符合相关法律法规及行业的要求。报告的信息来源于委托单或委托合同及原始记录,应具有可追溯性。因此报告信息不得超出委托单和原始记录的信息。

报告的基本要求如下:
①检验检测依据正确,符合客户的要求;
②报告结果及时,按规定时限向客户提交结果报告;
③结果表述准确、清晰、明确、客观,易于理解;
④使用法定计量单位。

报告除满足以上基本要求外,在标识、签字、印章使用上还应满足下列要求:
①检验检测报告或证书应有唯一性标识。
②检验检测报告或证书批准人的签字或等效的标识。
③通过资质认定的机构其出具的检验检测报告或证书应当按照要求加盖资质认定标志CMA和检验检测专用章。
④检验检测机构公章可替代检验检测专用章使用,也可公章与检验检测专用章同时使用;建议检验检测专用章包含五角星图案,形状可为圆形或者椭圆形等。检验检测专用章的称谓可依据检验检测机构业务情况而定,可命名为检验专用章或检测专用章。
⑤检验检测机构开展由客户送样的委托检验时,检验检测数据和结果仅对来样负责。
⑥公路水运工程试验检测机构在所出具的等级评定能力批准范围之内的数据报告首页右上角还应加盖专用标识章 。

(2)报告信息要求

①检验检测报告或证书应至少包括下列信息:
a. 标题;
b. 标注资质认定标志,加盖检验检测专用章(适用时);

c. 检验检测机构的名称和地址，检验检测的地点（如果与检验检测机构的地址不同）；

d. 检验检测报告或证书的唯一性标识（如系列号）和每一页上的标识，以确保能够识别该页是属于检验检测报告或证书的一部分，以及表明检验检测报告或证书结束的清晰标识；

e. 客户的名称和联系信息；

f. 所用检验检测方法的识别；

g. 检验检测样品的描述、状态和标识；

h. 检验检测的日期；对检验检测结果的有效性和应用有重大影响时，注明样品的接收日期或抽样日期；

i. 对检验检测结果的有效性或应用有影响时，提供检验检测机构或其他机构所用的抽样计划和程序的说明；

j. 检验检测报告或证书签发人的姓名、签字或等效的标识和签发日期；

k. 检验检测结果的测量单位（适用时）；

l. 检验检测机构不负责抽样（如样品是由客户提供）时，应在报告或证书中声明结果仅适用于客户提供的样品；

m. 检验检测结果来自外部提供者时的清晰标注；

n. 检验检测机构应提出未经检验检测机构书面批准，不得复制（全文复制除外）检验检测报告或证书的声明。

②当需对检验检测结果进行说明时，检验检测报告或证书中还应包括下列内容：

a. 对检验检测方法的偏离、增添或删节，以及特定检验检测条件的信息，如环境条件；

b. 相关时，符合（或不符合）要求、规范的声明；

c. 适用时，评定测量不确定度的声明；当不确定度与检测结果的有效性或应用有关，或客户的指令中有要求，或当不确定度影响到对规范限度的符合性时，检测报告中还需要包括有关不确定度的信息；

d. 适用且需要时，提出意见和解释；

e. 特定检验检测方法或客户所要求的附加信息。报告或证书涉及使用客户提供的数据时，应有明确的标识。当客户提供的信息可能影响结果的有效性时，报告或证书中应有免责声明。

③当检验检测机构从事抽样检验检测时，应有完整、充分的信息支撑其检验检测报告或证书。

检验检测机构从事包含抽样环节的检验检测任务，并出具检验检测报告或证书时，其检验检测报告或证书还应包含但不限于以下内容：

a. 抽样日期；

b. 抽取的物质、材料或产品的清晰标识（适当时，包括制造者的名称、标示的型号或类型和相应的系列号）；

c. 抽样位置，包括简图、草图或照片；

d. 所用的抽样计划和程序；

e. 抽样过程中可能影响检验检测结果的环境条件的详细信息；

f. 与抽样方法或程序有关的标准或规范，以及对这些标准或规范的偏离、增加或删减。

④当需要对报告或证书做出意见和解释时,检验检测机构应将意见和解释的依据形成文件。意见和解释应在检验检测报告或证书中清晰标注。

检验检测结果不合格时,客户会要求检验检测机构做出"意见和解释",用于改进和指导。对检验检测机构而言,"意见和解释"属于附加服务。对检验检测报告或证书做出"意见和解释"的人员,应具备相应的经验,掌握与所进行检验检测活动相关的知识,熟悉检测对象的设计、制造和使用,并经过必要的培训。

检验检测报告或证书的意见和解释可包括(但不限于)下列内容:

a.对检验检测结果符合(或不符合)要求的意见(客户要求时的补充解释);

b.履行合同的情况;

c.如何使用结果的建议;

d.改进的建议。

⑤当检验检测报告或证书包含了由分包方所出具的检验检测结果时,这些结果应予清晰标明。分包方应以书面或电子方式报告结果。

⑥当用电话、传真或其他电子或电磁方式传送检验检测结果时,应满足本准则对数据控制的要求。检验检测报告或证书的格式应设计为适用于所进行的各种检验检测类型,并尽量减小产生误解或误用的可能性。

若有要求时,检验检测机构应建立和保持检验检测结果发布的程序。

⑦常用的检验检测结果判断及结论:

a.监督抽检按产品标准或检验评定标准对其代表样本的质量合格与否做出判定。

a)当对产品全部项目进行检验或检测且均符合标准时,判断该产品为合格;

b)当全部项目中出现不符合项目时,则判断产品为不合格;

c)对产品的部分项目检验检测时,仅对所检项目的结果做出判定;不得判定产品合格。

b.委托检验检测按委托合同(委托单)的要求是否进行判定;无需判定时,仅提供检测数据,如需判定时,则应按照如下规则:

a)做全项检验检测时,对样品做出判定,符合判定标准时,判断该产品为合格;

b)仅对部分项目进行检验检测的,分别表述符合的、不符合规定的项目,出现不符合时,则判断产品为不合格;

c)对于委托送样检测的,应当声明报告仅对送检样品负责;

d)对于委托抽样检测的,如工程现场检测、工地试验室检测所出具的检验检测报告,其结论应当对所检现场工程或样本负责。

如压实度检测,因由检测人员自行进行的抽样,抽样应具有代表性,其检测数据应对所抽检的桩号段落负责,而不是仅对抽检的压实度点负责;同理结构物混凝土抗压强度回弹检测时,因由检测人员自行对结构部位进行的抽样,其检测结果代表了结构物的回弹抗压强度,而不仅是抽检部位的回弹强度。

c.检验检测结论:

依据××标准,所检××项目或所检××参数符合或不符合××方法或产品标准要求。

⑧检验检测报告或证书签发后,若有更正或增补应予以记录。修订的检验检测报告或证书应标明所代替的报告或证书,并注以唯一性标识。

当需要对已发出的结果报告作更正或增补时,应按规定的程序执行,详细记录更正或增补的内容,重新编制新的更正或增补后的检验检测报告或证书,并注以区别于原检验检测报告或证书的唯一性标识。

若原报告或证书不能收回,则应在发出新的更正或增补后的检验检测报告或证书的同时,声明原检验检测报告或证书作废。

原检验检测报告或证书可能导致潜在其他方利益受到影响或者损失的,检验检测机构应通过公开渠道声明原检验检测报告或证书作废,并承担相应责任。

⑨检验检测机构应当对检验检测原始记录、报告、证书归档留存,保证其具有可追溯性。检验检测原始记录、报告、证书的保存期限不少于6年。

除检测方法、法律法规另有要求外,实验室应在同一份报告上出具特定样品。

不同检测项目的结果,如果检测项目覆盖了不同的专业技术领域,也可分专业领域出具检测报告。

⑩为了方便报告的管理与查询,应建立检测报告登记台账和报告印章使用的台账,内容应包含序号、报告编号、项目名称、委托单位、合同金额、审批人、报告领取日期。报告归档时,应将检测委托单或合同、任务单或检测通知单、原始记录及检测报告等一并归档。

(3)报告的常见错误

检验检测报告或证书是检验机构交给客户的最终产品,因此检验检测报告或证书质量也应该是实验室重点关注的内容之一。检验检测报告或证书的常见错误有以下几种:

①报告编制错误

检验检测报告或证书编制人员在编制报告过程中,经常会因为疏忽出现输入性错误,当前,绝大多数实验室都采用业务管理网络系统编制检验报告,对于时间逻辑上的问题,可以通过在系统上进行时间关联提醒设置,对不符合逻辑的时间进行提醒,可有效防止时间逻辑错误;对其他输入性错误,则要通过加强报告编制人员和审核、批准人员的责任心来解决。

②非授权人签字

按照实验室资质认定的要求,报告的签发应由授权签字人签发。授权签字人应对检测技术、结果评定、设备维护校准、记录和报告核查程序等非常熟悉,因此,授权签字人的授权签字的能力范围、试验地址范围是有限制的。在实验室运作过程中,部分非授权签字人签发报告,或授权签字人不了解自己的授权签字能力范围或试验地址范围,超越授权范围签发报告,造成报告的错误。

③检验检测和计算粗心大意

检验检测是一个需要专注的过程,稍有疏忽,就容易出现差错。检验检测和计算过程中粗心大意造成的检验检测失误,数字修约错误,将直接导致检验检测结果出现差错。

④对可疑数据不敏感

一般而言,每一种物质都有其自身特性,其检测数据应在一定范围。当检验检测人员或检验检测报告的批准人员发现不符合一般规律的可疑数据时,应对可疑数据进行复核,并查清是否仪器设备有问题或检验检测人员操作失误。能够正确判断数据是否可疑,是建立在对被检验检测产品的理论和检验检测实践有大量积累的基础上,这也是一个成熟的检验检测人员,报告审核、批准人员应有的基本素质,没有长期训练,是不可能敏感地察觉检验检测数据可疑的。

⑤临界值的处理有偏差

在检验过程中,由于测量不确定度的存在,可能会导致检验项目在临界值的判断时有偏差。对于有临界值的检验检测结果,应组织由不同检验人员或者仪器设备进行多次的比对试验,确保检验检测结果科学公正。

⑥对标准理解有偏差

检验检测是一项很严谨的工作,个别检验检测人员对于标准的理解和使用不正确也直接影响了检验检测结果的准确性。

⑦超能力范围使用报告用章

实验室或实验室中个别人员为满足客户要求,为实验室争取经济利益,对不在能力范围内的产品开展检验检测工作,出具带标识的检验检测报告;或实验室人员以为采用标准中的个别标准在能力范围内,误将产品进行检验检测并出具带标识的检验检测报告。

目前公路水运试验检测机构可能获得 CNAS 认可、CMA 资质认定和公路水运工程试验检测等级评定等一种或多种证书,三种证书的能力范围和参数可能不尽相同,而检验检测报告的封面一般是将几个标识均直接印在封面上,这使得实验室误用 CNAS、CMA、J 标识。因此,建议实验室应按通过的能力范围规范正确使用标识。

二、记录文件及报告文件的格式与要素

2019 年《公路水运试验检测数据报告编制导则》(JT/T 828—2019)已发布实施。该标准规定了公路水运试验检测数据报告编制的基本规定,以及记录表、检测类报告和综合评价类报告编制的要求,适用于公路水运工程试验检测机构及工地试验室的试验检测数据报告的编制。

与旧版《公路试验检测数据报告编制导则》(JT/T 828—2012)相比,除编辑性修改外,主要技术内容变化如下:

——修改了标准的名称;

——修改了标准适用的范围(见第 1 章,见 2012 年版的第 1 章);

——删除了"等级试验检测机构"的术语和定义(见 2012 年版的 3.1);

——增加了"公路水运工程试验检测机构""公路水运工程试验检测机构等级证书""检测类报告""综合评价类报告"的术语和定义(见 3.1、3.2、3.4 和 3.5);

——删除了"总则"(见 2012 年版的第 4 章);

——删除了"格式与要素"(见 2012 年版的第 5 章);

——增加了"基本规定"(见第 4 章);

——删除了"试验检测记录表编制要求"(见 2012 年版的第 6 章);

——增加了"记录表的编制"(见第 5 章);

——删除了"试验检测报告编制要求"(见 2012 年版的第 7 章);

——增加了"检测类报告的编制"(见第 6 章);

——增加了"综合评价类报告的编制"(见第 7 章);

——删除了"试验检测记录表及试验检测报告格式"(见 2012 年版的附录 A);

——增加了"记录表格式及实例"(见附录 A);

——删除了"试验检测记录表及试验检测报告示例"(见2012年版的附录B);

——增加了"检测类报告格式及实例"(见附录B);

——增加了"综合评价类报告封面、扉页、签字页、正文部分的格式"(见附录C)。

依据《公路水运试验检测数据报告编制导则》(JT/T 828—2019)的要求,公路水运试验检测数据报告(以下简称"数据报告")应格式统一、形式合规,宜采用信息化方式编制。

数据报告包括试验检测记录表(以下简称"记录表")和试验检测报告(以下简称"报告")。根据检测目的和报告内容的不同,报告可分为检测类报告和综合评价类报告两类。检测类报告是指以获得测试结果为目的,针对材料、构件、工程制品及实体的一个或多个技术指标进行检测而出具的数据结果和检测结论。综合评价类报告是指以获得新建及既有工程性质评价结果为目的,针对材料、构件、工程制品及实体的一个或多个技术指标进行检测而出具的数据结果、检测结论和评价意见。

检测类报告和综合评价类报告并非以报告页数多少和包含的检测参数多少来划分,而是从获得检测结果的目的和报告内容侧重点角度加以区别,以便对两类报告的编制要求作出更切合实际的规定。检测类报告一般以获得测试结果为主要目的,内容侧重于测试结果的获取,一般常见于材料和工程制品的性能指标试验,如水的氯离子含量、土的含水率、水泥细度等。综合评价类报告以获得新建及既有工程性质评价结果为目的,内容侧重于检测结论和评价意见科学合理性的证明,如为了评价某路面工程质量,进行弯沉、平整度、厚度等参数检测;为了评价某隧道施工质量,进行支护脱空、衬砌厚度、钢筋间距等参数检测,等等。

记录表应信息齐全、数据真实可靠,具有可追溯性。记录表是将被测对象按照标准规范要求进行试验检测过程中产生的数据和信息,所形成的数字或文字的记载。检测单位应对记录表的信息进行有效的管理。记录表是报告制作的基础,更是检测活动复现的依据。"信息齐全"是指记录试验过程中涉及或影响报告中检测结果、数据和结论的因素都必须完整、详细,使未参加检测的同专业人员能在审核报告时,从记录表上查得所需的全部信息。"数据真实可靠"是指如实地记录当时当地进行的试验检测的实际情况,包括试验检测过程中的数据、现象、仪器设备、环境条件等信息,确保试验检测所测得原始数据、计算、修约的正确性,以及环境条件、设备状态等信息的准确性。"具有可追溯性"是指通过记录的信息可追溯到试验检测过程的各环节及要素,并能还原整个检测过程,因此记录的信息应尽可能详尽,包括记录有关样品、试验检测过程的完整信息。记录表由标题、基本信息、检测数据、附加声明、落款五部分组成。

报告应结论准确、内容完整。报告是试验检测工作的最终产品,直接反映试验检测机构管理水平、检验能力和工作质量。报告的作用是向客户表明被检测对象的质量信息,一份合格的报告应编写规范,内容完整,数据、图片、术语准确无误,判定科学、公正、明确。在《实验室管理体系 检测和校准实验室能力的一般要求》(ISO/IEC 17025:2017)和《检验检测机构资质认定能力评价 检验检测机构通用要求》(RB/T 214—2017)中对报告编制都有较为明确的规定。检测类报告由标题、基本信息、检测对象属性、检测数据、附加声明、落款六部分组成;综合评价类报告由封面、扉页、目录、签字页、正文、附件六部分组成,其中目录部分、附件部分可根据实际情况删减。记录表格式见图3-5,检测类报告格式见图3-6,综合评价类报告格式见图3-7。

记录表的信息应能再现试验全过程,每一试验检测参数(或试验方法)可单独编制记录表。同一试验过程同时获得多个试验检测参数时,可将多个参数集成编制于一个记录表中。报告的信息来自原始记录和委托单的信息,其信息不得超出原始记录和委托单提供的信息。

图 3-5 记录表格式

图 3-6　检测类报告格式

三、记录与报告的编制要求

1. 记录表的各要素内容编制要求

1）标题部分

标题部分位于记录表上方,用于表征其基本属性。标题部分由记录表名称、唯一性标识编码、检测单位名称、记录编号和页码等内容组成。

B×××××××××H

报告编号：

检 测 报 告

委 托 单 位：

工程(产品)名称：

检 测 项 目：

检 测 类 别：

报 告 日 期：　　　年　　月　　日

检测单位名称

a)

注 意 事 项

1. 本报告每页都应盖有“专用章”或骑缝章，否则视为无效。
2. 复制本报告未重新加盖“专用章”或检测单位公章无效。
3. 报告无负责人、审核人、批准人签字无效。
4. 报告涂改无效，部分提供和部分复制报告无效。
5. 对报告若有异议，应于本报告发出之日起 15 天向本单位提出。
6. 对于来样检测，仅对来样的检测数据负责，不对来样所代表的批量产品的质量负责。

联系地址：
邮政编码：
电　　话：
传　　真：
Email：

b)

工程(产品)名称：

签 字 表

岗位	姓名	职业资格证书编号	职称	签字
项目负责人				
项目主要参加人员				
报告编写人				
报告审核人				
报告批准人				

检测单位名称
年　月　日

c)

1. 项目概况

2. 检测依据

3. 人员和仪器设备

4. 检测内容与方法

5. 检测数据分析

6. 结论与分析评估

7. 有关建议

d)

图 3-7　综合评价类报告表格式

标题部分的固定格式分为三行。第一行是页码，第二行是记录表名称和记录表唯一性标识编码，第三行是检测单位名称和记录编号。

标题部分的编制要求具体如下所述。

(1)记录表名称

位于标题部分第二行居中位置,应以《公路水运工程试验检测等级管理要求》(JT/T 1181—2018)(以下简称 JT/T 1181—2018)所示试验检测项目、试验检测参数为依据,宜采用"项目名称"+"参数名称"+"试验检测记录表"的形式命名。当遇下列情况时,处理方式为:

①当试验参数有多种测试方法可选择时,宜在记录表后将选用的测试方法以括号的形式加以标识。

示例1:土颗粒组成试验检测记录表(筛分法)。

"项目名称"见 JT/T 1181—2018 的表3和表4。"参数名称"和"试验检测方法"见 JT/T 1181—2018 附录 C。

②当同一项目中具有不同检测对象的细分条目时,宜按细分条目分别编制记录表。

示例2:水泥混凝土稠度试验检测记录表。

示例3:砂浆稠度试验检测记录表。

细分条目指在《公路水运工程试验检测机构等级标准》中,同一检测项目下不同检测对象,且在 JT/T 1181—2018 中无单独项目编码。具有细分条目的公路水运工程试验检测项目见表3-17。

公路水运工程试验检测项目细分条目表　　　　表3-17

专业	项目	细分条目
公路工程	集料	(1)粗集料;(2)细集料;(3)矿粉
	水泥混凝土、砂浆	(1)水泥混凝土;(2)砂浆
	无机结合料稳定材料	(1)石灰;(2)粉煤灰;(3)无机结合料稳定材料
	沥青	(1)乳化沥青;(2)聚合物改性沥青
	沥青混合料	(1)稀浆混合料;(2)木质素纤维
	防水材料	(1)防水板;(2)止水带;(3)止水条;(4)防水卷材
	交通安全设施	(1)交通标志;(2)路面标线涂料;(3)波形梁钢护栏;(4)突起路标;(5)隔离栅;(6)防眩板;(7)轮廓标;(8)安装施工工程
水运工程	集料	(1)粗集料;(2)细集料
	水泥混凝土、砂浆	(1)水泥混凝土;(2)砂浆;(3)灌浆材料
	土工合成材料	(1)塑料排水板;(2)土工布(膜);(3)塑料土工格栅
	混凝土与钢筋表面防腐	(1)混凝土表面涂层;(2)混凝土表面硅烷浸渍;(3)环氧钢筋

某些产品因所用材料不同,使得检测参数不同,但同一项目中没有细分条目,或即使有细分条目,参数名称中也没有明确体现具体产品名称,此时项目名称或细分条目可省略,记录表名称中应体现具体产品名称,例如:预应力波纹管项目中径向刚度参数的试验检测记录表名称可为"金属波纹管径向刚度试验检测记录表";土工合成材料分类中有土工布等,土工布又分为针刺无纺土工布等系列,其下又有具体产品名称,如短纤针刺非织造土工布,当试验检测参数为断裂强度时,试验检测记录表名称可为"短纤针刺非织造土工布断裂强度试验检测记录表"。

当按照上述原则编制记录表名称时,若出现重复含义的字段,在不产生歧义的情况下可简化或省略。

③当同一样品在一次试验中得到两个以上参数值时,记录表名称宜列出全部参数名称,并用顿号分隔,参数个数不宜大于4。

示例4:细集料密度、吸水率试验检测记录表。

示例5:水泥标准稠度用水量、凝结时间、安定性试验检测记录表。

同一样品在一次试验中可得到多个参数值,为了方便使用和评价,可将多个参数列入同一个记录表中。当参数较多时,考虑到记录表的版面限制,因此,设定记录表所包含参数数量的上限。不建议为了表格的美观,将多个不同试验涉及的参数内容设计到同一记录表中。

④当参数名称能明确地体现测试内容时,项目名称可省略,以"参数名称"+"试验检测记录表"为记录表名称。

示例6:标志板面光度性能试验检测记录表。

本条款阐述的是省略项目名称情况下记录表名称的编制,例如:集料项目的砂当量参数的试验检测记录表为"集料砂当量试验检测记录表",根据本条款的规定简化后的记录表名称为"砂当量试验检测记录表"。

某些项目名称包括的材料、产品、结构名称比较多,又没有细分条目,但通过参数名称能明确材料、产品、结构名称,此时项目名称可省略,记录表名称中明确具体材料、产品、结构名称即可,例如:预应力用钢材及锚具、夹具、连接器项目中,硬度试验的记录表名称可为"锚具硬度试验检测记录表""夹具硬度试验检测记录表"。

某些参数名称带括号,括号内的参数名称可省略,例如:防水卷材中,热老化试验(拉力保持率、延伸力保持率、低温柔性/低温弯折性、尺寸变化率、质量损失)的记录表名称为"热老化试验(拉力保持率、延伸力保持率、低温柔性/低温弯折性、尺寸变化率、质量损失)试验检测记录表",根据本条款的规定简化后的记录表名称为"防水卷材热老化试验检测记录表"。

(2)唯一性标识编码

唯一性标识编码是用于管理记录表格式的编码,具有唯一性,与记录表名称同处一行,靠右对齐。记录表唯一性标识编码由9位或10位字母和数字组成,其结构见图3-8。

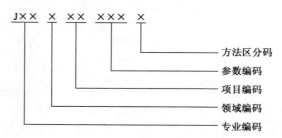

图3-8 记录表唯一性标识编码结构示意图

当同一记录表中包含两个及以上参数时,其唯一性标识编码由各参数对应的唯一性标识编码顺序组成。

唯一性标识编码是按参数进行编码,包含参数的唯一性信息,可以固化在记录表中。两个及以上参数记录表的唯一性标识编码可分行输入。

记录表唯一性标识编码各段位的编制要求如下:

①专业编码:由3位大写英文字母组成,第1位字母为J,代表记录表,第2、3位字母用于区分专业类别,GL代表公路工程专业,SY代表水运工程专业。

②领域编码:由1位大写英文字母组成,应符合JT/T 1181—2018的规定。

领域编码为JT/T 1181—2018中表2所示的检测领域及代码。例如:"土"的领域编码为Q,混凝土结构的领域编码为P,隧道工程环境的领域编码为Z。

③项目编码:由2位数字组成,应符合JT/T 1181—2018的规定。

记录表的项目编码为JT/T 1181—2018中的项目代码的后两位数。例如:"土"在公路工程专业中的项目代码为GLQ01,对应记录表的项目编码为01;"修补加固材料"在水运工程专业中的项目代码为SYQ11,记录表的项目编码为11。

当参数名称能明确地体现测试内容时,项目名称可省略,以"参数名称"+"试验检测记录表"为记录表名称,但是项目编码不能省略。例如:标志板面光度性能试验检测记录表,记录表名称中省略了项目名称"交通标志及反光膜",但是项目编码20不能省略。

④参数编码:由3位数字组成,应符合JT/T 1181—2018的规定。

记录表中的参数编码为JT/T 1181—2018中的参数代码后三位数,在JT/T 1181—2018中,所有的参数都——赋予了唯一代码,例如:公路工程中土的"颗粒组成"的参数代码为GLQ01004,记录表中的参数编码为004;水运工程中土的"颗粒组成"的参数代码为SYQ01001,记录表中的参数编码为001。

⑤方法区分码:由1位小写英文字母组成,应符合JT/T 1181—2018的规定,可省略。

记录表中的方法区分码,为JT/T 1181—2018中的方法代码,方法代码与试验方法相对应。"试验检测方法代码"见JT/T 1181—2018附录C。例如:土的"含水率"试验方法有烘干法a,酒精燃烧法b。

唯一性标识编码由9位或10位字母和数字组成,其位数不同的原因在于方法区分码的取舍上。如果同一个参数有两种及以上试验方法时,其方法用小写英文字母排序加以区分,采用何种试验方法,则将其方法区分码编入唯一性标识编码中,这时唯一性标识编码由10位字母和数字组成;如果只有一种试验方法,则不排序,方法区分码可省略,唯一性标识编码为9位。例如:公路工程"土颗粒组成试验记录表(筛分法)",唯一性标识编码由10位字母和数字组成,JGLQ01004a;水运工程"土无侧限抗压强度试验记录表",唯一性标识编码由9位字母和数字组成,JSYQ01006。

唯一性标识编码的唯一性特性可主要概括为:J+试验检测参数代码+方法区分码。当JT/T 1181—2018中对方法未做明确规定时,该编码可作为试验检测机构对相同参数不同记录表格式的区分使用。JT/T 828—2019中编码与JT/T 1181—2018中的代码对照表见表3-18。

编码与代码对照表　　　　　表3-18

标准名称	JT/T 828—2019	JT/T 1181—2018
1	领域编码	领域代码
2	项目编码	项目代码后两位数
3	参数编码	参数代码后三位数
4	方法区分码	方法代码

(3)检测单位名称

位于标题部分第三行位置,靠左对齐,编制要求如下:

①当检测单位为检测机构时,应填写等级证书中的机构名称,可附加等级证书的编号。

②当检测单位为工地试验室时,应填写其授权文件上的工地试验室名称。

③根据《关于进一步加强公路水运工程工地试验室管理工作的意见》(厅质监字〔2009〕183号)的规定,工地试验室名称为"母体试验检测机构名称+建设项目标段名称+工地试验室"。

位于标题区第二行位置,靠左对齐。在不引起歧义时,可用"公路水运工程试验检测机构等级证书"的编号表示试验室名称,工地试验室名称应能反映出其母体试验室及项目标段的信息。

工地试验室名称为"母体试验检测机构名称+建设项目标段名称+工地试验室"。

等级试验室名称宜采用"公路水运工程试验检测机构等级证书"上的名称,在不引起歧义时可采用"公路水运工程试验检测机构等级证书"的编号。

(4)记录编号

与"检测单位名称"同处一行,靠右对齐,用于具体记录表的身份识别,由检测单位自行编制。记录编号应在确保唯一性的前提下,宜简洁,且易于分类管理。

RB/T 214—2017 和 ISO/IEC 17025:2017 对原始记录、报告有溯源要求;《检测管理办法》第34条规定:检测机构应当建立健全档案制度,保证档案齐备,原始记录和试验检测报告内容必须清晰、完整、规范。因此,报告和原始记录必须对应,且具有唯一性。

检测机构应为每一份委托合同、任务单、样品流转单、(原始)记录、报告等编排唯一性身份识别编号。记录编号不同于记录表唯一性标识编码,是用于具体记录表的身份识别。

检测机构应在质量管理体系文件中设置编号规则,工地试验室的编号规则还应满足工程项目管理的需要。检测机构的样品流转编号、记录编号、报告编号,一般应包含年份、类型、样品(对象)或试验项目标识及流水号等,编号可按时间顺序连续递增编制。

唯一性标识编码与记录编号的区别,见表3-19。

唯一性标识编码与记录编号的区别 表3-19

名称	唯一性标识编码	记录编号
用途	用于管理记录表格式的编码	用于具体记录表的身份识别
编制方法	按照 JT/T 828—2019 中 5.1.3.2 的规定编制	由检测单位自行编制
使用方法	相同格式的记录表编码相同	每份记录表的编号唯一

(5)页码

位于标题部分第一行位置,靠右对齐,应以"第×页,共×页"的形式表示。

页码的数字采用阿拉伯数字填写。

2)基本信息部分

基本信息部分位于标题部分之后,用于表征试验检测的基本信息。

基本信息部分包括工程名称、工程部位/用途、样品信息、试验检测日期、试验条件、检测依据、判定依据、主要仪器设备名称及编号。

ISO/IEC 17025:2017 要求对影响报告质量的"人、机、料、法、环、测"要素加以控制,记录表是对这些要素的集中体现。

基本信息部分的编制要求具体如下所述。

(1)工程名称

应为测试对象所属工程项目的名称。当涉及盲样时,可不填写。

当检测机构进行盲样管理时,工程名称可不填写。当为工地试验室时,可填写对应的工程项目名称。

(2)工程部位/用途

为二选一填写项,当涉及盲样时可不填写,编制要求如下：

①当可以明确被检对象在工程中的具体位置时,宜填写工程部位名称及起止桩号。

②当被检对象为独立结构物时,宜填写结构物及其构件名称、编号等信息。

成品、半成品、现场检测应填写所在的工程部位。工程部位应能追溯,如填写施工桩号、分项(分部)工程名称等。

③当指明数据报告结果的具体用途时,宜填写相关信息。

材料的工程用途会影响检测依据、判定依据等信息的确定,因此,应填写其工程用途。

(3)样品信息

应包含来样时间、样品名称、样品编号、样品数量、样品状态、制样情况和抽样情况,其中制样情况和抽样情况可根据实际情况删减。编制要求如下：

①来样时间应填写检测收到样品的日期,以"YYYY年MM月DD日"的形式表示。

来样时间为检测机构收到样品的时间,而不是样品的取样时间。表示年、月、日的数字采用阿拉伯数字。

②样品名称应按标准规范的要求填写。

样品名称应按标准规范要求填写,例如："热轧带肋钢筋""热轧光圆钢筋",不能简单填写为"钢筋"；"板式橡胶支座""盆式支座",不能简单填写为"橡胶支座"；水泥有不同的品种,同时又有不同的强度等级,不能简单填写为"水泥"。

③样品编号应由检测单位自行编制,用于区分每个独立样品的唯一性编号。

检测单位应在质量管理体系中明确样品编号规则,确保其唯一性,同一组内的样品也应分别编号。

④样品数量宜按照检测依据规定的计量单位,如实填写。

样品数量宜按照检测依据,即按照有关标准、规范、规程规定的数量接收,并考虑样品运输过程中的损耗、试件制作过程中的损耗、留样等的需要。样品数量应采取合理的计量单位,避免使用1瓶、1袋等不规范的用词。

⑤样品状态应描述样品的性状,如样品的物理状态、是否有污染、腐蚀等。

样品的物理性状包括结构、形状、状态、规格、颜色等。

样品状态描述是对样品接收时的状态的必要记录,应在收到样品时通过目测、手感、嗅觉等方式进行判断并准确记录描述。当样品有异常情况时,应告知委托方并记录。样品状态应根据标准规范或试验规程的要求准确描述,避免使用合格、良好等模糊用词。

样品状态往往影响检测结果,在检测单位内部流转过程及留样时应对样品状态予以关注。

⑥制样情况应描述制样方法及条件、养护条件、养护时间及依据等。

制样是试验检测工作的重要环节,样品制作加工的环境条件、养护条件、养护时间等在有关标准、规范中有具体要求,例如:沥青试样的制作加工,在《公路工程沥青及沥青混合料试验规程》(JTG E20—2011)中的有关章节做了具体要求;《纺织品 调湿和试验用标准大气》(GB/T 6529—2008)对土工合成材料厚度试样,要求在规定的标准大气条件下(温度20℃ ± 2℃、相对湿度65% ±4%)调湿24h。

当标准规范对制样环节无明确规定,检测单位采用作业指导书对制样环节进行控制时,也应在记录表的样品信息栏进行描述。

⑦抽样情况应描述抽样日期、抽取地点(包括简图、草图或照片)、抽样程序、抽样依据及抽样过程中可能影响检测结果解释的环境条件情况等。

ISO/IEC 17025:2017 中 7.3.3 要求实验室应将抽样数据作为检测或校准工作记录的一部分予以保存。这些记录应包括以下信息:

①所用的抽样方法;
②抽样日期和时间;
③识别和描述样品的数据(如编号、数量和名称);
④抽样人的识别;
⑤所用设备的识别;
⑥环境或运输条件;
⑦适当时,标识抽样位置的图示或其他等效方式;
⑧与抽样方法和抽样计划的偏离或增减。

抽样方法体现着抽样活动的公正性、权威性;抽样日期到试验日期的间隔时间可能直接影响测试结果的准确性;抽取地点(位置)代表着样品所代表的范围(部位);抽样过程、所用设备是否合规,直接影响着样品的代表性和质量;抽样过程中可能存在(出现)影响检测结果的环境、条件情况;运输条件可能对检测结果产生影响,因此,抽样情况应准确描述。

对于抽样情况的描述,部分内容可以在附加声明部分填写,如抽样方、见证方等。对于比较复杂的抽样活动,检测单位应另外制表,作为原始记录,加以详细描述,其内容一般包括:抽样方法、抽样日期、抽样过程、所用设备、抽取地点(包括简图、草图或照片)及抽样过程中存在(出现)影响检测结果解释的环境条件情况、样品描述、运输条件、抽样、见证人员签名等。

(4)试验检测日期

当日完成的试验检测工作可填写当日日期;一日以上的试验检测工作应表征试验的起止日期。日期以"YYYY 年 MM 月 DD 日"的形式表示。

某些试验检测是从样品制备开始的,应将制备样品时的时间记作试验检测开始时间,将采集数据结束并记录(现场清扫结束)时间记作试验检测结束时间。例如:石灰稳定细粒土的石灰剂量试验,从称取试样记作试验检测开始时间,利用所绘制的标准曲线,根据所消耗的EDTA二钠消耗量,确定出混合料中的石灰剂量记作试验检测结束时间;土工合成材料厚度试验,从试样调湿起记作试验检测开始时间,测量出厚度尺寸并记录记作试验检测结束时间;板式支座抗剪老化试验,试样置于老化箱中记作开始时间,在(70 ±2)℃温度下 72h 后取出,在标准温度(23

±5)℃下停放48h后,在标准实验室温度(23±5)℃下进行剪切试验,记录测量值,仪器设备关机(现场清扫结束)时间记作试验检测结束时间。

(5)试验条件

应写试验时的温度、湿度、照度、气压等环境条件。

试验检测条件一般应记录试验检测时的温度、相对湿度等环境条件。尤其当有关标准、规范等对环境条件或试验检测条件有明确要求时,应当进行有效监测、控制和记录。例如:当进行水泥试验时应对环境温度、相对湿度进行监控并记录。

当环境条件参与试验检测结果的分析计算时,还应在试验检测数据部分如实准确地记录。例如:用摆式摩擦系数测定仪测定沥青路面的抗滑值时,应测记潮湿路表温度,用于将测得的摆值换算成标准温度20℃的摆值。

(6)检测依据

应为当次试验所依据的标准、规范、规程、作业指导书等技术文件,应填写完整的技术文件名称和代号。当技术文件为公开发布的,可只填写其代号。必要时,还应填写技术文件的方法编号、章节号或条款号等。

示例1:GB/T 232—2010;

示例2:JTG E42—2005 T 0305—1994。

检测依据应如实填写检测实际采用的技术文件。例如:粗集料含泥量试验的检测依据可填写《公路工程集料试验规程》(JTG E42—2005),也可只填写 JTG E42—2005;土含水率试验(烘干法),检测依据可填写 JTG E40—2007 T 0103—1993;水泥标准稠度用水量试验(标准法),检测依据可填写 GB/T 1346—2011 第7章。

(7)判定依据

应为出具检测结论所依据的标准、规范、规程、设计文件、产品说明书等。编制要求应符合 JT/T 828—2019 中 5.2.3.6 的规定。

某些产品或参数的判定依据与检测依据为同一个标准、规范。例如:热轧带肋钢筋的重量偏差,其判定依据与检测依据同为《钢筋混凝土用钢 第2部分:热轧带肋钢筋》(GB/T 1499.2—2018)。

某些产品或参数有多个判定依据时,应根据其在工程中的具体用途或部位,有针对性地选择判定依据。例如:粗集料在公路桥涵工程、公路水泥混凝土路面工程、公路沥青路面工程中都会用到,其判定依据应采用相应的标准、规范。

有些试验检测的目的仅为得到测试值,此时可不填写判定依据。

(8)主要仪器设备名称及编号

用于填写试验检测过程中主要使用的仪器设备名称及其唯一性标识。应填写参与结果分析计算的量值输出仪器、对结果有重要影响的配套设备名称及编号。

试验检测过程中除使用必要的仪器设备,还可能会用到软件、测量标准、标准物质、参考数据、试剂、消耗品、辅助设备或相应组合装置。主要仪器设备应填写参与结果分析计算的量值输出仪器、对结果有重要影响的配套设备名称及编号。仪器设备编号由检测单位自行编制。

例如:土的击实试验,主要仪器设备名称及编号:电子天平(×××)、电子秤(×××)、标准击实仪(×××)。

3）检测数据部分

检测数据部分位于基本信息部分之后，用于填写采集的试验数据。

检测数据部分应包括原始观测数据、数据处理过程与方法，以及试验结果等内容。

检测数据部分的编制要求具体如下所述：

（1）原始观测数据

应包含获取试验结果所需的充分信息，以便该试验在尽可能接近原条件的情况下能够复现，具体要求如下：

①手工填写的原始观测数据应在现场如实、完整记录，如需修改，应杠改并在修改处签字。

手工填写的原始观测数据应在现场直接填写在原始记录表上，原始记录表填写及签名必须使用黑色签字笔或纯黑色墨水钢笔填写，要求书写工整，不得涂改，数据更正必须规范。

填写原始记录表出现笔误后，在笔误的文字或数据上，用原使用的笔墨画一横线，再在笔误处的上行间或下行间填上正确的文字和/或数值，或在旁边填写正确内容并签名（对确实无地方签名的，可在附加声明部分注明），并使原数据仍可辨认。

试验时，原始观测数据只需填写观测数据，试验结束后将原始观测数据录入记录表，按照相应程序进行数据处理，原始记录表应附在记录表后。

②由仪器设备自动采集的检测数据、试验照片等电子数据，可打印签字后粘贴于记录表中或保存电子档。

对于自动化程度较高的试验检测仪器设备，宜采用信息化方式对试验过程数据进行采集，采集的原始数据、样品信息、曲线、试验照片等，以 A4 纸打印签字后可作为试验检测记录表，附于试验检测报告之后作为完整的试验检测资料，或以电子档保存归档，无须检测人员再次填写。

（2）数据处理过程与方法

应填写原始观测数据推导出试验结果的过程记录，宜包括计算公式、推导过程、数字修约等，必要时还应填写相应依据。

如果填写的内容较多，可以增加试验检测数据部分的篇幅至下一页。

如果计算公式过于复杂，可用《作业指导书》进行控制。

检测单位应对所用软件的计算、推导程序进行确认，并留有痕迹。

如果采用手工计算的记录表，一般应该有计算公式。这是从质量控制的角度考虑，防止试验检测人员计算过程错误。

（3）试验结果

应按照检测依据的要求给出该项试验的测试结果。

4）附加声明部分

附加声明部分位于检测数据部分之后，用于说明需要提醒和声明的事项。

附加声明部分应包括：

（1）对试验检测的依据、方法、条件等偏离情况的声明；

（2）其他见证方签认；

（3）其他需要补充说明的事项。

附加声明区即"备注"，可用于对试验检测的依据、方法、条件等偏离情况的声明，也可用于对样品及其试验结果作专门细致性的描述。

附加声明部分的编制要求具体如下所述：

附加声明部分应根据记录内容编制，如有其他见证方签认，应有签名。

在进行试验检测时，如果没有按照标准要求对试验环境条件进行控制，只是在样品信息中记录了试验时的实际环境条件，在这里应进行声明：试验环境条件没有按照标准进行控制，但是不影响结果的准确性。工地试验室记录表的附加声明区还可用于见证人员签字。

ISO/IEC 17025:2017 中 7.3.3 要求实验室应将抽样数据作为检测或校准工作记录的一部分予以保存。

按照上述要求，对抽样数据应保留记录，但由于基本信息部分区域限制，不可能全部填写抽样信息，故当涉及抽样时，可在附加声明区注明。对于样品的描述，可在基本信息部分的样品信息栏中填写。

5) 落款部分

落款部分位于附加声明部分之后，用于表征记录表的签认信息。

落款部分应由检测、记录、复核、日期组成。

落款部分的编制要求具体如下所述：

检测、记录及复核应签署实际承担相应工作的人员姓名，日期为记录表的复核日期，以"YYYY 年 MM 月 DD 日"的形式表示。对于采用信息化手段编制的记录表，可使用数字签名。

签字的工作人员，资格应符合《检测管理办法》的规定，并应经过授权。

对于采用信息化手段编制的记录表，可使用数字签名。

对利用信息化手段编制的记录表，应管理规范，防止未经授权者的入侵和修改。

2. 检测类报告的编制要求

报告是试验检测工作的最终产品，直接反映试验检测机构管理水平、检验能力和工作质量。报告在《检测和校准实验室能力的通用要求》(ISO/IEC 17025:2017) 和《检验检测机构资质认定能力评价 检验检测机构通用要求》(RB/T 214—2017) 中都有较为明确的规定。

ISO/IEC 17025:2017 指出：实验室应准确、清晰、明确和客观地出具结果，并且应包括客户同意的、解释结果所必需的以及所用方法要求的全部信息。RB/T 214—2017 中要求检验检测机构应准确、清晰、明确、客观地出具检验检测结果，符合检验检测方法的规定，并确保检验检测结果的有效性。

其中，检测类报告由标题、基本信息、检测对象属性、检测数据、附加声明、落款六部分组成。下面具体介绍检测类报告的组成要素及编制要求。

1) 标题部分

标题部分由报告名称、唯一性标识编码、检测单位名称、专用章、报告编号、页码组成。

标题部分共由三行固定的格式组成，第一行是页码，第二行是报告名称和报告唯一性标识编码，第三行是检测单位名称和编号。

标题部分的编制要求如下所述。

(1) 报告名称

位于标题部分第二行居中位置，采用以下表述方式：

①由单一记录表导出的报告，其报告名称宜采用"项目名称" + "参数名称" + "试验检测

报告"的形式命名,并按照 JT/T 828—2019 中 5.1.3.1 的规定处理。

当报告与记录表能够一一对应时,报告命名与记录表的命名方式一致。报告名称中涉及的检测方法应放在报告名称的最后并加括号。例如:"路基压实度试验检测记录表(灌砂法)"对应的报告为"路基压实度试验检测报告(灌砂法)"。

②由多个记录表导出的报告,依据试验参数具体组成,在不引起歧义的情况下宜优先以项目名称命名报告名称,即"项目名称"+"试验检测报告"。当同一项目内有多种类型检测报告时,可按照行业习惯分别编制,并在报告名称后添加"(一)、(二)……"加以区分。

检测机构出具的同一名称的试验检测报告,所含试验参数应一致。

报告内容涵盖等级标准"项目"中全部参数时,以项目名称作为报告名称的组成部分,即采用"项目名称"+"试验检测报告"的形式,例如:公路工程综合甲级检测机构的"沥青混合料试验检测报告",水运工程材料甲级检测机构的"沥青试验检测报告"。当试验检测机构对同一项目仅有一种格式的试验检测报告,报告名称后不需要添加(一)、(二)。

报告内容涵盖等级标准"项目"中部分参数时,所涉及参数无法以习惯或约定的方式加以描述时,可采用"项目名称"+"试验检测报告(一)""项目名称"+"试验检测报告(二)"……的形式。例如:"土工试验检测报告(一)""土工试验检测报告(二)"。

报告内容涵盖等级标准"项目"中部分参数时,所涉及参数可以按习惯或约定的方式加以描述,如"物理力学性能""安装质量"等,以"项目名称(细分条目)"+"习惯或约定的描述"+"试验检测报告"的形式表述,例如:公路工程中的"板式橡胶支座物理力学性能试验检测报告",水运工程中的"钢材物理力学性能试验检测报告"。

报告内容涵盖等级标准"项目细分条目"中全部参数、部分参数、参数无法以习惯或约定的方式加以描述时,也可按上述方法进行报告名称的描述。例如:"水泥混凝土试验检测报告(一)""水泥混凝土试验检测报告(二)"等。

如果参数名称为"×××配合比"时,报告名称为:"项目名称(细分条目)"+"×××配合比"+"设计报告",例如:水泥混凝土配合比设计报告;沥青混合料配合比设计报告。

(2)专用章

包括检测专用印章、等级专用标识章、资质认定标志等,具体要求如下:

①检测专用印章应端正地盖压在检测单位名称上。

检测专用印章上的名称应与检测报告上的检测单位名称一致。

②等级专用标识章应按照 JT/T 1181—2018 的规定使用。

根据 JT/T 1181—2018 中 8.1.11 的规定:取得等级证书的检测机构应规范、合理地使用专用标识章,应在所出具数据报告首页右上角加盖专用标识章,当所出具数据报告中有超出等级评定能力范围的内容时,不应加盖专用标识章。若检测机构开展等级标准之外的试验检测参数业务并出具数据报告,应符合 JT/T 1181—2018 中 6.1.1 的规定,且一般不加盖专用标识章,如确需加盖的,应在报告显著位置注明其超出等级标准范围的内容。

注:6.1.1 中试验检测能力即试验检测参数。未列入等级标准的试验检测参数,但检测机构需要开展的,应按照国家有关检验检测机构管理规定执行。

③资质认定标志等应按照相关规定使用。

资质认定标志(CMA)应按《检验检测机构资质认定管理办法》(国家质量监督检验检疫总

局令第 163 号)的规定使用。当 CMA、CAL、CNAS 标识同时使用时,建议在报告首页上方从左向右依次盖章,仅使用 CNAS 标识时,建议将章盖在报告首页上方居中位置。

(3)唯一性标识编码

与报告名称同处一行,靠右对齐。由 10 位字母和数字组成。

检测类报告唯一性标识编码各段位的编制要求如下:

①专业编码:由 3 位大写英文字母组成,第 1 位字母为 B,代表报告,第 2、3 位字母用于区分专业类别,GL 代表公路工程专业,SY 代表水运工程专业。

②领域编码:由 1 位大写英文字母组成,应符合 JT/T 1181—2018 的规定。

③项目编码:由 2 位数字组成,应符合 JT/T 1181—2018 的规定。

④格式区分码:由 3 位数字组成,采用 001~999 的形式,用于区分项目内各报告格式,由检测单位自行制定。

⑤类型识别码:用"F"表示检测类报告。

格式区分码是为相同项目不同的报告格式而设置,例如:"土试验检测报告(一)""土试验检测报告(二)"的格式区分码分别用 001、002 表示;"乳化沥青试验检测报告""聚合物改性沥青试验检测报告"等格式区分码分别用 001、002 表示。

试验检测报告分为"检测类报告"和"综合评价类报告"两种类型,并用"F"表示检测类报告,用"H"表示综合评价类报告。

(4)检测单位名称

"检测单位名称"位于标题部分第三行位置,靠左对齐。编制要求应符合 JT/T 828—2019 中 5.1.3.3 的规定。

(5)报告编号

"报告编号"与"检测单位名称"同处一行,靠右对齐。报告编号由检测单位自行编制。编制要求应符合 JT/T 828—2019 中 5.1.3.4 的规定。

(6)页码

页码位于标题部分第一行,靠右对齐,以"第×页,共×页"的形式表示。编制要求应符合 JT/T 828—2019 中 5.1.3.5 的规定。

2)基本信息部分

基本信息部分位于标题部分之后,用于表征试验检测的基本信息。

基本信息部分包含施工/委托单位、工程名称、工程部位/用途、样品信息、检测依据、判定依据、主要仪器设备名称及编号信息。

基本信息部分的相关编写要求如下。

(1)施工/委托单位

施工/委托单位为二选一填写项,宜填写委托单位全称。工地试验室出具的报告可填写施工单位名称。

委托单位名称在委托合同中获取。

(2)工程名称

编制要求应符合 JT/T 828—2019 中 5.2.3.1 的规定。

报告中的"工程名称"应与"记录表(工程名称)"中填写的工程名称一致。

当检测机构进行盲样管理时,"记录表"中工程名称不填写。这时"工程名称"从委托合同中获取。

（3）工程部位/用途

编制要求应符合 JT/T 828—2019 中 5.2.3.2 的规定。

报告中的工程部位/用途应与"记录表（工程部位/用途）"中填写的内容一致。

（4）样品信息

应包含样品名称、样品编号、样品数量、样品状态。编制要求应符合 JT/T 828—2019 中 5.2.3.3 的规定。

报告中的样品信息应与"记录表（样品信息）"中填写的内容一致。

（5）检测依据

编制要求应符合 JT/T 828—2019 中 5.2.3.6 的规定。

报告中的检测依据应与"记录表（检测依据）"中填写的内容一致。

（6）判定依据

编制要求应符合 JT/T 828—2019 中 5.2.3.7 的规定。

报告中的判定依据应与"记录表（判定依据）"中填写的内容一致。

（7）主要仪器设备名称及编号

编制要求应符合 JT/T 828—2019 中 5.2.3.8 的规定。

报告中的主要仪器设备名称及编号应与"记录表（主要仪器设备名称及编号）"中填写的内容一致。

试验依据与判定依据选择的原则：

①选择判定依据中明确的相对应的试验方法；

②行业标准独立于国家标准时，优先选用行业标准；

③行业标准引用国家标准，国家标准已修订而行业标准未及时更新时，优先选用国家标准；

④尽量不选用非标方法。

3）检测对象属性部分

检测对象属性部分位于基本信息部分之后，用于被检对象、测试过程中有关技术信息的详细描述。

检测对象属性应包括基础资料、测试说明、制样情况、抽样情况等。

对检测结果的有效性和可追溯性有重要影响的被检对象或测试过程中所特有的信息，宜在检测对象属性部分表述，其内容视报告的需求而定，可以为时间信息、抽样信息、材料或产品生产信息、材料配合比信息等，如检测日期、委托编号、检测类别、试验龄期、抽样方式、材料的产地、生产批号、各种材料用量等。

检测对象属性部分的编制要求如下所述。

检测对象属性应能如实反映检测对象的基本情况，视报告具体内容需要确定，并具有可追溯性，具体要求如下：

①基础资料宜描述工程实体的基本技术参数，如设计参数、地质情况、成型工艺等。

例如：混凝土结构的设计强度，路基填方路段的原地面天然含水率，预应力筋的张拉方法等。

②测试说明宜包括测试点位、测试路线、图片资料等。若对试验结果有影响时,还应说明试验后样品状态。

例如:进行压实度检测,应说明按现行《公路路基路面现场测试规程》中的有关要求,随机选点方法确定的测定区间、测定断面、测点位置等。

③制样情况的编制要求应符合 JT/T 828—2019 中 5.2.3.3 f)的规定。

④抽样情况的编制要求应符合 JT/T 828—2019 中 5.2.3.3 g)的规定。

制样情况和抽样情况可根据实际情况增减。

4) 检测数据部分

检测数据部分位于检测对象属性部分之后,用于填写检测类报告的试验数据。

检测数据部分的相关内容来源于记录表,应包含检测项目、技术要求/指标、检测结果、检测结论等内容及反映检测结果与结论的必要图表信息。

检测数据部分编写要求为:检测结论应包含根据判定依据做出的符合或不符合的相关描述。当需要对检测对象质量进行判断时,还应包含结果判定信息。

示例:该硅酸盐水泥样品的强度等级(P·O 42.5)符合 GB 175—2007《通用硅酸盐水泥》中的技术要求。

该硅酸盐水泥样品的 3d、28d 抗折、抗压强度,符合《通用硅酸盐水泥》(GB 175—2007)对 P·O 42.5 水泥的技术要求。

当无判定依据时,检测结论就不具备给出符合或不符合的条件,可将检检测结果直接作为检测结论进行描述,例如:某份土的击实试验检测报告的检测结论为:经检测,该土样的最大干密度为 $1.92g/cm^3$,最佳含水率为 13.0%。

5) 附加声明部分

附加声明部分位于检测数据部分之后,用于说明需要提醒和声明的事项。

附加声明区可用于:

(1) 对试验检测的依据、方法、条件等偏离情况的声明。

偏离情况的声明根据记录表中的附加声明部分内容进行编写。

(2) 对报告使用方式和责任的声明。

检测机构不负责抽样(如样品是由客户提供)时,应附加声明:结果仅适用于客户提供的样品。

检测机构应做出未经本机构批准,不得复制(全文复制除外)报告或证书的声明。

(3) 报告出具方联系信息。

填写检测机构的地址,检测的地点(如果与检测机构的地址不同)、电话、邮箱等。

(4) 其他需要补充说明的事项。

客户在使用报告时,可能产生的误解、错误引用报告内容,以及提出的一些疑问,应该加以声明。

如有需要,可补充抽样方、见证方相关信息。

附加声明部分应根据报告内容编制。这些内容要求在 RB/T 214—2017 中 4.5.21 有具体规定,具体如下:

当需对检验检测结果进行说明时,检验检测报告或证书中还应包括下列内容:
(1)对检验检测方法的偏离、增加或删减,以及特定检验检测条件的信息,如环境条件。
(2)适用时,给出符合(或不符合)要求或规范的声明。
(3)当测量不确定度与检验检测结果的有效性或应用有关,或客户有要求,或当测量不确定度影响到对规范限度的符合性时,检验检测报告或证书中还需要包括测量不确定度的信息。
(4)适用且需要时,提出意见和解释。
(5)特定检验检测方法或客户所要求的附加信息。报告或证书涉及使用客户提供的数据时,应有明确的标识。当客户提供的信息可能影响结果的有效性时,报告或证书中应有免责声明。

以上信息均可以在附加声明中进行编制。

6)落款部分

落款部分位于附加声明部分之后,用于表征签署信息。

落款部分应由检测、审核、批准、日期组成。

落款部分的编制要求为:检测、审核、批准应签署实际承担相应工作的人员姓名。日期为报告的批准日期。具体的编制要求应符合 JT/T 828—2019 中 5.5.3 的规定。

与此同时,国家有关法律法规及标准规范也有相关要求,具体为:

ISO/IEC 17025:2017 要求结果在发出前应经过审查和批准(7.8.1.1)。

RB/T 214—2017 要求检验检测机构的授权签字人应具有中级及以上专业技术职称或同等能力,并经资质认定部门批准,非授权签字人不得签发检验检测报告或证书。

《检测管理办法》第 37 条规定:试验检测报告应当由试验检测师审核、签发。

JT/T 1181—2018 中 7.3.9.2 要求试验检测报告的审核、签发人应具备试验检测师资格,应被授权。

检测机构出具报告,批准(签发)人应具备试验检测师资格,同时为检测机构的授权签字人。按照《检测管理办法》的规定,报告应由试验检测师(试验检测工程师)审核、批准。报告审核人应当是签字领域的持证试验检测师(试验检测工程师);报告批准人应当是持证试验检测师(试验检测工程师),且在授权的能力范围内签发检测报告。

对于采用信息化编制的报告,可使用数字签名。数字签名应符合国家有关规定。检测机构采取数字签名方式出具试验检测报告时,还应在质量体系中有明确的管理规定,并合理设置权限,确保数字签名的合法性、真实性和有效性。

3. 综合评价类报告的编制要求

综合评价类报告由封面、扉页、目录、签字页、正文、附件六部分组成,其中目录部分、附件部分可根据实际情况删减。其编制要求如下:

1)封面部分

封面部分的内容宜包括唯一性标识编码、报告编号、报告名称、委托单位、工程(产品)名称、检测项目、检测类别、报告日期及检测单位名称。

(1)唯一性标识编码

位于封面部分上部右上角,靠右对齐。编码规则的编制要求应符合 JT/T 828—2019 中

6.1.3.3 的规定,其类型识别码为"H"。

每份综合评价类报告只存在一个唯一性标识编码,当一份报告涉及多个检测项目或同一检测项目多个检测参数,试验检测机构应在管理体系文件中明确项目编码和格式区分码的选取规则。

例如:某高速公路某桥梁进行检测评估报告可涉及混凝土等多个项目,其唯一性标识编码可为 BGLP05×××H;某水运工程码头交工验收质量检测报告,其唯一性标识编码可为 BSYP01×××H。

其中,×××为格式区分码,由 3 位数字组成,采用 001~999 的形式,用于区分项目内各报告格式,由检测机构在其管理体系文件中自行规定。

(2)报告编号

位于封面部分上部右上角第二行,靠右对齐。编制要求应符合 JT/T 828—2019 中 5.1.3.4 的规定。

报告编号是检测机构按自身管理要求对其出具的每一份试验检测报告进行识别的编号,具有唯一性。由于综合评价类报告涉及多个检测项目或同一检测项目多个检测参数,试验检测机构应在管理体系文件中明确报告编号原则。

(3)报告名称

位于封面部分"报告编号"之后的居中位置,统一为"检测报告"。

《检验检测机构资质认定管理办法》(国家质量监督检验检疫总局令第 163 号)对检测与检验概念定义如下:检测是依据相关标准和规范,使用仪器设备,在规定的环境条件下,按照相应程序对测试对象的属性进行测定或者验证的活动,其输出为测试数据。检验是基于测试数据或者其他信息来源,依靠人的经验和知识,对测试对象是否符合相关规定进行判定的活动,其输出为判定结论。

综合评价类报告更多是提供给委托方测试数据及检测结果,涉及的大多数检测参数是没有判定标准,无法输出判定结论的,例如:桥梁隧道等结构的施工监控报告。因此,报告名称统一为"检测报告"。

(4)委托单位

应填写委托单位全称。

综合评价类报告涉及的检测项目及检测参数较多,委托书一般以合同形式体现,报告中的委托单位要与委托合同中委托方一致。

(5)工程(产品)名称

应填写检测对象所属工程项目名称或所检测的工程产品名称。

工程(产品)名称应与委托合同所列名称一致。

(6)检测项目

应填写报告的具体检测项目内容,应以 JT/T 1181—2018 所示项目、参数为依据,且宜采用"项目名称"+"参数名称"的形式命名,其编制要求应符合 JT/T 828—2019 中 6.1.3.1 的规定。

如涉及的检测项目及参数较多,可用行业术语总结检测项目语句。

例如:某高速公路斜拉桥交工验收时所做检测评估,涉及桥梁结构项目的位移,静态挠度,静态应变(应力),动态应变(应力),动态挠度,冲击系数,模态参数,承载能力,结构线形,竖直度、结构尺寸、索力、温度以及钢结构参数等;混凝土结构项目的混凝土强度、碳化深度、钢筋位置、钢筋保护层厚度、表观缺陷、内部缺陷、裂缝等参数,检测项目可用行业术语总结为"桥梁检测评估"。

(7)检测类别

按照不同检测工作方式和目的,可分为委托送样检测、见证取样检测、委托抽样检测、质量监督检测、仲裁检测及其他。

委托送样检测是委托方将样品送至检测机构,检测机构未参与样品的抽取工作,检测机构出具的报告仅对委托方提供的样品负责。

见证取样检测是在建设单位和(或)监理单位的人员见证下,由委托方现场取样送至检测机构,检测机构出具的报告仅对委托方提供的样品负责。

委托抽样检测是检测机构参与抽样过程,按照抽样方案对样品进行抽样,检测机构出具的报告对整批样品负责。

质量监督检测是政府行为,分为委托送样检测和委托抽样检测两种形式,检测机构应在委托合同中予以明确。

仲裁检测是针对争议产品所做的检测,仲裁检测的目的是做出争议产品的质量判定,解决产品质量纠纷。有资格出具仲裁检测报告的检测机构须是经过省级以上质量技术监督部门或其授权的部门考核合格的机构,并且其仲裁检测的产品范围限制在授权其检测范围内。

综合评价类报告多数情况属于委托抽样检测的类别。

(8)报告日期

报告的批准日期,其表示方法应符合 JT/T 828—2019 中 5.5.3 的规定。

授权签字人签发报告的日期。授权签字人是由检测机构授权,经资质认定部门考核合格后,代表检测机构在其资质认定授权的能力范围内签发检测报告的人员。

(9)检测单位名称

编制要求应符合 JT/T 828—2019 中 5.1.3.3 的规定。

(10)专用章

编制要求应符合 JT/T 828—2019 中 6.1.3.2 的规定。

2)扉页部分

宜包含报告有效性规定、效力范围申明、使用要求、异议处理方式,以及检测机构联系信息等。

3)目录部分

按照"标题名称"+"页码"的方式编写,示出一级章节名称即可。页码宜从正文首页开始设置,宜用阿拉伯数字顺序编排。

报告正文每一页上的页码标识,能够识别该页是属于报告的一部分,以及表明报告是否结束。综合评价类报告涉及检测项目及检测参数较多,设置目录可清晰反映章节情况。

4)签字页部分

签字页部分应包含工程名称、项目负责人、项目参加人员、报告编写人、报告审核人和报告批准人。宜打印姓名并手签。对于采用信息化手段编制的报告,可使用数字签名。

综合类检测项目涉及检测人员往往较多,各检测人员根据在检测项目的职责不同,大致划分为项目负责人、项目主要参加人员、报告编写、报告审核、报告批准。项目主要参加人员可包括报告编写人员、报告审核人员、报告批准人员。

按照《检测管理办法》的规定,报告应由试验检测师(试验检测工程师)审核、签发。报告审核人应当是签字领域的持证试验检测师(试验检测工程师)。报告批准人应当是持证试验检测师(试验检测工程师),且在授权的能力范围内签发检测报告。

5) 正文部分

正文部分应包含项目概况、检测依据、人员和仪器设备、检测内容与方法、检测数据分析、结论与分析评估、有关建议等内容。

综合评价类报告一般是针对结构物检测,报告涉及多个检测项目或检测参数的检测数据及结果,因此,报告内容比常规材料检测报告丰富。报告既要满足 RB/T 214—2017 对人员、设备、方法选择、结果报告、结果说明、意见和解释等要求规定,又要体现项目检测过程、数据处理分析过程、数据结果应用等。

正文部分的编制要求具体如下所述。

(1) 项目概况

明确项目的工程信息,应包含但不限于如下信息:委托单位信息、项目名称、所在位置、项目建设信息、原设计情况及主要设计图示、主要技术标准、养护维修及加固情况,与检测项目及检测参数相关的设计值、规定值、项目实施情况等。明确检测目的,应包括检测参数的基本情况。

项目概况描述信息一般包括:被检对象所属建设项目及地理位置;委托方的全称;被检对象状况信息(包括规格型号、设计等级、构造组成及相应设计情况、服役期间的工作状况、历次检测情况、维修加固情况等);委托方要求的检测内容;检测意图。

项目概况信息应与检测合同、设计文件和现场实际情况相一致;项目概况描述的信息还应能与报告正文后续部分阐述的内容相关联,能够作为判断检测实施是否科学,数据结果异常与否,结论及建议是否合理的依据。

(2) 检测依据

应按检测参数列出对应的检测标准、规范及设计报告等文件名称。

检测依据可包括:

①与检测参数相对应经批准的检测方法(包括国家标准、行业标准、地方标准等);

②与被检对象相关的设计文件;

③委托合同;

④经审定的检测方案。

(3) 人员和仪器设备

应列明参加检测的主要人员姓名、参与完成的工作内容等信息,明确检测用的主要仪器设备名称及编号。

列出主要参加人员的基本信息(姓名、职称、持证情况)与对应所完成的主要工作内容,能够清晰反映出检测人员是否有资格及能力完成相应检测工作。

列出主要仪器设备的名称、规格型号、管理编号、数量、量值溯源有效期等情况,能够清晰反映出设备的来源、是否满足检测参数需求、检测数据是否有效等。

(4)检测内容与方法

明确检测内容,应包括检测参数、对应的具体检测方法、测点布设、抽样情况等。对于技术复杂的检测内容,宜包括检测技术方案的描述。

对于不复杂的综合评价类检测项目,应简要描述各检测参数的检测方法、检测实施情况(包括测区布设、测点布置等)、实施过程中的注意事项等。

对于复杂的综合评价类检测项目,可简述检测技术方案及其实施情况。

如存在抽样,应简要描述抽样依据、抽样方案、抽样实施、抽样结果,抽样过程中可能影响检测结果的环境条件的详细信息,并应保存好抽样记录。

(5)检测数据分析

说明检测结果的统计和整理,检测数据分析的基本理论或方法,并阐述利用实测数据进行推演计算的过程。还宜包括推演计算结果与设计值、理论值、标准规范规定值、历史检测结果的对比分析。必要时,可采用图表表达数据变化趋势和规律。

检测数据分析是综合评价类报告的重要内容,是检测结果及建议解释主要依据。主要包括检测原始数据的整理,数据的统计修正,数据分析的理论方法,数据推演计算过程,采用图表形式表达数据结果与设计值、理论值、标准值、历次检测结果的对比,必要时采用图表形式展示数据结果的规律性和趋势性。

(6)结论与分析评估

宜包括各检测结果与设计值、理论值、标准规范规定值、历史检测结果的对比分析结论及必要的原因分析评估。如需要,应给出各检测结果是否满足设计文件或评判标准要求的结论。

结论与分析评估是综合评价类报告的重中之重,报告正文之前篇幅均为结论与分析评估依据。结论与分析评估应包括检测数据分析结果汇总,检测结果与设计值、理论值、标准值、历次检测结果的对比结论,结果原因分析和评估,同时如有相关设计文件或判定标准对检测参数有定量或定性规定,应给出检测结果是否满足相关要求的结论等。

(7)有关建议

可根据检测结论和分析评估,提出项目在下一工序、服役阶段应采取的处置措施或注意事项等建议。

RB/T 214—2017 明确:当需要对检测报告做出意见和解释时,意见和解释应在检测报告中清晰标注。检验检测机构可以结合自己能力水平、检测经验,对检测结果进行分析评估,提出项目在下一工序、服役阶段应采取的处置措施或注意事项。

例如:某大桥荷载试验报告中针对发现的问题提出了以下建议:①该桥桥面设计为单向纵坡,建议管养单位加强对在恒载和长期体系温差的循环作用下的结构变形观测,尤其关注梁体水平位移和桥梁线性,如出现异常应及时设置限位装置;②该桥桥面系通过钢支座与主桁连接,且桥面系设有伸缩缝,故营运过程中应关注支座和伸缩缝的工作状态;③对外观检查时发现的混凝土裂缝、索骨鼓丝、积水等现象应及时进行处理,以确保结构安全和耐久性。

6)附件部分

当有必要使用检测过程中采集的试验数据、照片等资料以及试验检测记录表,对检测结论进行支撑和证明时,可将该类资料编入附件部分。

附件部分是对检测报告的有效支撑,不等同于试验检测原始记录。只有当检测结论需要检测过程中采集的试验数据、照片等资料以及试验检测记录表进行支撑和证明时,才将该类资料编入附件部分。例如:某高速公路路面弯沉、平整度每半幅每公里评定汇总表可作为附件部分。

4. 试验检测记录表/报告纸张要求

对于试验检测记录表/报告纸张格式要求,可以参照以下原则选用。具体由机构根据记录报告版面格式需要自行确定。

(1)版面采用国际标准 A4 型纸(即:长 297mm × 宽 210mm)。

(2)横表页边距宜设置为:上 2.0cm、下 1.5cm、左 1.5cm、右 1.5cm。

(3)纵表页边距宜设置为:上 1.5cm、下 1.5cm、左 2.5cm、右 1.5cm。

(4)页眉、页脚宜分别设置为:0.5cm。

(5)表格外边框宜用 1.5 磅粗实线,基本信息区与检验数据区之间分隔线宜用 1.5 磅粗实线。

(6)除标题区中表格名称用 16 号宋体字加粗外,记录表/报告中固化内容宜用 10 号宋体字,填充内容宜用 10 号仿宋字。

5. 数据报告的信息化管理

近年来,人工智能及信息技术在各行各业得到广泛运用,催生了很多新型业态,已成为众多行业发展迈上新台阶的利器。然而,在公路水运工程试验检测行业,智能信息技术的应用总体水平尚低,尤其是作为试验检测机构产品的试验检测数据报告,缺乏互联互通和大数据分析的基础条件,这不仅制约着行业发展动力和运行效率,也影响了试验检测数据报告对工程质量安全的反映能力和支撑作用。JT/T 828—2019 从规范和统一公路水运工程试验检测数据报告的编制规则出发,紧紧围绕《检测管理办法》、JT/T 1181—2018、RB/T 214—2017、ISO/IEC 17025:2017 等文件的管理规定,充分考虑试验检测工作所依据标准、规范、规程的特点,为全面提升公路水运工程试验检测信息化水平奠定了基础。

为了更好地发挥 JT/T 828—2019 在提升数据报告规范化水平方面的指导作用,接下来就如何正确使用 JT/T 828—2019 开展试验检测数据报告信息化建设和管理的有关内容进行阐述,从而更加科学和准确地把握行业信息化建设与管理的方向,利于从业单位开展试验检测信息化建设,便于行业管理部门履行有关管理职责。本节依照 JT/T 828—2019 的相关要求,从信息化建设与管理的角度,阐述记录表和报告编制工作的信息化功能要求,介绍当前信息技术在试验检测行业的新应用,并针对数据报告编制工作,提出了试验检测工作信息化的基本流程,对涉及的信息化建设标准进行总结归纳,为检测机构及工地试验室的信息管理系统(以下简称系统)建设提供科学依据。

1)记录表的信息化编制功能

信息系统采用诸多信息化技术处理记录表,提高试验检测工作效率,实现试验检测工作标准化和信息化。编制内容如下:

(1)标题部分

①记录表名称:系统内置。

②唯一性标识编码:内置用于管理记录表格式的编码,具有唯一性,与记录表名称同处一

行,靠右对齐。唯一性标识编码能根据记录表参数变化进行动态调整。

③检测单位名称:自动调用系统内置的检测机构名称。

④记录编号:根据检测机构或建设项目业主统一的编号规则进行自动生成,记录编号应具有唯一性。

⑤页码:系统自动生成或手工录入。

（2）基本信息部分

①工程名称:根据系统预设工程名称自动显示或自动提取委托合同中填写的工程名称。在试验记录填写阶段,系统启用盲样管理后能自动隐藏工程名称等信息。

②工程部位/用途:从委托合同中获取工程部位/用途信息,也可以采用手工录入。

③样品信息:包含来样时间、样品名称、样品编号、样品数量、样品状态、制样情况和抽样情况,其中制样情况和抽样情况可根据实际删减。从委托合同中获取样品相关信息,也可以采用手工录入。编制要求为：

a. 来样时间应填写检测机构收到样品的日期,以"YYYY 年 MM 月 DD 日"的形式表示。

b. 样品名称应按标准规范的要求。

c. 样品编号由系统自动生成,用于区分每个独立样品。

d. 样品数量宜按照检测依据规定的计量单位,如实录入。

e. 样品状态应描述样品的性状,如样品的物理状态、是否有污染、腐蚀。

f. 制样情况应描述制样方法及条件、养护条件、养护时间及依据等。

g. 抽样情况应描述抽样日期、抽取地点(包括简图、草图或照片)、抽样程序、抽样依据及抽样过程中可能影响检测结果解释的环境条件情况等。

④试验检测日期:选择录入或手工录入试验的起止日期。日期以"YYYY 年 MM 月 DD 日"形式表示。如:2018 年 10 月 11 日或 2018 年 10 月 11 日—2018 年 10 月 18 日。

⑤试验条件:试验时的温度、相对湿度、照度、气压等环境条件,采用手工录入。

⑥检测依据:内置有效的技术标准、规范、规程、作业指导书等技术标准库,提供选择录入和手工录入功能,标准库可进行动态更新维护。

⑦判定依据:内置有效的标准、规范、规程、设计文件等标准库,提供选择录入和手工录入功能,标准库可进行动态更新维护。

⑧主要仪器设备名称及编号:对主要仪器设备名称、规格型号及编号等信息进行预设,可以选择使用。

（3）检测数据部分

试验检测得出原始观测数据或仪器设备自动得出试验检测结果,通过手工录入或自动传输至系统。由系统定义好原始观测数据或试验检测结果传输的格式。系统提供的试验检测记录表格式、计算公式、过程、结果、数字修约等内容应由使用单位验证通过后方可使用。

原始观测数据记录分为以下四种情况：

①手工记录:对于人工读取的原始观测数据,应如实、完整记录,并将原始观测数据手工录入至系统,系统自动计算并生成试验检测记录表。保存签字后的原始观测数据记录和试验检测记录表。

例如:在细集料颗粒级配试验(干筛法)中,称量各筛筛余试样的质量,将数据填入原始观测数据记录,将原始观测数据手工录入系统,系统自动计算并生成试验检测记录表,可以打印后签字。应保存签字后的细集料颗粒级配原始观测数据记录(干筛法)和细集料颗粒级配试验检测记录表(干筛法)。

②自动打印:如果仪器设备带有自动处理和打印功能,可将打印的数据手工录入系统,系统自动计算并生成试验检测记录表。应保存签字后的打印数据记录和试验检测记录表。

例如:在钢材力学试验中,万能试验机自动打印抗拉试验数据,将有关数据手工录入系统,系统自动计算并生成的记录表可以打印后签字,但应保存签字后的抗拉试验数据凭条和记录表。

③自动采集:对于已具有或通过改造后具有数据自动采集功能的仪器设备,其产生的原始电子数据自动传输至系统,由系统自动计算并生成试验检测记录表。应保存签字后的原始采集电子数据和试验检测记录表,原始采集电子记录可以保存为电子档。

例如:在混凝土抗压强度试验中,具有自动数据采集及传输接口的压力试验机产生的原始电子数据自动传输至系统,生成的试验检测记录表,可以打印后签字,可保存签字后的水泥混凝抗压强度试验检测记录表。

④电子数据:对于自动化检测设备,其产生的原始电子数据自动传输至专用软件,由软件自动计算并输出试验检测结果。应保存原始电子数据。

例如:在平整度试验中,激光式平整度仪通过激光和画像处理等非接触式测绘方式,对路面的平整度进行测试,生成可靠性测量数据高速传输到计算机经由专门软件处理,可输出计算表和波形图。在平整度测试时确定好试验电子数据在电脑的输入位置,并对命名存储路径。产生的原始电子数据可直接作为原始数据进行存档。

(4)附加声明

相关信息手工录入。

(5)落款部分

检测、记录复核由具有权限的人员手签或采用数字签名。日期为记录表的复核日期,由复核人员手签或自动读取系统日期。

2)试验检测报告的信息化编制功能

试验检测报告根据编制内容和格式特点分为检测类报告和综合评价类报告两类。

综合评价类报告宜采用 Office、WPS 等办公软件进行编制,形成一个独立、完整的报告文件,将报告文件上传至系统,通过系统进行报告的审核、批准和打印等操作,来实现综合评价类报告的信息化编制和管理。随着信息技术的发展,也可以定制相应的报告表格模板,通过输入或导入需要的数据内容,由系统自动生成完整的综合评价类报告文件。

检测类报告采用自动调取委托信息、试验检测数据、结果和手工编辑相结合的方式进行编制。在报告编制阶段,系统启用盲样管理后可以自动隐藏施工/委托单位、工程名称、委托编号、生产厂家、工程部位/用途、来源产地等信息,报告编制完成后自动显示,从而达到盲样管理的目的。编制内容如下:

(1)标题部分

①报告名称:自动生成。

②专用章:打印报告后人工盖章或采用数字签章。

③唯一性标识编码:自动生成。

④检测单位名称:自动调用系统内置的检测机构名称。
⑤报告编号:按预先设置的报告编号规则自动生成。
⑥页码:自动生成。

(2)基本信息部分

基本信息部分全部自动调取。

①施工/委托单位:根据系统预设单位名称自动显示或自动提取委托合同时填写的单位名称。

②工程名称:自动调取记录表的工程名称。

③工程部位/用途:自动调取记录表的工程部位/用途信息。

④样品信息:自动调取记录表的样品信息。

⑤检测依据:自动调取记录表的检测依据。

⑥判定依据:自动调取记录表的判定依据。

⑦主要仪器设备名称及编号:自动调取记录表的主要仪器设备名称及编号。

(3)检测对象属性部分

系统按照JT/T 828—2019规定,根据检测对象属性区内容不尽相同的特点,系统在设计过程中针对被检测对象及检测过程进行独立设计。该部分内容可根据检测对象具体情况手工录入。

针对被检测对象、检测过程中有关技术信息的详细描述,通过委托合同,对检测对象的属性进行信息录入,在报告编制过程中自动调用。

(4)检测数据部分

检测项目根据委托合同的检测项目自动加载或固定设置,技术指标根据选定的判定依据自动调取或手工录入,检测结果自动调取相关记录表的试验结果,依据技术指标自动或者人工判定试验检测结果为"符合""不符合""/"三种类型。

检测结论:系统支持初始化预设试验检测结论用语,报告编制人员可以根据试验检测结果进行判定或评定,并选择准确的试验检测结论。

(5)附加声明部分

系统内置需要的声明事项,自动调取。

(6)落款部分

检测、审核、批准由具有相应权限的人员手签或采用数字签名。日期为报告的批准日期,由批准人手签或自动读取系统日期。

3)试验检测工作信息管理功能

公路水运工程试验检测服务方式主要分为工地试验室和母体机构两种,在试验检测工作的信息管理功能方面存在一定差异。工地试验室与建设工程项目十分紧密,需要更多地体现对建设工程项目质量管理的支撑作用,要素和流程相对单一;母体机构更多为第三方委托服务,更加侧重于各类质量要素控制和工作流程的监管。系统分为工地试验室信息管理系统和检测机构信息管理系统。

(1)工地试验室信息管理系统

按照工地试验室标准化建设的要求,系统主要功能如图3-9所示。

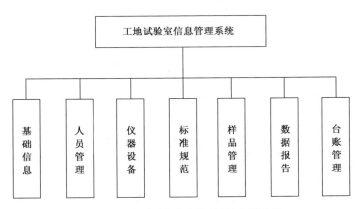

图 3-9 工地试验室信息管理系统主要功能

①基础信息:对工地试验室备案登记的综合情况、设立授权书等进行管理。
②人员管理:对工地试验室备案登记人员的基本信息、证书信息等进行管理。
③仪器设备:对工地试验室仪器设备的基本信息、检定校准等进行管理。
④标准规范:对工地试验室使用的标准、规范、规程等进行管理。
⑤样品管理:支持多种样品信息的登记,生成样品取样单;对水泥混凝土、砂浆、胶砂等试件进行养护室(箱)的出入信息登记,支持试件到期自动提醒;对需要留样的样品进行留样登记。
⑥数据报告:对检测完毕的样品进行原始记录的录入和检测报告的编制;对已经完成的报告进行归档管理;提供原始观测数据记录、试验检测记录表、试验检测报告的打印功能。
⑦台账管理:包括样品台账、报告台账、不合格报告台账、外委试验台账等。

(2)检测机构信息管理系统

检测机构信息管理系统按照 JT/T 1181—2018 中 8.2 的要求进行建设。系统主要功能如图 3-10 所示。

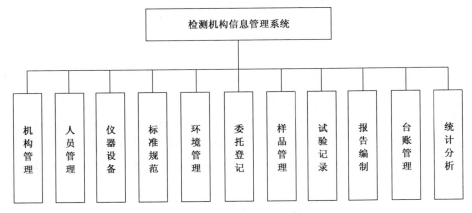

图 3-10 检测机构信息管理系统主要功能

①机构管理:对检测机构的基本信息、部门信息以及功能室等进行管理。
②人员管理:对人员的基本信息、证书信息、继续教育、奖惩记录、信用评价等进行管理。

③仪器设备:对仪器设备的基本信息、检定校准以及使用记录等进行管理。
④标准规范:对采用的标准、规范、规程等进行管理。
⑤环境管理:对检测机构工作场所、功能室等的环境进行管理。
⑥委托登记:支持对委托/施工单位、样品信息、检测参数、检测依据、判定依据等委托信息的登记。按照预设的"编号规则"自动生成委托编号、任务编号、样品编号、记录编号、报告编号。
⑦样品管理:对样品的流转、留样、养护等信息进行管理,支持试件到期提醒。
⑧试验记录:对试验检测原始观测数据进行录入和自动计算、绘图、提示平行超差、判定。录入数据均可共享。
⑨报告编制:对试验检测报告进行编制、审核、批准、打印等。
⑩台账管理:对委托台账、样品台账、报告台账、不合格报告台账、设备台账、费用台账等台账的管理。
⑪统计分析:对检测机构人员、设备、样品、费用等数据进行对比分析。

(3)信息化管理系统中检测机构试验检测工作流程

按照信息化管理系统对检测工作流程的常规处理方式,检测机构试验试验检测工作流程如下所述。

①委托单位送样或检测机构收样人员收取样品。
②收样人员在委托合同中填写委托/施工单位、样品信息、检测参数、检测依据、判定依据等委托信息。
③系统自动生成委托合同、样品标签、检测任务书、样品流转单、检测费用清单等。
④收样人员粘贴"样品标签",检测任务书分配给相应的试验检测人员。
⑤试验检测人员持对应样品的"样品流转单"到样品室领取样品,依据"检测任务书"开展试验检测工作。
⑥在系统中录入原始观测数据,记录复核通过后,进行报告编制、审核、批准等操作。
⑦报告完成后通知委托单位领取或邮寄报告。

(4)试验检测信息化新技术的应用

实现互联网+、大数据、云计算、物联网等技术的应用,为工程质量监督提供科学可靠的数据支撑。

①物联网应用

a.试验检测仪器设备:对自动化程度较高的试验检测仪器设备进行数据采集。对采集的原始数据及试验影像进行存储。如:万能试验机、压力试验机、抗折抗压试验机等。

b.施工质量控制设备:对于工程施工现场的拌和站、张拉、压浆等影响工程质量的关键设备,进行数据自动采集、智能处理和分析。如:水泥混凝土拌和站、水稳拌和站、沥青混合料拌和站、智能张拉、压浆设备等。

c.环境监控系统:对环境有较高要求的水泥室、养护室、档案室等功能室进行智能化环境监控。

d.检测监测系统:对隧道监控量测、结构物无损检测、边坡监测、桥梁健康监测等现场检测监测数据实时采集传输,进行数据的分析预警,提供更加科学和完善的预测、养护方案。

②二维码应用

a.仪器设备:仪器设备管理卡设置二维码,可通过扫码查看设备基本信息、检定/校准等信息。

b.委托合同:用户可通过扫描委托合同上的二维码查询样品检测进度,报告编制进度等情况。

c.试验检测报告:试验检测报告上设置二维码,客户可通过扫码验证报告的真伪性。

d.见证取样:在公路建设项目中,混凝土的质量直接影响结构物的强度和安全性,对混凝土的取样是否具有代表性和真实性就非常的关键,在混凝土取样过程中引入二维码技术能够做到取样时间、取样地点GPS定位、取样人员、见证人员等信息的过程监控。

③数据报告电子化

a.数字签名、签章:数字签名和签章的使用应符合《中华人民共和国电子签名法》(以下简称《电子签名法》)相关条款的规定。可靠的数字签名应符合《电子签名法》第13条规定。数字签名需要第三方认证的,应符合《电子签名法》第16条规定。

第13条规定　电子签名同时符合下列条件的,视为可靠的电子签名:

(一)电子签名制作数据用于电子签名时,属于电子签名人专有;

(二)签署时电子签名制作数据仅由电子签名人控制;

(三)签署后对电子签名的任何改动能够被发现;

(四)签署后对数据电文内容和形式的任何改动能够被发现。当事人也可以选择使用符合其约定的可靠条件的电子签名。

第16条规定　电子签名需要第三方认证的,由依法设立的电子认证服务提供者提供认证服务。

b.电子归档:对采用数字签名和数字签章出具的试验检测报告,可作为电子版报告进行发放和归档。

6.信息管理系统建设依据标准

在RB/T 214—2017、ISO/IEC 17025:2017、JT/T 1181—2018中,都明确要求检测机构对信息管理系统进行有效管理。具体内容可参阅相关标准对应部分。

第四章 公路水运工程试验检测人员考试管理

公路水运工程试验检测人员是依据工程建设技术标准、规范和规程,对公路水运工程材料、构件、产品及工程实体的质量和技术指标,进行试验检测的专业技术人员。其主要技术职责:一是从事公路水运工程项目验收的质量鉴定检测;二是承担公路水运工程质量控制检测、监测,出具相关业务试验检测报告;三是承担公路水运工程新工艺、新材料、新技术的试验检测;四是承担对在役工程质量与安全状态评定以及承载能力的评定等;五是参与公路水运工程试验检测规程、技术标准等的编修;六是承担公路水运工程质量事故调查中有关试验检测业务。公路水运工程试验检测专业技术人员是工程建设一线试验检测数据的提供者、安全监测的承担者,其专业知识和职业能力直接关系工程安全和质量,其工作成果是交通基础设施安全运营的主要评判依据。

第一节 公路水运工程试验检测人员考试制度发展历程

交通运输部工程质量监督局根据《公路水运工程试验检测管理办法》(交通部令〔2005〕第12号)的有关规定,出台了《公路水运工程试验检测人员考试办法(试行)》(以下简称《考试办法》),规定从事公路、水运工程试验检测的人员应当通过公路水运工程试验检测业务考试,取得上岗资格证书。实施公路、水运工程试验检测人员从业标准管理,制定试验检测人员管理规范和从业标准,实行公路水运试验检测人员资格统一考试制度,对试验检测人员执业情况进行年度审核,加强对试验检测人员从业标准实施情况的监督检查,加强试验检测队伍的动态管理。

《考试办法》将试验检测人员考试分为检测工程师和检测员两个等级,公路检测工程师考试科目为:路桥基础、路基路面、桥梁隧道和交通工程;公路检测员考试科目为:材料试验、工程检测和交通工程;水运检测工程师与检测员的考试科目为:公共基础、材料专业和结构专业。依据该考试办法,交通运输部工程质量监督局于2006年先后组织了试点考试和全国考试,在全国交通行业中产生较大反响,尤其是考核从业人员的专业水平,采用统一命题考试的方式,得到社会的广泛认可。在总结经验与查找不足的基础上,根据公路水运工程试验检测专业的实际,2007年对2005版的《考试办法》进行了完善补充,修订后的《考试办法》人员等级划分不变,在专业设置、报考条件、证书管理等方面进行了调整,2013年交通运输部工程质量监督局会同部职业资格中心组织对《公路水运工程试验检测人员考试办法》(质监综字〔2007〕4号)再次进行了修订，在报考条件和取证条件方面做了较大变动，原《考试办法》同时废止。

2014年10月，根据《国务院机构改革和职能转变方案》和《国务院关于取消和调整一批行政审批项目等事项的决定》(国发〔2014〕50号)关于取消"公路水运试验检测人员资格许可和认定"的要求，人力资源社会保障部、交通运输部以人社部发〔2015〕59号文印发了《公路水运工程试验检测专业技术人员职业资格制度规定》(以下简称《职业资格制度规定》)和《公路水运工程试验检测专业技术人员职业资格考试实施办法》(以下简称《考试实施办法》)，这标志着公路水运工程试验检测专业技术人员水平评价类国家职业资格制度正式设立，顺利实现了职业资格制度向水平评价类国家职业资格制度的平稳过渡，面向全社会提供公路水运工程试验检测专业技术人员能力水平评价服务，满足了试验检测的工作需要。

国家职业资格为水平评价类职业资格，实行考试的评价方式，考生按自愿原则参加考试。通过考试并取得相应级别职业资格证书的人员，表明其已具备从事公路水运工程试验检测专业相应级别专业技术岗位工作的能力。为从业人员提升职业能力、扩大就业渠道提供了平台，为用人单位科学使用公路水运工程试验检测专业技术人才提供了依据。

水平评价类职业资格不实行准入控制和注册管理，但应按国家关于专业技术人员继续教育的有关规定参加继续教育，更新专业知识，不断提高职业素质和试验检测专业工作能力。

第二节　试验检测人员职业资格考试专业及科目设置

一、试验检测人员职业资格考试专业设置

《职业资格制度规定》第四条规定，公路水运工程试验检测人员职业资格包括道路工程、桥梁隧道工程、交通工程、水运结构与地基、水运材料5个专业，分为助理试验检测师和试验检测师2个级别。助理试验检测师和试验检测师职业资格实行考试的评价方式。

二、公路水运工程试验检测职业资格考试科目设置及周期管理

公路水运工程助理试验检测师和试验检测师职业资格考试，统一大纲、统一命题、统一组织。《考试实施办法》明确，公路水运工程助理试验检测师、试验检测师均设公共基础科目和专业科目，专业科目为《道路工程》《桥梁隧道工程》《交通工程》《水运结构与地基》和《水运材料》。公共基础科目考试时间为120分钟，专业科目考试时间为150分钟。

公路水运工程助理试验检测师、试验检测师考试成绩均实行2年为一个周期的滚动管理。在连续2个考试年度内，参加公共基础科目和任一专业科目的考试并合格，可取得相应专业和级别的公路水运工程试验检测专业技术人员职业资格证书。其中，持有原试验检测工程师证书的人员参加考试的，免考公共基础科目。

三、试验检测人员准入证书和职业资格证书专业内容的差异

1. 2005 年版《考试办法》的考试内容及证书类别

公路检测工程师考试科目为:路桥基础、路基路面、桥梁隧道和交通工程。
(1)路桥基础+路基路面考试合格者取得道路专业检测工程师证书。
(2)路桥基础+桥梁隧道考试合格者取得桥梁隧道专业检测工程师证书。
(3)交通工程考试合格者取得交通工程专业检测工程师证书。
公路检测员考试科目为:材料试验、工程检测和交通工程。
(1)材料试验+工程检测考试合格者取得道桥专业检测员证书。
(2)交通工程考试合格者取得交通工程专业检测员证书。
水运检测工程师考试科目为:公共基础、材料专业和结构专业。
(1)公共基础+材料专业考试合格者取得材料专业检测工程师证书。
(2)公共基础+结构专业考试合格者取得结构专业检测工程师证书。
水运检测员考试科目为:公共基础、材料专业和结构专业。
(1)公共基础+材料专业考试合格者取得材料专业检测员证书。
(2)公共基础+结构专业考试合格者取得结构专业检测员证书。

2. 2007 年以及 2009—2014 年期间考试内容

公路检测工程师考试科目为:公共基础、公路、材料、桥梁、隧道、交通安全设施、机电工程。通过公共基础及任一门专业考试科目,即为相应专业的检测工程师。

公路检测员考试科目为:公路、材料、桥梁、隧道、交通安全设施、机电工程。通过任一门专业考试科目,即为相应专业的检测员。

水运检测工程师考试科目为:公共基础、材料、结构和地基基础。通过公共基础及任一门专业考试科目,即为相应专业的检测工程师。

水运检测员考试科目为:材料、结构和地基基础。通过任一门专业考试科目,即为相应专业的检测员。

3. 试验检测人员准入类考试证书与国家职业资格证书的专业分类对照

实行国家职业资格考试制度后,证书调整为五个专业、两个级别,专业设置及考试科目管理更加科学、规范、合理。原有试验检测人员准入类考试证书与国家职业资格证书的专业分类对照如表 4-1 所示。

原试验检测证书与国家职业资格证书专业划分对照表　　表 4-1

序号	专业类别	证书等级	2006 年		2007 年,2009—2014 年		国家职业资格证书专业
			证书专业	代号	证书专业	代号	
1	公路工程	试验检测工程师	路基路面(道路)	D	公路	G	试验检测师 道路工程
					材料	C	
			桥梁隧道	Q	桥梁	Q	桥梁隧道工程
					隧道	S	

续上表

序号	专业类别	证书等级	2006 年		2007 年,2009—2014 年		国家职业资格证书专业	
			证书专业	代号	证书专业	代号		
1	公路工程	试验检测工程师	交通工程	J	交通安全设施	A	试验检测师	交通工程
					机电工程	J		
		试验检测员	材料试验		材料	C	助理试验检测师	道路工程
			工程检测	D	公路	G		
					桥梁	Q		桥梁隧道工程
					隧道	S		
			交通工程	J	交通安全设施	A		交通工程
					机电工程	J		
2	水运工程	试验检测工程师	材料	C	材料	C	试验检测师	水运材料
			结构	J	结构	J		水运结构与地基
					地基与基础	D		
		试验检测员	材料	C	材料	C	助理试验检测师	水运材料
			结构	J	结构	J		水运结构与地基
					地基与基础	D		

4. 试验检测人员新旧证书的法律效力

（1）交办安监函〔2017〕1124 号《交通运输部办公厅关于做好当前公路水运工程试验检测工作有关事项的通知》明确持有原试验检测工程师和试验检测员资格证书，并按规定完成继续教育的检测人员，其受聘的检验检测机构申请等级评定或换证复核时，视同相应级别的持证人员。原试验检测工程师证书效用等同于试验检测师证书，原试验检测员证书效用等同于助理试验检测师证书。

（2）当多项专业对应一项国家职业资格证书专业时，持多项专业中的单项专业证书的，在等级评定或换证复核中等同于相应国家职业资格证书专业。

第三节　试验检测人员职业资格考试管理

一、试验检测人员报考条件

《考试实施办法》指出，公路水运工程助理试验检测师和试验检测师职业资格考试的报名人员，必须遵守国家法律、法规，恪守职业道德，并符合一定的基本条件，方可申请参加相应级别职业资格考试。

（一）符合下列条件之一者，可报考公路水运工程助理试验检测师职业资格考试：

（1）取得中专或高中学历，累计从事公路水运工程试验检测专业工作满 4 年；

(2)取得工学、理学、管理学学科门类专业大专学历,累计从事公路水运工程试验检测专业工作满2年;或者取得其他学科门类专业大专学历,累计从事公路水运工程试验检测专业工作满3年;

(3)取得工学、理学、管理学学科门类专业大学本科及以上学历或学位;或者取得其他学科门类专业大学本科学历,从事公路水运工程试验检测专业工作满1年。

(二)符合下列条件之一者,可报考公路水运工程试验检测师职业资格考试:

(1)取得中专或者高中学历,并取得公路水运工程助理试验检测师证书后,从事公路水运工程试验检测专业工作满6年;

(2)取得工学、理学、管理学学科门类专业大专学历,累计从事公路水运工程试验检测专业工作满6年;

(3)取得工学、理学、管理学学科门类专业大学本科学历或者学位,累计从事公路水运工程试验检测专业工作满4年;

(4)取得含工学、理学、管理学学科门类专业在内的双学士学位或者工学、理学、管理学学科门类专业研究生班毕业,累计从事公路水运工程试验检测专业工作满2年;

(5)取得工学、理学、管理学学科门类专业硕士学位,累计从事公路水运工程试验检测专业工作满1年;

(6)取得工学、理学、管理学学科门类专业博士学位;

(7)取得其他学科门类专业的上述学历或者学位人员,累计从事公路水运工程试验检测专业工作年限相应增加1年。

二、试验检测人员职业能力

《考试实施办法》对取得职业资格证书的人员职业能力进行了规定:

第15条规定 取得公路水运工程试验检测职业资格证书的人员,应当遵守国家法律和相关法规,维护国家和社会公共利益,恪守职业道德。

第16条规定 取得公路水运工程助理试验检测师职业资格证书的人员,应当具备的职业能力:

(1)了解公路水运工程行业管理的法律法规和规章制度,熟悉公路水运工程试验检测管理的规定和实验室管理体系知识;

(2)熟悉主要的工程技术标准、规范、规程;掌握所从事试验检测专业方向的试验检测方法和结果判定标准,较好识别和解决试验检测专业工作中的常见问题;

(3)独立完成常规性公路水运工程试验检测工作;

(4)编制试验检测报告。

第17条规定 取得公路水运工程试验检测师职业资格证书的人员,应当具备的职业能力:

(1)熟悉公路水运工程行业管理的法律法规、规章制度,工程技术标准、规范和规程;掌握试验检测原理;掌握实验室管理体系知识和所从事试验检测专业方向的试验检测方法和结果判定标准;

(2)了解国内外工程试验检测行业的发展趋势,有较强的试验检测专业能力,独立完成较

为复杂的试验检测工作和解决突发问题;

(3)熟练编制试验检测方案、组织实施试验检测活动、进行试验检测数据分析、编制和审核试验检测报告;

(4)指导本专业助理试验检测师工作。

第18条规定 取得公路水运工程试验检测职业资格证书的人员,应当按照国家专业技术人员继续教育有关规定自觉接受继续教育,更新专业知识,不断提高职业素质和试验检测专业工作能力。

三、考试违规处理规定

为加强专业技术人员资格考试工作管理,保证考试的公平、公正,规范对违纪违规行为的认定与处理,维护应试人员和考试工作人员合法权益,根据有关法律、法规制定《专业技术人员资格考试违纪违规行为处理规定》(人社部令2011年第12号)。该规定分别在第六、七、八、九、十条款中做如下规定。

第6条规定 应试人员在考试过程中有下列行为之一的,当次该科目考试成绩无效。

(1)携带规定以外的物品进入考场未按规定放在指定位置的;

(2)经提醒仍不按规定填写(填涂)本人信息的;

(3)在试卷规定以外位置书写本人信息,或者以其他方式标注信息的;

(4)未在规定座位参加考试,或者未经考试工作人员允许擅自离开座位或者考场的;

(5)未用规定的纸、笔作答,或者试卷前后作答笔迹不一致的;

(6)以旁窥、交头接耳、打手势等方式传接信息的;

(7)违反规定翻阅参考资料的;

(8)在考试信号发出前答卷,或者考试结束信号发出后继续答卷的;

(9)其他一般违纪违规行为。

第7条规定 应试人员在考试过程中有下列行为之一的,当次全部科目考试成绩无效;其中有第(3)项至第(8)项行为之一的,2年内不得参加各类专业技术人员资格考试:

(1)抄袭、协助他人抄袭试题答案或者与考试内容相关资料的;

(2)互相传递试卷、答题纸、答题卡、草稿纸等的;

(3)故意损坏试卷、答题纸、答题卡,或者将试卷、答题纸、答题卡带出考场的;

(4)伪造、涂改证件、证明,或者以其他不正当手段获取考试资格的;

(5)让他人冒名顶替参加考试的;

(6)本人离开考场后,在考试结束前,传播考试试题及答案的;

(7)与考试工作人员串通作弊或者参与有组织作弊的;

(8)利用通信工具、电子用品或者其他技术手段接收、发送与考试相关信息的;

(9)其他严重违纪违规行为。

第8条规定 应试人员应当自觉维护考试工作场所秩序,服从考试工作人员管理,有下列行为之一的,责令离开考场;影响考试正常进行的,视情节轻重,按照本规定第六条或者第七条处理;违反《中华人民共和国治安管理处罚法》的,交由公安机关依法处理;构成犯罪的,依法追究刑事责任:

(1)故意扰乱考点、考场等考试工作场所秩序；
(2)拒绝、妨碍考试工作人员履行管理职责；
(3)威胁、侮辱、诽谤、诬陷他人；
(4)其他扰乱考试管理秩序的行为。

第9条规定 对提供虚假证明材料或者以其他不正当手段取得相应证书的，由证书签发机关宣布证书无效，收回证书，并依照本规定第七条处理。对其中涉及职业准入资格的人员，3年内不得参加该项资格考试。

第10条规定 代替他人参加考试的，2年内不得参加各类专业技术人员资格考试。

四、试验检测人员新旧证书管理方式及效用

公路水运工程试验检测职业资格考试合格，由交通运输部职业资格中心颁发相应级别《中华人民共和国公路水运工程试验检测专业技术人员职业资格证书》（以下简称公路水运工程试验检测职业资格证书）。该证书在全国范围有效。

公路水运工程试验检测职业资格证书实行登记制度。取得公路水运工程试验检测职业资格证书的人员，在工作中违反相关法律、法规、规章或者职业道德，造成不良影响的，取消登记并由交通运输部职业资格中心收回其职业资格证书。

根据《交通运输部办公厅关于公路水运工程试验检测人员职业资格有关事项的通知》（交办安监〔2015〕143号）文件规定，原试验检测工程师、试验检测员证书的效用不变；持有原试验检测工程师、试验检测员证书的人员，拟获得公路水运工程试验检测专业技术人员职业资格的，须按《公路水运工程试验检测专业技术人员职业资格考试实施办法》（人社部发〔2015〕59号）规定参加考试。其中，持有试验检测工程师证书的人员参加考试的，免考公共基础科目。持有原试验检测员证书的人员，仍按照有关规定参加继续教育。即2014年前取得的证书与职业资格证书效用相同，以专业为准；增加专业必须按照职业资格考试管理办法参加考试；新老证书之间不存在互相增项；新老证书均应参加继续教育。

第五章 检验检测机构资质认定管理

第一节 《检验检测机构资质认定管理办法》简介

为规范实验室和检查机构资质管理,提高实验室和检查机构资质认定活动的科学性和有效性,国家质量监督检验检疫总局(现更名为国家市场监督管理总局)于2006年2月依据计量法、标准化法、质量法等国家法律发布《实验室和检查机构资质认定管理办法》,将资质认定形式分为计量认证和审查认可。2015年,国家质检总局按照"统一管理,共同实施"的原则,以国际通行规则和《中华人民共和国计量法》及其实施细则、《中华人民共和国认证认可条例》等法律、行政法规的规定为依据,对该办法进行了修改,建立了"法律规范、行政监管、认可约束、行业自律、社会监督"相结合的监管体系,以第163号令发布《检验检测机构资质认定管理办法》(以下简称《办法》),并于2015年8月1日实施。

《办法》由总则、资质认定条件和程序、技术评审管理、检验检测机构从业规范、监督管理、法律责任及附则组成。《办法》规定,在中华人民共和国境内从事向社会出具具有证明作用的数据、结果的检验检测活动以及对检验检测机构实施资质认定和监督管理,应当遵守本办法。了解《检验检测机构资质认定管理办法》的要求,对于正确理解资质认定的内涵,保障交通行业试验检测机构的运行管理符合有关法律的规定,为交通工程质量提供公正、客观、准确的数据具有重要的作用。

一、检验检测机构、资质认定的定义

1. 检验检测机构的定义

检验检测机构:是指依法成立,依据相关标准或者技术规范,利用仪器设备、环境设施等技术条件和专业技能,对产品或者法律法规规定的特定对象进行检验检测的专业技术组织。凡是从事检测活动、检验活动的机构,均称为检验检测机构。

检测活动:是指依据方法标准,出具检测参数(数据)。

检验活动:是指在检测参数的基础上,依据判定标准,出具符合性判定结果。

一般来讲,向社会只出具具有证明作用的数据,不出具符合性判定结果的机构,视为检测机构;向社会既出具具有证明作用的数据,又出具符合性判定结果的机构,视为检验机构。

2. 检验检测机构的特征

(1) 检验检测机构的属性为专业技术组织。
(2) 检验检测机构必须依法成立。
(3) 检验检测机构开展检验检测活动必须有技术依据。
(4) 检验检测机构利用技术条件和专业技能取得数据、结果。
(5) 检验检测对象是产品或是法律法规规定的特定对象。(不包括仪器设备的计量溯源)
(6) 检验检测机构必须能够承担相应的法律责任。

3. 资质认定的定义

省级以上质量技术监督部门依据有关法律法规和标准、技术规范的规定,对检验检测机构的基本条件和技术能力是否符合法定要求实施的评价许可。资质认定包括检验检测机构计量认证。

资质认定和计量认证是包含关系。根据相关法律、行政法规规定,资质认定既包括《计量法》及其实施细则等一般法律法规规定的计量认证,也包括《食品安全法》《医疗器械监督管理条例》等特殊法律法规规定的食品检验机构资质认定、医疗器械检验机构资质认定等。因此,计量认证是资质认定形式之一。

二、资质认定的要求和准入条件

1. 资质认定的要求

从事下列活动的检验检测机构应当通过资质认定:
(1) 为司法机关做出的裁决出具具有证明作用的数据、结果的;
(2) 为行政机关做出的行政决定出具具有证明作用的数据、结果的;
(3) 为仲裁机构做出的仲裁决定出具具有证明作用的数据、结果的;
(4) 为社会经济、公益活动出具具有证明作用的数据、结果的;
(5) 其他法律法规规定应当取得资质认定的。

"证明作用"是指检验检测机构出具的检验检测数据、结果用于司法机关的司法裁决、行政机关的行政决定、仲裁机构的仲裁决定、社会经济和公益活动以及其他法定用途。

法律、行政法规另有规定的,依照其规定。例如:检验检测机构行业主管部门实施资格准入的,机构无需取得资质认定。根据一些行业的特殊要求,一些法律法规对部分领域的检验检测机构的准入做出了特别规定,如特种设备检验检测机构、药品检验机构,兽药检验机构,武器装备测试和校准实验室、船舶检验机构等。

2. 资质认定的准入条件

《检验检测机构资质认定管理办法》按照"法无禁止即可为"的法治原则,明确凡是依法成立并能够承担相应法律责任的法人或者其他组织,均可申请资质认定。取消了在华设立外资检验检测机构的外方投资者应当具有三年以上检验检测从业经历的规定,体现国民待遇,鼓励公平竞争。

（1）凡是依法设立的法人和其他组织，其依法注册、登记的经营范围或者业务范围包括检验检测，并且能够独立、公正从业的，均可申请检验检测机构资质认定。

（2）具有与其从事检验检测活动相适应的检验检测技术人员和管理人员。

（3）具有固定的工作场所，工作环境满足检验检测要求。

（4）具备从事检验检测活动所必需的检验检测设备设施。

（5）具有并有效运行保证其检验检测活动独立、公正、科学、诚信的管理体系。

（6）符合有关法律法规或者标准、技术规范规定的特殊要求。

其中，(2)～(6)规定的检验检测机构需要具备与开展检验检测活动相适应的人员、工作场所、仪器设备、管理体系，具体要求见《检验检测机构资质认定能力评价 检验检测机构通用要求》。

三、检验检测机构资质认定的程序和要求

（1）资质认定部门应当自受理申请之日起 45 个工作日内，依据检验检测机构资质认定基本规范、评审准则的要求，完成对申请人的技术评审。技术评审包括书面审查和现场评审。

（2）技术评审时间不计算在资质认定期限内，资质认定部门应当将技术评审时间书面告知申请人。由于申请人整改或者其他自身原因导致无法在规定时间内完成的情况除外。

（3）评审组在技术评审中发现有不符合要求的，应当书面通知申请人限期整改，整改期限不得超过 30 个工作日。逾期未完成整改或者整改后仍不符合要求的，相应评审项目应当判定为不合格。

（4）评审组在技术评审中发现申请人存在违法行为的，应当及时向资质认定部门报告。

（5）资质认定部门应当自收到技术评审结论之日起 20 个工作日内，做出是否准予许可的书面决定。准予许可的，自做出决定之日起 10 个工作日内，向申请人颁发资质认定证书。不予许可的，应当书面通知申请人，并说明理由。

（6）资质认定证书有效期为 6 年。需要延续资质认定证书有效期的，应当在其有效期届满 3 个月前提出申请。资质认定部门根据检验检测机构的申请事项、自我声明和分类监管情况，采取书面审查或者现场评审的方式，作出是否准予延续的决定。

四、检验检测机构的监管

1. 监管方式

国家认监委在放开、放宽准入的同时，以加强事中事后监管为着力点，建立了"法律规范、行政监管、认可约束、行业自律、社会监督"相结合的监管体系，坚持放管结合、多元共治的原则，完善了后续监管制度，建立了检验检测机构诚信档案制度、分类监管制度、信息公开制度、工作报告制度、告诫制度、举报制度等。

1）建立检验检测机构诚信档案，实施分类监管制度

资质认定部门根据检验检测专业领域风险程度、检验检测机构自我声明、监督检查、举报投诉等情况，建立检验检测机构诚信档案。根据机构的信用等级，实施分类监管，公布"红名单"和"黑名单"，鼓励先进，鞭策落后，引导检验检测市场健康发展，扶持优秀检测机构做强

做大。

(1) 根据风险程度分类监管

检验检测风险在不同区域、领域或者不同时期会有差异,资质认定部门将从实际出发,识别获得资质认定证书的检验检测机构的业务特点和风险点,逐步形成与实际情况相适应的风险管理机制。以下为风险程度较高领域:

①涉及安全的领域。例如食品安全、信息安全、环境安全、建筑安全等领域。

②涉及司法鉴定、质量仲裁的领域。

③涉及民生、公益和消费者利益的领域。如装饰装修材料检验、机动车安全技术检验等领域。

(2) 根据自我声明进行监管

鼓励检验检测机构通过自我声明,对有关质量体系的有效运行、技术能力的变更、分支机构的设立和运行等进行自我承诺,资质认定部门可以先期信任此类承诺,减少或者不进行现场评审。资质认定部门应对检验检测机构自我声明事项进行事后核查或者根据举报进行调查,杜绝虚假自我声明的行为。

(3) 根据举报投诉进行监管

对于检验检测机构违法违规行为的举报,资质认定部门经调查核实后,除按照行政处理、处罚程序进行相应处置外,还应当将涉事检验检测机构的违法违规行为记录入其诚信档案,加强对其后续跟踪和检查。

(4) 其他监管方式

资质认定部门还应通过检验检测机构年度报告、"双随机"抽查、专项监督检查、能力验证、统计制度或者利用国家认可机构的监督结果等其他监督管理方式,形成全国互联互通的监督管理模式。资质认定部门应进一步完善检验检测服务业统计制度,充分利用统计制度的基本信息,建立检验检测机构诚信档案数据库,并据此实施分类监管。

2) 完善建立资质认定信息公开制度

资质认定部门应当在其官方网站上公布取得资质认定的检验检测机构信息,并注明资质认定证书状态。国家认监委建立全国检验检测机构资质认定信息查询平台,以便公众查询和社会监督。

3) 工作报告制度

检验检测机构应当定期向资质认定部门上报包括持续符合资质认定条件和要求、遵守从业规范、开展检验检测活动等内容的年度报告,以及统计数据等相关信息。

统计数据按照国家统计部门批准的《检验检测服务业报表制度》规定的内容进行填写,并按照国家认监委的要求按时通过网上汇总上一年度统计数据。

检验检测机构应当在其官方网站或者以其他公开方式(如杂志、报刊、网络、以公开形式张贴于业务受理大厅等),公布其遵守法律法规、独立公正从业、履行社会责任等情况的自我声明,并对声明的真实性负责。

4) 建立告诫制度

资质认定部门可以根据监管需要,就有关事项询问检验检测机构负责人和相关人员,发现问题的,予以告诫。

2. 资质认定证书的注销和撤销

检验检测机构有下列情形之一的,资质认定部门应当依法办理注销手续:

(1)资质认定证书有效期届满,未申请延续或者依法不予延续批准的;

(2)检验检测机构依法终止的;

(3)检验检测机构申请注销资质认定证书的;

(4)法律法规规定应当注销的其他情形。

检验检测机构有下列情形之一的,资质认定部门应当撤销其资质认定证书:

(1)未经检验检测或者以篡改数据、结果等方式,出具虚假检验检测数据、结果的;

(2)违反本办法第四十三条规定,整改期间擅自对外出具检验检测数据、结果,或者逾期未改正、改正后仍不符合要求的;

(3)以欺骗、贿赂等不正当手段取得资质认定的;

(4)依法应当撤销资质认定证书的其他情形。

3. 检验检测机构变更管理规定

有下列情形之一的,检验检测机构应当向资质认定部门申请办理变更手续:

(1)机构名称、地址、法人性质发生变更的;

(2)法定代表人、最高管理者、技术负责人、检验检测报告授权签字人发生变更的;

(3)资质认定检验检测项目取消的;

(4)检验检测标准或者检验检测方法发生变更的;

(5)依法需要办理变更的其他事项。

检验检测机构申请增加资质认定检验检测项目或者发生变更的事项影响其符合资质认定条件和要求的,依照本办法第十条规定的程序实施。

五、检验检测机构从业规范

(1)检验检测机构应当在资质认定证书规定的检验检测能力范围内,依据相关标准或者技术规范规定的程序和要求,出具检验检测数据、结果。

检验检测机构出具检验检测数据、结果时,应当注明检验检测依据,并使用符合资质认定基本规范、评审准则规定的用语进行表述。检验检测机构对其出具的检验检测数据、结果负责,并承担相应法律责任。

(2)从事检验检测活动的人员,不得同时在两个以上检验检测机构从业。检验检测机构授权签字人应当符合资质认定评审准则规定的能力要求。非授权签字人不得签发检验检测报告。

(3)检验检测机构不得转让、出租、出借资质认定证书和标志;不得伪造、变造、冒用、租借资质认定证书和标志;不得使用已失效、撤销、注销的资质认定证书和标志。

(4)检验检测机构向社会出具具有证明作用的检验检测数据、结果的,应当在其检验检测报告上加盖检验检测专用章,并标注资质认定标志。

(5)检验检测机构应当按照相关标准、技术规范以及资质认定评审准则规定的要求,对其检验检测的样品进行管理。

检验检测机构接受委托送检的,其检验检测数据、结果仅证明样品所检验检测项目的符合性情况。

(6)检验检测机构应当对检验检测原始记录和报告归档留存,保证其具有可追溯性,原始记录和报告的保存期限不少于6年。

六、法律责任及罚则

1. 法律责任

检验检测机构作为专业技术组织,对产品或者其他法定特定对象进行检验检测,收取费用。根据权利与责任相一致原则,应当对其检验检测结果承担法律责任。如果造成财产损失或者人身伤害的,检验检测机构及其有关人员要承担相应的责任,包括承担刑事责任、行政责任和民事赔偿责任。

(1)取得检验检测机构资质认定的机构对其出具的检验检测报告或者证书负责,并承担相应法律责任。检验检测机构因自身原因导致检验检测结果错误、偏离或者其他后果的,应当自行承担相应解释、召回或者赔偿责任。涉及违反相关法律法规的,还应依法追究其相关法律责任。

(2)检验检测机构应当在资质认定的能力范围内开展检验检测工作,不含检验检测方法的各类产品标准、限值标准可不列入检验检测机构资质认定的能力范围,但在出具检验检测报告或者证书时可作为判定依据使用。

(3)检验检测机构出具检验检测数据、结果时,应当注明检测依据,并使用符合资质认定基本规范、评审准则规定的用语进行表述。

2. 处罚规定

(1)检验检测机构未依法取得资质认定,擅自向社会出具具有证明作用数据、结果的,由县级以上质量技术监督部门责令改正,处3万元以下罚款。

(2)检验检测机构有下列情形之一的,由县级以上质量技术监督部门责令其1个月内改正;逾期未改正或者改正后仍不符合要求的,处1万元以下罚款:
①违反本办法第二十五条、第二十八条(详见附录8)规定出具检验检测数据、结果的;
②未按照本办法规定对检验检测人员实施有效管理,影响检验检测独立、公正、诚信的;
③未按照本办法规定对原始记录和报告进行管理、保存的;
④违反本办法和评审准则规定分包检验检测项目的;
⑤未按照本办法规定办理变更手续的;
⑥未按照资质认定部门要求参加能力验证或者比对的;
⑦未按照本办法规定上报年度报告、统计数据等相关信息或者自我声明内容虚假的;
⑧无正当理由拒不接受、不配合监督检查的。

(3)检验检测机构有下列情形之一的,由县级以上质量技术监督部门责令整改,处3万元以下罚款：

①基本条件和技术能力不能持续符合资质认定条件和要求,擅自向社会出具具有证明作用数据、结果的；

②超出资质认定证书规定的检验检测能力范围,擅自向社会出具具有证明作用数据、结果的；

③出具的检验检测数据、结果失实的；

④接受影响检验检测公正性的资助或者存在影响检验检测公正性行为的；

⑤非授权签字人签发检验检测报告的；

⑥检验检测机构转让、出租、出借资质认定证书和标志；伪造、变造、冒用、租借资质认定证书和标志；使用已失效、撤销、注销的资质认定证书和标志。

前款规定的整改期限不超过3个月。整改期间,检验检测机构不得向社会出具具有证明作用的检验检测数据、结果。

七、监管分类、评价标准及监管频次

1. 监管分类

依据有关法律法规、《检验检测机构资质认定管理办法》《检验检测机构资质认定能力评价 检验检测机构通用要求》等有关文件的规定,结合资质认定部门的监管实际,如年度监督检查、能力验证、现场评审表现、其他部门反馈的意见、检验检测机构自我声明、申投诉调查处理结果以及其他渠道获得的信息等,资质认定部门将检验检测机构分为A、B、C、D四个类别,并根据不同类别采取不同的监管模式在首次启动分类监管时,所有检验检测机构起始默认类别为B类。

2. 评价标准

A类:熟悉国家相关法律法规的规定并切实遵守践行,诚实守信,主动落实主体责任,自律意识较好,内部管理规范,检验检测行为客观公正,没有出现用户投诉或其他负面情况,整体运行管理状态良好。

B类:熟悉国家相关法律法规,基本做到遵章守纪,有一定自律意识,内部管理比较规范,检验检测行为较为公正,用户投诉少且投诉事项轻微,所从事的检验检测领域风险较小,不存在明显的质量安全隐患。

C类:对国家相关法律法规不够熟悉,承担主体责任的主动性和自律意识存在不足,内部管理存在的瑕疵较多,承担的检验检测产品或服务质量有一定风险,关键岗位人员流动较频繁,检验检测设备和设施陈旧或状态不佳,存在一定数量的投诉举报并且部分被查实,有较为明显的违规风险。

D类:对国家相关法律法规不熟悉,内部管理混乱,存在检测数据不准确甚至虚假数据、超范围检验检测等重大问题,管理体系不能证明得到有效运行,检验检测能力严重缺失或存在欺瞒,承担的检验检测产品或服务质量风险很大,上年度和本年度发生过违法或严重违规的案件,全年度未参加能力验证和比对试验,关键岗位人员流动异常频繁等,整体运行管理存在重大违规风险和安全隐患等。

3. 监督检查的频次

对不同类别的检验检测机构实施不同的监管频次和管理方式。原则上，对 A 类检验检测机构予以"信任"，B 类检验检测机构予以"鼓励"，C 类检验检测机构予以"鞭策"，D 类检验检测机构予以"整顿"。

（1）对被确定为 A 类的检验检测机构，原则上不将其列为下一年度的年度监督检查对象（法律法规规章另有规定、出现责任事故、收到投诉举报等情况除外，以下各类检验检测机构均同）。对 A 类检验检测机构的日常监督检查一般 3 年进行一次。

（2）对被确定为 B 类的检验检测机构，在下一年度的年度监督检查中，可根据情况（如备选机构数量不足）选择性地抽取少数机构进行检查。日常监督检查一般每 2 年实施一次。

（3）对被确定为 C 类的检验检测机构，在下一年度的年度监督检查中原则上尽量抽取进行检查。日常监督检查一般每 1 年实施一次。

（4）对被确定为 D 类的检验检测机构，在下一年度的年度监督检查中列为必须检查对象。对 D 类检验检测机构的日常监督检查频次每年不少于 2 次。

当年度接受资质认定部门"年度监督检查"的，视同接受过一次日常监督检查。

检验检测机构应当定期向资质认定部门上报包括持续符合资质认定条件和要求、遵守从业规范、开展检验检测活动等内容的年度报告，以及统计数据等相关信息。

检验检测机构应当在其官方网站或者以其他公开方式，公布其遵守法律法规、独立公正从业、履行社会责任等情况的自我声明，并对声明的真实性负责。

八、检验检测机构资质认定工作改革动态

近年来，国家一直在推动检验检测机构资质认定工作的改革。为深入贯彻"放管服"改革要求，认真落实"证照分离"工作部署，进一步推进检验检测机构资质认定改革，创新完善检验检测市场监管体制机制，优化检验检测机构准入服务，加强事中事后监管，营造公平竞争、健康有序的检验检测市场营商环境，充分激发检验检测市场活力，2019 年国家市场监督管理总局出台了《关于进一步推进检验检测机构资质认定改革工作的意见》（国市监检测〔2019〕206 号）。该意见推出的改革措施主要包括：依法界定检验检测机构资质认定范围，逐步实现资质认定范围清单管理；试点推行告知承诺制度；优化准入服务，便利机构取证；整合检验检测机构资质认定证书，实现检验检测机构"一家一证"等。为了保证有关改革举措落地，该意见还提出了以下具体举措：加强组织领导，做好宣传培训、指导工作；坚持依法推进，切实履职到位；加强事中事后监管，落实主体责任。

第二节 《检验检测机构资质认定能力评价 检验检测机构通用要求》释义

2015 年，国家质检总局发布了《检验检测机构资质认定管理办法》，为了保障资质认定科学、规范的实施，并为检验检测机构资质行政许可提供依据，出台了《检验检测机构资质认定

能力评价 检验检测机构通用要求》(RB/T 214—2017)(以下简称《通用要求》),作为资质认定管理办法的配套实施性行业标准。该标准吸纳国际标准 ISO/IEC 17025 的主要精髓,兼顾我国政府对检测市场及检验检测机构监管的强制性考核要求,明确了评审的内容和方法。

《通用要求》是各行业试验检测机构管理的通用要求,交通行业的检测机构应结合行业特点建立符合《通用要求》和行业管理要求的管理体系,并实施管理。

一、《通用要求》的内容提要

1.《通用要求》的作用

《通用要求》依据《检验检测机构资质管理办法》规定,从"资质认定条件"和"管理体系诚信规范"确定检验检测机构专业技术组织的属性,突出强化严格自律,保证客观独立、公平公正、诚实守信、履行社会责任的考核要求,保证检验检测机构健全质量内控体系,对外出具的数据和结果真实、准确;是检验检测机构依法依规诚信检验检测的从业规范、建立内部管理自我约束、承诺满足资质认定规定的基本要求的行为指南,同时是资质认定评审组织对检验检测机构的基本条件、技术能力与管理体系的符合性和有效性实施审查与考核的标准。

2.《通用要求》的构成

《通用要求》分为前言、引言、范围、规范性引用文件、术语和定义、要求、参考文献 7 个部分。

"前言"对该标准的起草依据、提出及归口机构、起草单位及起草人等进行了规定。

"引言"对该标准制定的由来、定位和作用进行了规定。

"范围"对该标准的内容范围和适用范围进行了规定。

"规范性引用文件"阐明了本标准制定依据和参考的主要文件。

"术语和定义"对《通用要求》中涉及的 9 个概念进行了释义。

"要求"是依据《检验检测机构资质认定管理办法》第九条规定的申请资质认定的检验检测机构应当符合的基本条件,包括"机构""人员""场所环境""设备设施""管理体系"5 个方面。

"参考文献"列出了制定《通用要求》参考和依据的法规性文件及有关标准共 8 条 5 项。特别吸纳了《检验检测机构诚信基本要求》(GB/T 31880—2015)中关于"检验检测机构依法依规诚信检验检测的从业行为要求"。

3.《通用要求》相关构成内容释义

1)引言

《通用要求》引言规定,凡是在中华人民共和国境内向社会出具具有证明作用数据、结果的检验检测机构应取得资质认定。

检验检测机构资质认定是一项确保检验检测数据、结果的真实、客观、准确的行政许可制度。凡是在中华人民共和国境内向社会出具具有证明作用数据、结果的检验检测机构应自觉贯彻实施。

《通用要求》是检验检测机构资质认定对检验检测机构的通用要求,针对不同领域的检验检测机构,应参考依据本标准发布的相应领域的补充要求。目前已经有司法鉴定机构要求、食品检验机构要求、医疗器械检验机构要求、机动车检验机构要求等。将来拟制定电气检验检测机构要求、雷电防护装置检测机构要求、建筑工程检验检测机构要求、环境监测机构要求等,作为不同领域的补充要求。

2)范围

《通用要求》范围规定,该标准覆盖范围包括在对中华人民共和国境内向社会出具具有证明作用数据、结果的检验检测机构进行资质认定能力评价时,对其机构、人员、场所环境、设备设施、管理体系等方面评审的通用要求,也适用于检验检测机构的内部审核和管理评审等方式的自我评价。

该标准的内容引用国际标准《检测和校准实验室能力的通用要求》(ISO/IEC 17025:2017)的最新内容,采用新版术语和定义,引入风险管理等要求。

3)规范性引用文件

《通用要求》规范性引用文件规定,下列文件对于本文件的应用是必不可少的。凡是注日期的引用文件,仅注日期的版本适用于本文件。凡是不注日期的引用文件,其最新版本(包括所有的修改单)适用于本文件。

GB/T 19000　质量管理体系基础和术语

GB/T 27000　合格评定词汇和通用原则

GB/T 27020　合格评定各类检验机构的运作要求

GB/T 27025　检测和校准实验室能力的通用要求

JJF 1001　通用计量术语及定义

引用文件时应注意:凡是引用文件带年号的只能使用该年号的文件,如 GB/T 27025—2008,那么即使有新版本,也只能使用 GB/T 27025—2008。如果引用文件不带年号的,如 GB/T 27020,那么就要跟踪目前该标准的最新版本,包括其任何修订。目前,该标准的最新版本为 GB/T 27020—2016,故目前应使用 GB/T 27020—2016。本标准引用的都是不带年号的标准,因此,应及时跟踪其最新有效版本。

4)术语和定义

《通用要求》术语和定义规定,GB/T 19000、GB/T 27000、GB/T 27020、GB/T 27025、JJF 1001 界定的以及下列术语和定义适用于本文件。

(1)检验检测机构:该标准所称的检验检测机构是对从事检验、检测和检验检测活动机构的总称。检验检测机构取得资质认定后,可根据自身业务特点,对外出具检验、检测或者检验检测报告、证书。

(2)资质认定:是国家对检验检测机构进入检验检测行业的一项行政许可制度,依据《中华人民共和国计量法》《中华人民共和国农产品质量安全法》《中华人民共和国食品安全法》《中华人民共和国认证认可条例》和《医疗器械监督管理条例》等法律法规设立和实施。国家认证认可监督管理委员会和省级质量技术监督部门(市场监督管理部门)在上述有关法律法规的要求下,按照标准或者技术规范的规定,对检验检测机构的基本条件和技术能力是否符合法定要求实施的评价许可。

(3)资质认定评审:国家认证认可监督管理委员会和省级质量技术监督部门(市场监督管理部门)依据《中华人民共和国行政许可法》的有关规定,自行或者委托专业技术评价机构,组织评审人员,依据《检验检测机构资质认定能力评价 检验检测机构通用要求机构通用要求》(RB/T 214—2017)和相关专业补充要求,对检验检测机构的基本条件和技术能力实施的评审活动。

(4)公正性:检验检测活动不存在利益冲突。

客观性的存在。客观性意味着不存在或已解决利益冲突,不会对检验检测机构的活动产生不利影响。其他可用于表示公正性要素的术语有:无利益冲突、没有成见、没有偏见、中立、公平、思想开明、不偏不倚、不受他人影响、平衡。

(5)投诉:任何人员或组织向检验检测机构就其活动或结果表达不满意,并期望得到回复的行为。

投诉分为有效投诉和无效投诉。有效投诉为检验检测机构的责任,应该采取纠正措施。检验检测机构应该识别风险,防止此类问题发生。无效投诉一般是客户的原因,也应按规定的程序及时处理。

(6)能力验证:一般由权威机构组织(如国家认监委),依据预先制定的准则,采用检验检测机构间比对的方式,评价参加者的能力。

能力验证是外部质量控制,是内部质量控制的补充,不是替代。它是与现场评审同样重要的、评价机构能力的一种方法。虽然没有强制规定,但检验检测机构应积极参加国家认监委和省级质量技术监督部门(市场监督管理部门)组织的能力验证。

(7)判定规则:当检验检测机构需要做出与规范或标准符合性的声明时,描述如何考虑测量不确定度的规则。

这是国际标准《检测和校准实验室能力的通用要求》(ISO/IEC 17025:2017)的新要求。但是对检验检测机构资质认定不是强制性要求。若检验检测机构申请资质认定的检验检测项目中无测量不确定度的要求时,检验检测机构可不制定该程序。

(8)验证:提供客观的证据,证明给定项目是否满足规定要求。

检验检测机构在进行检验检测之前,应验证其能够正确地运用相应标准方法。如果标准方法发生了变化,应重新进行验证。

国际标准《检测和校准实验室能力的通用要求》(1SO/IEC 17025:2017)中规定,检验检测机构在引入方法前,应验证能够正确地运用该方法,以确保实现所需的方法性能。应保存验证记录。如果发布机构修订了方法,应根据修订的内容重新进行验证。

验证(verification)过去翻译成"证实"。

(9)确认:对规定要求是否满足预期用途的验证。

确认是针对非标准方法的验证。检验检测机构应首先确认该方法能不能使用,然后验证能够正确地运用这些非标准方法。

当修改已确认过的非标方法时,应确定这些修改的影响。当发现影响原有的确认时,应重新进行方法确认。

当按照预期用途去评估非标方法的性能特性时,应确保与客户需求相关,并符合规定要求。

二、《通用要求》中要求的内容构成

《通用要求》中要求包括5方面。即:4.1 机构、4.2 人员、4.3 场所环境、4.4 设备设施、4.5 管理体系。

《通用要求》中要求的内容构成见表5-1。

《通用要求》中要求的内容构成表　　　　表5-1

4 要求	
4.1　机构(4.1.1~4.1.5)	
4.2　人员(4.2.1~4.2.7)	
4.3　场所环境(4.3.1~4.3.4)	
4.4　设备设施(4.4.1~4.4.6)	
设备设施的配备(4.4.1)	
设备设施的维护(4.4.2)	
设备管理(4.4.3)	
设备控制(4.4.4)	
故障处理(4.4.5)	
标准物质(4.4.6)	
4.5　管理体系(4.5.1~4.5.27)	
总则(4.5.1)	测量不确定度(4.5.15)
方针目标(4.5.2)	数据信息管理(4.5.16)
文件控制(4.5.3)	抽样(4.5.17)
合同评审(4.5.4)	样品处置(4.5.18)
分包(4.5.5)	结果有效性(4.5.19)
采购(4.5.6)	结果报告(4.5.20)
服务客户(4.5.7)	结果说明(4.5.21)
投诉(4.5.8)	抽样结果(4.5.22)
不符合工作控制(4.5.9)	意见和解释(4.5.23)
纠正措施、应对风险和机遇的措施和改进(4.5.10)	分包结果(4.5.24)
记录控制(4.5.11)	结果传送和格式(4.5.25)
内部审核(4.5.12)	修改(4.5.26)
管理评审(4.5.13)	记录和保存(4.5.27)
方法的选择、验证和确认(4.5.14)	

表5-1中每个条款涵盖了多方面的内容,有些要求在交通行业属于不适用情况,如自身没有检测能力的分包、仪器设备的租用、技术负责人的同等能力要求等。只有全面准确理解《通用要求》中要求的规定,才能结合行业检测的实际,有针对性地管理机构,保证检测机构的运行符合法律法规的要求。

三、《通用要求》中要求的要点释义

为便于理解,以下内容按照《通用要求》中要求对应的条款编号来阐述。

4 要求

4.1 机构

4.1.1 检验检测机构应是依法成立并能够承担相应法律责任的法人或者其他组织。检验检测机构或者其所在的组织应有明确的法律地位,对其出具的检验检测数据、结果负责,并承担相应法律责任。不具备独立法人资格的检验检测机构应经所在法人单位授权。

(1)检验检测机构应有法人注册登记或授权批准文件、法定代表人的授权任命文件、独立的建制文件、独立账号等可以确定是否属于依法成立的组织,对于非独立法人需要法人代表的授权文件,在授权范围内行驶代理权。

其他组织包括:依法取得工商行政机关颁发的《营业执照》的企业法人分支机构、私营独资企业、特殊普通合伙企业、民政部门登记的民办非企业单位(法人)等符合法律法规规定的机构。

若检验检测机构是机关或者事业单位的内设机构,不具备法人资格,可由其法人授权,申请检验检测机构资质认定。其对外出具的检验检测报告或者证书的法律责任由其所在法人单位承担,并予以明示。

生产企业内部的检验检测机构如施工单位、监理单位内部试验室不在检验检测机构资质认定范围之内。生产企业(施工单位、监理单位)出资设立的具有法人资格的检验检测机构可以申请检验检测机构资质认定,应当遵循检验检测机构客观独立、公正公开、诚实守信的相关从业规定。

检验检测机构应承诺保证客观、公正和独立地从事检验检测活动,有保持第三方公正地位措施,满足"授权""独立"的有关要求。交通行业的试验检测机构,存在独立法人和非独立法人两种形式。大多数施工、监理试验室承担的试验检测业务属于自检,而非第三方检测。

(2)检验检测机构作为检验检测活动的第一责任人,应对其出具的检验检测数据、结果负责,并承担相应法律责任。因检验检测机构自身原因导致检验检测数据、结果出现错误、不准确或者其他后果的,应当承担相应解释、召回报告或证书的后果,并承担赔偿责任。涉及违反相关法律法规规定的,需承担相应的法律责任。

(3)非独立法人检验检测机构,其所在的法人单位应为依法成立并能承担法律责任的实体,该检验检测机构在其法人单位内应有相对独立的运行机制。申请检验检测机构资质认定时,应提供所在法人单位的法律地位证明文件和法人授权文件。非独立法人检验检测机构所在法人单位的法定代表人不担任检验检测机构最高管理者的,应由法定代表人对最高管理者进行授权。

4.1.2 检验检测机构应明确其组织结构及管理、技术运作和支持服务之间的关系。

(1)检验检测机构应明确其内部组织构成,并通过组织结构图来表述,见图 5-1。非独立法人的检验检测机构,应明确其与所属法人以及所属法人的其他组成部门的相互关系。

(2)质量管理:是指检验检测机构进行检验检测时,与工作质量有关的相互协调的活动。质量管理可分为质量策划、质量控制、质量保证和质量改进等,质量管理可保障技术管理,规范行政管理。

图 5-1 组织结构

(3)技术管理:是指检验检测机构从识别客户需求开始,将客户的需求转化为过程输入,利用技术人员、设施、设备等资源开展检验检测活动,通过检验检测活动得出数据和结果,形成检验检测机构报告或证书的全流程管理。对检验检测的技术支持活动,如仪器设备、试剂和消费性材料的采购,仪器设备的检定和校准服务等也属于技术管理的一部分。

(4)行政管理:是指检验检测机构的法律地位的维持、机构的设置、人员的任命、财务的支持和内外部保障等。

(5)技术管理是检验检测机构工作的主线,质量管理是技术管理的保障,行政管理是技术管理资源的支撑。

明确检验检测机构的组织机构图,确定该机构管理结构及所在法人单位中的地位,分析机构内部机构设置合理,部门职责明确,能保证质量体系的有效运行。

按照目前交通行业试验室等级和专业的划分,不同等级试验检测的机构设置不尽相同,体现在职能分配表也应不同。

4.1.3 检验检测机构及其人员从事检验检测活动,应遵守国家相关法律法规的规定,遵循客观独立、公平公正、诚实信用原则,恪守职业道德,承担社会责任。

该条款要求检验检测机构保证检测活动客观、独立和公正,与《公路水运试验检测管理办法》第4条、第30条的规定相一致。该《办法》第4条规定,公路水运工程试验检测活动应当遵循科学、客观、严谨、公正的原则。第30条要求检测机构要严格按照现行有效的国家和行业标准、规范、规程独立开展检测工作,不受任何干扰和影响,保证检测数据客观、公正、准确。

4.1.4 检验检测机构应建立和保持维护其公正和诚信的程序。检验检测机构及其人员应不受来自内外部的、不正当的商业、财务和其他方面的压力和影响,确保检验检测数据、结果的真实、客观、准确和可追溯。检验检测机构应建立识别出现公正性风险的长效机制。如识别出公正性风险,检验检测机构应能证明消除或减少该风险。若检验检测机构所在的单位还从事检验检测以外的活动,应识别并采取措施避免潜在的利益冲突。检验检测机构应以文件规定或者合同约定等方式确保不录用同时在两个及以上检验检测机构从业的检验检测人员。

《检验检测机构诚信基本要求》(GB/T 31880—2015)明确规定检验检测机构应开展以诚信为核心的文化建设,树立诚信理念,参与内部和外部诚信文化传播活动。诚信文化建设包括:质量意识、诚信理念、品牌效应、社会承诺。

4.1.5 检验检测机构应建立和保持保护客户秘密和所有权的程序,该程序应包括保护电子存储和传输结果信息的要求。检验检测机构及其人员应对其在检验检测活动中所知悉的国家秘密、商业秘密和技术秘密负有保密义务,并制定和实施相应的保密措施。

(1)检验检测机构应当按照有关法律法规保护客户秘密和所有权,应制定有关措施,并有效实施,以保证客户的利益不被侵害。

(2)检验检测机构应对进入检验检测现场、设置计算机的安全系统、传输技术信息、保存检验检测记录和形成检验检测报告或证书等环节,应执行保密措施。

(3)样品、客户的图纸、技术资料属于客户的财产,检验检测机构有义务保护客户财产的所有权,必要时,检验检测机构应与客户签订协议。检验检测机构应对检验检测过程中获得或产生的信息,以及来自监管部门和投诉人的信息承担保护责任。

(4)除非法律法规有特殊要求,检验检测机构向第三方透露相关信息时,应征得客户同意。

依据《公路水运工程安全生产监督管理办法》第 32 条规定,依合同承担试验检测或者施工监测的单位应当按照法律、法规、规章、工程建设强制性标准和合同文件开展工作。所提交的试验检测或者施工监测数据应当真实、准确,数据出现异常时应当及时向合同委托方报告。

4.2 人员

检验检测机构应有与其检验检测活动相适应的检验检测技术人员和管理人员,应建立和保持人员管理程序。

4.2.1 检验检测机构应建立和保持人员管理程序,对人员资格确认、任用、授权和能力保持等进行规范管理。检验检测机构应与其人员建立劳动、聘用或录用关系,明确技术人员和管理人员的岗位职责、任职要求和工作关系,使其满足岗位要求并具有所需的权力和资源,履行建立、实施、保持和持续改进管理体系的职责。检验检测机构中所有可能影响检验检测活动的人员,无论是内部还是外部人员,均应行为公正,受到监督,胜任工作,并按照管理体系要求履行职责。

检验检测机构应拥有为保证管理体系的有效运行、出具正确检验检测数据和结果所需的技术人员(检验检测的操作人员、结果验证或核查人员)和管理人员(对质量、技术负有管理职责的人员,包括最高管理者、技术负责人、质量负责人等)。技术人员和管理人员的结构和数量、受教育程度、理论基础、技术背景和经历、实际操作能力、职业素养等应满足工作类型、工作范围和工作量的需要。

《公路水运工程试验检测机构等级标准》中规定了各等级应配备的技术负责人、质量负责人及技术人员和管理人员的结构和数量、受教育程度、理论基础、技术背景和经历,例如公路综合甲级规定技术负责人、质量负责人必须具有相关专业高级职称、持试验检测师证书,工作年限宜为 8 年以上试验检测工作经历;《公路水运工程试验检测专业技术人员职业资格制度规定》中规定了公路水运工程试验检测人员的职业能力,具体如下。

第 16 条规定 取得公路水运工程助理试验检测师职业资格证书的人员,应当具备的职业能力:

(1)了解公路水运工程行业管理的法律法规和规章制度,熟悉公路水运工程试验检测管理的规定和实验室管理体系知识;

(2)熟悉主要的工程技术标准、规范、规程;掌握所从事试验检测专业方向的试验检测方法和结果判定标准,较好识别和解决试验检测专业工作中的常见问题;

(3)独立完成常规性公路水运工程试验检测工作;

(4)编制试验检测报告。

第 17 条规定 取得公路水运工程试验检测师职业资格证书的人员,应当具备的职业能力:

(1)熟悉公路水运工程行业管理的法律法规、规章制度、工程技术标准、规范和规程;掌握试验检测原理;掌握实验室管理体系知识和所从事试验检测专业方向的试验检测方法和结果判定标准;

(2)了解国内外工程试验检测行业的发展趋势,有较强的试验检测专业能力,独立完成较为复杂的试验检测工作和解决突发问题;

(3)熟练编制试验检测方案、组织实施试验检测活动、进行试验检测数据分析、编制和审核试验检测报告;

(4)指导本专业助理试验检测师工作。

第18条规定　取得公路水运工程试验检测职业资格证书的人员,应当按照国家专业技术人员继续教育有关规定自觉接受继续教育,更新专业知识,不断提高职业素质和试验检测专业工作能力。

以上三条均是对公路水运试验检测机构人员职业能力的基本要求,取得《等级证书》的机构应按照各自机构的等级对应的岗位任职条件和职业能力要求,在人员管理程序中予以明确,并且按照规定实施人员的管理。

当公路水运试验检测机构还具有其他行业的资质时,其人员要求不仅满足交通行业的管理要求,还应满足相应行业资质对人员的要求。在编写人员管理程序时应分别描述。

4.2.2　检验检测机构应确定全权负责的管理层,管理层应履行其对管理体系的领导作用和承诺:

①对公正性做出承诺;

②负责管理体系的建立和有效运行;

③确保管理体系所需的资源;

④确保制定质量方针和质量目标;

⑤确保管理体系要求融入检验检测的全过程;

⑥组织管理体系的管理评审;

⑦确保管理体系实现其预期结果;

⑧满足相关法律法规要求和客户要求;

⑨提升客户满意度;

⑩运用过程方法建立管理体系和分析风险、机遇。

该条款规定了管理层的职责。

(1)检验检测机构管理层应对管理体系全面负责,承担领导责任和履行承诺。管理层负责管理体系的建立和有效运行;满足相关法律法规要求和客户要求;提升客户满意度;运用过程方法建立管理体系和分析风险、机遇;组织质量管理体系的管理评审。

(2)检验检测机构管理层应确保制定质量方针和质量目标;确保管理体系要求融入检验检测的全过程;确保管理体系所需的资源;确保管理体系实现其预期结果。

(3)检验检测机构管理层应识别检验检测活动的风险和机遇,配备适宜的资源,并实施相应的质量控制。

4.2.3　检验检测机构的技术负责人应具有中级及以上相关专业技术职称或同等能力,全面负责技术运作;质量负责人应确保质量管理体系得到实施和保持;应指定关键管理人员的代理人。

（1）检验检测机构应有技术负责人全面负责技术运作。技术负责人可以是一人，也可以是多人，以覆盖检验检测机构不同的技术活动范围。技术负责人应具有中级及以上相关专业技术职称或者同等能力，胜任所承担的工作。以下情况可视为同等能力：

①博士研究生毕业，从事相关专业检验检测活动1年及以上；硕士研究生毕业，从事相关专业检验检测活动3年及以上；

②大学本科毕业，从事相关专业检验检测活动5年及以上；

③大学专科毕业，从事相关专业检验检测活动8年及以上。

该条款与《等级评定》第8条第三款规定"同时申请公路工程、水运工程检测等级的机构，其技术负责人可按公路工程、水运工程专业分别配置；当技术负责人不分别配置时，应同时持有公路工程、水运工程专业的检测人员证书"内涵一致，即技术负责人可以是一人，也可以是多人，以覆盖检验检测机构不同的技术活动范围。但技术负责人的任职条件与《等级标准》不同，公路水运试验检测机构任职条件不存在"同等能力"，机构在管理体系文件中人员岗位任职条件必须符合交通行业的有关规定，不仅职称、工作年限和经历有要求，对其持有的职业资格证书也有要求。

（2）检验检测机构应指定质量负责人，赋予其明确的责任和权力，确保管理体系在任何时候都能得到实施和保持。质量负责人应能与检验检测机构决定政策和资源的最高管理者直接接触和沟通。

《通用要求》对质量负责人无任职条件要求，这点与《等级标准》要求不一致。

（3）检验检测机构应规定技术负责人和质量负责人的职责。

（4）检验检测机构应指定关键管理人员（包括最高管理者、技术负责人、质量负责人等）的代理人，以便其因各种原因不在岗位时，有人员能够代行其有关职责和权力，以确保检验检测机构的各项工作持续正常地进行。

技术负责人全面负责技术运作，其主要职责一般可以包括以下内容：

（1）全面负责本机构技术工作管理，贯彻执行《通用要求》、国家及交通行业相关要求和持续改进管理体系有效性；

（2）负责本机构技术作业指导文件、技术记录表格、第三层文件的批准及相关体系文件的审核；

（3）负责新开展项目的提出、论证审批工作；

（4）组织有关人员解决检测活动中的技术问题，并保证资源的提供；

（5）制定本机构员工年度培训、考核计划；

（6）审批年度质量监控计划、参加能力验证计划与实验室间比对计划；

（7）审批期间核查计划、方案、作业指导书及不确定度报告；

（8）制订技术改造的措施和方案，并负责规划措施的论证和审定工作；

（9）负责检验人员技术能力和水平及其资格的确认；

（10）负责环境设施的配置、改造或维修报告的审批；

（11）批准允许偏离的申请，批准仪器设备量值溯源计划，批准标准物质报废申请；

（12）主持选择合格的分包方，审批分包方评审结论和合格分包方名册；

（13）审核供应品和服务采购申请中的技术内容；
（14）主持不符合工作的评价；
（15）审批仪器设备周期检定、校准计划，确保量值溯源。

质量负责人确保管理体系在任何时候都能得到实施和保持。其主要职责可以包括以下内容：

（1）全面负责管理体系的建立、实施和改进工作，有权制止任何不符合管理体系要求的各种行为，贯彻执行《通用要求》、国家及交通行业等相关要求和持续改进管理体系有效性；

（2）组织人员进行《质量手册》《程序文件》和其他管理性文件的编写和修订工作，以确保体系文件的有效性，并审核《质量手册》与《程序文件》；

（3）制定管理体系文件宣贯计划，按照计划组织宣贯；

（4）及时处理管理体系运行中存在的问题和不符合并组织验证，或及时反馈给实验室主任和技术负责人；

（5）组织本机构管理体系的建立和运行，负责编制内部审核计划并组织内审，签发审核报告；

（6）主持服务客户工作管理，审批客户监视申请和客户反馈处理意见；

（7）组织处理检验工作中的投诉以及质量事故，组织调查客户申诉和客户投诉的处理；

（8）参与检测任务的安排、检测方法及设施环境的确认，参与检测结果的质量保证及审核工作；

（9）审核并组织实施纠正措施和预防措施；

（10）策划管理评审，编制管理评审报告；

（11）负责质量记录格式及质量记录的审核工作及允许偏离申请的审核。

以上技术负责人、质量负责人的职责因机构管理方式不同，职责不尽相同，各机构可结合工作实际按照各自的管理范围对职责提出要求，由于《等级标准》中对技术负责人、质量负责人岗位任职条件不完全一致，机构需考虑任职条件差异影响职责代理。

质量管理和技术管理是实验室管理的两个方面，岗位不同，工作内容与着重点自然也不同，质量负责人和技术负责人都有具体的职责和权限。技术负责人侧重于技术活动的运作，与检测活动有关的人、机、料、法、环都要达到要求，例如人员的能力、设备的使用、样品和消耗品的控制管理、方法的选择、检测环境的控制等，通过有效的手段和决策，保证实验室检测结果和数据的准确。而质量负责人则侧重于对体系运行的保证和维护，包括管理规定的健全，不符合情况的监控，关注客户的要求，执行客户满意度调查，以及管理体系内部的定期审核评价，接受外部审核，改进跟踪。质量和技术两个方面，权责明确、岗位平等，工作相对独立，是实验室管理的统一方面，从不同的角度共同推进和完善实验室的管理，保证实验室的检测质量。质量与技术相互配合又相互监督，每一个都是整体的一部分。因此，如果质量负责人懂技术，技术负责人懂质量，那么在实际工作中，双方的配合与监督将更容易进行，双方的交流容易达成共识，从而高质高效地解决实验室这个整体存在的问题。技术负责人懂质量，就可以用质量管理的手段为技术服务，那么，如何保证检测结果的一致性、准确性，如何控制影响检测的关键环节，如何使先进的技术固化，就更容易实现。而质量负责人懂技术，则对关键质量控制点的选择，对内部检查审核点，对不符合的处理，对纠正措施的验证，都会更准确和有效，也更容易提高质量工作的质量和效率。在实验室管理中，需要培养具备质量知识的技术负责人和具有良好技术背景的质量负责人,复合型人才是最佳的选择。

4.2.4 检验检测机构的授权签字人应具有中级及以上相关专业技术职称或同等能力,并经资质认定部门批准。非授权签字人不得签发检验检测报告或证书。

(1)授权签字人是由检验检测机构提名,经资质认定部门考核合格后,在其资质认定授权的能力范围内签发检验检测报告或证书的人员。

(2)授权签字人应满足下列要求:

①熟悉检验检测机构资质认定相关法律法规的规定,熟悉《通用要求》及其相关的技术文件的要求;

②具备从事相关专业检验检测的工作经历,掌握所承担签字领域的检验检测技术,熟悉所承担签字领域的相应标准或者技术规范;

③熟悉检验检测报告或证书审核签发程序,具备对检验检测结果做出评价的判断能力;

④检验检测机构对其签发报告或证书的职责和范围应有正式授权;

⑤检验检测机构授权签字人应具有中级及以上专业技术职称或者同等能力。

(3)非授权签字人不得对外签发检验检测报告或证书。检验检测机构不得设置授权签字人的代理人员。

由于授权签字人是由检验检测机构提名,经资质认定部门考核合格后,在其资质认定授权的能力范围内签发检验检测报告或证书的人员。因此公路水运试验检测机构在推荐授权签字人提名时,除满足《通用要求》的规定,还必须满足《公路水运工程试验检测管理办法》第37条对报告审核签发的规定,即授权签字人需取得试验检测师证书。《通用要求》中的任职条件"检验检测机构授权签字人应具有中级及以上专业技术职称或者同等能力"不完全符合交通行业《管理办法》的要求。

4.2.5 检验检测机构应对抽样、操作设备、检验检测、签发检验检测报告或证书以及提出意见和解释的人员,依据相应的教育、培训、技能和经验进行能力确认。应由熟悉检验检测目的、程序、方法和结果评价的人员,对检验检测人员包括实习员工进行监督。

(1)检验检测机构应对所有从事抽样、操作设备、检验检测、签发检验检测报告或证书以及提出意见和解释的人员,按其岗位任职要求,根据相应的教育、培训、经历、技能进行能力确认。上岗资格的确认应明确、清晰,如进行某一项检验检测工作、签发某范围内的检验检测报告或证书等,应由熟悉专业领域并得到检验检测机构授权的人员完成。

检验检测机构必须建立人员的管理程序。明确人员的录用、培训、管理的相关要求。

岗位资格的确认是试验检测机构实施管理的重要环节,根据岗位任职要求,结合持证专业领域和实际能力对人员的岗位进行考核,将合适的人放置合适的岗位,避免只看证书确认岗位,无法胜任工作。

(2)检验检测机构应设置覆盖其检验检测能力范围的监督员。监督员应熟悉检验检测目的、程序、方法和能够评价检验检测结果;应按计划对检验检测人员进行监督。检验检测机构可根据监督结果对人员能力进行评价并确定其培训需求,监督记录应存档,监督报告应输入管理评审。

人员监督的对象是所有检验检测人员,检验检测机构中监督计划需结合机构的实际工作需要,重点考虑以下情况:

①在培训中的人员、新上岗或转岗的人员；
②新开展的检测项目或参数；
③能力验证的或比对项目结果可疑或不满意的；
④发生客户投诉的员工；
⑤允许方法偏离的项目；
⑥检验检测对环境条件要求高的项目。

监督基于检测活动的特性，可采用现场观察、报告复核、面谈、模拟检验检测以及其他评价被监督人员能力水平的方法。监督人员的水平直接决定了监督工作质量，为了保障监督工作的质量，监督人员应具备相应的资格条件，熟悉检验检测方法、程序、目的和结果评价，满足不同专业、领域的工作要求，按照制定的年度监督活动计划实施监督并形成记录，检验检测机构根据监督记录的结果制定培训需求，同时监督报告应作为必要的信息输入管理评审。

监督计划应明确监督的内容、频次和时间、被监督对象、记录和评价的要求。

监督记录是监督工作质量的具体体现，监督记录中应明确监督工作的范围、时间、监督人与被监督人信息，实际操作过程中熟练程度、规范性以及对规范、标准理解正确性等信息，监督人员填写人员监督记录并放入人员技术（业绩）档案。监督员应按计划实施监督，发现和及时修正偏离和不符合工作。

实验室提供的监督活动记录中应规定监督方式（时机）、对检测人员的技术能力、检测操作流程的符合性、检测结果的可靠性进行评价。被监督人员具体的监督项目、监督过程描述。

通过查阅监督记录能够充分了解被监督人员的检测能力和水平，为制定培训计划提供依据，因此监督记录的信息需要充分，由于监督人员及专业的差异，检验检测机构应设计合理的监督记录，以便于监督工作质量的统一。

表5-2 为试验检测人员能力监督表样式，供参考。

4.2.6 检验检测机构应建立和保持人员培训程序，确定人员的教育和培训目标，明确培训需求和实施人员培训。培训计划应与检验检测机构当前和预期的任务相适应。

（1）检验检测机构应根据质量目标提出对人员教育和培训要求，并制定满足培训需求和提供培训的政策和程序。培训计划既要考虑检验检测机构当前和预期的任务需要，也要考虑检验检测人员以及其他与检验检测活动相关人员的资格、能力、经验和监督评价的结果。

（2）检验检测机构可以通过实际操作考核、检验检测机构内外部质量控制结果、内外部审核、不符合工作的识别、利益相关方的投诉、人员监督评价和管理评审等多种方式对培训活动的有效性进行评价，并持续改进培训以实现培训目标。

检验检测机构应制订人员培训程序和培训计划，明确培训目标，实施的培训应记录。对培训的效果应进行评价；对新进技术人员和现有技术人员新技术活动的培训进行规范，并分析对持续培训的需求，建立相应计划。培训计划包括内部培训、外部培训，内部培训的计划需明确具体时间地点、培训内容、相关人员、培训方式等信息；外部培训要明确需求，培训时间依据培训通知。培训计划要有可操作性，结合机构自身的需要，合理安排计划。

培训记录需培训时间、地点、内容、培训方式、参加人员及授课人等具体信息。

评价培训活动有效性可通过理论考试、座谈、讨论、回答问题、现场演示等方式验证培训效果。仅凭培训证书或考试结果是不充分的,实验室应分析培训所需要达到的目的,采取相对应的措施。实验室可以通过能力验证结果、内外部质量控制结果、内外部审核、不符合工作的识别、利益相关方的投诉、人员监督评价和考核等多种方式对培训活动的有效性加以验证。

试验检测人员能力监督表 表 5-2

试验人员		试验日期		监督人(考核人)		监督日期	
样品名称		检测参数					
试验规范（方法）							
监督内容						分值	得分
样品制备	样品的制备、标识是否满足规范要求				是□ 否□	6	
环境控制	温度 ℃		相对湿度 RH%		其他条件	4	
仪器设备	在试验前后分别对所用的仪器设备进行了状态检查测试				是□ 否□	5	
	是否填写了设备使用记录				是□ 否□	5	
	选择的设备的量程和精度是否满足要求				是□ 否□	5	
试验操作	能够按照标准、规范和规程所规定的方法和步骤完整、规范、熟练操作				是□ 否□	12	
	是否能够熟练地使用仪器设备				是□ 否□	5	
	试验结束是否对设备进行清理				是□ 否□	3	
原始记录	对所记录的原始记录应是对试验过程的实时记录				是□ 否□	8	
	能否够熟练正确地进行计算				是□ 否□	7	
	信息是否完整齐全				是□ 否□	5	
	填写是否正确、空白处是否处理				是□ 否□	3	
	有无涂改、划改是否正确				是□ 否□	3	
报告	试验报告应按照规定准确、清晰、客观的表述,信息齐全				是□ 否□	8	
	试验的结论是否正确				是□ 否□	8	
	检测人员签字齐全、有效				是□ 否□	5	
	报告信息是否可追溯				是□ 否□	3	
对规范标准的熟悉程度及理解的准确	熟练掌握所承担检测领域的相关的技术要求和方法(根据现场对检测人员的提问评分)				是□ 否□	5	
备注							

4.2.7 检验检测机构应保留人员的相关资格、能力确认、授权、教育、培训和监督的记录,记录包含能力要求的确定、人员选择、人员培训、人员监督、人员授权和人员能力监控。

检验检测机构对试验检测师、助理检测师人员的能力确认后进行授权,建立人员的技术（业绩）档案,信息齐全,具体内容可参考第三章第三节表 3-9(人员业绩档案卷内目录)。

授权时对从事国家规定的特定检验检测的人员,应关注特定要求,如:钢结构无损检测从业人员应持有相应专业Ⅰ、Ⅱ、Ⅲ级证书。

4.3 场所环境

4.3.1 检验检测机构应有固定的、临时的、可移动的或多个地点的场所,上述场所应满足相关法律法规、标准或技术规范的要求。检验检测机构应将其从事检验检测活动所必需的场所、环境要求制定成文件。

固定的场所:指不随检验检测任务而变更,且不可移动的开展检验检测活动的场所(例如室内检测)。

临时的场所:指检验检测机构根据现场检验检测需要,临时建立的工作场所(例如对公共场所和作业场所环境的噪声检验检测的现场;在高速公路施工阶段的工地试验室和桥梁通车前所建立的检验检测临时场所)。

可移动的场所:指利用汽车、动车和轮船等装载检验检测设备设施,可在移动中实施检验检测的场所(例如路面全自动检测车)。

多个地点的场所(多场所):指检验检测机构存在两个及以上地址不同的检验检测工作场所。

工作场所性质包括:自有产权、上级配置、出资方调配或租赁等,应有相关的证明文件。

《等级标准》中明确了工作场所的面积要求,规定租赁用房时间不少于五年。

公路水运工程检测工作场所形式有设立在工地现场的临时工地试验室、现场检测、监控基地等,无论何种形式也应将场所的管理要求纳入检测机构的管理体系之内,各工地试验室的管理制度应属于管理体系的受控范围。

4.3.2 检验检测机构应确保其工作环境满足检验检测的要求。检验检测机构在固定场所以外进行检验检测或抽样时,应提出相应的控制要求,以确保环境条件满足检验检测标准或者技术规范的要求。

检验检测机构应识别检验检测所需的环境条件,当环境条件对结果的质量有影响时,检验检测机构应编写必要的文件。并有相应的环境条件控制措施,确保环境条件不会使检验检测结果无效,或不会对检验检测质量产生不良影响。

4.3.3 检验检测标准或者技术规范对环境条件有要求时或环境条件影响检验检测结果时,应监测、控制和记录环境条件。当环境条件不利于检验检测的开展时,应停止检验检测活动。在检验检测机构固定设施以外的场所进行抽样、检验检测时,应予以特别关注,必要时,应提出相应的控制要求并记录,以保证环境条件符合检验检测标准或者技术规范的要求。

公路水运工程的试验检测包括室内检测和现场检测,室内检测环境条件满足规范标准的要求,如钢筋试验、水泥混凝土、养护室、水泥室、钢绞线松弛、防水卷材、伸缩装置、波纹管、橡胶支座、土工合成材料等的试验或/和样品调节等均有温度或/和湿度等环境条件要求,试验室应有温湿度状况的监控记录。监控记录应包括原始观测温湿度值、时间、测点位置等信息,当有多个测点时,应分别记录相应温湿度。现场检测包括路基、路面、桥梁等,其检测环境条件规范也有明确要求,现场检测注意抽样具有代表性。工程实体质量影响因素较多,原材料质量、施工工艺、气候条件等决定了其质量存在一定的波动,因此抽样代表性直接影响工程质量的评价。检测环境条件影响数据的采集质量,应监测、控制和记录环境条件。当环境条件不利于检验检测的开展时,应停止检验检测活动。并经有效处置后,方可恢复检验检测活动。

4.3.4 检验检测机构应建立和保持检验检测场所良好的内务管理程序,该程序应考虑安全和环境的因素。检验检测机构应将不相容活动的相邻区域进行有效隔离，应采取措施以防止干扰或者交叉污染。检验检测机构应对使用和进入影响检验检测质量的区域加以控制，并根据特定情况确定控制的范围。

检验检测机构应以检验检测标准或者技术规范对检验检测场所的安全和环境的要求为依据，建立内务管理程序。当相邻区域的活动或工作，出现不相容或相互影响时，检验检测机构应对相关区域进行有效隔离，采取措施消除影响，防止干扰或者交叉污染。

检验检测机构应对人员进入或使用对检验检测质量有影响的区域予以控制，应根据自身的特点和具体情况确定控制的范围。在确保不对检验检测质量产生不利影响的同时，还应保护客户和检验检测机构的机密及所有权，保护进入或使用相关区域的人员的安全。

4.4 设备设施

4.4.1 设备设施的配备

检验检测机构应配备满足检验检测（包括抽样、物品制备、数据处理与分析）要求的设备和设施。用于检验检测的设施，应有利于检验检测工作的正常开展。设备包括检验检测活动所必需并影响结果的仪器、软件、测量标准、标准物质、参考数据、试剂、消耗品、辅助设备或相应组合装置。检验检测机构使用非本机构的设施和设备时，应确保满足本标准要求。

检验检测机构租用仪器设备开展检验检测时，应确保：

①租用仪器设备的管理应纳入本检验检测机构的管理体系；

②本检验检测机构可全权支配使用，即：租用的仪器设备由本检验检测机构的人员操作、维护、检定或校准，并对使用环境和贮存条件进行控制；

③在租赁合同中明确规定租用设备的使用权；

④同一台设备不允许在同一时期被不同检验检测机构共同租赁和资质认定。

公路水运工程行业各类等级应配置的设备及要求在《等级标准》做了详尽的规定。等级标准应用说明见本书有关章节的阐述。

如果检验检测机构需租用仪器设备开展检验检测时，应保证：

（1）租用仪器设备的管理应纳入本检验检测机构的管理体系；

（2）本检验检测机构可全权支配使用，即：租用的仪器设备由本检验检测机构的人员操作、维护、检定或校准，并对使用环境和贮存条件进行控制；

（3）在租赁合同中明确规定租用设备的使用权；

（4）同一台设备不允许在同一时期被不同检验检测机构共用租赁。

公路水运工程的等级评定《工作程序》第 22 条第六款规定："存在被考核人员冒名顶替、借（租）用试验检测仪器设备等情况，评审组经报告质监机构同意后可终止现场评审工作。"因此，公路水运工程试验检测机构不得租用仪器设备开展试验检测活动。评审要求中的该规定在公路水运工程试验检测中不适用。

4.4.2 设备设施的维护

检验检测机构应建立和保持检验检测设备和设施管理程序，以确保设备和设施的配置、使用和维护满足检验检测工作要求。

检验检测机构应建立和保持检验检测设备和设施管理程序，以确保设备和设施的配置、维护和使用满足检验检测工作要求。

检验检测机构应建立相关的程序文件,描述检验检测设备和设施的安全处置、运输、存储、使用、维护等的规定,防止污染和性能退化。检验检测机构应确保设备在运输、存储和使用时,具有安全保障。检验检测机构设施应满足检验检测工作需要。

4.4.3 设备管理

检验检测机构应对检验检测结果、抽样结果的准确性或有效性有影响或计量溯源性有要求的设备,包括用于测量环境条件等辅助测量设备有计划地实施检定或校准。设备在投入使用前,应采用核查、检定或校准等方式,以确认其是否满足检验检测的要求。所有需要检定、校准或有有效期的设备应使用标签、编码或以其他方式标识,以便使用人员易于识别检定、校准的状态或有效期。

检验检测设备,包括硬件和软件设备应得到保护,以避免出现致使检验检测结果失效的调整。检验检测机构的参考标准应满足溯源要求。

无法溯源到国家或国际测量标准时,检验检测机构应保留检验检测结果相关性或准确性的证据。

当需要利用期间核查以保持设备的可信度时,应建立和保持相关的程序。针对校准结果产生的修正信息,检验检测机构应确保在其检测数据及相关记录中加以利用并备份和更新。

(1)对检验检测结果有显著影响的设备,包括辅助测量设备(例如用于测量环境条件的设备),检验检测机构应制定检定或校准计划,确保检验检测结果的计量溯源性。

(2)检验检测机构应确保用于检验检测和抽样的设备及其软件达到要求的准确度,并符合相应的检验检测技术要求。设备(包括用于抽样的设备)在投入使用前应进行检定或校准等方式,以确认其是否满足检验检测标准或者技术规范。

(3)检验检测设备包括硬件和软件应得到保护,以避免出现致使检验检测结果失效的调整。

(4)无法溯源到国家或国际测量标准时,测量结果应溯源至 RM、公认的或约定的测量方法、标准,或通过比对等途径,证明其测量结果与同类检验检测机构的一致性。当测量结果溯源至公认的或约定的测量方法、标准时,检验检测机构应提供该方法、标准的来源等相关证据。

交通行业所使用的自动化检测设备尤其是进口设备设施出现无法溯源到国家或国际测量标准时,可以采取标准物质验证、比对的措施进行校准。有标准物质时,采用标准物质实施溯源,无标准物质时,采用三台以上的设备比对,证明其测量结果与同类检验检测机构的一致性。检验检测机构应提供该方法、标准的来源等相关证据。

(5)内部校准是指检验检测机构按照规定的方法和要求,对自己使用的非强制检定的仪器设备实施的校准活动。在实验室溯源管理中时常发生的,如混凝土试模的校准。

检验检测机构需要内部校准时,应确保:

①设备满足计量溯源要求;
②限于非强制检定的仪器设备;
③实施内部校准的人员经培训和授权;
④环境和设施满足校准方法要求;
⑤优先采用标准方法,非标方法使用前应经确认;
⑥进行测量不确定度评估;

⑦可不出具内部校准证书,但应对校准结果予以汇总;
⑧质量控制和监督应覆盖内部校准工作。

检验检测机构实施内部校准时人员应经过相关计量知识、校准技能等必要的培训、考核合格或经授权。

(6)检验检测机构在设备定期检定或校准后应进行确认,确认其满足检验检测要求后方可使用。当仪器设备经校准或校准确认给出一组修正信息时,检验检测机构应确保有关数据得到及时修正,计算机软件也应得到更新,并在检验检测工作中加以使用。

对检定或校准的结果进行确认的内容应包括:
①检定结果是否合格,是否满足检验检测方法的要求;
②校准获得的设备的准确度信息是否满足检验检测项目、参数的要求,是否有修正信息,仪器是否满足检验检测方法的要求;
③适用时,应确认设备状态标识。

检定校准结果的确认依据是试验规程、方法标准,与设备说明书、检定校准规程无关,因此检验检测机构在制定检定校准计划时,应明确规定每台设备需校准参数、使用范围,避免校准、检定范围不包括试验使用范围,或校准参数不齐全,给检测数据的准确可靠带来风险。

(7)当需要利用期间核查以保持设备检定或校准状态的可信度时,应建立和保持相关的程序。

检验检测机构对需要实施期间核查的特定设备应编制期间核查程序,确认方法和频率。检验检测机构应根据设备的稳定性和使用情况来判断设备是否需要进行期间核查,判断依据包括但不限于:
①设备检定或校准周期;
②历次检定或校准结果;
③质量控制结果;
④设备使用频率;
⑤设备维护情况;
⑥设备操作人员及环境的变化;
⑦设备使用范围的变化。

有关如何实施仪器设备标识管理、计量确认、期间核查、修正因子使用等具体内容详见本书有关章节。

4.4.4 设备控制

检验检测机构应保存对检验检测具有影响的设备及其软件的记录。用于检验检测并对结果有影响的设备及其软件,如可能,应加以唯一性标识。检验检测设备应由经过授权的人员操作并对其进行正常维护。若设备脱离了检验检测机构的直接控制,应确保该设备返回后,在使用前对其功能和检定、校准状态进行核查,并得到满意结果。

(1)检验检测机构的大型设备需授权人员操作,设备使用和维护的有关技术资料便于有关人员取用。所有仪器设备和标准物质需有明显的状态标识。

(2)检验检测机构应保存对检测/校准有重要影响的设备及其软件的档案,应以"一机一档"的方式建立档案,档案内容符合要求。档案记录至少包括以下内容:设备及其软件的识别;制造商名称、形式标识、系列号或其他唯一性标识;设备是否符合规范;当前的位置(如适用);制造商的说明书,或指明其地点;所有校准报告和证书的日期、结果及复印件,设备调整、验收准则和下次校准的预定日期;设备维护计划以及已进行的维护(适用时);设备的任何损坏、故障、改装或修理。实施档案的动态管理,及时补充相关信息,同类的多只小型计量器具如百分表、测力环等,可以建立一个档案,集中存放相关资料。设备档案的具体内容及格式详见本书第三章第三节。

(3)检验检测机构需校准的所有设备都有标识表明其校准状态。脱离检验检测机构直接控制的设备,返回后,恢复使用前,检验检测机构应对其功能和校准状态进行检查并显示满意结果。

建立试验仪器设备出入登记簿和设备使用台账,出入登记簿包含外借时间、借用人、设备状态、归还日期等信息。外出设备的登记管理目的不同于使用记录,外出设备登记目的是了解借出和归还时的设备状态及数量、配件等是否一致,明确责任人,因此借用人与设备管理人不同。填写设备使用记录目的是了解使用前后设备是否符合规范要求,即数据采集过程设备是否正常,了解数据是否有效。

外出设备借用管理登记参考格式如表5-3所示。

外出设备借用管理登记台账　　　　　　　　　　　　　　　　　　　　表5-3

设备名称	设备编号	借用日期	任务单(合同)编号	借用人	借出时/归还时状态	归还日期	管理人	备注

设备使用前进行核查或校准,核查结果予以记录存入档案。设备使用记录台账至少包含使用日期、时间、仪器设备使用前后状态、试验内容、样品编号、使用人等信息,确保设备处于受控状态,信息能够再现检测过程。

设备使用记录台账参考格式如表5-4所示。

×××设备使用记录台账表　　　　　　　　　　　　　　　　　　　　表5-4

序号	使用日期	试验起止时间	设备使用前后状态		试验内容	样品(任务单)编号	使用人	备注
			使用前	使用后				

在选择设备使用前应注意几个方面:
(1)根据测试参数和规范要求选择正确的仪器设备。
(2)选择正确的量程范围。按照检定或校准证书检定校准范围选用,尤其注意当使用小量程测试数据是否超出检定/校准范围。

(3) 做到实验前、后均需查验设备是否正常,尤其是带到工地现场使用的仪器设备。

(4) 认真填写使用记录,确保实验操作过程能够再现。

4.4.5　故障处理

设备出现故障或者异常时,检验检测机构应采取相应措施,如停止使用、隔离或加贴停用标签、标记,直至修复并通过检定、校准或核查表明能正常工作为止。应核查这些缺陷或偏离对以前检验检测结果的影响。

仪器设备出现缺陷时,应立即停用并明确标识。修复的仪器设备应经过检定、校准等方式证明其功能指标已恢复;检验检测机构应检查这种缺陷对过去检测/校准的影响。

4.4.6　标准物质

检验检测机构应建立和保持标准物质管理程序。标准物质应尽可能溯源到国际单位制(SI)单位或有证标准物质。检验检测机构应根据程序对标准物质进行期间核查。

4.5　管理体系

检验检测机构根据法律法规、标准或技术规范建立管理体系,应覆盖检验检测机构所有部门、所有场所和涉及检验检测的所有质量管理、行政管理和技术管理所有活动,并有效实施。管理体系中应有本检测机构对诚信建设的相关要求。检验检测机构应建立并有效实施实现质量方针、目标和履行承诺,保证其检验检测活动独立、公正、科学、诚信的管理体系。

4.5.1　总则

检验检测机构应建立、实施和保持与其活动范围相适应的管理体系,应将其政策、制度、计划、程序和指导书制订成文件,管理体系文件应传达至有关人员,并被其获取、理解、执行。

(1) 管理体系是指为建立方针和目标并实现这些目标的体系。包括质量管理体系、技术管理体系和行政管理体系。管理体系的运作包括体系的建立、体系的实施、体系的保持和体系持续改进。

(2) 检验检测机构应建立符合自身实际状况,适应自身检验检测活动并保证其独立、公正、科学、诚信的管理体系。建立措施避免管理体系与实际运行的脱节。

公路水运试验检测机构建立的管理体系主要依据是《检验检测机构资质认定能力评价　检验检测机构通用要求》,但是《通用要求》的规定属于普适性要求,有些规定在交通试验检测领域属于不适用,如技术负责人、质量负责人、仪器设备的租赁等规定,作为公路水运工程试验检测行业的检测机构其应建立符合自身实际状况的管理体系,建立管理体系的依据还应包括行业发布的《公路水运工程试验检测管理办法》《等级标准》《工作程序》《公路水运工程试验检测信用评价管理办法》、工地试验室管理规定等行业要求,只有这样建立的管理体系与实际运行的措施才能避免脱节。

(3) 为使检验检测工作有效运行,检验检测机构必须系统地识别和管理许多相互关联和相互作用的过程,称为"过程方法"。该方法使检验检测机构能够对体系中相互关联和相互依赖的过程进行有效控制,有助于提高其效率。过程方法包括按照检验检测机构的质量方针和政策,对各过程及其相互作用,系统地进行规定和管理,从而实现预期结果。

(4) 检验检测机构应将其管理体系、组织结构、程序、过程、资源等过程要素文件化。文件可分为质量手册、程序文件、作业指导书、质量和技术记录表格四类。

(5)检验检测机构管理体系形成文件后,应当以适当的方式传达有关人员,使其能够"获取、理解、执行"管理体系。

4.5.2 方针目标

检验检测机构应阐明质量方针,应制定质量目标,并在管理评审时予以评审。

(1)质量方针由管理层制定、贯彻和保持,是检验检测机构的质量宗旨和方向。

(2)质量方针一般应在质量手册中予以阐明,也可单独发布。

(3)质量方针声明应经管理层授权发布,至少包括下列内容:

①管理层对良好职业行为和为客户提供检验检测服务质量的承诺;

②管理层关于服务标准的声明;

③质量目标;

④要求所有与检验检测活动有关的人员熟悉质量文件,并执行相关政策和程序;

⑤管理层对遵循本准则及持续改进管理体系的承诺。

(4)质量目标包括年度目标和中长期目标。各相关部门可以根据检验检测机构的目标制定本部门的质量目标。质量目标应在管理评审时予以评审。

质量目标应将指标量化且合理,符合实际。有些机构对最终产品报告的目标规定脱离实际,规定报告差错率为小于1%,甚至为0,管理评审时不予评审或评审发现不符合实际情况不予调整。规定仪器设备的检定/校准率100%,设备完好率100%,这与《通用要求》规定和实际情况不符。实际情况是在用设备完好率100%,在用设备检定/校准率100%。

4.5.3 文件控制

检验检测机构应建立和保持控制其管理体系的内部和外部文件的程序,明确文件的批准、发布、标识、变更和废止,防止使用无效、作废的文件。

(1)检验检测机构依据制定的文件管理控制程序,对文件的编制、审核、批准、发布、标识、变更和废止等各个环节实施控制,并依据程序控制管理体系的相关文件。文件包括法律法规、标准、规范性文件、质量手册、程序文件、作业指导书和记录表格以及通知、计划、图纸、图表、软件等。

(2)文件可承载在各种载体上,可以是数字存储设施如光盘、硬盘等或是模拟设备如磁带、录像带或磁带机,还可以采用缩微胶片、纸张、相纸等。

(3)检验检测机构应定期审查文件,防止使用无效或作废文件。失效或废止文件一般要从使用现场收回,加以标识后销毁或存档。如果确因工作需要或其他原因需要保留在现场的,必须加以明显标识,以防误用。

(4)受控文件应定期审核,必要时进行修订,更改的文件应经过再批准,并加以注明。近年来国家为了落实政府对市场"放""管""服"的要求,在政策、法律、法规方面进行较大的调整,各家机构在查新规范标准的同时,也应确保收集的法律、法规现行有效。

4.5.4 合同评审

检验检测机构应建立和保持评审客户要求、标书、合同的程序。对要求、标书、合同的偏离、变更应征得客户同意并通知相关人员。当客户要求出具的检验检测报告或证书中包含对标准或规范的符合性声明(如合格或不合格)时,检验检测机构应有相应的判定规则。若标准或规范不包含判定规则内容,检验检测机构选择的判定规则应与客户沟通并得到同意。

（1）检验检测机构应依据制定的评审客户要求、标书和合同的相关程序,对合同评审和对合同的偏离加以有效控制,记录必要的评审过程或结果。

（2）检验检测机构应与客户充分沟通,了解客户需求,并对自身的技术能力和资质状况能否满足客户要求进行评审。若有关要求发生修改或变更时,需进行重新评审。对客户要求、标书或合同有不同意见,应在签约之前协调解决。

（3）对于出现的偏离,检验检测机构应与客户沟通并取得客户同意,将变更事项通知相关的检验检测人员。

（4）检验检测机构应制订评审客户要求、标书和合同的相关程序文件,不同情况下的评审规定或要求应明确。检验检测机构应对不同类型的委托书、标书或合同,按照不同的规定实施评审。

合同评审应包含委托书、标书或合同,尤其是委托书的评审。委托书至少应包含以下内容：

①委托单编号、委托方式（送样、自行抽样、现场检测）；

②委托方的信息,即委托单位、委托人、委托日期、委托人联系电话；

③关于样品方面的信息,即工程名称、结构物名称或检测部位、样品名称、规格、数量、状态特性；

④依据方面,包括检测参数、依据的试验方法以及判定标准；

⑤样品的处置方式,包括委托方取回、试验室处理；

⑥接收人的信息,包括姓名、电话、接收日期；

⑦备注,关于样品的另外说明、检测方法的特殊要求或偏离说明；

⑧报告的领取方式,包括委托方领取、邮寄及其他；

⑨备注说明,关于委托填写信息真实性、委托单领取报告凭据说明以及对委托送样的检测报告仅对来样负责等。

（5）实验室在评审客户的委托检验要求时,需充分分析客户需求,评估自身是否拥有足够能力与资源（包括人员、设备、设施、资质以及合作方）来满足客户要求,认真地做好沟通和风险防范,具体需要注意以下几点：

①不得超资质认定范围开展委托检验工作,超资质认定范围使用资质认定标识。对于客户要求的检测方法未经过实验室认可的,需要事先告知客户,征得客户的同意分包或者不接受该项目的委托。

②对于客户送检的样品数量无法满足所有测试项目时,在合同评审时应充分告知,商议删减项目或者备齐样品数量后再行委托。

③对于具体的测试项目所需要的必备测试参数或信息,在合同评审时需予以确认。

比如送检面料测试色牢度项目需要在合同评审时确认样品的正反面。

④实验室合同评审人员需充分地了解各个项目的检验耗时,对于按照标准的规定无法满足客户时效要求的,在合同评审时应充分告知。

⑤当依据检验项目不能对样品做出综合检验结果时,不得出具综合检验结果。

（6）合同签订后发生变更的应对变更内容进行评审。

经双方签字生效的合同在执行过程中,客户提出修改检测要求或者实验室由于突发的原因无法满足客户的要求时,应当开展对变更内容的评审,并予以记录,并将修改后的内容通知客户和相关人员,防止出现要求未及时传达造成不必要的麻烦或损失。

比如在试验的过程中,客户通知要增加测试某个项目,需要对新增的项目进行重新评审,是否样品数量仍然满足测试,是否可以满足之前合同规定的报告交付周期等。

再比如实验室的仪器设备出现了故障导致试验无法继续进行时,应当及时将情况通知客户,征得客户的同意后删减项目或者分包项目,重新签署合同或补充文件,并重新进行评审,方可继续检验。

(7)复杂或特殊的合同评审应由多人共同参与。

对于新样品或者复杂样品的委托检验要求(如质量鉴定、仲裁检验等),可能涉及多个专业或部门,合同评审人员难以判断实验室是否具备能力,或难以协调多个部门的工作。此类合同应申请由业务部门组织多个部门的专业技术人员共同进行合同评审。

(8)合同评审人员的素质要求。

做好合同评审的关键在于人。实验室的合同评审人员作为实验室的窗口,是一个非常重要关键的岗位,不仅进行合同的评审,往往还要提供检测结果的意见和解释工作,其素质在某种程度上反映了实验室的水平。笔者在从事多年的实验室合同评审过程中,深刻地体会到合同评审人员素质的重要性。笔者认为合同评审人员应该具备以下基本素质:

①具备广泛的专业知识,熟悉实验室的检验能力。

委托检验的客户来自各行各业,客户的素质也参差不齐,有不少客户因对所要检测的项目不甚了解,对检测需求表述不清,这就要求合同评审人员具备广泛的专业知识,熟悉常规的检测项目的测试方法、常用的产品标准、国家标准,熟悉实验室的认可范围、检测能力和业务流程,这样才能与客户进行有效的沟通,在交流过程中摸清客户的需求和期望,才能签订有效的检验合同,使检测工作真正满足客户的需求。

②掌握相关的法律法规,具有法律意识、风险防范意识。

合同评审人员在合同评审的过程中,应该时刻保持着风险防范意识。当客户提出某些特殊要求时,要评估满足这些特殊要求所带来的风险;当对客户诚信度或履约能力有所怀疑时,可要求客户提供某些证明材料,也可以通过网络搜索,查询对方信息,避免使实验室的信誉受到严重损害。

③具有高度的服务意识和良好的沟通表达能力。

由于合同评审时会遇到各种各样的问题,有时候客户需要实验室帮助给予检测建议,有时候需要实验室提供检测结果意见和解释等。因此合同评审人员还应该具有良好的业务素质、职业道德,有较强的沟通表达能力,具有高度的服务意识,能够真诚、友好、热情地为客户着想,与客户沟通交流,帮助引导客户顺利地完成合同评审。

4.5.5 分包

检验检测机构需分包检验检测项目时,应分包给已取得检验检测机构资质认定并有能力完成分包项目的检验检测机构,具体分包的检验检测项目和承担分包项目的检验检测机构应事先取得委托人的同意,出具检验检测报告或证书时,应将分包项目予以区分。

检验检测机构实施分包前,应建立和保持分包的管理程序,并在检验检测业务洽谈、合同评审和合同签署过程中予以实施。

检验检测机构不得将法律法规、技术标准等文件禁止分包的项目实施分包。

（1）检验检测机构因工作量、关键人员、设备设施、环境条件和技术能力等原因，需分包检验检测项目时，应分包给依法取得检验检测机构资质认定并有能力完成分包项目的检验检测机构，具体分包的检验检测项目应当事先取得委托人书面同意，并在检验检测报告或证书中清晰标明分包情况。检验检测机构应要求承担分包的检验检测机构提供合法的检验检测报告或证书，并予以使用和保存。产生分包的需求主要有以下两种形式：

①"有能力的分包"指一个检验检测机构拟分包的项目是其已获得检验检测机构资质认定的技术能力，但因工作量急增、关键人员暂缺、设备设施故障、环境状况变化等原因，暂时不满足检验检测条件而进行的分包。分包应分包给获得检验检测机构资质认定并有相应技术能力的另一检验检测机构，该检验检测机构可出具包含另一检验检测机构分包结果的检验检测报告或证书，其报告或证书中应明确分包项目，并注明承担分包的另一检验检测机构的名称和资质认定许可编号。

②"没有能力的分包"指一个检验检测机构拟分包的项目是其未获得检验检测机构资质认定的技术能力，实施分包应分包给获得检验检测机构资质认定并有相应技术能力的另一检验检测机构。检验检测机构可将分包部分的检验检测数据、结果，由承担分包的另一检验检测机构单独出具检验检测报告或证书，不将另一检验检测机构的分包结果纳入自身检验检测报告或证书中。若经客户许可，检验检测机构可将分包给另一检验检测机构的检验检测数据、结果纳入自身的检验检测报告或证书，在其报告或证书中应明确标注分包项目，且注明自身无相应资质认定许可技术能力，并注明承担分包的另一检验检测机构的名称和资质认定许可编号。

（2）检验检测机构实施分包前，应制定分包的管理程序，包括控制文件、事先通知客户并经客户书面同意、对分包方定期评价（或采信资质认定部门的认定结果）、建立合格分包方名录并正确选用。该程序在检验检测业务洽谈、合同评审和合同签署过程中予以实施。

（3）除非是客户或法律法规指定的分包，检验检测机构应对分包结果负责。

分包项目应符合本准则要求，即因工作量大，以及关键人员、设备设施、技术能力等原因。

依据《公路水运试验检测管理办法》第37条的规定，检测机构依据合同承担公路水运工程试验检测业务，不得转包、违规分包。"没有能力的分包"在交通行业属于违规分包。

4.5.6 采购

检验检测机构应建立和保持选择和购买对检验检测质量有影响的服务和供应品的程序。明确服务、供应品、试剂、消耗材料等的购买、验收、存储的要求，并保存对供应商的评价记录。

采购服务，包括检定和校准服务，仪器设备购置，环境设施的设计和施工，设备设施的运输、安装和保养，废物处理等。

建立供应商名录，并收集供应商的工商执照、业务范围，从事检定/校准活动的服务商还应通过认证取得相应资质证书和相应的能力范围表，根据提供的资料来评价供应商是否有能力提供相应服务以及服务质量，决定是否纳入合格供应商名单，并保存这些评价的记录和获批准的合格供货单位和服务提供者名单。

大多数试验检测机构往往是对仪器供应商进行了评价，忽略了计量检定机构、化学药品、消耗品供应商评价。近年来，随着交通行业的大发展，工地试验室的数量增多，各地区计量检定机构水平参差不齐，对交通专有仪器设备不了解，检定或校准内容错误，导致检测数据产生较大偏差,影响了工程质量。关于设备检定/校准的具体内容详见第十一章。

关于消耗性材料的验收需按照检测规范、规程的品质要求进行验收,而不能仅仅是包装、数量的验收。如:化学药品还应对纯度、生产批号、有效期等进行验收。蒸馏水也应通过检测确认是否符合《分析实验室用水国家标准》(GB/T 6682)的要求。验收需形成记录。

4.5.7 服务客户

检验检测机构应建立和保持服务客户的程序,包括:保持与客户沟通,对客户进行服务满意度调查、跟踪客户的需求,以及允许客户或其代表合理进入为其检验检测的相关区域观察。

(1)检验检测机构应与客户沟通,全面了解客户的需求,为客户解答有关检验检测的技术和方法。

(2)定期以适当的方式征求客户意见并深入分析,改进管理体系。

(3)让客户了解、理解检验检测过程,是与客户交流的重要手段。在保密、安全、不干扰正常检验检测前提下,允许客户或其代表,进入为其检验检测的相关区域观察检验检测活动。

4.5.8 投诉

检验检测机构应建立和保持处理投诉的程序。明确对投诉的接收、确认、调查和处理职责,跟踪和记录投诉,确保采取适宜的措施,并注重人员的回避。

(1)检验检测机构应指定部门和人员接待和处理客户的投诉,明确其职责和权利。对客户的每一次投诉,均应按照规定予以处理。

(2)与客户投诉相关的人员、被客户投诉的人员,应采取适当的回避措施。对投诉人的回复决定,应由与投诉所涉及的检验检测活动无关的人员做出,包括对该决定的审查和批准。

(3)检验检测机构应对投诉的处理过程及结果及时形成记录,并按规定全部归档。只要可能,检验检测机构应将投诉处理过程的结果正式通知投诉人。

4.5.9 不符合工作控制

检验检测机构应建立和保持出现不符合的处理程序,当检验检测机构活动或结果不符合其自身程序或与客户达成一致的要求时,检验检测机构应实施该程序。该程序应确保:

①明确对不符合工作进行管理的责任和权力;
②针对风险等级采取措施;
③对不符合工作的严重性进行评价,包括对以前结果的影响分析;
④对不符合工作的可接受性做出决定;
⑤必要时,通知客户并取消工作;
⑥规定批准恢复工作的职责;
⑦记录所描述的不符合工作和措施。

(1)不符合是指检验检测活动不满足标准或者技术规范的要求、与客户约定的要求或者不满足体系文件的要求。

(2)检验检测机构应明确如何对不符合的严重性和可接受性进行评价,规定当识别出不符合时采取的纠正措施,并明确使工作恢复的职责。

(3)不符合的信息可能来源于监督员的监督、客户意见、内部审核、管理评审、外部评审、设备设施的期间核查、检验检测结果质量监控、采购的验收、报告的审查、数据的校核等。检验检测机构应关注这些环节,及时发现、处理不符合。当评价表明不符合可能再度发生,或对检验检测机构的运作与其政策和程序的符合性产生怀疑时,应立即执行纠正措施程序。

(4)当不符合可能影响检验检测数据和结果时,应通知客户,并取消不符合时所产生相关结果。

4.5.10　纠正措施、应对风险和机遇的措施和改进

检验检测机构应建立和保持在识别出不符合时,采取纠正措施的程序。检验检测机构应通过实施质量方针、质量目标,应用审核结果、数据分析、纠正措施、管理评审、人员建议、风险评估、能力验证和客户反馈等信息来持续改进管理体系的适宜性、充分性和有效性。

检验检测机构应考虑与检验检测活动有关的风险和机遇,以利于:确保管理体系能够实现其预期结果;把握实现目标的机遇;预防或减少检验检测活动中的不利影响和潜在的失败;实现管理体系改进。检验检测机构应策划:应对这些风险和机遇的措施;如何在管理体系中整合并实施这些措施;如何评价这些措施的有效性。

(1)纠正措施是指为消除已发现的不符合或其他不期望发生的情况所采取的措施。检验检测机构应当在识别出不符合、在管理体系发生不符合或在技术运作中出现对政策和程序偏离等情况时,应实施纠正措施。

(2)检验检测机构应针对分析的原因制定纠正措施,纠正措施应编制成文件并加以实施,对纠正措施实施的结果应进行跟踪验证,确保纠正措施的有效性。

(3)预防措施是指为消除潜在不符合或其他潜在风险所采取的措施。检验检测机构应当主动识别技术或管理方面潜在的不符合,制定和实施预防措施。应记录并跟踪所实施的预防措施及其结果,评价验证预防措施的有效性。

(4)检验检测机构应在实施质量方针、质量目标,应用审核结果、数据分析、纠正措施、预防措施、管理评审时持续改进管理体系。对日常的监督活动中发现的管理体系运行的问题予以改正。检验检测机构应保留持续改进的证据。

4.5.11　记录控制

检验检测机构应建立和保持记录管理程序,确保记录的标识、储存、保护、检索、保留和处置符合要求。

(1)记录分为质量记录和技术记录两类:

①质量记录指检验检测机构管理体系活动中的过程和结果的记录,包括合同评审、分包控制、采购、内部审核、管理评审、纠正措施、预防措施和投诉等记录;

②技术记录指进行检验检测活动的信息记录,应包括原始观察、导出数据和建立审核路径有关信息的记录,检验检测、环境条件控制、员工、方法确认、设备管理、样品和质量监控等记录,也包括发出的每份检验检测报告或证书的副本。

(2)每项检验检测的记录应包含充分的信息,该检验检测在尽可能接近原始条件情况下能够重复。记录的信息应"足够"到能够"复现"管理和技术活动。记录的过程应包含过程的全部信息,通过查阅记录,可以追溯、复现检验检测过程。

各种记录填写和更改应正确、完整、清晰、明了。对记录的所有改动应有更改人的签名或签名缩写。不得涂抹、涂改原始记录,确需改动,应杠改,改动前信息清晰可辨。

现存记录应安全储存、妥善保管,保存方式合理,记录的保存期限明确,保存期限合理。所有质量记录和原始观测记录、计算和导出数据、记录以及证书/证书副本等技术记录均应归档

并按适当的期限保存。每次检测和/或校准的记录应包含足够的信息以保证其能够再现。

（3）记录应包括抽样人员、每项检验检测人员和结果校核人员的签字或等效标识。

（4）观察结果、数据应在产生时予以记录。不允许补记、追记、重抄。

（5）书面记录形成过程中如有错误，应采用杠改方式，并将改正后的数据填写在杠改处。实施记录改动的人员应在更改处签名或等效标识。

（6）所有记录的存放条件应有安全保护措施，对电子存储的记录也应采取与书面媒体同等措施，并加以保护及备份，防止未经授权的侵入及修改，以避免原始数据的丢失或改动。

（7）记录可存于不同媒体上，包括书面、电子和电磁。

4.5.12　内部审核

检验检测机构应建立和保持管理体系内部审核的程序，以便验证其运作是否符合管理体系和本标准的要求，管理体系是否得到有效的实施和保持。内部审核通常每年一次，由质量负责人策划内审并制定审核方案。内审员须经过培训，具备相应资格，内审员应独立于被审核的活动。检验检测机构应：

①依据有关过程的重要性、对检验检测机构产生影响的变化和以往的审核结果，策划、制定、实施和保持审核方案，审核方案包括频次、方法、职责、策划要求和报告；

②规定每次审核的审核要求和范围；

③选择审核员并实施审核；

④确保将审核结果报告给相关管理者；

⑤及时采取适当的纠正和纠正措施；

⑥保留形成文件的信息，作为实施审核方案以及审核结果的证据。

（1）内部审核是检验检测机构自行组织的管理体系审核，按照管理体系文件规定，对其管理体系的各个环节组织开展的有计划的、系统的、独立的检查活动。检验检测机构应当编制内部审核控制程序，对内部审核工作的计划、筹备、实施、结果报告、不符合工作的纠正、纠正措施及验证等环节进行合理规范。检验检测机构应：

①依据有关过程的重要性、对检验检测机构产生影响的变化和以往的审核结果，策划、制定、实施和保持审核方案，审核方案包括频次、方法、职责、策划要求和报告；

②规定每次审核的审核准则和范围；

③选择审核员并实施审核；

④确保将审核结果报告给相关管理者；

⑤及时采取适当的纠正和纠正措施；

⑥保留形成文件的信息，作为实施审核方案以及做出审核结果的证据。

（2）内部审核由质量负责人策划内审并制定审核方案，内部审核应当覆盖与管理体系有关的所有部门、所有场所和所有活动。

（3）内审员应当经过培训，能够正确理解评审准则、清楚内部审核的工作程序、掌握内审的技巧方法和具备编制内部审核检查表、出具不符合项报告的能力。

（4）在人力资源允许的情况下，应当保证内审员与其审核的部门或工作无关，确保内部审核工作的客观性、独立性。

（5）内部审核发现问题应采取纠正、纠正措施并跟踪验证其有效性，对发现的潜在不符合制定和实施预防措施。

(6)内部审核过程及其采取的纠正、纠正措施、预防措施均应予以记录。内部审核记录应清晰、完整、客观、准确。

(7)内部审核的策划与准备。

①编制年度审核计划

每年年初,质量负责人组织编制年度审核计划,审核方式分为管理体系全过程审核及管理体系要素审核,管理体系全过程审核每年至少安排一次,制定的年度计划应覆盖管理体系涉及全要素和所有部门。

当出现以下特殊情况时应增加审核频次:
- 管理体系有重大变更或机构和职能发生重大变更时;
- 内部监督员发现某质量要素存在严重不符合项;
- 出现质量事故,或客户对某一环节连续申诉、投诉;
- 认证认可机构安排现场评审或监督评审前;
- 年度审核计划经审批后,组织实施。

②审核前准备

a. 成立内审组:质量负责人依据管理体系审核年度计划的审核内容和审核对象组建内审组,内审组成员应经培训考核合格,取得内审员资格证书,且内审员与被审核部门无直接责任关系。

质量负责人召开内审组组员会议,任命内审组组长和宣读内审员守则,并依据内审年度计划提出本次评审目的、范围内容和要求。

b. 内审实施计划的制定内审组长制定内审实施计划,要依据本机构的职能分配表编制各受审核部门的审查内容,由质量负责人审批后实施。实施计划应在正式审核前一周由内审组长发至各有关部门和人员。

c. 审核组预备会:内审实施计划经质量负责人批准后,审核组长召开审核组预备会议,研究有关体系文件并应决定是否需要补充文件,明确分工和要求,确保每位内审员都清楚了解审核任务,全部完成审核前的准备工作。

d. 编制检查表。

审核前,内审员应根据分工编制检查表,内审检查表编制的好坏直接影响内审实施的质量,因此在整个内审中至关重要。内审检查表中审核内容要依据受审部门的职能编制,要突出审核区域的主要职能;采取的审核方式和方法(查、问、听、看)要恰当;审核时需要抽样的数量要合理。要选择典型关键质量问题作为重点进行编制(如上次审核的有关信息、管理上的薄弱环节、客户的反馈、发生过的质量问题等)。所有内审员的检查表合在一起应覆盖管理体系的全部职能,包括本实验室和客户的一些特殊要求。检查表使用一段时间后应形成相对稳定的内容,作为标准检查表,为以后内审提供参考。

③内审的实施

a. 通知审核

内审至少提前一周通知受审部门具体的审核日期、安排和要求,可采取文件或口头两种形式。必要时受审方应准备基本情况介绍,审核实施计划应得到受审方确认。

b. 首次会议

现场审核前由内审组组长召开并主持首次会议，由质量负责人、受审核部门负责人、内审组全体成员及相关人员参加，与会人员须签到。首次会议内容包括：
- 向受审核方负责人介绍内审组成成员及分工；
- 说明审核目的、范围、依据和所采取的方法和程序；
- 宣读审核实施计划及解释实施计划中不明确的内容；
- 内审组与受审核部门取得正式联系。

c. 现场审核

审核以客观事实为依据、独立公正的为原则，以证据为基础，可陈述、验证，不含个人推理成分；凡标准与实际未核对过的项目，都不能判定为符合或不符合；

审核包括：该有的程序有没有，执行没执行，执行后有无记录3个方面；

内审员按照审核实施计划、内审检查表规定的检查内容，通过交谈、查阅文件、现场检查、调查验证等方法收集客观证据并逐项实事求是地记录，记录应清楚、易懂、全面，便于查阅和追溯；应准确、具体，如文件名称、合同号、记录的编号、设备的编号、报告的编号和工作岗位等。审核员应及时与被审核方沟通和反馈审核中的发现，并对事实证据进行确认。

d. 不符合项及纠正报告

在现场审核的后期，审核组长主持召开一次审核组内部会议，对在现场审核中收集到的客观证据进行整理、分析、筛选，得到审核证据。将审核证据与《检验检测机构资质认定能力评价 检验检测机构通用要求》及质量体系文件等依据相比较，作出客观的判断和综合评价，形成审核发现，确定不符合项，并根据不符合项的产生原因确定不符合项类型是体系性不符合，或是实施性不符合，或是效果性不符合，及根据不符合项的性质，判断是轻微不符合或是严重不符合，同时根据不符合项的类型和性质提出纠正措施。内审员就不符合事实、类型、结论等编制内审不符合报告时，不符合事实的描述应具体，准确的报告所观察的事实，不符合判断依据的条款和程序要写清楚。

e. 末次会议

内审组组长组织内审组及有关人员（同首次会议）召开末次会议，到会人员签到。末次会议是审核组在现场审核阶段的最后一次活动，向受审核部门、单位领导报告审核情况。会议主要内容：重申审核的目的、范围和依据；审核情况介绍；宣读不符合项报告，作出审核评价和结论；提出后续工作要求，包括纠正措施、跟踪验证及要求。

f. 审核报告的编写

内审报告是内审活动结束后出具的一份关于内审结果的正式文件，审核报告应如实反映本次管理体系审核的方法、审核过程情况、观察结果和审核结论。审核报告内容包括：
- 审核的目的、范围、方法和依据；
- 审核组成员、受审部门；
- 审核实施情况（包括审核的日期、审核过程概况简述等）；
- 审核发现问题的描述和不符合项统计分析；
- 对存在的主要问题的分析及改进意见；
- 上次审核主要不符合项纠正情况；

● 审核中有争议问题及处理建议；

● 审核结论（对质量管理体系运行状况的综合评价，评价实施管理体系的有效性和符合性，肯定优点，指出不足，作出审核结论）；

● 审核报告的批准及发放范围。

g. 纠正措施的实施及跟踪验证

审核结束后，各部门对审核发现的不符合项和实验室体系中存在的薄弱环节，进行分析研究找出原因，制定纠正、预防和改进措施计划，明确完成日期并组织实施。内审员按计划对受审核部门所采取的纠正措施进行评审、验证，并对纠正结果进行判断、评价和记录。

4.5.13 管理评审

检验检测机构应建立和保持管理评审的程序。管理评审通常12个月一次，由管理层负责。管理层应确保管理评审后，得出的相应变更或改进措施予以实施，确保管理体系的适宜性、充分性和有效性。应保留管理评审的记录。

管理评审输入应包括以下内容：

①检验检测机构相关的内外部因素的变化；

②目标的可行性；

③政策和程序的适用性；

④以往管理评审所采取措施的情况；

⑤近期内部审核的结果；

⑥纠正措施；

⑦由外部机构进行的评审；

⑧工作量和工作类型的变化或检验检测机构活动范围的变化；

⑨客户反馈；

⑩投诉；

⑪实施改进的有效性；

⑫资源配备的合理性；

⑬风险识别的可控性；

⑭结果质量的保障性；

⑮其他相关因素，如监督活动和培训。

管理评审输出应包括以下内容：

①管理体系及其过程的有效性；

②符合本标准要求的改进；

③提供所需的资源；

④变更的需求。

（1）管理评审是管理层定期系统地对管理体系的适宜性、充分性、有效性进行评价，以确保其符合质量方针和质量目标。是对管理体系全面客观的总结评价，既要评价其规定产生的管理水平提升带来的积极正面作用，也要发现还需完善的内容，针对不足提出改进措施，完善管理体系，以及改进的资源需求。通过不断完善管理要求，增强管理体系的适宜性、充分性、有效性。持续改进是管理体系有效运行的灵魂和宗旨。管理评审通常12个月一次，由最高管理者主持。

（2）检验检测机构在管理评审之前应当编制管理评审计划,明确管理评审的目的、内容、方法、时机以及结果报告。

（3）管理层应确保管理评审输出的实施。

（4）检验检测机构应当对评审结果形成评审报告,对提出的改进措施,管理层应确保负有管理职责的部门或岗位人员启动有关工作程序,在规定的时间内完成改进工作,并对改进结果进行跟踪验证。应保留管理评审的记录。

4.5.14 方法的选择、验证和确认

检验检测机构应建立和保持检验检测方法控制程序。检验检测方法包括标准方法、非标准方法（含自制方法）。应优先使用标准方法,并确保使用标准的有效版本。在使用标准方法前,应进行验证。在使用非标准方法（含自制方法）前,应进行确认。检验检测机构应跟踪方法的变化,并重新进行验证或确认。必要时,检验检测机构应制定作业指导书。如确需方法偏离,应有文件规定,经技术判断和批准,并征得客户同意。当客户建议的方法不适合或已过期时,应通知客户。

非标准方法（含自制方法）的使用,应事先征得客户同意,并告知客户相关方法可能存在的风险。需要时,检验检测机构应建立和保持开发自制方法控制程序,自制方法应经确认。检验检测机构应记录作为确认证据的信息:使用的确认程序、规定的要求、方法性能特征的确定、获得的结果和描述该方法满足预期用途的有效性声明。

（1）检验检测机构应建立和保持检验检测方法控制程序。检验检测机构应使用适合的方法（包括抽样方法）进行检验检测,该方法应满足客户需求,也应是检验检测机构获得资质认定许可的方法。

（2）检验检测方法包括标准方法和非标准方法,非标准方法包含自制方法。标准包括国家标准、行业标准、地方标准和团体标准、企业标准。国家标准分为强制性标准、推荐性标准,行业标准、地方标准是推荐性标准。强制性标准必须执行。国家鼓励采用推荐性标准。

（3）当客户指定的方法是企业的方法时,则不能直接作为资质认定许可的方法,只有经过检验检测机构转换为其自身的方法并经确认后,方可申请检验检测机构资质认定。

（4）检验检测机构在初次使用标准方法前,应验证能够正确地运用这些标准方法。如果标准方法发生了变化,应重新予以验证,并提供相关证明材料。

（5）检验检测机构在使用非标准方法前应进行确认,以确保该方法适用于预期的用途,并提供相关证明材料。如果方法发生了变化,应重新予以确认,并提供相关证明材料。

（6）如果标准、规范、方法不能被操作人员直接使用,或其内容不便于理解,规定不够简明或缺少足够的信息,或方法中有可选择的步骤,会在方法运用时造成因人而异,可能影响检验检测数据和结果正确性时,则应制定作业指导书（含附加细则或补充文件）。

（7）偏离指一定的允许范围、一定的数量和一定的时间段等条件下的书面许可。检验检测机构应建立允许偏离方法的文件规定。不应将非标准方法作为方法偏离处理。

当已知检测或校准物品偏离了规定的条件,客户依然要求进行检测或校准时,实验室应在报告中做出免责声明,指出结果可能受偏离的影响。

检验检测方法的偏离常见的有:

①抽样方式、数量、比列的改变;

②样品处理方法、过程的改变(如混凝土养生时间不足或超龄期、土工试验焖料时间不足等);

③试验方法的改变(经典法改为仪器法);

④数据传输、处理、计算方法改变(由人工改为计算机)。

方法偏离是在特殊情况下,符合一定的误差范围、一定的数量和一定的时间段等条件才允许使用方法偏离,不要将非标准方法作为方法偏离处理。方法偏离与不符合检测工作不同,也不要将不符合检测工作作为方法偏离处理。

(8)当客户建议的方法不适合或已过期时,应通知客户。如果客户坚持使用不适合或已过期的方法时,检验检测机构应在委托合同和结果报告中予以说明,应在结果报告中明确该方法获得资质认定的情况。

当客户未指定检验检测方法时,检验检测机构应依次从下列方法中选用合适的方法,并经合同评审,取得客户的同意,并在开始检验检测前完成对方法的验证或确认:

①标准方法:已发布的国际标准、区域标准、国家标准、行业标准、地方标准。

②国务院行业主管部门以文件、技术规范等形式发布的方法也可作为资质认定的方法。

③检验检测机构制定的或采用的方法。

前两种方法使用前应经过证实后才能使用;第三种方法应先经过确认其是否能够使用,使用前还应经过证实。

我国的标准有产品标准、方法标准、强制标准、推荐标准、国际标准、国家标准、行业标准、地方标准、企业标准等不同的种类,适应不同性质的检验检测。

一般来说,除委托性检验检测或具有试验性质的检验检测项目可以使用非标准方法或客户提供的方法外,法定检验检测、评定性检验检测和仲裁检验检测等需要出具具有证明作用的数据和结果的检验检测均应选择国家标准、行业标准、地方标准。

当认为客户建议的方法不适合或已过期时,检验检测机构应通知客户。当客户坚持使用不适合或已过期的方法时,应在检验检测委托协议书和结果报告上说明。

工程领域建设时期的标准规范,往往会因为技术的创新发展发生变化,对已使用的桥梁、道路、船闸等工程进行评价时,出现建设时现行标准而评价时规范已失效的状况。

如果方法发生了变化,应对变化的方法重新进行验证或确认后证实才能继续使用。实验室应对选用的新方法(包括变化的方法)进行验证,应从"人""机""料""法""环""测"等方面,证实在开展检验检测活动中有能力满足标准方法的要求。检验检测机构使用标准的最新有效版本。检验检测机构在开始检验检测之前,检验检测机构应证实能够正确地应用这些标准方法,能提供见证材料。例如:检验检测人员是否经过有效培训,能否熟练掌握标准方法,具备相关的知识和能力,应提供培训考核的记录;检验检测所需的参考标准和参考物质是否配备齐全,仪器设备(含辅助设备)的选用是否符合标准方法的要求,是否制定了总体的校准计划,是否经过校准和确认,且有证明记录;设施和环境条件是否符合标准方法规定的要求,影响检验检测结果的环境条件的技术要求是否已文件化,并有验证记录;检验检测所需的记录表格是否齐全、规范、适用,必要时,是否编制了作业指导书;标准方法规定的各项特性指标在检验检测机构能否实现,能否提供相关检验检测的典型报告和不确定度评定报告;是否制定了质量控制计划,通过实验室间比对等技术手段证实能持续满足标准方法规定的要求等。证实方法应有记录。

试验依据与判定依据选择的原则:
①选择判定依据中明确的相对应的试验方法;(交通行业大多数施工技术规范)
②行业标准独立于国家标准时,优先选用行业标准;
③行业标准引用国家标准,国家标准已修订而行业标准未及时更新时,优先选用国家标准;
④尽量少选用非标方法。

(9)检验检测机构应制定程序规范自己制定的检验检测方法的设计开发、资源配置、人员、职责和权限、输入与输出等过程,自己制定的方法必须经确认后使用。在方法制定过程中,需进行定期评审,以验证客户的需求能得到满足。使用自制方法完成客户任务时,需事前征得客户同意,并告知客户可能存在的风险。

4.5.15　测量不确定度

检验检测机构应根据需要建立和保持应用评定测量不确定度的程序。

检验检测项目中有测量不确定度的要求时,检验检测机构应建立和保持应用评定测量不确定度的程序,检验检测机构应建立相应数学模型,给出相应检验检测能力的评定测量不确定度案例。检验检测机构可在检验检测出现临界值、内部质量控制或客户有要求时,报告测量不确定度。

4.5.16　数据信息管理

检验检测机构应获得检验检测活动所需的数据和信息,并对其信息管理系统进行有效管理。检验检测机构应对计算和数据转移进行系统和适当地检查。当利用计算机或自动化设备对检验检测数据进行采集、处理、记录、报告、存储或检索时,检验检测机构应:
①将自行开发的计算机软件形成文件,使用前确认其适用性,并进行定期确认、改变或升级后再次确认,应保留确认记录;
②建立和保持数据完整性、正确性和保密性的保护程序;
③定期维护计算机和自动设备,保持其功能正常。

(1)检验检测机构应当对所有媒介上的数据予以保护,制定数据保护程序,保证数据的完整性和安全性。

(2)检验检测机构应当确保自行研发的软件适用于预定的目的,使用前确认其适用性,并进行定期、改变或升级后的再次确认,应保留相关记录。维护计算机和自动设备以确保其功能正常,并提供保护检测和校准数据完整性所必需的环境和运行条件。

4.5.17　抽样

检验检测机构如从事抽样检验检测时,应建立和保持抽样控制程序。抽样计划应根据适当的统计方法制定,抽样应确保检验检测结果的有效性。当客户对抽样程序有偏离的要求时,应予以详细记录,同时告知相关人员。如果客户要求的偏离影响到检验检测结果,应在报告、证书中做出声明。

(1)检验检测机构应建立抽样计划和程序,抽样程序应对抽取样品的选择、抽样计划、提取和制备进行描述,以提供所需的信息。抽样计划和程序在抽样的地点应能够得到。抽样计划应根据适当的统计方法制定,分析抽样对检验检测结果的影响,抽样过程应注意需要控制的因素,以确保检验检测结果的有效性。

(2)当客户要求对已有文件规定的抽样程序进行添加、删减或有所偏离时,检验检测机构应审视这种偏离可能带来的风险。根据任何偏离不得影响检验检测质量的原则,要对偏离进行评估,经批准后方可实施偏离。应详细记录这些要求和相关的抽样资料,并记入包含检验检测结果的所有文件中,同时告知相关人员。

(3)当抽样作为检验检测工作的一部分时,检验检测机构应有程序记录与抽样有关的资料和操作。这些记录应包括所用的抽样程序、抽样人的识别、环境条件(如果相关)、必要时有抽样位置的图示或其他等效方法,如适用,还应包括抽样程序所依据的统计方法。

检验检测机构应建立在例外情况下允许偏离检验检测方法的文件规定。方法偏离是指与规定方法之间的任何差异。对标准方法的任何偏离必须以不得影响结果准确性为前提。方法偏离需满足以下四个条件的情况下才允许发生:

①该方法偏离已在文件规定;
②方法偏离经技术判断不影响检验检测结果;
③方法偏离被主管的技术管理人员授权或批准;
④方法偏离已经客户同意。

4.5.18 样品处置

检验检测机构应建立和保持样品管理程序,以保护样品的完整性并为客户保密。检验检测机构应有样品的标识系统,并在检验检测整个期间保留该标识。在接收样品时,应记录样品的异常情况或记录对检验检测方法的偏离。样品在运输、接收、制备、处置、存储过程中应予以控制和记录。当样品需要存放或养护时,应保持、监控和记录环境条件。

(1)检验检测机构应当制定和实施样品管理程序,规范样品的运输、接收、制备、处置、存储过程。

(2)检验检测机构应当建立样品的标识系统,对样品应有唯一性标识和检验检测过程中的状态标识。应保存样品在检验检测机构中完整的流转记录,以备核查。流转记录包含样品群组的细分和样品在检验检测机构内外部的传递。

(3)检验检测机构在样品接收时,应对其适用性进行检查,记录异常情况或偏离。当对样品是否适合于检验检测存有疑问,或当样品与所提供的说明不相符时,或者对所要求的检验检测规定得不够详尽时,检验检测机构应在开始工作之前问询客户,予以明确,并记录下讨论的内容。

(4)检验检测机构应有程序和适当的设施避免样品在存储、处置和准备过程中发生退化、污染、丢失或损坏。如通风、防潮、控温、清洁等,并做好相关记录。应根据法律法规及客户的要求规定样品的保存期限。

(5)样品的代表性、有效性和完整性直接影响检验结果的准确性,对样品的管理要保证样品在整个检测过程中质量不变和保管期间不损坏、不丢失、不混淆、不变质。下面从9个方面来分析实验室的样品管理。

①样品的采集

样品应具有代表性。以样品的结果说明总体的情况,对总体作出结论。采样遵循如下原则:

a. 代表性:采样时应特别注意克服和消除各种因素的影响,使样品最大限度地接近总体情况,保证样品对总体有充分的代表性。

b. 可获性:某些情况下,样品可能不具备代表性,而是由其可获性所决定。

c. 公正性:采样必须保证公正,由具有资格的人员(接受过采样培训且考核合格的人员)进行。必要时在现场与受检单位陪同人员一起签封,并做好现场采样记录。填写样品采集记录表,双方签字确认。

②样品的接收

a. 填写委托书

无论抽检还是送检样品首先应由委托方填写样品检验委托书,一般委托书一式二份,一份留检验机构存档,一份交委托方作为领取报告凭证。

b. 审核委托书

接收人员应审核样品检验委托书填写是否规范,是否有空项,手续是否齐备,资料是否完整,标准引用是否正确、适宜。

c. 核查样品

样品应与"样品检验委托书"填写内容一致。样品包装应完好,如不完好应有文字记录。送检样品数量应符合检验、复验、仲裁的要求,如送检样品仅为检验样品应有文字说明。

d. 正式受理

样品接收人员在"样品检验委托书"上签字并承诺出具报告日期。

③样品的编号

为保证检验样品溯源,原则上一个样品给予一个唯一性编号,一组样品有多个细分样品组成时,每个细分样品分别编号。不允许多个细分样品共用一个样品编号。如钢筋拉伸一组样品为两根,编号为 GJ201841601,细分号建议 GJ201841601-01,GJ201841601-02。样品编号可由年份、样品类别代码和样品序号组成(或者其他的适合实验室的编号)。为保证样品编号的唯一性,一般由样品接收部门负责统一编制,或者有 LIMS 的实验室可以由系统生成。

④样品的识别

样品的识别包括唯一性编号(样品受理编号)和样品不同试验状态(未检、在检、检毕、留样)标识。对检毕样品应有"检毕""合格""不合格"标识。对于多个包装的同一样品应在样品受理编号后面加横杠和数字加以细分识别,以确保每个包装的唯一性。样品管理员负责将样品的识别标签逐一贴在样品上,或通过建立二维码标识系统给每个样品生成唯一二维码。

⑤样品的流转

样品受理后,由承办人根据客户样品检验委托书中的要求,向检测部门(人员)下达"样品检验交接单",并通知检测室样品管理员取待检样品。检测室样品管理员在交接时应核查样品状况并在"样品检验交接单"上签收认可。样品传递到检测室后由检测室样品管理员统一登记。未检、在检、检毕样品应分别存放。检测员领取样品做试验时,样品识别号不得改变。样品在流转和检测过程中应加以防护,避免受到非检测性损坏或丢失。

⑥分包样品的管理

对外提供给分包实验室的样品,在交付前应检查样品完好性,交付分包实验室的样品应有对方接收凭证。分包管理部门应做好分包样品的登记工作。分包方应有保护样品完整性的措施,做好样品的标记和保管。

⑦样品的储存、保管

样品储存、保管应设有专门的样品室并配备合适的设施。样品室由样品管理员专人负责,限制出入。样品储存环境应安全,无腐蚀,清洁干燥且通风良好,有温湿度监控。对要求在特殊环境条件下储存的样品,应严格控制环境条件,环境条件应定期加以记录。留样应按照规定数量、品种执行,以备复检、仲裁用。腐蚀性、易燃、易爆和有毒的危险样品应隔离存放,做出明显标记。样品管理员要对留样样品认真进行验收登记,不同性质的样品分类保存。

⑧样品的处理

报告发出后留样样品留样期不得少于报告投诉反馈时间,对超标样品和特殊样品如有必要可重点延长留样期,检毕样品处理分以下几种处理方式:

a. 客户要求领回的样品,在留样期满后客户可领回。客户领回样品时,领样员需凭"样品检验委托书"到样品室,由样品管理员办理退样手续。客户需提前(留样期内)领回样品时,应在样品检验委托书上签注"对本检测报告无异议"之后,方可由样品管理员办理退样手续。

b. 对留样期已过的客户委托处理样品,应按客户填写的要求处理。必须监护处理的样品,样品管理员必须按规定办法监护处理,防止污染环境及造成危害,监护处理应有记录。

⑨样品的保密

对委托方的样品、数据、资料和有关信息进行严格的保密。

4.5.19 结果有效性

检验检测机构应建立和保持质量控制程序,监控检验检测活动的有效性和结果质量。检验检测机构可采用定期使用标准物质、定期使用经过检定或校准的具有溯源性的替代仪器、对设备的功能进行检查、运用工作标准与控制图、使用相同或不同方法进行重复检验检测、保存样品的再次检验检测、分析样品不同结果的相关性、对报告数据进行审核、参加能力验证或机构之间比对、盲样检验检测等进行监控。检验检测机构所有数据的记录方式应便于发现其发展趋势,若发现偏离预先判据,应采取有效的措施纠正出现的问题,防止出现错误的结果。质量控制应有适当的方法和计划并加以评价。

(1)检验检测机构应制定质量控制程序,明确检验检测过程控制要求,覆盖资质认定范围内的全部检验检测项目类别,有效监控检验检测结果的稳定性和准确性。

(2)检验检测机构应分析质量控制的数据,当发现质量控制数据超出预先确定的判据时,应采取有计划的措施来纠正出现的问题,并防止报告错误的结果。

(3)检验检测机构应建立和有效实施能力验证或者检验检测机构间比对程序,如通过能力验证或者机构间比对发现某项检验检测结果不理想时,应系统地分析原因,采取适宜的纠正措施,并通过试验来验证其有效性。

(4)检验检测机构应参加资质认定部门所要求的能力验证或者检验检测机构间比对活动。

《公路水运工程试验检测管理办法》第44条规定,质监机构应当组织比对试验,验证检测机构的能力。部质量监督机构不定期开展全国检测机构的比对试验。各省级交通质监机构每年年初应当制定本行政区域检测机构年度比对试验计划,报部质量监督机构备案,并于年末将比对试验的实施情况报部质量监督机构。检测机构应当予以配合,如实说明情况和提供相关资料。《等级评定工作程序》规定现场评审时:参加部、省级交通主管部门(质监机构)组织的能力验证,结果为满意。

能力验证结果为不满意或不合格的,部级一次扣3分,省级一次扣2分;结果为基本满意或可疑的,部级一次扣1分,省级一次扣0.5分;机构内部定期组织或参加试验室间的比对试验活动及开展活动的有效性。未组织或参加过试验室间的比对试验扣2分/年,参加过但有效性较差的扣1分/年。

检验检测机构应有质量控制程序和质量控制计划,质量监控计划应覆盖到认可/认定范围内的所有检测或校准(包括内部校准)项目,并能有效监控检测或校准结果的准确性和稳定性。质量监控计划包含内部质量监控和外部质量监控两个部分。

①检验检测机构制定内部质量监控计划时应考虑以下因素:
- 检测或校准业务量;
- 检测或校准结果的用途;
- 检测或校准方法本身的稳定性与复杂性;
- 对技术人员经验的依赖程度;
- 参加外部比对(包含能力验证)的频次与结果;
- 人员的能力和经验、人员数量及变动情况;
- 新采用的方法或变更的方法。

②检验检测机构制定外部质量监控计划除应考虑上述中的因素外,还应考虑以下因素:
- 内部质量控制结果;
- 检验检测机构间比对(包含能力验证)的可获得性,对没有能力验证的领域,检验检测机构应有其他措施来确保结果的准确性和可靠性;
- 检验检测机构管理机构对实验室间比对(包含能力验证)的要求。

一些特殊的检测活动,检测结果无法复现,难以按照内部和外部质量控制计划进行质量控制,检验检测机构应关注人员的能力、培训、监督以及与同行的技术交流。

(5)实验室内部质量控制的技术方法包括采用标准物质监控、人员比对、方法比对、仪器设备比对、留样复测、空白测试、重复测试、回收率试验、校准曲线的核查以及使用质量控制图等。

①定期使用有证标准物质(参考物质)进行监控和/或使用次级标准物质(参考物质)开展内部质量控制定期使用标准物质来监控结果的准确性。

通常的做法是实验室直接用合适的有证标准物质或内部标准样品作为监控样品,定期或不定期将监控样品以比对样或密码样的形式,与样品检测以相同的流程和方法同时进行,检测室完成后上报检测结果给相关质量控制人员,也可由检测人员自行安排在样品检测时同时插入标准物质,验证检测结果的准确性。

适用范围一般可用于:仪器状态的控制、样品检测过程的控制、实验室内部的仪器比对、人员比对、方法比对以及实验室间比对等。这种方法的特点是可靠性高,但成本高。

②人员比对。

由实验室内部的检测人员在合理的时间段内,对同一样品,使用同一方法,在相同的检测仪器上完成检测任务,比较检测结果的符合程度,判定检测人员操作能力的可比性和稳定性。实验室进行人员比对,比对项目尽可能检测环节复杂一些,尤其是手动操作步骤多一些。检测人员之间的操作要相互独立,避免相互之间存在干扰。

通常情况下,实验室在监督频次上对新上岗人员的监督高于正常在岗人员,且在组织人员比对时最好始终以本实验室经验丰富和能力稳定的检测人员所报结果为参考值。

实验室内部组织的人员比对,主要目的是评价检测人员是否具备上岗或换岗的能力和资格,因此,主要用于考核新进人员、新培训人员的检测技术能力和监督在岗人员的检测技术能力两个方面。

③方法比对。

方法比对是不同分析方法之间的比对试验,指同一检测人员对同一样品采用不同的检测方法,检测同一项目,比较测定结果的符合程度,判定其可比性,以验证方法的可靠性。

方法比对的考核对象为检测方法,主要目的是评价不同检测方法的检测结果是否存在显著性差异。比对时,通常以标准方法所得检测结果作为参考值,用其他检测方法的检测结果与之进行对比,方法之间的检测结果差异应该符合评价要求,否则,即证明非标方法是不适用的,或者需要进一步修改、优化。

方法比对主要用于考察不同的检测方法之间存在的系统误差,监控检测结果的有效性,其次也用于对实验室涉及的非标方法的确认。

整体的检测方法一般包括样品前处理方法和仪器方法,只要前处理方法不同,不管仪器方法是否相同,都归类为方法比对。但是,如果不同的检测方法中样品的前处理方法相同,仅是检测仪器设备不同,一般将其归类为仪器比对。

④仪器比对。

仪器比对是指同一检测人员运用不同仪器设备(包括仪器种类相同或不同等),对相同的样品使用相同检测方法进行检测,比较测定结果的符合程度,判定仪器性能的可比性。仪器比对的考核对象为检测仪器,主要目的是评价不同检测仪器的性能差异(如灵敏度、精密度、抗干扰能力等)、测定结果的符合程度和存在的问题。所选择的检测项目和检测方法应该能够适合和充分体现参加比对的仪器的性能。

仪器比对通常用于实验室对新增或维修后仪器设备的性能情况进行的核查控制,也可用于评估仪器设备之间的检测结果的差异程度。进行仪器比对,尤其要注意保持比对过程中除仪器之外其他所有环节条件的一致性,以确保结果差异对仪器性能的充分响应。

⑤留样复测。

留样复测是指在不同的时间(或合理的时间间隔内),再次对同一样品进行检测,通过比较前后两次测定结果的一致性来判断检测过程是否存在问题,验证检测数据的可靠性和稳定性。若2次检测结果符合评价要求,则说明实验室该项目的检测能力持续有效;若不符合,应分析原因,采取纠正措施,必要时追溯前期的检测结果。事实上,留样复测可以认为是一种特殊的实验室内部比对,即不同时间的比对。留样复测应注意所用样品的性能指标的稳定性,即应有充分的数据显示或经专家评估,表明留存的样品赋值稳定。

留样复测作为内部质量控制手段,主要适用于:有一定水平检测数据的样品或阳性样品、待检测项目相对比较稳定的样品以及当需要对留存样品特性的监控、检测结果的再现性进行验证等。采取留样复测有利于监控该项目检测结果的持续稳定性及观察其发展趋势;也可促使检验人员认真对待每一次检验工作,从而提高自身素质和技术水平。但要注意到留样复测只能对检测结果的重复性进行控制,不能判断检测结果是否存在系统误差。

⑥空白测试。

空白测试又称空白试验,是在不加待测样品(特殊情况下可采用不含待测组分,但有与样品基本一致基体的空白样品代替)的情况下,用与测定待测样品相同的方法、步骤进行定量分析,获得分析结果的过程。空白试验测得的结果称为空白试验值,简称空白值。空白值一般反映测试系统的本底,包括测试仪器的噪声、试剂中的杂质、环境及操作过程中的沾污等因素对样品产生的综合影响,它直接关系到最终检测结果的准确性,可从样品的分析结果中扣除。通过这种扣除可以有效降低由于试剂不纯或试剂干扰等所造成的系统误差。

实验室通过做空白测试,一方面可以有效评价并校正由试剂、实验用水、器皿以及环境因素带入的杂质所引起的误差;另一方面在保证对空白值进行有效监控的同时,也能够掌握不同分析方法和检测人员之间的差异情况。此外,做空白测试,还能够准确评估该检测方法的检出限和定量限等技术指标。

⑦重复测试。

重复测试即重复性试验,也称为平行样测试,指在重复性条件下进行的两次或多次测试。重复性条件指的是在同一实验室,由同一检测人员使用相同的设备,按相同的测试方法,在短时间内对同一被测对象相互独立进行检测的测试条件。

重复测试可以广泛地用于实验室对样品制备均匀性、检测设备或仪器的稳定性、测试方法的精密度、检测人员的技术水平以及平行样间的分析间隔等进行监测评价。需要注意的是,随着待测组分含量水平的不同,检测过程中对测试精密度可能产生重要影响的因素会有很大不同。

⑧回收率试验。

回收率试验也称"加标回收率试验",加标回收分为空白加标回收、样品加标回收。

空白加标回收:在没有被测物质的空白样品基质中加入定量的标准物质,按样品的处理步骤分析,得到的结果与理论值的比值即为空白加标回收率。

样品加标回收:相同的样品取两份,其中一份加入定量的待测成分标准物质;两份同时按相同的分析步骤分析,加标的一份所得的结果减去未加标一份所得的结果,其差值同加入标准物质的理论值之比即为样品加标回收率。

加标回收率的测定,是实验室内经常用以自控的一种质量控制技术;对于它的计算方法,给定了一个理论公式:

$$加标回收率 = (加标试样测定值 - 试样测定值) \div 加标量 \times 100\%$$

公路工程沥青混合料油石比检测质量控制通常是采用样品加标回收,即将已知质量被测物质(沥青)添加到被测样品中(矿料)作为测定对象,用给定的方法进行测定,所得的结果与已知质量或浓度进行比较,计算被测物质分析结果增量占添加的已知量的百分比等一系列操作。该计算的百分比即称该方法对该物质的"加标回收率",简称"回收率"。通常情况下,回收率越接近 100%,定量分析结果的准确度就越高,因此可以用回收率的大小来评价定量分析结果的准确度。

采用标准物质或质控样品作为控制手段,每批样品带一个已知浓度的质控样品。如果实验室自行配制质控样,要注意与国家标准物质比对,但不得使用与绘制校准曲线相同的标准溶液,必须另行配制。质控样品的测试结果应控制在 90%~110% 范围,标准物质测试结果应控制在 95%~105% 范围。

对已知浓度的质控样品,测试结果应在给定浓度范围。

回收率试验具有方法操作简单、成本低廉的特点,能综合反映多种因素引起的误差,在检测实验室日常质量控制中有十分重要的作用,主要适用范围包括:各类化学分析中,如各类产品和材料中低含量重金属、有机化合物等项目检测结果控制、化学检测方法的准确度、可靠性的验证、化学检测样品前处理或仪器测定的有效性等。

⑨校准曲线的核查。

校准曲线是用于描述待测物质浓度或量与检测仪器相应值或指示值之间的定量关系。通过使用标准溶液按照正常样品检测程序作简化或完全相同的分析处理,而绘制得到的校准曲线则相应称为标准曲线和工作曲线。例如公路工程使用的无机结合稳定材料中的水泥或石灰剂量标准曲线。

为确保校准曲线始终具有良好的精密度和准确度,就需要采取相应的方法进行核查。对精密度的核查,通常在校准曲线上取低、中、高 3 个浓度点进行验证。对准确度的核查,通常采用加标回收率试验的方法进行控制。

校准曲线法是实验室仪器分析中经常采用的方法,通常待测样品组分浓度波动较大,且样品批量较大。而在检测过程中采用的校准曲线的精密度和准确度会受到实验室检测条件、检测仪器的响应性能、检测人员的操作水平等多种因素的影响。定期的核查一方面可以验证仪器的响应性能、检测人员的操作规范稳定程度等,另一方面也可以同时得到绘制曲线时所用标准溶液的稳定性核查信息。

⑩质量控制图。

为控制检测结果的精密度和准确度,通常需要在检测过程中,持续地使用监控样品进行检测控制。对积累的监控数据进行统计分析,通过计算平均值、极差、标准差等统计量,按照质量控制图的制作程序,确定中心线、上、下控制限,以及上、下辅助线和上、下警戒线,从而绘制出分析用控制图。通过分析用控制图,判断测量过程处于稳定或控制状态后,就可以将分析用控制图转换为控制用控制图,并将日常测定的控制数据描点上去,判断是否存在系统变异或趋势。

质量控制图适用于如下范围:

a. 当希望对过程输出的变化范围进行预测时;

b. 当判断一个过程是否处于统计受控状态时;

c. 当分析过程变异来源是随机性还是非随机性时;

d. 当决定怎样完成一个质量改进项目时,防止特殊问题出现,或对过程进行基础性的改变;

e. 希望控制当前过程,问题出现时能察觉并对其采取补救措施时。

为确保检测结果的公正准确,检验检测机构应制定相应的年度质量控制计划,应对质控项目、时间/时机、频次、人员、检测标准(方法)、评价手段、结果评价、利用和处置等做出明确规定。具体质量监控计划可参考表5-5。

××××年度内部质量控制计划　　　　表5-5

序号	项目名称	考核参数	检测标准（方法）	质控方式	参加人员姓名	时间	结果评价依据
1	水泥	标准稠度用水量	GB/T 1346—2011/7	标样考核	×××	4月	误差小于4%
2	钢筋	屈服强度	GB/T 228.1—2010/11 方法B	留样再测	×××	6月	误差小于2%
3	外加剂	pH值	GB/T 8077—2012/9	能力验证	×××	7月	结果满意
4	沥青混合料	沥青含量	JTG E20—2011	加标回收	×××	7月	回收率>99%
5	结构混凝土	钢筋保护层	JGJ/T 152—2008	实验室间比对	×××	10月	误差小于3mm

制定人：　　　　　　　　批准人：　　　　　　　　批准日期：

检验检测机构应分析质量控制的数据,当发现质量控制数据将要超出预先确定的判断依据时,应采取有计划的措施来纠正出现的问题,并防止报告错误的结果。

4.5.20　结果报告

检验检测机构应准确、清晰、明确、客观地出具检验检测结果,符合检验检测方法的规定,并确保检验检测结果的有效性。结果通常应以检验检测报告或证书的形式发出。检验检测报告或证书应至少包括下列信息：

①标题；

②标注资质认定标志,加盖检验检测专用章(适用时)；

③检验检测机构的名称和地址,检验检测的地点(如果与检验检测机构的地址不同)；

④检验检测报告或证书的唯一性标识(如系列号)和每一页上的标识,以确保能够识别该页是属于检验检测报告或证书的一部分,以及表明检验检测报告或证书结束的清晰标识；

⑤客户的名称和联系信息；

⑥所用检验检测方法的识别；

⑦检验检测样品的描述、状态和标识；

⑧检验检测的日期；对检验检测结果的有效性和应用有重大影响时,注明样品的接收日期或抽样日期；

⑨对检验检测结果的有效性或应用有影响时,提供检验检测机构或其他机构所用的抽样计划和程序的说明；

⑩检验检测报告或证书主要签发人的姓名、签字或等效的标识和签发日期；

⑪检验检测结果的测量单位(适用时)；

⑫检验检测机构不负责抽样(如样品是由客户提供)时,应在报告或证书中声明结果仅适用于客户提供的样品；

⑬检验检测结果来自外部提供者时的清晰标注；

⑭检验检测机构应做出未经本机构批准,不得复制(全文复制除外)报告或证书的声明。

(1)检验检测机构应准确、清晰、明确和客观地出具检验检测报告或证书,可以书面或电子方式出具。检验检测机构应制定检验检测报告或证书控制程序,保证出具的报告或证书满足以下基本要求:

①检验检测依据正确,符合客户的要求;

②报告结果及时,按规定时限向客户提交结果报告;

③结果表述准确、清晰、明确、客观,易于理解;

④使用法定计量单位。

(2)检验检测报告或证书应有唯一性标识。

(3)检验检测报告或证书批准人的签字或等效的标识。

(4)检验检测报告或证书应当按照要求加盖资质认定标志和检验检测专用章。

(5)检验检测机构公章可替代检验检测专用章使用,也可公章与检验检测专用章同时使用;建议检验检测专用章包含五角星图案,形状可为圆形或者椭圆形等。检验检测专用章的称谓可依据检验检测机构业务情况而定,可命名为检验专用章或检测专用章。

(6)检验检测机构开展由客户送样的委托检验时,检验检测数据和结果仅对来样负责。

4.5.21　结果说明

当需对检验检测结果进行说明时,检验检测报告或证书中还应包括下列内容:

(1)对检验检测方法的偏离、增加或删减,以及特定检验检测条件的信息,如环境条件;

(2)适用时,给出符合(或不符合)要求或规范的声明;

(3)当测量不确定度与检验检测结果的有效性或应用有关,或客户有要求,或当测量不确定度影响到对规范限度的符合性时,检验检测报告或证书中还需要包括测量不确定度的信息;

(4)适用且需要时,提出意见和解释;

(5)特定检验检测方法或客户所要求的附加信息。报告或证书涉及使用客户提供的数据时,应有明确的标识。当客户提供的信息可能影响结果的有效性时,报告或证书中应有免责声明。

当客户需要对检验检测结果做出说明,或者检验检测过程中已经出现的某种情况需在报告做出说明,或对其结果需要做出说明时,检验检测机构应本着对客户负责的精神和对自身工作的完备性要求,对结果报告给出必要的附加信息。这些信息包括:对检验检测方法的偏离、增加或删减,以及特定检验检测条件的信息,如环境条件;相关时,符合(或不符合)要求、规范的声明;适用时,评定测量不确定度的声明。当不确定度与检测结果的有效性或应用有关,或客户的指令中有要求,或当不确定度影响到对规范限度的符合性时,还需要提供不确定度的信息;适用且需要时,提出意见和解释;特定检验检测方法或客户所要求的附加信息。

4.5.22　抽样结果

当检验检测机构从事抽样检验检测时,应有完整、充分的信息支撑其检验检测报告或证书。

检验检测机构从事包含抽样环节的检验检测任务,并出具检验检测报告或证书时,其检验检测报告或证书还应包含但不限于以下内容:抽样日期;抽取的物质、材料或产品的清晰标识(适当时,包括制造者的名称、标示的型号或类型和相应的系列号);抽样位置,包括简图、草图或照片;所用的抽样计划和程序;抽样过程中可能影响检验检测结果的环境条件的详细信息;与抽样方法或程序有关的标准或者技术规范,以及对这些标准或者技术规范的偏离、增加或删减等。

4.5.23 意见和解释

当需要对报告或证书做出意见和解释时,检验检测机构应将意见和解释的依据形成文件。意见和解释应在检验检测报告或证书中清晰标注。

(1)检验检测结果不合格时,客户会要求检验检测机构做出"意见和解释",用于改进和指导。对检验检测机构而言,"意见和解释"属于附加服务。对检验检测报告或证书做出"意见和解释"的人员,应具备相应的经验,掌握与所进行检验检测活动相关的知识,熟悉检测对象的设计、制造和使用,并经过必要的培训。

(2)检验检测报告或证书的意见和解释可包括(但不限于)下列内容:
①对检验检测结果符合(或不符合)要求的意见(客户要求时的补充解释);
②履行合同的情况;
③如何使用结果的建议;
④改进的建议。

4.5.24 分包结果

当检验检测报告或证书包含了由分包方出具的检验检测结果时,这些结果应予以清晰标明。按照4.5.5条款的条文解释进行评审。

4.5.25 结果传送和格式

当用电话、传真或其他电子或电磁方式传送检验检测结果时,应满足本标准对数据控制的要求。检验检测报告或证书的格式应设计为适用于所进行的各种检验检测类型,并尽量减小产生误解或误用的可能性。

(1)当需要使用电话、传真或其他电子(电磁)手段来传送检验检测结果时,检验检测机构应满足保密要求,采取相关措施确保数据和结果的安全性、有效性和完整性。当客户要求使用该方式传输数据和结果时,检验检测机构应有客户要求的记录,并确认接收方的真实身份后方可传送结果,切实为客户保密。

(2)必要时,检验检测机构应建立和保持检验检测结果发布的程序,确定管理部门或岗位职责,对发布的检验检测结果、数据进行必要的审核。

4.5.26 修改

检验检测报告或证书签发后,若有更正或增补应予以记录。修订的检验检测报告或证书应标明所代替的报告或证书,并注以唯一性标识。

(1)当需要对已发出的结果报告作更正或增补时,应按规定的程序执行,详细记录更正或增补的内容,重新编制新的更正或增补后的检验检测报告或证书,并注以区别于原检验检测报告或证书的唯一性标识。

(2)若原检验检测报告或证书不能收回,应在发出新的更正或增补后的检验检测报告或证书的同时,声明原检验检测报告或证书作废。原检验检测报告或证书可能导致潜在其他方利益受到影响或者损失的,检验检测机构应通过公开渠道声明原检验检测报告或证书作废,并承担相应责任。

4.5.27　记录和保存

检验检测机构应对检验检测原始记录、报告、证书归档留存,保证其具有可追溯性。检验检测原始记录、报告或证书的保存期限通常不少于 6 年。

（1）检验检测机构建立检验检测报告或证书的档案,应将每一次检验检测的合同（委托书）、检验检测原始记录、检验检测报告或证书等一并归档。

（2）检验检测报告或证书档案的保管期限应不少于 6 年,若评审补充要求另有规定,则按评审补充要求执行。

实验室应按照相关技术规范或者标准要求和规定的程序,及时出具检测和/或校准数据及结果,并保证数据和结果准确、客观、真实。应使用法定计量单位。公路水运试验检测数据报告编制导则有关报告的具体要求见本书第三章第八节。

第三节　检验检测机构资质认定其他相关认证认可行业标准简介

为了进一步促进检验检测机构资质认定工作的规范开展,中国国家认证认可监督管理委员会（以下简称"国家认监委"）在最近几年陆续颁布了一系列认证认可行业标准,建立起了一套较为完整的采用标准管理检验检测机构资质认定工作的标准体系。本节将对在日常工作中运用得较为普遍的部分标准予以扼要介绍。

一、《检验检测机构资质认定能力评价　评审员管理要求》简介

2018 年 5 月,国家认监委发布了《关于检验检测机构资质认定工作采用相关认证认可行业标准的通知》（国认实〔2018〕28 号）,文件中明确了 5 项认证认可行业标准于 2018 年 6 月 1 日起,在检验检测机构资质认定评审和管理中开始试行,2019 年 1 月 1 日起全面实施。其中,《检验检测机构资质认定能力评价　评审员管理要求》（RB/T 213—2017）就是其中的一项。该项标准作为资质认定评审员管理依据,代替《检验检测机构资质认定评审员管理要求》（国认实〔2016〕33 号）。

《检验检测机构资质认定能力评价　评审员管理要求》的核心内容包括正文和附录,其中,正文由 5 个部分组成,即范围、规范性引用文件、术语和定义、管理要求、评审员的编号;附录由"附录 A　检验检测机构资质认定评审员编号"组成,为规范性附录。正文部分中"管理要求"是应该掌握的重点内容,共包括 6 个部分内容,分别为:总则、评审员的分级、评审员的确认、评审员的行为、评审员的义务、评审员的监管。相关内容的细节请参阅标准原文。

二、《检验检测机构管理和技术能力评价　设施和环境通用要求》简介

2020 年 8 月,国家认监委发布了《检验检测机构管理和技术能力评价　设施和环境通用要求》（RB/T 047—2020）,并于 2020 年 12 月 1 日实施。该项标准规定了开展检验检测机构管理和技术能力评价时,对机构设施和环境条件的通用要求,是对《检验检测机构资质认定能力评价　检验检测机构通用要求》（RB/T 214—2017）中 4.3 和 4.4 两部分要求的细化和

补充。

《检验检测机构管理和技术能力评价　设施和环境通用要求》的核心内容主要体现在正文的 6 个部分,即范围、规范性引用文件、术语和定义、总则、设施要求、环境条件;其中"总则、设施要求、环境条件"是应该掌握的重点内容。首先,在设施要求部分,该标准分别对三类场所(固定场所、临时场所、可移动场所)、七个方面的支持保障设施(给排水、供配电、气体供应、暖通空调、废物处置、安全与防护、网络和通讯)提出了基本要求。其次,在环境条件部分,该标准对内部环境所涉及的温度和湿度、空气质量、照明、噪声、电磁辐射/静电、振动和冲击等 8 种潜在环境影响因素提出了相应环境条件控制措施要求。与此同时,该标准还规定,当外部环境状况(如化学、生物、噪声、振动、强电磁场和易燃易爆场所等)会对结果有效性和人员健康等产生不利影响时,应采取相应的控制措施,且应设置避免检验检测活动对外部环境空气、水体、土壤造成不利影响的设施。相关内容的细节请参阅标准原文。

三、《建材领域检测机构技术能力评价指南》简介

2018 年 6 月,国家认监委发布了《建材领域检测机构技术能力评价指南》(RB/T 144—2018),并于 2018 年 12 月 1 日实施。该项标准结合建材领域检测机构技术能力评价实际,对有关工作进行了细化,给出了建材领域检测机构技术能力的评价原则、评价方法、评价组织和评价内容,是对建材领域检测机构进行技术能力评价的重要遵循。该标准核心内容包括正文 7 个部分和两个附录,其中正文 7 个部分为:范围、规范性引用文件、术语和定义、评价原则、评价方法、评价组织、评价内容;两个附录(附录 A、附录 B)均为规范性附录。鉴于公路水运试验检测机构基本都会涉及建材领域的有关检测项目(参数),作为公路水运试验检测的从业人员,应该掌握该标准中的有关知识要点。相关内容的细节请参阅标准原文。

四、《实验室信息管理系统管理规范》简介

2020 年 8 月,国家认监委发布了《实验室信息管理系统管理规范》(RB/T 028—2020),并于 2020 年 12 月 1 日实施。该项标准规定了实验室信息管理系统的管理策划、建设、运行、维护、退役等管理要求,是检验检测机构设计、建设和使用实验室信息管理系统的重要依据或参考。该标准核心内容包括正文 8 个部分,分别为:范围、规范性引用文件、术语和定义、管理策划、建设管理、运行管理、维护管理、退役管理。实验室信息管理系统(LIMS)是实验室活动及其管理的信息化工具,与实验室活动密切相关,用于收集、处理、记录、报告、存储或检索实验室活动数据和信息。随着信息技术与检验检测工作的结合日益紧密,LIMS 已在检验检测机构中得到广泛推广运用。作为检验检测从业人员,为了适应实验室管理的需要,应有能力正确使用 LIMS,对 LIMS 使用过程中获得和产生的所有信息进行保密,并保存相关记录。因此,应该熟悉和掌握该标准提出的有关管理要求。相关内容的细节请参阅标准原文。

五、《能力验证计划的选择与核查及结果利用指南》简介

2020 年 8 月,国家认监委发布了《能力验证计划的选择与核查及结果利用指南》(RB/T 031—2020),并于 2020 年 12 月 1 日实施。该项标准给出了能力验证计划的选择、核查和结果

利用指南,可为实验室开展质量控制提供指导。该标准核心内容包括正文6个部分和6个附录。其中正文内容分为:范围、规范性引用文件、术语和定义、能力验证计划的选择、能力验证计划核查、能力验证结果利用。6个附录(附录A~附录E)均为资料性附录。参加能力验证是实验室质量保证的重要手段,有助于实验室评价和证明其测量结果可靠性运用,发现自身存在的问题,改进实验室的技术能力和管理水平。能力验证结果可作为证明实验室技术能力的有效证明,为管理部门、客户和其他利益相关方选择、评价和认可有能力的实验室提供依据。实验室作为参加能力验证的主体,应基于自身需求和外部对能力验证的要求,在综合考虑内部质控水平、人员能力、设备状况、风险、运行成本等因素的基础上,合理策划并积极寻求适当的能力验证计划。鉴于能力验证对于检验检测机构的重要性和普遍性,多数检验检测从业人员均有可能参加某些环节的工作。因此,应该理解掌握该标准的有关知识要点。相关内容的细节请参阅标准原文。

第四节 管理体系文件编写要点

一、管理体系的基本概念

"管理体系"是指为建立方针和目标并实现这些目标的体系。包括质量管理体系、行政管理体系和技术管理体系。质量管理包括技术管理和服务管理,主要起着策划、组织、控制(监督、检查)、持续改进的作用。

管理体系的运作包括体系的建立、体系的实施、体系的保持和体系的改进。

检验检测工作是技术性很强的工作,它是检验检测工作的主干线,质量管理体系与技术工作的关系是:质量管理体系是技术规范正确运行的保证,是技术运行的补充,而不是替代;检验检测机构的支持服务工作是为技术工作服务的,为技术工作做好一切资源上的准备,起后勤和保障作用,质量管理体系与支持服务的关系是支持性服务也是通过质量管理体系来确保的,如对供方、分包方的第二方评审。

检验检测机构的管理过程中,由于依据的检验检测标准及检验检测方式的不同,检验检测机构规模差异,存在着管理形式的不同。因此检验检测机构建立的管理体系必须符合自身的实际状况,必须与自身的检验检测活动相适应,避免"生搬硬套"。检验检测机构应按照本准则建立独立、公正科学、诚信的管理体系,并与检验检测机构开展的检验检测活动相适应。所谓"适应"即与其工作量、工作类型和工作范围相适应,通过检验检测机构建立的管理体系的运行,能够达到保证检验检测数据或结果客观公正、准确可靠的目的。

检验检测机构不但要建立和运作管理体系,而且要把管理体系编制成文件,使有关人员能够"获取、理解、执行"管理体系,明确管理的相关要求,明白自己的职责和职责范围内的各项管理或技术活动,如何去加以实施,达到什么样的要求和目的。通用要求的所有要素都应在文件化的管理体系中加以体现,包括质量方针、目标、承诺、政策、程序、计划、指导书等,它是检验检测机构规范管理的依据和要求,也是评价管理体系、进行质量改进不可缺少的依据。

在建立和完善管理体系的过程中,特别是在规定部门或岗位职责,设计检验检测工作程序时,要充分考虑到各部门之间、岗位之间的相互监督,以保证检验检测工作的公正性和独立性。所有人员的职责包括管理人员、技术人员,尤其是对检验检测工作质量有影响的人员在实现管理体系质量目标的职责、录用条件都应明确。通过培训、宣贯、内部沟通等形式让每位成员明确自身工作的重要性及与其工作的相关性,确保文件的执行,相互配合,实现组织的质量目标。

图 5-2 清晰表明了检验检测机构在质量管理运行中质量管理、技术运作、支持性服务相互间的关系。

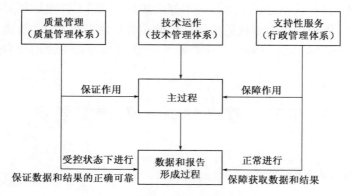

图 5-2　质量管理、技术运作、支持性服务关系

二、管理体系文件的构成

管理体系是将其体系组织结构、程序、过程、资源等过程要素文件化,其文件的构成可分为四部分:质量手册、程序文件、作业指导书、质量和技术记录。管理文件从第一层次到第四层次内容逐渐具体详细,下层文件支持上层,上下层相互支持、衔接,内容要求一致,下层文件是对上层文件的补充和具体化。管理体系文件层次如图 5-3 所示。

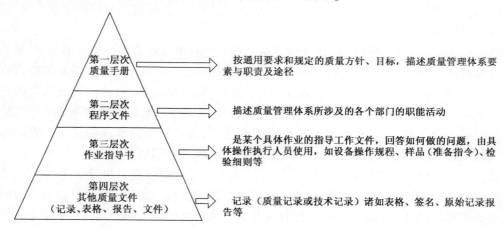

图 5-3　典型的管理体系文件层次

质量手册:是"规定组织管理体系的文件",是管理体系运行的纲领性文件,按照《检验检测机构资质认定管理办法》《检验检测机构资质认定能力评价　检验检测机构通用要求》,制

定的质量方针、目标描述了检验检测机构管理体系的管理要求和技术要求,以及各岗位职责和管理途径。

程序文件:描述管理体系所需的相互关联的过程和活动。该文对将管理体系运行各项管理活动的目的和范围,应该做什么,由谁来做,何地做,何时做,怎样做,应该使用什么材料、设备和文件;如何对该活动进行控制和记录等给予了详细、明确的描述。

作业指导书:是"有关任务如何实施和记录的详细描述",用以指导某个具体过程、描述事物形成的技术性细节的可操作性文件。作业指导书可以是详细的书面描述、流程图、图表、模型、图样中的技术注释、规范、设备操作手册、图片、录像、检验清单,或这些方式的组合。作业指导书应当对使用的任何材料、设备和文件进行描述。必要时,作业指导书还可包括接收准则。[详见《质量管理体系文件指南》(GB/T 19023—2003)对完成各项管理/技术活动的规定和描述。]

三、对管理体系文件的基本要求

检验检测机构的管理体系文件除满足《检验检测机构资质认定能力评价 检验检测机构通用要求》及其他相关文件的要求外,还应满足交通运输行业的有关规定,编写时需结合各机构的实际,编写适合自身特点的质量体系文件,真正从源头上做到"做我所写,写我所做"。各层级文件内容清晰,内容不重复,不矛盾,系统性强,各级支持性文件齐全,质量体系文件具有"适宜性、充分性和运行的有效性",实际运用时具有良好的可操作性,并通过运行不断完善质量管理体系文件。最终通过质量管理体系的运行实现质量管理的总体目标。交通运输行业的检验检测机构其管理体系文件的编写依据至少应包括:

《检验检测机构资质认定管理办法》、《检验检测机构资质认定能力评价 检验检测机构通用要求》及涉及的相关补充要求、《检验检测机构诚信基本要求》(GB/T 31880)、《检测和校准实验室能力的通用要求》(GB/T 27025)、《公路水运工程试验检测机构管理办法》、《公路水运工程试验检测机构等级标准》、《公路水运工程试验检测机构等级评定及换证复核工作程序》、《公路水运工程试验检测信用评价管理办法》以及工地试验室管理涉及的规范性文件等交通运输行业的有关规定。

管理体系文件应具有以下特性:
(1)符合性;
(2)系统性;
(3)协调性;
(4)完整性;
(5)适宜性,简单易懂;
(6)可操作性。

四、管理体系文件的内容

1.《质量手册》编写要点

《质量手册》是指导检验检测机构实施质量管理的法规性文件,检验检测机构根据《检验检测机构资质认定能力评价 检验检测机构通用要求》规定的质量方针、质量目标,描述与之相适应管理体系的基本文件,提出对过程和活动的管理要求,包括说明检验检测机构质量方针、管理体系活动中的政策、管理体系运行涉及人员的职责权限及行为准则和活动的程序。

《质量手册》一般由质量负责人和内部审核人员参与编制,由检验检测机构管理层进行审核,最终由最高管理者或授权负责人予以批准。而一般的技术类作业指导书,可由具体的技术人员编制,由检验检测业务部门的负责人进行审核,最后由技术管理者批准。

(1) 质量手册的内容

《质量手册》的条款应包括《检验检测机构资质认定能力评价 检验检测机构通用要求》的要求及相关规定。《质量手册》包括质量方针声明、检验检测机构描述、人员职责、支持性程序、手册管理等。

①质量方针满足《通用要求》相关要求,至少包括五个方面的内容:

a. 管理层对良好职业行为和为客户提供检验检测服务质量的承诺;

b. 管理层关于服务标准的声明;

c. 管理体系的目的;

d. 要求所有与检验检测活动有关的人员熟悉质量文件,并执行相关政策和程序;

e. 管理层对遵循本准则及持续改进管理体系的承诺。

质量方针声明应经管理层授权发布,并让全员了解各自在实现目标中应发挥的作用。明确的质量方针,可测量、具有可操作性的质量目标,质量方针声明和质量方针需简明扼要,便于员工理解;质量目标是质量方针的具体化,应制定管理体系总体目标,并在管理评审时予以评审;既要有中长期目标,也要有年度目标,以便于目标的考核操作。

②质量职能明确;人员岗位职责、任职资格和使用条件明确。

③明确其组织和管理结构、所在法人单位中的地位,以及质量管理、技术运作和支持服务之间的关系。

④质量活动处于受控状态;检验检测机构所在的单位还从事检验检测以外的活动,应识别潜在的利益冲突,管理体系能有效运行并进行自我改进。

简明扼要指出各岗位的工作内容、职责和权力、与实验室中其他部门的职务和关系,以及各岗位任职条件。采用职能分配表将各岗位的关系形象地表达出来,职能分配表和组织机构框图中的岗位设置要一致。各岗位的工作描述至少应包含以下内容:

a. 所需的专业知识和经验;

b. 资格和培训计划;

c. 从事检验检测的工作职责;

d. 从事检验检测策划和机构评价的职责;

e. 提交意见和解释的职责;

f. 方法改进、新方法制定和确认的职责;

g. 管理职责。

检验检测机构管理体系要求岗位职能分配见表5-6,供参考。

检验检测机构管理体系要求岗位职能分配表 表 5-6

管理体系要素	职 能 部 门							
	最高管理者	技术负责人	质量负责人	技术组	综合办公室	室内检测部	室外检测部	工地试验室
质量方针与目标管理	★	◇	◇	◇	△	◇	◇	◇
机构	★	◇	◇	◇	△	◇	◇	◇
人员								
场所环境								
设备设施								
管理体系								
文件控制								
合同评审								
分包								
采购								
服务客户								
投诉								
不符合工作控制								
纠正措施、应对风险和机遇的措施和改进								
记录控制								
内部审核								
管理评审								
方法的选择、验证和确认								
测量不确定度								
数据信息管理								
抽样								
样品处置								
结果有效性								
结果报告								
结果说明								
抽样结果								
意见和解释								
分包结果								
结果传送和格式								
修改								
记录和保存								

注:"★"表示主管人员;"△"表示主要负责部门;"◇"表示协办部门。

（2）《质量手册》的作用

①检验检测机构管理的依据；

②检验检测机构管理体系审核评价的依据；

③质量管理体系存在的证据；

④证明检验检测机构质量管理体系满足有关方面的要求；

⑤检验检测机构实现管理规定连续性的保障。

（3）《质量手册》的格式和内容

封面：手册名称、编号，编写、审核、批准人员，发布日期、实施日期，受控识别章和发布单位的全称。

受控章样式可参考表 5-7 的格式。

受控章样式参考表　　　　　　　　　　　表 5-7

受控编号	ZJSC10-001
持有人（部门）	资料室
受控状态	受控（非受控）

检验检测机构存放的所有外来法律法规、规范、标准及体系文件都应加盖受控章。

（4）质量手册目录（参考格式）

批准页

修订页

第一章　概述

1.1　检验检测机构描述

1.2　声明

第二章　质量方针与目标

2.1　质量方针

2.2　质量目标

第三章　术语与缩略语

3.1　术语（定义）

3.2　缩略语（仅用于本手册）

第四章　要求

4.1　机构

4.2　人员

4.3　场所环境

4.4　设备设施

4.5　独立、公正、科学、诚信的管理体系

　　　管理体系的建立(4.5.1~4.5.2)

　　　文件的控制(4.5.3)

　　　合同评审(4.5.4)

　　　分包(4.5.5)

采购(4.5.6)

服务客户(4.5.7)

投诉(4.5.8)

不符合工作控制(4.5.9)

纠正措施、应对风险和机遇的措施和改进(4.5.10)

记录控制(4.5.11)

内部审核(4.5.12)

管理评审(4.5.13)

方法的选择、验证和确认(4.5.14)

测量不确定度(4.5.15)

数据信息管理(4.5.16)

抽样(4.5.17)

样品处置(4.5.18)

结果有效性(4.5.19)

检验检测结果管理(4.5.20~4.5.27)

4.6 特殊要求(若有)

2.《程序文件》的编写要点

《程序文件》是规定实验室质量活动方法和要求的文件,是《质量手册》的支撑性文件。《程序文件》为完成管理体系中所有主要活动提供了方法和指导,分配了具体的职责和权限,包括管理、执行、验证活动,对某项活动所规定的途径进行描述。《程序文件》的编写要求如下:

(1)需要有程序文件描述的要素,均被恰当地编制成了程序文件;符合《检验检测机构资质认定能力评价　检验检测机构通用要求》的要求。

(2)程序文件结合检验检测机构的特点,具有可操作性;交通运输行业具有现场检测、工地试验室检测的特殊要求,程序文件应涵盖该领域。

(3)程序文件之间、程序与质量手册之间有清晰关联,与其他管理体系文件协调一致。

特别强调程序文件的协调性、可行性和可检查性。

考虑成立多年的实验室都有相应的管理文件,如规章、制度、工作流程等,由于缺乏系统性,难免存在不够系统、重复、规定之间相互矛盾或已不符合现行国家规定等问题,因此编写程序文件时必须综合考虑,将已有的规章制度系统化、完善补充,这样,规定的连续性有利于检测机构执行。

需要说明的是,并非所有活动都要制订程序文件。是否需要制订程序文件有两个原则:

(1)要求中明确提出要建立程序文件时。

(2)活动的内容复杂且涉及的部门较多,该项活动在质量手册中无法表示清楚,必须制订相应的支持性程序文件。

常见程序文件可包含但不限于以下32个方面:

(1)人员管理程序;

(2)人员培训控制程序;

(3)质量监督与监控控制程序；
(4)安全与环境控制程序；
(5)测量设备管理程序；
(6)期间核查控制程序；
(7)修正因子控制程序；
(8)计量溯源控制程序；
(9)标准物质控制程序；
(10)保证诚信度控制程序；
(11)保护客户机密信息和所有权程序；
(12)文件控制程序；
(13)合同评审控制程序；
(14)分包管理程序；
(15)服务和供应品控制程序；
(16)服务客户程序；
(17)处理投诉的程序；
(18)不符合工作的控制程序；
(19)纠正措施控制程序；
(20)应对风险和机遇的措施和改进控制程序；
(21)记录控制程序；
(22)内部审核控制程序；
(23)管理评审控制程序；
(24)方法的选择和确认程序；
(25)非标方法控制程序；
(26)测量不确定度评定控制程序；
(27)数据保护控制程序；
(28)抽样控制程序；
(29)样品管理程序；
(30)质量控制程序；
(31)能力验证控制程序；
(32)结果发布控制程序。

交通运输行业试验室由于管理要求不同,大多数试验检测机构都需设立工地试验室,可视需要增加以下程序：
(1)化学试剂、药品的管理程序；
(2)现场检测的管理程序；
(3)工地试验室管理程序。

3.《作业指导书》的编写

《作业指导书》是规定质量基层活动途径的操作性文件,其对象是具体的作业活动。内容包括检测方法、抽样标准和方法(必要时)、测量不确定度评定范围或仪器设备的操作规程、期间核查方法等技术作业文件。

(1)检验检测机构作业指导书

检验检测机构至少应制订以下四方面的作业指导书。

①方法方面:对规范标准中试验方法的补充或说明,用以指导检测过程。

②设备方面:设备的使用、操作、维护保养、内部校准、期间核查等方面的规程。

③样品方面:包括样品的准备、制备、处置规则。

④数据方面:检测数据有效值、修约值、异常值的处理,数据计算与统计、结果的不确定度评定等。

当具体技术操作人员阅读原版外文资料(如仪器设备操作说明书)有困难时,经翻译编成中文受控使用,属于指导书的范围。

指导书的编制,执行谁使用谁编制、谁管理谁审批的原则,旨在明确工作内容、权责归属、作业流程与执行方法,将专业知识和实践经验写成人人可用的作业文件,供大家遵照执行。指导书应是效果和效率兼顾,具有以下四个特点:

①具体清晰。明确规定那个部门的那个人员在什么时候做哪些工作,如何做,以及填写哪些表格,形成什么记录。

②易于理解。

③实际可行。简明扼要,容易遵循,可操作性强,不前后矛盾。

④达成共识。所有的规定均来自使用者的共识。

说明:如果检验检测机构执行的检测方法和标准详细规定了检测的步骤、方法和顺序,且检验检测机构能够按照这些标准执行时,无需制订作业指导书。

(2)作业指导书的内容

作业指导书是检测、检验活动的技术作业指导文件,包括了检测、检验方法、抽样标准和方法(必要时)、测量不确定度评定范围或仪器设备的操作规程、期间核查方法等技术作业文件。常用的作业指导书通常应包含的内容:

①作业内容;

②使用的材料;

③使用的设备;

④使用的专用工艺装备;

⑤作业的质量标准和技术标准,以及判断质量的标准;

⑥检验方法;

⑦记录格式;

⑧对于关键工序应编制详细的作业指导书。

检测机构等级标准中所列试验项目大多数在交通运输行业的规范、标准、试验规程已详细说明,具有很强的可操作性,无须再编制作业指导书,但对于有些内容易产生理解上的差异时,还需作业指导书进一步说明。这一点不同试验室要根据自己试验室的情况区别对待,并非每一项工作或程序文件都编制作业指导书,只有在缺少作业指导书可能影响检测和校准结构时,才有必要编制作业指导书。

作业指导书编写的格式可参照交通运输行业的试验规程。

4. 其他质量文件

其他质量文件包括记录、表格、报告、文件。记录一般分为管理记录和技术记录两大类。管理记录指检验检测机构管理体系活动中所产生的记录；技术记录是进行检测所得的数据和信息的积累，也是检测是否达到规定的质量或过程所表明的信息。

委托单、合同评审、质量内审、管理评审、文件发放、设备验收记录、会议签到等均属记录。检测的原始记录应包含足够的信息，能够再现检测过程。对于试验检测规程中所列的检测记录表，还需补充相关内容，保证检测过程可再现。

（1）检验检测机构记录内容

通常检验检测机构的记录可包含但不限于以下内容：

①管理体系评审记录；

②合同评审记录；

③合格供方记录；

④设备验收记录；

⑤试验记录；

⑥不合格品记录；

⑦设备使用、维修、保养记录；

⑧不合格品的处置记录；

⑨内部审核记录；

⑩培训记录及培训效果评价记录；

⑪文件修改记录；

⑫外出设备出入记录；

⑬受控文件发放记录；

⑭环境监控记录；

⑮人员监督记录；

⑯人员岗位确认记录；

⑰质量控制记录；

⑱方法验证记录、非标方法确认记录；

⑲计量溯源结果确认记录。

（2）记录的管理

建立保持有关记录的标识、收集、编目、查阅、归档、储存、保管、回收和处理的文件程序，有永久保存价值的记录，应整理成档案，长期保管，如工程质量试验检测资料，合同要求时，记录的保存期限按照合同要求；无合同要求时，保存期限不得少于产品的寿命期或责任期；对过期或作废记录的处理方法。

记录出现误记，应遵循记录的更改原则采用杠改法，不得涂改，被更改的原记录内容应清晰可见，更改处应有更改人的签字或盖章。一般情况，检测记录的更改应为试验检测人。

第五节　实验室认可基础知识介绍

一、认可的基本概念

1. 认可

认可,是正式表明合格评定机构具备实施特定合格评定工作能力的第三方证明。通俗地讲,认可是指认可机构按照相关国际标准或国家标准,对从事认证、检测和检验等活动的合格评定机构实施评审,证实其满足相关标准要求,进一步证明其具有从事认证、检测和检验等活动的技术能力和管理能力,并颁发认可证书。

2. 认可的依据

中国合格评定国家认可委员会(英文缩写:CNAS)依据 ISO/IEC、IAF、PAC、ILAC 和 APLAC 等国际组织发布的标准、指南和其他规范性文件,以及 CNAS 发布的认可规则、准则等文件,实施认可活动。认可规则规定了 CNAS 实施认可活动的政策和程序;认可准则是 CNAS 认可的合格评定机构应满足的要求;认可指南是对认可规则、认可准则或认可过程的说明或指导性文件。CNAS 按照认可规范的规定对认证机构、实验室和检验机构的管理能力、技术能力、人员能力和运作实施能力进行评审。

认可准则是认可评审的基本依据,其中规定了对认证机构、实验室和检验机构等合格评定机构应满足的基本要求。CNAS 认可活动所依据的基本准则主要包括:ISO/IEC 17021《合格评定　管理体系审核认证机构的要求》、ISO/IEC 指南 65《产品认证机构通用要求》、ISO/IEC 17024《合格评定　人员认证机构通用要求》、ISO/IEC 17025《检测和校准实验室能力的通用要求》、ISO/IEC 17020《各类检查机构能力的通用要求》、ISO 指南 34《标准物质/标准样品生产者能力的通用要求》和 ISO/IEC 17043《合格评定　能力验证的通用要求》等。必要时,针对某些认证或技术领域的特定情况,CNAS 还在基本认可准则的基础上制定应用指南和应用说明。

3. 认可的类别

一般情况下,按照认可对象的分类,认可分为认证机构认可、实验室及相关机构认可和检验机构认可等。

(1)认证机构认可

认证机构认可是指认可机构依据法律法规,基于国家标准 GB/T 27011《合格评定　认可机构通用要求》的要求,并分别以:

①国家标准 GB/T 27021《合格评定　管理体系审核认证机构的要求》(等同采用国际标准 ISO/IEC 17021)为准则,对管理体系认证机构进行评审,证实其是否具备开展管理体系认证活动的能力;

②国家标准 GB/T 27065《产品认证机构通用要求》(等同采用国际标准 ISO/IEC 指南 65)为准则,对产品认证机构进行评审,证实其是否具备开展产品认证活动的能力;

③国家标准 GB/T 27024《合格评定 人员认证机构通用要求》(等同采用国际标准 ISO/IEC 17024)为准则,对人员认证机构进行评审,证实其是否具备开展人员认证活动的能力。

认可机构对于满足要求的认证机构予以正式承认,并颁发认可证书,以证明该认证机构具备实施特定认证活动的技术和管理能力。

(2)实验室及相关机构认可

实验室认可是指认可机构依据法律法规,基于国家标准 GB/T 27011《合格评定 认可机构通用要求》的要求,并分别以:

①国家标准 GB/T 27025《检测和校准实验室能力的通用要求》(等同采用国际标准 ISO/IEC 17025)为准则,对检测或校准实验室进行评审,证实其是否具备开展检测或校准活动的能力;

②国际实验室认可合作组织(ILAC)的文件 ILAC G13《能力验证计划提供者的能力要求指南》为准则,对能力验证计划提供者进行评审,证实其是否具备提供能力验证的能力;

③国家标准 GB/T 15000.7(等同采用 ISO 指南 34)为准则,对标准物质生产者进行评审,证实其是否具备标准物质生产能力。

认可机构对于满足要求的合格评定机构予以正式承认,并颁发认可证书,以证明该机构具备实施特定合格评定活动的技术和管理能力。

(3)检验机构认可

检验机构认可是指认可机构依据法律法规,基于国家标准 GB/T 27011《合格评定 认可机构通用要求》的要求,并以国家标准 GB/T 18346《检查机构能力的通用要求》(等同采用国际标准 ISO/IEC 17020)为准则,对检验机构进行评审,证实其是否具备开展检验活动的能力。

认可机构对于满足要求的检验机构予以正式承认,并颁发认可证书,以证明该检验机构具备实施特定检验活动的技术和管理能力。

4. 认可的本质

合格评定机构通过获得认可机构的认可,证明其具备了按规定要求在获准认可范围内提供特定合格评定服务的能力,有利于促进其合格评定结果被社会和贸易双方广泛相信、接受和使用。

认可是以诚信为基础,以相关标准或规范性文件为准则,对申请认可的合格评定机构的特定能力(包括技术能力和管理能力)实施评审,证实该机构具备按照规定要求开展合格评定活动和出具合格评定证书或报告的能力,在其被认可范围内按照规定的程序出具的合格评定证书或报告应该是可信的。认可机构对发现或接获的有关合格评定机构不符合认可要求的行为与结果,按照规定程序和要求进行调查和处置,情节严重的,暂停或撤销相应的认可资格。认可是基于抽样进行的证实,认可机构不对合格评定机构出具的每一份合格评定证书或报告进行批准。

合格评定机构应按照认可的规定要求运作,确保其被认可的合格评定活动的能力和公正性符合认可要求和持续保持,并对所发布的认证、检测或检验的证书或报告的真实性、准确性和有效性负责。通过认可的合格评定机构,即使出现了不符合要求的合格评定证书或报告,也可以在规范的运作体系下查找到导致不符合的原因,使其合格评定活动更具追溯性,并及时采取纠正措施和预防措施,不断改进能力,提升服务质量。

5. 认可的作用

(1)在能力评价方面:证实合格评定机构具备实施特定合格评定的能力。

(2)在政府监管方面:增强政府使用认证、检测和检验等合格评定结果的信心,减少做出相关决定的不确定性和行政许可中的技术评价环节,降低行政监管风险和成本。

(3)在促进贸易方面:通过与国际组织、区域组织或国外认可机构签署多边或双边互认协议,促进合格评定结果的国际互认,促进对外贸易。

(4)在非贸易领域:促进健康、安全、社会服务等非贸易领域规范性、质量和能力等方面的提高。

(5)在市场竞争方面:帮助合格评定机构及其客户增强社会知名度和市场竞争力。

(6)在持续改进方面:通过对合格评定机构进行系统、规范的技术评价和持续监督,有助于合格评定机构及其客户实现自我改进和自我完善。

6. 认可的特征

权威性、独立性、公正性、技术性、规范性、统一性、国际性。

7. 认证与认可

认证与认可是合格评定链中的不同环节,认证是对组织的体系、产品、人员进行的第三方证明,而认可是对合格评定机构能力的证实,二者不能互相替代。如果认证证书带有认可标识,表明认证的结果更加可信,可以有效提高消费者的购买信心。

8. 认可与行政许可

行政许可的执行主体是国家行政机关,依据的是国家法律、法规或规章,并对公民、法人或者其他组织从事特定活动的行为予以批准。根据需要,某一行政许可制度可以将合格评定机构获得认可资格作为行政许可批准的一个必要条件。

9. 认可与市场准入制度

市场准入通常是与某个具体领域的法规或规章密切联系的,市场准入通常是政府依据一定的规则,允许市场主体及交易对象进入某个市场领域的直接控制或干预。当市场准入将产品通过获认可的合格评定机构的认证、检测或检验作为必要和充分要求时,则该产品在满足认证、检测或检验要求的情况下可以直接进入市场。根据国际认可组织近年来对各国的调查,获认可的合格评定结果被各国政府监管部门采信的程度得到了持续增长。

二、《检测和校准实验室能力的通用要求》简介

《检测和校准实验室能力的通用要求》(ISO/IEC 17025)是在 ISO/IEC 导则 25 和 EN45001 广泛实施经验的基础上制定的,它的内容补充了 ISO/IEC 导则 25 在实施中积累的有益经验及 20 世纪 90 年代初因国际上新技术的发展而需补充的内容。也因质量体系理念及应用的日益广泛,不少企业要求通过 ISO 9001 或 ISO 9002 质量体系认证,实验室作为企业的组成部分,也要求按照 ISO 9001 或 ISO 9002 运作,因此,《检测和校准实验室能力的通用要求》(ISO/IEC

17025)实质上是 ISO/IEC 导则 25、ISO 9001 或 ISO 9002 和新技术的发展共同要求的结果。CNAS 等同采用《检测和校准实验室能力的通用要求》(ISO/IEC 17025:2017)发布《检测和校准实验室能力认可准则》(以下简称《认可准则》),使认可准则作为对检测和校准实验室能力进行认可的基础。为支持特定领域的认可活动,CNAS 还根据不同领域的专业特点,制定一系列的特定领域应用说明,对本准则的通用要求进行必要的补充说明和解释,不增加或减少本准则的要求。鉴于国家等同采用 ISO/IEC 17025:2017 发布了《检测和校准实验室能力的通用要求》(GB/T 27025—2019),以下主要就《检测和校准实验室能力的通用要求》(GB/T 27025—2019)的相关内容进行介绍。

1. 概述

2019 年 12 月,国家市场监督管理总局、国家标准化委员会联合发布了《检测和校准实验室能力的通用要求》(GB/T 27025—2019),并于 2020 年 7 月 1 日实施。《检测和校准实验室能力的通用要求》包含检测和校准实验室为证明其管理体系运行、具有技术能力并能提供正确的技术结果所必须满足的所有需要。同时还包含了 ISO 9001 中与实验室管理体系所覆盖的检测和校准服务有关的所有要求,因此,符合该通用要求的检测和校准实验室也是依据 ISO 9001 运作的。实验室质量管理体系符合 ISO 9001 的要求,并不证明实验室具有出具技术上有效数据和结果的能力;实验室质量管理体系符合该准则,也不意味着其运作符合 ISO 9001 的所有要求。

《检测和校准实验室能力的通用要求》规定了实验室进行检测和/或校准能力(包括抽样能力)的通用要求。这些检测和校准包括应用标准方法、非标准方法和实验室制订的方法进行的检测和校准。该通用要求适用于所有从事检测和/或校准的组织,包括第一方、第二方和第三方实验室,以及将检测和/或校准作为检查和产品认证工作一部分的实验室。

《检测和校准实验室能力的通用要求》适用于所有实验室,不论其人员数量的多少或检测和/或校准活动范围的大小。

《检测和校准实验室能力的通用要求》作为对检测和校准实验室能力认可的基础,CNAS 还根据不同的专业领域特点,制定了特定领域应用说明,对通用要求进行必要的补充说明和解释,不增加或减少通用要求。申请认可的实验室应同时满足通用要求和相应领域的应用说明。

依据《检测和校准实验室能力的通用要求》制定的《认可准则》是 CNAS 对检测和校准实验室能力认可的依据,也可为实验室建立质量、行政和技术运作的管理体系,以及为实验室的客户、法定管理机构对实验室的能力进行确认或提供指南。

如果检测和校准实验室按照认可准则的要求,其针对检测和校准所运作的质量管理体系也就满足 ISO 9001 的原则。

《检测和校准实验室能力的通用要求》(GB/T 27025—2019)的核心内容包括正文和附录,其中,正文由 8 个部分组成,即范围、规范性引用文件、术语和定义、通用要求、结构要求、资源要求、过程要求、管理体系要求;附录由附录 A、附录 B 两个附录组成,均为资料性附录。《检测和校准实验室能力的通用要求》(GB/T 27025—2019)正文部分中 5 个方面的要求是应该掌握的重点内容,下面对这 5 个方面要求的要点进行扼要介绍。相关内容的细节请参阅标准原文。

2. 要点介绍

《检测和校准实验室能力的通用要求》(GB/T 27025—2019)将实验室认可评审要求分为通用要求、结构要求、资源要求、过程要求和管理体系要求5个方面,其中通用要求包含公正性、保密性共2个要素;结构要求1个要素;资源要求包括总则,人员,设施和环境条件,设备,计量溯源性,外部提供的产品和服务6个要素;过程要求包括要求、标书和合同的评审,方法的选择、验证和确认,抽样,检测或校准物品的处置,技术记录,测量不确定度的评定,确保结果有效性,报告结果,投诉,不符合工作,数据控制和信息管理共11个要素;管理体系要求包括方式,管理体系文件(方式A),管理体系文件的控制(方式A),记录控制(方式A),应对风险和机遇的措施(方式A),改进(方式A),纠正措施(方式A),内部审核(方式A),管理评审(方式A)共9个要素。《检测和校准实验室能力的通用要求》(GB/T 27025—2019)5个方面要求的组成框架如下所述。

4　通用要求

4.1　公正性

4.2　保密性

5　结构要求

6　资源要求

6.1　总则

6.2　人员

6.3　设施和环境条件

6.4　设备

6.5　计量溯源性

6.6　外部提供的产品和服务

7　过程要求

7.1　要求、标书和合同的评审

7.2　方法的选择、验证及确认

7.3　抽样

7.4　检测或校准物品的处置

7.5　技术记录

7.6　测量不确定度的评定

7.7　确保结果有效性

7.8　报告结果

7.9　投诉

7.10　不符合工作

7.11　数据控制和信息管理

8　管理体系要求

8.1　方式

8.2　管理体系文件(方式A)

8.3 管理体系文件的控制(方式A)
8.4 记录控制(方式A)
8.5 应对风险和机遇的措施(方式A)
8.6 改进(方式A)
8.7 纠正措施(方式A)
8.8 内部审核(方式A)
8.9 管理评审(方式A)

鉴于《检测和校准实验室能力的通用要求》(GB/T 27025—2019)与《检验检测机构资质认定能力评价　检验检测机构通用要求》(RB/T 214—2017)均是公路水运试验检测机构建设、运行、维护的重要遵循，且二者相关内容紧密联系，在实际工作中可对照学习理解。《检测和校准实验室能力的通用要求》(GB/T 27025—2019)中许多条款(或要素)的释义可参阅本书第二篇第五章第二节的相应内容。

第六节　检验检测机构实验室技术要求验收及诚信建设相关规定介绍

2017年9月，中共中央、国务院发文公布了《关于开展质量提升行动的指导意见》。该指导意见提出，要确保重大工程建设质量和运行管理质量，建设百年工程，必须加强工程质量检测管理，严厉打击出具虚假报告等行为。检验检测机构作为工程质量检测的主力军，其技术能力是获取可靠质量检测数据的基础。因此，检验检测机构必须大力提升自身实验室的技术条件，高标准达成实验室特定功能所提出的工艺要求(即技术要求)。作为检验检测从业人员，应该知晓自己所在实验室需要达到的技术要求，并有能力识别这些技术要求是否符合有关验收规范的规定。2019年7月，国务院办公厅以国办发〔2019〕35号文发布了《关于加快推进社会信用体系建设　构建以信用为基础的新型监管机制的指导意见》，提出了构建以信用为基础的新型监管机制的指导意见。由此可见，信用管理体系将是国家治理体系的有机组成部分，检验检测机构要适应新型监管机制要求，自身必须加强诚信建设。对于公路水运工程试验检测机构来讲，实验室技术要求验收及诚信建设是其技术能力和服务水平保证、提升的重要组成部分，应该予以高度关注。目前国家已发布了相应的国家标准，对检验检测机构实验室技术要求验收及诚信建设进行规范和指导，下面就对有关国家标准进行扼要介绍。

一、《检验检测实验室技术要求验收规范》要点介绍

2018年12月，国家市场监督管理总局、中国国家标准化管理委员会联合发布《检验检测实验室技术要求验收规范》(GB/T 37140—2018)，并于2019年7月1日实施。该标准规定了检验检测实验室技术要求的验收规范，适用于新建、改建、扩建检验检测实验室的设计和建设，以及建设方对设计文件的审查和使用验收。该标准的核心内容由正文和附录组成。其中正文由15个部分组成，即：范围、规范性引用文件、术语和定义、总则、选址及平面布局、建筑结构及装饰装修、给排水系统、供暖通风与空气调节、建筑电气、气体管道、实验室家具、智能与控制、

安全与防护、节能与环保、设计审查及使用验收；附录由附录 A、附录 B 两个附录组成,均为资料性附录。《检验检测实验室技术要求验收规范》(GB/T 37140—2018)正文部分所有部分的内容均是检验检测从业人员需要了解学习的内容。相关内容的细节请参阅标准原文。

二、《检验检测机构诚信基本要求》要点介绍

2015 年 9 月,中华人民共和国国家质量监督检验检疫总局、中国国家标准化管理委员会联合发布《检验检测机构诚信基本要求》(GB/T 31880—2015),并于 2015 年 11 月 1 日实施。该标准规定了检验检测机构诚信建设涉及的基本要求,适用于向社会出具具有证明作用数据和结果的检验检测机构。《检验检测机构诚信基本要求》(GB/T 31880—2015)是《检测和校准实验室能力的通用要求》(GB/T 27025)和《合格评定　各类检验机构的运作要求》(GB/T 27020)对检验检测机构在诚信建设方面的细化要求。鼓励检验检测机构在其依据 GB/T 27025 和 GB/T 27020 建立的管理体系基础上,将该标准提出的诚信的基本要求纳入其已有的管理体系中。该标准的核心内容由正文 4 个部分组成,即：范围、规范性引用文件、术语和定义、基本要求。其中,基本要求由总则、法律要求、技术要求、管理要求和责任要求五方面内容组成,其中所规定的法律、技术、管理和责任四方面要求为检验检测机构增强诚信理念、推进诚信建设、防范失信风险、提升社会信任、树立品牌效应提供了指导,是所有检验检测从业人员应该掌握的重点内容。相关内容的细节请参阅标准原文。

第七节　印章的分类与使用

交通运输行业试验检测机构常用的印章有三种,计量认证(CMA)章、公路水运工程试验检测等级印章和报告专用章。按照相关规定,通过资质认定的检验检测机构出具的报告,除了加盖 CMA 印章外,还需加盖检验检测专用章。正确理解相关印章的含义,确保报告所用的印章符合法律及规章的规定,对于检测机构风险控制十分重要。

一、检验检测机构资质认定标志及其使用要求

(1)标志的图形：资质认定标志的整个图形由英文字母 CMA 形成的图案和资质认定证书编号组成。证书编号由 12 位数字组成。CMA 是 China Inspection Body and Laboratory Mandatory Approval 的英文缩写,如图 5-4 所示。

(2)标志的使用：取得检验检测机构资质认定证书的机构,可使用证书中的"许可使用标志",进行对外宣传,并允许在资质认定范围内出具的检验检测报告或证书上予以使用。

(3)标志的规格及颜色：使用标志时,应按照标志规定的比例,根据情况放大或缩小,不可更改标志比例,标志上下部分的颜色应一致。资质认定标志的颜色建议为红色、蓝色或者黑色。

(4)证书的编号：在标志下面的数字编号也为资质认定证书的编号。

(5)标志的位置：资质认定标志加盖(或印刷)在检验检测报告或证书封面上部适当位置。计量认证的专业类别代码：P 交通,R 建设(建材、城建、建工),N 铁路,Y 计量,Z 其他。2008P 代表该机构 2008 年通过计量认证,属于交通运输行业的检测机构。

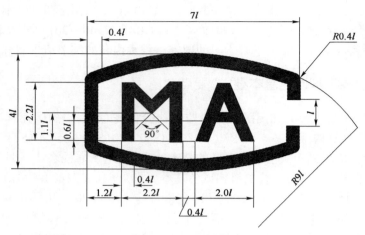

图 5-4　计量认证标志

二、检验检测机构资质认定专用章及其使用要求

（1）检验检测机构向社会出具具有证明作用的检验检测数据、结果的，应当在其检验检测报告或证书上加盖检验检测专用章，用以表明该检验检测报告或证书由其出具，并由该检验检测机构负责。检验检测专用章、资质认定标志二者缺一不可。

（2）检验检测专用章应表明检验检测机构完整的、准确的名称。检验检测专用章加盖在检验检测报告或证书封面的机构名称位置或检验检测结论位置，骑缝位置也应加盖。

（3）检验检测机构应加强对检验检测专用章管理，建立相应的责任制度和用章登记制度，安排专人负责保管和使用，用章记录资料要存档备查。

（4）检验检测专用章的式样要经过本单位法人或法人授权人批准。

（5）检验检测专用章的式样变更，也须经过本单位法人或法人授权人批准。

（6）检验检测专用章应含下列内容：本单位名称、"检验检测专用章"字样、五星标识。专用章形状通常为圆形，参考式样如图 5-5 所示。

图 5-5　检验检测专用章

（7）丢失检验检测专用章的，单位要及时声明作废。

三、公路水运工程检测机构证书编号和标志及使用要求

1. 证书编号原则

为统一规范管理，部工程质量监督机构及各省级公路水运工程试验检测管理机构按照如下原则对《等级证书》进行编号。

等级证书中的证书编号应由发证机构简称、所属专业、检测行业缩写、等级类型简称、评定年份、本等级流水号顺序组成。其中：

(1)发证机构简称编写规则为:"交通"由部工程质量监督机构发证专门使用。其他发证机构则采用该发证机构所属省级行政区简称,如京、渝、苏等。

(2)所属专业用大写英文字母表示。公路工程专业等级采用"G",水运工程专业等级采用"S"。

(3)检测行业缩写由"检测"两个汉字拼音首字母组成,即"JC"。

(4)等级类型简称编写规则为:公路工程综合类等级简称分别为"综甲""综乙""综丙",桥梁隧道工程专项等级简称为"桥隧",交通工程专项等级简称为"交工";水运工程材料类等级简称分别为"材甲""材乙""材丙",水运工程结构类等级简称分别为"结甲""结乙"。

(5)评定年份采用"YYYY"形式编写,由四位数字组成,"2018"代表评定年份。

(6)本等级流水号由3位阿拉伯数字组成,每个等级从"001"开始编写。示例如下:

公路工程综合甲级:交通 GJC 综甲 2018-001;
公路工程桥隧专项:交通 GJC 桥隧 2018-001;
公路工程交通工程:交通 GJC 交工 2018-001;
公路工程综合乙级:京 GJC 综乙 2018-001;
水运工程材料甲级:交通 SJC 材甲 2018-001;
水运工程结构甲级:交通 SJC 结甲 2018-001;
水运工程材料乙级:渝 SJC 材乙 2018-001;
水运工程结构乙级:苏 SJC 结乙 2018-001。

2. 报告专用标识章的尺寸

专用标识章为长方形,长为 27mm,宽为 16mm。上半部分为标识,下半部分为等级证书编号,字体为隶书,字号为小四,颜色为蝴蝶蓝。样式如图 5-6 所示,其中等级证书编号为公路工程综合甲级编号示例。

图 5-6 专用标识章样式

四、印章的使用

1. 检验检测专用章的使用

检验检测机构在其出具的各类检验检测报告上,都必须加盖检验检测专用章,用以表明该检验检测报告由其出具,是有效力的,并由该检验检测机构负责。检验检测专用章一般加盖在检验检测报告封面的机构名称位置和骑缝位置,检验检测专用章应列明检验检测机构完整准确的名称,该名称应当与资质认定证书载明的名称一致。检验检测机构建立检验检测专用章的管理文件,并对检验检测专用章的使用进行规范管理。

2. 资质认定标识的使用

检验检测机构在资质认定证书确定的能力范围内,在出具的各类检验检测报告上,都必须标注资质认定标识,表明其具有相应的检验检测能力。

资质认定标识应当按照国家认监委有关资质认定标识管理的文件规定,符合尺寸、比例、颜色方面的要求,并准确、清晰标注证书编号。资质认定标识一般加盖(或者印刷)在检验检测报告封面左侧页眉,颜色通常为红色、蓝色或黑色。

3. 公路水运工程试验检测机构专用标识章的使用

为提高公路、水运等级检测机构出具试验检测报告的权威性,增强检测机构责任意识,所有等级试验检测机构,在其业务范围内出具的试验检测报告,应在报告封面加盖"公路水运工程试验检测机构"专用标识。"试验检测机构专用标识章"应加盖在试验检测报告的右上角。

当检测参数通过计量认证时,检测报告须加盖 CMA 标志,同时加盖检验检测机构专用章;检测参数属于《等级证书》批准的范围,未通过资质认定时,报告加盖 J 标志及检验检测机构专用章;当检测参数通过资质认定同时属于《等级证书》批准的范围的检测报告,须加盖 CMA、检验检测机构专用章和颜色为蝴蝶蓝 J 的三种印章,交通运输行业第三方检测机构出具的报告属于该种情况。交竣工验收进行质量评定的报告应加盖 CMA、检验检测机构专用章和颜色为蝴蝶蓝 J 的三种印章。

如果检验检测机构具备某些检验检测能力,但这些检验检测能力尚未取得资质认定(或者尚无国家标准、行业标准、地方标准,从而无法取得资质认定),即检验检测依据不在资质认定证书确定的能力范围内。而检验检测机构又需要为科研、教学、企业内部质量控制、企业产品研发等目的,与委托合同约定,为其提供内部使用的检验检测数据、结果时,检验检测报告上不能使用资质认定标志,且必须在其检验检测报告的显著位置(如扉页、备注栏)注明相关检验检测依据不在资质认定范围内,检验检测数据、结果仅供特定委托方内部使用,不具有对社会的证明作用。

第三篇

基础知识

第三篇

复印件及

第六章 试验检测常用术语和定义

第一节 试验检测管理术语

1. 第三方检测机构

第三方检测机构又称公正检验,指两个相互联系的主体之外的某个客体,我们把它叫作第三方。第三方可以是和两个主体有联系,也可以是独立于两个主体之外,是由处于买卖利益之外的第三方(如专职监督检验机构),以公正、权威的非当事人身份,根据有关法律、标准或合同所进行的商品检验活动。

2. 等级试验检测机构

等级试验检测机构是指按《公路水运工程试验检测管理办法》要求,取得《等级证书》的机构。

3. 母体试验检测机构

母体试验检测机构是指在工程现场设立工地试验室的等级试验检测机构。

4. 工地试验室

工地试验室是指工程建设过程中为控制质量由等级试验检测机构在工程现场设立的试验室。

其基本特征为设立在工地现场,由母体试验检测机构授权,按照合同约定承担公路水运工程工地现场试验检测的临时性机构。

5. 质量体系

质量体系是指为了实施质量管理所需的组织结构、程序、过程的资源。

6. 质量管理

质量管理是指确定质量方针、目标和职责,并在管理体系中通过诸如质量策划、质量控制、质量保证和质量改进使其实施全部管理职能的所有活动。

7. 授权签字人

授权签字人是指实验室提名,经过资质认定评审组考核合格,能在实验室被认可范围内的检测报告或校准证书上获准签字的人员。

8. 工地试验室授权负责人

工地试验室授权负责人是指由母体检测机构授权,代表母体检测机构在工地现场从事工地试验室管理的负责人。

9. 文件受控

文件受控是为保证使用的各种文件现行有效,实验室对文件的编制、审核、批准、标识、发放、保管、修订等各个环节实施控制和管理。

10. 模拟报告

模拟报告是指依据试验规范标准对真实的样品进行检测所形成的检测报告。

11. 检测

检测是指对给定产品,按照规定程序确定某一种或多种特性、进行处理或提供服务所组成的技术操作。

12. 能力验证

能力验证是指利用实验室间比对,按照预先制定的准则评价参加者的能力。

13. 标准(含标准样品)

标准(含标准样品),是指农业、工业、服务业以及社会事业等领域需要统一的技术要求。标准包括国家标准、行业标准、地方标准和团体标准、企业标准。国家标准分为强制性标准、推荐性标准,行业标准、地方标准是推荐性标准。

14. 期间核查

期间核查是指根据规定程序,为了确定计量标准、标准物质或测量仪器是否保持原有状态而进行的操作。

15. 内审

内审即内部审核,是试验室自身必须建立的评价机制,是对所策划的体系、过程及其运行的符合性、适宜性和有效性进行系统的、定期的审核,保证管理体系的自我完善和持续改进过程。其目的是为了检查本机构各项质量活动是否符合评审准则与质量管理体系文件的要求的活动。

16. 管理评审

管理评审是指由(试验室的)最高管理者就质量方针和目标,对质量体系的现状和适应性进行的正式评价。评审的目的是为了确保检测机构质量管理体系的适宜性、充分性、有效性和效率,以达到检测机构质量目标所进行的活动,为质量体系持续改进提供依据。

17. 实验室间比对

实验室间比对是指按照预先规定的条件,由两个或多个实验室对相同或类似的物品进行测量或检测的组织、实施和评价。

18. 标准化

标准化是为了在既定范围内获得最佳秩序,促进共同效益,对现实问题或潜在问题确立共同使用和重复使用的条款以及编制、发布和应用文件的活动。标准化以制订、发布和实施标准达到统一,确立条款并共同遵循,来实现最佳效益。

19. 检验

检验是通过观察和判断,适当时结合测量、试验或估量所进行的符合性评价。

20. 检查

检查是对产品、过程、服务或安装的审查,或对其设计的审查,并确定其与特定要求的符合性,或在专业判断的基础上确定其与通用要求的符合性。

21. 检验检测机构

检验检测机构是依法成立,依据相关标准或者技术规范,利用仪器设备、环境设施等技术条件和专业技能,对产品或者法律法规规定的特定对象进行检验检测的专业技术组织。

22. 资质认定评审

资质认定评审是指国家认证认可监督管理委员会和省级质量技术监督部门(市场监督管理部门),依据《中华人民共和国行政许可法》的有关规定,自行或者委托专业技术评价机构,组织评审员,对检验检测机构是否符合《检验检测机构资质认定管理办法》规定的资质认定条件所进行的审查和考核。

23. 公路水运工程试验检测

根据国家有关法律、法规的规定,依据工程建设技术标准、规范、规程,对公路水运工程所用材料、构件、工程制品、工程实体的技术指标等进行测试,以确定其质量特性的活动,简称试验检测。

24. 公路水运工程试验检测机构

依法成立,承担公路水运工程试验检测业务并对试验检测结果承担责任的专业技术组织,简称检测机构。

25. 公路水运工程试验检测人员

具备相应公路水运工程试验检测知识和能力,并承担公路水运工程试验检测业务的专业技术人员,简称检测人员。

注:国家设立公路水运工程试验检测专业技术人员水平评价类职业资格制度,公路水运工程试验检测专业技术人员职业资格分为试验检测师和助理试验检测师2个级别,取得试验检测师或助理试验检测师证书的检测人员简称持证检测人员。

26. 公路水运工程试验检测机构等级评定

根据《公路水运工程试验检测管理办法》的有关规定,按照等级标准,对检测机构的仪器设备及检测人员的配备情况、试验检测环境等基本条件,以及试验检测技术水平和管理水平进行评审,确认其从事公路水运工程试验检测工作等级的活动,简称等级评定。

27. 公路水运工程试验检测机构专用标识章

向符合相应等级标准要求的检测机构颁发的图章,注有等级证书编号等信息,用于加盖在其出具的数据报告之上,简称专用标识章。

28. 投诉

任何人员或组织向实验室就其活动或结果表达不满意,并期望得到回复的行为。

29. 公正性

客观性的存在。

注:(1)客观性意味着不存在或已解决利益冲突,不会对实验室的活动产生不利影响。

(2)其他可用于表示公正性的要素的术语包括:无利益冲突、没有成见、没有偏见、中立、公平、思想开明、不偏不倚、不受他人影响、平衡。

第二节 试验检测技术术语

1. 量

量是现象、物体或物质的特性,其大小可用一个数和一个参照对象表示。

2. 量值

量值全称量的值,简称量值。用数和参照对象一起表示的量的大小。

3. 量的真值

量的真值简称真值,与量的定义一致的量值。

4. 约定量值

约定量值又称量的约定值,对于给定的目的,由协议赋予某量的量值。

5. 量的数值

量的数值简称数值,量值表示中的数,而不是参照对象的任何数字。

6. 测量

测量是通过实验室获得并可合理赋予某量一个或多个量值的过程。

注:(1)测量不适用于标称特性。

(2)测量意味着量的比较并包括实体计数。

(3)测量的先决条件是对测量结果预期用途相适应的量的描述,测量程序以及根据规定测量程序(包括测量条件)进行操作的经校准的测量系统。

7. 计量

计量是实现单位统一、量值准确可靠的活动。

8. 测量方法

测量方法是对测量过程中使用的操作所给出的逻辑性安排的一般性描述。

9. 比对

比对是在规定的条件下,对相同准确度等级或指定不确定度范围的同种测量仪器复现的量值之间比较的过程。

10. 校准

校准是在规定条件下的一组操作,其第一步是确定由测量标准提供的量值与相应示值之间的关系,第二步是用此信息确定由示值获得测量结果的关系,这里测量标准提供的量值与相应示值都具有测量不确定度。

11. 测量结果

测量结果是与其他有用的相关信息一起赋予被测量的一组量值。

注:(1)测量结果通常包含这组量值的"相关信息",诸如某些可以比其他方式更能代表被测量的信息。它可以用概率密度函数(PDF)的方式表示。

(2)测量结果通常表示为某个测量的量值和一个测量不确定度。对某些用途,如果认为测量不确定度可忽略不计,则测量结果可表示为某个测量的量值。在许多领域中这是测量结果的常用表示方式。

12. 测得的量值

测得的量值又称量的测得值,代表测量结果的量值。

注:(1)对重复示值的测量,每个示值可提供相应的测量值。用这一组独立的测得值可以计算出作为结果的测得值,如平均值或中位值,通常它附有一个已减小了的与其相关联的测量不确定度。

(2)当认为代表被测量的真值范围与测量不确定度相比小得多时,量的测得值可以认为是实际唯一真值的估计值,通常是通过重复测量获得的各独立测得值的平均值或中位值。

(3)当认为代表被测量的真值范围与测量不确定度相比不太小时,被测量的测得值通常是一组真值的平均值或中位值的估计值。

13. 测量误差

测量误差简称误差,其值为测得的量值减去参考量值。

14. 系统测量误差

系统测量误差是指在重复测量中保持不变或按可遇见方式变化的测量误差的分量。

注:(1)系统测量误差的参考值是真值,或是测量不确定度可忽略不计的测量标准的测得值,或是约定量值。

(2)系统测量误差及其来源可以是已知或未知的。对于已知的系统测量误差可采用修整补偿。

(3)系统测量误差等于测量误差减去随机测量误差。

15. 测量偏倚

测量偏移简称偏倚,是系统测量误差的估计值。

16. 随机测量误差

随机测量误差简称随机误差,是在重复测量中按不可预见方式变化的测量误差的分量。

注:(1)随机测量误差的参考量值是对同一被测量由无穷多次重复测量得到的平均值。

(2)一组重复测量的随机测量误差形成一种分布,该分部可用期望和方差描述,其期望通常可假设为零。

(3)随即误差等于测量误差减去系统测量误差。

17. 修正

修正是对估计的系统误差的补偿。

注:(1)补偿可取不同的形式,诸如加一个修正值或乘以个修正因子,或从修正值表或修正曲线上得到。

(2)修正值是用代数方法与未修正测量结果相加,以补偿其系统误差的值。修正值等于负的系统误差估计值。

(3)修正因子是为补偿系统误差而与未修正测量结果相乘的数字因子。

(4)由于系统误差不能完全知道,因此这种补偿并不完全。

18. 测量准确度

测量准确度简称准确度,指被测量的测得值与其真值间的一致程度。

19. 测量正确度

测量正确度简称正确度,指无穷多次重复测量所得量值的平均值与一个参考量值之间的一致程度。

注:(1)测量正确度不是一个量,不能用数值表示。

(2)测量正确度与测量系统误差有关,与随机测量误差无关。

(3)测量正确度不能用测量准确度表示。反之亦然。

20. 测量精密度

测量精密度简称精密度,是在规定的条件下,对同一或类似被测对象重复测量所得示值或测得值间的一致程度。

注:(1)测量精密度通常用不精密程度以数字形式表示,如,在规定的测量条件下的标准差、方差或变异系数。

(2)规定条件可以是重复性测量条件、期间精密度测量条件或复现性测量条件。

(3)测量精密度用于定义测量重复性、期间测量精密度或测量复现性。

21. 测量重复性

测量重复性简称重复性,在一组重复性测量条件下的测量精密度。

22. 重复性测量条件

重复性测量条件简称重复性条件,包括相同的测量程序、相同的操作者、相同的操作条件和相同的地点,并在短时间内对同一或相类似被测对象重复测量的一组测量条件。

23. 复现性测量条件

复现性测量条件简称复现性条件,是指不同地点、不同操作者、不同测量系统,对同一或相类似被测对象重复测量的一组测量条件。

24. 测量复现性

测量复现性简称复现性,是在复现性测量条件下的测量精密度。

25. 测量不确定度

测量不确定度简称不确定度,是根据所用到的信息,表征赋予被测量量值分散性的非负参数。

26. 标准不确定度

标准不确定度全称为标准测量不确定度,是以标准差表示的测量不确定度。

27. 测量不确定度 A 类评定

测量不确定度 A 类评定是对在规定测量条件下测得的量值用量值统计分析的方法进行的测量不确定度分量的评定。

28. 测量不确定度的 B 类评定

测量不确定度的 B 类评定是用不同于测量不确定度 A 类评定的方法对测量不确定度分量进行的评定。

29. 合成标准不确定度

合成标准不确定度全称为合成标准测量不确定度,是在一个测量模型中各输入量的标准测量不确定度获得的输出量的标准测量不确定度。

注:在数学和模型中的输入量相关的情况下,当计算合成标准不确定度时必须考虑协方差。

30. 相对标准不确定度

相对标准不确定度全称为相对标准测量不确定度,是指标准不确定度除以测得值的绝对值。

31. 扩展不确定度

扩展不确定度全称为扩展测量不确定度,是合成标准不确定度与一个大于1的数字因子的乘积。

32. 测量设备

测量设备是为实现测量过程所必需的测量仪器、软件、测量标准、标准物质、辅助设备或其组合。

33. 测量系统

测量系统是指一套组装的并适用于特定量在规定区间内给出测得值信息的一台或多台测量仪器,通常还包括其他装置,诸如试剂和电源。

34. 测量仪器的示值

测量仪器的示值是由测量仪器或测量系统给出的量值。

35. 实验标准差

实验标准差是对同一被测量作 n 次测量,表征结果分散性的量。用符号 s 表示:

$$s = \sqrt{\frac{\sum_{i=1}^{n}(x_i - \bar{x})^2}{n-1}} \tag{6-1}$$

式中:x_i——第 i 次测量的测得值;
$\bar{x}$——n 次测量所得一组测得值的算术平均值;
n——测量次数。

注:(1)n 次测量中某个测得值 x_k 的实验标准偏差 $s(x_k)$ 采用式(6-1)算出;
(2)n 次测量的算数平均值 $\bar{x}$ 的实验标准偏差 $s(\bar{x}) = s(x_k)/\sqrt{n}$。

36. 测量标准

测量标准是指具有确定的量值和相关联的测量不确定度,实现给定量定义的参照对象。

37. 示值误差

示值误差是指测量仪器示值与对应输入量的参考量值之差。

38. 量值传递

量值传递是指通过对测量仪器的校准或检定,将国家测量标准所实现的单位量值通过各等级的测量标准传递到工作测量仪器的活动,以保证测量所得的量值准确一致。

39. 参考物质(标准物质)

参考物质(标准物质)是指具有足够均匀和稳定的特性物质,其特性被证实适用于测量中或标称特性检验中的预期用途。

注:(1)标称特性的检查提供一个标称特性值及其不确定度。该不确定度不是测量不确定度。
(2)赋值或未赋值的标准物质都可用于测量精密度控制,只有赋值的标准物质才可用于校准或测量正确度控制。
(3)"标准物质"既包括具有量的物质,也包括标称特性的物质。

40. 有证标准物质

有证标准物质是指附有由权威机构发布的文件,提供使用有效程序获得的具有不确定度和溯源性一个或多个特性量值的标准物质。

注:在标准物质证书和标签上均有 CMC 标记。

标准物质的作用有以下三点:

(1)作为校准物质用于仪器的定度(化学分析仪器)。

(2)作为已知物质用以测量评价测量方法。

(3)作为控制物质与待测物质同时进行分析。

当标准物质得到的分析结果与证书给出的量值在规定限度内一致时,证明待测物质的分析结果是可信的。标准物质分为两级:一级由国家计量部门制作颁发或出售,二级由各专业部门制作供厂矿或试验室日常使用。

41. 测量仪器(计量器具)的检定

测量仪器(计量器具)的检定是指查明和确认测量仪器符合法定要求的活动,它包括检查、加标记和出具检定证书。

42. 计量检定规程

计量检定规程是指为评定计量器具的计量特性,规定了计量性能、法制计量控制要求、检定条件和检定的方法以及检定周期等内容,并对计量器具做出合格与否的判定的计量技术法规。

43. 计量确认

计量确认是指为保证测量设备处于满足预期使用要求的状态所需要的一组操作。

44. 准确度等级

准确度等级是指在规定工作条件下,符合规定的计量要求,使测量误差或仪器不确定度保持在规定极限内的测量仪器或测量系统的等级或级别。

注:(1)准确度等级通常用约定采用的数字或符号表示。

(2)准确度等级也适用于实物量具。

45. 计量溯源性

计量溯源性是指通过文件规定的不间断的校准链,测得结果与参照对象联系起来的特性,校准链中的每项校准均会引入测量不确定度。

46. 计量溯源链

计量溯源链是指用于将测量结果与参照对象联系起来的测量标准和校准的次序。

47. 目标不确定度

目标不确定度是指根据测量结果的预期用途、规定作为上限的测量不确定度。

48. 参考量值(参考值)RQV

参考量值(参考值)RQV 是指用作与同类量的值进行比较的基础量值。

RQV 可以是被测量的真值,它是未知的;也可以是约定量值,它是已知的。

带有测量不确定度的 RQV 通常由 CS 样品提供。

49. 质量控制样品（QC 样品）

质量控制样品（QC 样品）是指存储完整、用量充足的稳定和均质化物料,其物理、化学特性近似于测量系统的常规样品。

50. 核查样品（CS 样品）

核查样品（CS 样品）是指质量控制测量中附有参考量值的物料。

注:该物料为标准物质,或实验室比对赋予参考量值的物料,用来确定测量系统的准确度。

第七章 法定计量单位

我国计量法规定国际单位制计量单位和国家选定的其他计量单位,为国家法定计量单位。国家法定计量单位的名称、符号由国务院公布。我国允许使用的计量单位是国家法定计量单位。国家法定计量单位由国际单位制单位和国家选定的非国际单位制单位组成。

国际单位制是我国法定计量单位的主体,国际单位制如有变化,我国法定计量单位也将随之而变化。国际单位制是我国法定计量单位的基础,一切属于国际单位制的单位都是我国的法定计量单位。

第一节 国际单位制

国际单位制(Le Systeme International d'Unites)及其简称 SI 是在 11 届国际计量大会上(1960 年)通过的。SI 单位是指国际单位制中与基本单位构成一贯单位制的单位。除质量外,均不带 SI 词头(质量的 SI 单位为千克)。关于一贯单位制的详细说明见《有关量、单位和符号的一般原则》(GB 3101—1993)。下面就国际单位制的相关内容介绍如下。

1. 国际单位制的构成

国际单位制的内容包括国际单位制(SI)的构成体系、SI 单位、SI 词头、SI 单位的十进倍数单位的构成以及它们的使用规则。国际单位制的构成如图 7-1 所示。

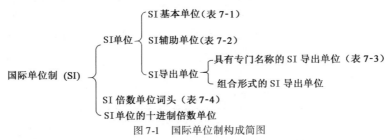

图 7-1 国际单位制构成简图

国际单位制的单位包括 SI 单位以及 SI 单位的十进制倍数单位。

2. SI 单位

(1) SI 单位的组成

SI 单位包括 SI 基本单位、SI 辅助单位、SI 导出单位。

①SI 基本单位

国际单位制建立在 ISO 的 7 个基本量的基础上,基本量和相应基本单位的名称和符号见表7-1。

基本量和基本单位的名称和符号 表7-1

量 的 名 称	单 位 名 称	单 位 符 号
长度	米	m
质量	千克(公斤)	kg
时间	秒	s
电流	安[培]	A
热力学温度	开[尔文]	K
物质的量	摩[尔]	mol
发光的强度	坎[德拉]	cd

注:①( )中的名称,是它前面名称的同义词,下同。
②[ ]中的字是在不致混淆的情况下,可以省略的字,下同。
③本标准所称的符号,除特殊指明者外,均指我国法定计量单位中所规定的符号,下同。

②SI 辅助单位

弧度和球面度两个SI单位,国际计量大会并未将它们归入基本单位和(或)导出单位,而称之为SI辅助单位,又称为国际单位制辅助单位。这两个单位列于表7-2,它们既可以作为基本单位使用,又可以作为导出单位使用。原则上说,它们是无量纲量的导出单位,但从实用出发不列为SI导出单位。使用上根据需要,既可以用弧度或球面度,也可以用"1"。

SI 辅 助 单 位 表7-2

量 的 名 称	单 位 名 称	单 位 符 号
平面角	弧度	rad
立体角	球面度	sr

③SI 导出单位

导出单位是用基本单位和(或)辅助单位以代数形式所表示的单位。这种单位符号中的乘和除使用数学符号。如速度的SI单位为米每秒(m/s),角速度的SI单位为弧度每秒(rad/s)。属于这种形式的单位称为组合单位。

某些SI导出单位在国际计量大会通过了专门的名称和符号,见表7-3。使用这些专门名称以及用它们表示其他导出单位,往往更为方便、明确。如"功"的SI单位通常用焦耳(J)代替牛顿·米(N·m),电阻率的单位通常用欧姆米(Ω·m)代替三次方米千克每三次方秒二次方安培[$m^3 \cdot kg/(s^3 \cdot A^2)$]。

具有专门名称的SI导出单位 表7-3

量 的 名 称	SI导出单位			
	名称	符号	其他表示式	
			用SI单位示例	用SI基本单位
频率	赫[兹]	Hz	—	s^{-1}
力,重力	牛[顿]	N	—	$m \cdot kg \cdot s^{-2}$
压力,压强,应力	帕[斯卡]	Pa	N/m^2	$m^{-1} \cdot kg \cdot s^{-2}$
能[量],功,热量	焦[耳]	J	$N \cdot m$	$m^2 \cdot kg \cdot s^{-2}$
功率,辐[射能]通量	瓦[特]	W	J/s	$m^2 \cdot kg \cdot s^{-3}$
电荷[量]	库[仑]	C	—	$A \cdot s$

续上表

量的名称	SI 导出单位			
	名称	符号	其他表示式	
			用 SI 单位示例	用 SI 基本单位
电压,电动势,电位,(电势)	伏[特]	V	W/A	$m^2 \cdot kg \cdot s^{-3} \cdot A^{-1}$
电容	法[拉]	F	C/V	$m^{-2} \cdot kg^{-1} \cdot s^4 \cdot A^2$
电阻	欧[姆]	Ω	V/A	$m^2 \cdot kg \cdot s^{-3} \cdot A^{-2}$
电导	西[门子]	S	A/V	$m^{-2} \cdot kg^{-1} \cdot s^3 \cdot A^2$
磁通[量]	韦[伯]	Wb	V·s	$m^2 \cdot kg \cdot s^{-2} \cdot A^{-1}$
磁通[量]密度,磁感应强度	特[斯拉]	T	Wb/m²	$kg \cdot s^{-2} \cdot A^{-1}$
电感	亨[利]	H	Wb/A	$m^2 \cdot kg \cdot s^{-2} \cdot A^{-2}$
摄氏温度	摄氏度	℃	—	K
光通量	流[明]	lm	—	cd·sr
(光)照度	勒[克斯]	lx	lm/m²	$m^{-2} \cdot cd \cdot sr$

表 7-1 ~ 表 7-3 确定了单位的名称及其简称,用于口述,也可用于叙述性的文字中。

组合单位的名称与其符号表示的顺序一致,符号中的乘号没有对应的名称,除号的对应名称为"每"字,无论分母中有几个单位,"每"字都只出现一次。例如:比热容的单位符号是 J/(kg·K),其名称是"焦耳每千克开尔文",而不是"每千克开尔文焦耳"或"焦耳每千克每开尔文";波数的单位符号是 m^{-1},其名称为"每米",而不是"负一次方米"。

乘方形式的单位名称,其顺序应是指数名称在前,单位名称在后,指数名称由相应的数字加"次方"两字而成。例如:断面惯性矩单位符号为 m^4,其名称为"四次方米"。

如果长度的二次和三次幂分别表示面积和体积,则相应的指数名称为"平方"和"立方",否则应称为"二次方"和"三次方"。例如:体积单位符号是 m^3,其名称为"立方米",而断面系数单位符号是 m^3,其名称为"三次方米"。

书写单位名称时,不加任何表示乘或(和)除的符号或(和)其他符号。例如:电阻率单位符号是 Ω·m,其名称为"欧姆米",而不是"欧姆·米"、"欧姆-米"、"[欧姆][米]"等。

(2) SI 单位的倍数单位

表 7-4 列出了 SI 单位的倍数单位,倍数单位的词头(SI 词头)名称、简称及符号。词头用于构成 SI 单位的倍数单位,但不得单独使用。

SI 倍数单位词头 表 7-4

所表示的因数	词头名称	词头符号	所表示的因数	词头名称	词头符号
10^{18}	艾[可萨]	E	10^{-1}	分	d
10^{15}	拍[它]	P	10^{-2}	厘	c
10^{12}	太[拉]	T	10^{-3}	毫	m
10^9	吉[咖]	G	10^{-6}	微	μ
10^6	兆	M	10^{-9}	纳[诺]	n
10^3	千	k	10^{-12}	皮[可]	p
10^2	百	h	10^{-15}	飞[母拖]	f
10^1	十	da	10^{-18}	阿[托]	a

词头与所紧接的单位*,应作为一个整体对待,它们一起组成一个新单位(十进倍数单位),并具有相同的幂次,而且还可以根据习惯和其他单位构成组合单位。

例 7-1　$1cm^3 = (10^{-2}m)^3 = 10^{-6}m^3$。

例 7-2　$1\mu s^{-1} = (10^{-6}s)^{-1} = 10^6 s^{-1}$。

例 7-3　$1mm^2/s = (10^{-3}m)^2/s = 10^{-6}m^2/s$。

例 7-4　10^6 eV 可写成为 MeV。

　　　　　10^{-3} L 可写成为 mL。

　　　　　10^{-3} tex 可写成为 mtex。

不得使用重叠词头,如只能写 nm,而不能写 mum。

注:由于质量的 SI 单位名称"千克"中,已包含 SI 词头"千",所以质量的十进倍数单位由词头加在"克"前构成,如用 mg 而不得用 ukg。

(3)可与国际单位制单位并用的其他单位

由于使用十分广泛而且需要,可与 SI 并用的我国法定计量单位列于表 7-5。

与 SI 并用的我国法定计量单位　　　　　　　　表 7-5

量的名称	单位名称	单位符号	与 SI 单位的关系
时间	分	min	1min = 60s
	[小]时	h	1h = 60min = 3 600s
	日,(天)	d	1d = 24h = 86 400s
平面(角)	度	(°)	$1° = (\pi/180)$ rad
	[角]分	(′)	$1′ = (1/60)° = (\pi/10\ 800)$ rad
	(角)秒	(″)	$1″ = (1/60)′ = (\pi/648\ 000)$ rad
体积,容积	升	L(l)	$1L = 1dm^3 = 10^{-3}m^3$
质量	吨	t	$1t = 10^3 kg$
	原子质量单位	μ	$1\mu \approx 1.660\ 565\ 5 \times 10^{-27}kg$
旋转速度	转每分	r/min	$1r/min = (1/60)s^{-1}$
长度	海里	n mile	1 n mile = 1 852m(只用于航程)
速度	节	kn	$1kn = 1$ n mile/h $= \left(\dfrac{1\ 852}{3\ 600}\right)$m/s(只用于航海)
能	电子伏	eV	$1eV \approx 1.602\ 189\ 2 \times 10^{-19}J$
级差	分贝	dB	
线密度	特[克斯]	tex	$1tex = 10^{-6}kg/m$

注:①平面角单位度、分、秒的符号,在组合单位中应采用(°)、(′)、(″)的形式。例如,不用°/s 而用(°)/s 表示。

②升的两个符号属同等地位,可任意选用。今后是否取消其中之一,待国际上有新规定后再行修改。根据习惯,在某些情况下,表中的单位可以与国际单位制的单位构成组合单位,例如,kg/L、km/h。

第二节　SI 单位及其倍数单位的应用

根据使用方便的原则来选用 SI 单位的倍数单位。通过适当的选择,可使数值处于实用范围内。使用 SI 单位及其倍数单位具体原则举例说明如下。

(1) 选用 SI 单位的倍数单位,一般应使用量的数值处于 0.1～1 000 范围内。

例 7-5　$1.2 \times 10^4 \mathrm{N}$ 可写成 12kN。

例 7-6　0.003 94m 可写成 3.94mm。

例 7-7　11 401Pa 可写成 11.401kPa。

例 7-8　3.1×10^{-8}s 可写成 31ns。

在某些情况下习惯使用的单位可以不受上述限制。如大部分机械制图使用的单位可以用毫米,导线截面积使用的单位可以用平方毫米,领土面积用平方千米。

在同一个量的数值中,或叙述同一个量的文章里,为对照方便,使用相同的单位时,数值不受限制。词头 h、da、d、c(百、十、分、厘),一般用于某些长度、面积和体积。

(2) 对于组合单位,其倍数单位的构成,最好只使用一个词头,而且尽可能是组合单位中的第一个单位采用词头。

只通过相乘构成的组合单位在加词头时,词头通常加在第一个单位之前。

例如:力矩的单位 kN·m,不宜写成 N·km。

只通过相除构成的组合单位,或通过乘和除构成的组合单位,在加词头时,词头一般都应加在分子的第一个单位之前,分母中一般不用词头,但质量单位 kg 在分母中时例外。

例 7-9　摩尔内能单位 kJ/mol,不宜写成 J/mmol。

例 7-10　比能单位可以是 kJ/kg。

当组合单位分母是长度、面积和体积单位时,分母中可以选用某些词头构成倍数单位。

例如:密度的单位可以选用 $\mathrm{g/cm^3}$。

一般不在组合单位的分子分母中同时采用词头,但质量单位 kg 除外。

例如:电场强度单位不宜写成 kV/mm,而用 MV/m;质量摩尔浓度可以用 mol/kg。

(3) 在计算中为了方便,建议所有量均用 SI 单位表示,将词头用 10 的幂代替。

(4) 有些国际单位制以外的单位,可以按习惯用 SI 词头构成倍数单位,但它们不属于国际单位制,如 MeV、mCi、mL 等。摄氏温度单位摄氏度,角度单位度、分、秒与时间单位日、时、分等不得用 SI 词头构成倍数单位。

(5) 当组合单位是由两个或两个以上的单位相乘时,其组合单位的写法可采用下列形式之一:N·m,Nm。

注:(1)第二种形式,也可以在单位符号之间不留空隙,但应注意,当单位符号同时又是词头符号时,应尽量将它置于右侧,以免引起混淆。如 mN 表示毫牛顿而非指米牛顿。

(2) 在 ISO 1000—1981(E) 中还有 N·m 形式。

当用单位相除的方法构成组合单位时,其符号可采用下列形式之一:m/s;m 与 $\mathrm{s^{-1}}$ 相乘的形式;或 m*/s。除加括号避免混淆外,单位符号中的斜线(/)不得超过一条。在复杂的情况下,也可以使用负指数或加括号。

(6) 单位的中文符号。表 7-1～表 7-4 所确定的单位名称的简称,可作为这个单位的中文符号使用,并可用以代替本标准各个表中所给出的符号构成组合单位的中文符号。中文符号中不应含有单位的全称。

由两个或两个以上单位相乘所构成的组合单位,其符号形式为两个单位符号之间加居中圆点,如牛·米。单位相除构成的组合单位,其符号可采用下列形式之一:米/秒;米·秒$^{-1}$ 或米*/秒。

摄氏度的符号℃可以作为中文符号使用。

(7)单位符号的使用规则。

①单位与词头的名称,一般只宜在叙述性文学中使用。单位和词头的符号,在公式、数据表、曲线图、刻度盘和产品品牌等需要简单明了的地方使用,也用于叙述性文字中。

②单位名称和单位符号都必须各作为一个整体使用,不得拆开。如摄氏度的单位符号为℃,20摄氏度不得写成或读成摄氏20度,也不得写成20。C,只能写成20℃。

③单位符号后不得加省略点,也无复数形式。

④可用汉字与单位的符号构成组合形式的单位,例如:元/d,万 t·km。

⑤优先采用本章各表中给出的符号。

(8)将SI词头的中文名称置于单位名称的简称之前,构成中文符号时,应注意避免引起混淆,必要时使用圆括号。

转速的量值不得写为3 千秒$^{-1}$。

例如:表示三每千秒,则应写为3(千秒)$^{-1}$(此处"千"为词头)。

例如:表示三千每秒,则应写为3 千秒$^{-1}$(此处"千"为数词)。

体积的量值不得写为2 千米3。

例如:表示二立方千米,则应写为2(千米)^3(此处"千"为词头)。

例如:表示二千立方米,则应写为2 千米^3(此处"千"为数词)。

(9)单位和词头符号的书写规则。

单位符号一律用正体字母。除来源于人名的单位符号第一个字母要大写外,其余均为小写字母(升的符号L和天文单位距离的符号A例外)。例如:米(m);秒(s);坎德拉(cd)。

而来源于人名的,单位符号应写在全部数值之后,并与数值间留半个数字的空隙。例如:安培(A);帕斯卡(Pa);韦伯(Wb)等。

SI 词头符号一律用正体字母,小于10^3(含10^3)者为小写字母,大于10^6(含10^6)者为大写字母。SI 词头符号与单位符号间不得留空隙。

第三节　SI基本单位的定义

一、基本单位的定义

米:米是长度单位,当真空中光速c以 m/s 为单位表达时选取固定数值299 792 458 来定义米。即"光在真空中行进 1/299 792 458 秒的距离"为一标准米。

千克:千克是质量单位,其定义为"对应普朗克常数为 6.626 070 15×10^{-34} J·s 时的质量单位"。

秒:秒是时间单位,1秒定义是铯-133原子基态的两个超精细能级之间跃迁所对应的辐射的 9 192 631 770 个周期的持续时间。

安培:安培是电流的单位。1 安培定义为"1s 内通过导体某一横截面的 1/1.602 176 634×

10^{19}个电荷移动所产生的电流强度"。

开尔文:开尔文是热力学温度单位,1 开尔文被定义为"对应玻尔兹曼常数为 $1.380\ 649 \times 10^{-23}$ J·K^{-1}的热力学温度"。

摩尔:摩尔是物质的量单位,其定义是:精确包含 $6.022\ 140\ 76 \times 10^{23}$(约为 6.02×10^{23})个原子或分子等基本单元的系统的物质的量。

坎德拉:坎德拉是发光强度的单位,其定义是:一光源在给定方向上的发光强度,该光源发出频率为 540×10^{12} 赫兹的单色辐射,且在此方向上的辐射强度为 1/683 瓦特/球面度。

二、辅助单位的定义

弧度:在数学和物理中,弧度是角的度量单位。它是由国际单位制导出的单位,其定义:弧长等于半径的弧,其所对的圆心角为 1 弧度(即两条射线从圆心向圆周射出,形成一个夹角和夹角正对的一段弧。当这段弧长正好等于圆的半径时,两条射线的夹角的弧度为 1)。

球面度:是立体角的计量单位。其定义为:是一个立体角,其顶点位于球心,而它在球面上所截取的面积等于以球半径为边长的正方形面积。球面度是以球面积度量其所对应的立体角时的度量单位,该立体角的顶点位于球心处。

第八章 数值修约规则与极限数值的表示和判定、测量误差与测量不确定度

工程质量的评价是以试验检测数据为依据的,在试验检测过程中,任何测量的准确度都是有限的,我们只能以一定的近似值来表示测量结果。因此,测量结果数值计算的准确度就不应该超过测量的准确度,如果任意地将近似值保留过多的位数,反而会歪曲测量结果的真实性。在测量和数字运算中,必须对原始数据进行分析处理,才能得到可靠的试验检测结果。确定该用几位数字来代表测量值或计算结果,是一件很重要的事情。关于有效数字和计算规则介绍如下。

第一节 数值修约规则

数值修约 就是通过省略原数值的最后若干位数字,调整所保留的末位数字,使最后所得到的值最接近原数值的过程。经数值修约后的数值称为(原数值的)修约值。

修约间隔 是指修约值的最小数值单位。修约间隔的数值一经确定,修约值即为该数值的整数倍,举例如下。

例 8-1 如指定修约间隔为 0.1,修约值应在 0.1 的整数倍中选取,相当于将数值修约到一位小数。

例 8-2 如指定修约间隔为 100,修约值应在 100 的整数倍中选取,相当于将数值修约到"百"数位。

一、数值修约规则

1. 确定修约间隔

(1)指定修约间隔为 10^{-n}(n 为正整数),或指明将数值修约到 n 位小数;
(2)指定修约间隔为 1,或指明将数值修约到"个"数位;
(3)指定修约间隔为 10^n(n 为正整数),或指明将数值修约到 10^n 数位,或指明将数值修约到"十"、"百"、"千"……数位。

2. 进舍规则

(1)拟舍弃数字的最左一位数字小于 5,则舍去,保留其余各位数不变。

例 8-3 将 12.149 8 修约到个数位,得 12;将 12.149 88 修约到一位小数,则得 12.1。

例 8-4 某沥青针入度测试值为 70.1、69.5、70.8(0.1mm)，则该沥青试验结果为：先算得平均值为 70.1，然后进行取整(即修约到个数位)，得针入度试验结果是 70(0.1mm)。

(2) 拟舍弃数字的最左一位数字大于 5，则进一，即保留数字的末位数字加 1。

例 8-5 将 1 268 修约到"百"数位，得 13×10^2 (特定场合可写为 1 300)；将 1 268 修约到"十"数位，得 12.7×10^2 (特定场合可写为 1 270)。

说明："特定场合"系指修约间隔明确时。

(3) 拟舍弃数字的最左一位数字是 5，且其后有非 0 数字时进一，即保留数字的末位数字加 1。

例 8-6 将 10.500 2 修约到个数位，得 11。

(4) 拟舍弃数字的最左一位数字为 5，且其后无数字或皆为 0 时，若所保留的末位数字为奇数(1,3,5,7,9)则进一，即保留数字的末位数字加 1；若所保留的末位数字为偶数(0,2,4,6,8)，则舍去。即"奇进偶不进"。

例 8-7 将 12.500 修约到个位数，得 12。

将 13.500 修约到个位数，得 14。

例 8-8 修约间隔为 0.1(或 10^{-1})。

拟修约数值	修约值
1.050	10×10^{-1}(特定场合可写成为 1.0)
0.35	4×10^{-1}(特定场合可写成为 0.4)

例 8-9 修约间隔为 1 000(或 10^3)。

拟修约数值	修约值
2 500	2×10^3(特定场合可写成为 2 000)
3 500	4×10^3(特定场合可写成为 4 000)

例 8-10 数值准确至三位小数(修约间隔为 0.001 或 10^{-3})。

某沥青密度试验测试值分别为 1.034、1.031(g/cm³)，则该沥青密度试验结果为：先算得平均值为 1.032 5，修约后试验结果是 1.032g/cm³。

(5) 负数修约时，先将它的绝对值按上述的规定进行修约，然后在所得值前面加上负号。

例 8-11 将下例数值修约到"十"数位。

拟修约数值	修约值
−355	$−36 \times 10$(特定场合可写为 −360)
−325	$−32 \times 10$(特定场合可写为 −320)

例 8-12 将下列数值修约到三位小数，即修约间隔为 10^{-3}。

拟修约数值	修约值
−0.036 5	$−36 \times 10^{-3}$(特定场合可写为 −0.036)

3. 不允许连续修约

(1) 拟修约数字应在确定修约间隔或指定修约数位后一次修约获得结果，不得多次按 2 规则连续修约。

例 8-13 修约 97.46，修约间隔为 1。

正确的做法：97.46→97。

不正确的做法：97.46→97.5→98。

例 8-14 修约 15.454 6,修约间隔为 1。

正确的做法:15.454 6→15。

不正确的做法:15.454 6→15.455→15.46→15.5→16。

(2)在具体实施中,有时测试与计算部门先将获得数值按指定的修约数位多一位或几位报出,而后由其他部门判定。为避免产生连续修约的错误,应按下述步骤进行。

①报出数值最右的非零数字为 5 时,应在数值右上角加"+"或加"-"或不加符号,分别表明已进行过舍、进或未舍未进。

例 8-15 16.50^+ 表示实际值大于 16.50,经修约舍弃为 16.50;16.50^- 表示实际值小于 16.50,经修约进一为 16.50。

②如对报出值需进行修约,当拟舍弃数字的最左一位数字为 5,且其后无数字或皆为零时,数值右上角有"+"者进一,有"-"者舍去,其他仍按 2 的规定进行。

例 8-16 将下例数值修约到个数位(报出值多留一位至一位小数)。

实测值	报出值	修约值
15.454 6	15.5^-	15
-15.454 6	-15.5^-	-15
16.520 3	16.5^+	17
-16.520 3	-16.5^+	-17
17.500 0	17.5	18

4. 0.5 单位修约与 0.2 单位修约

在对数值进行修约时,若有必要,也可采用 0.5 单位修约或 0.2 单位修约。

(1)0.5 单位修约(半个单位修约)

0.5 单位修约是指按指定修约间隔对拟修约的数值 0.5 单位进行的修约。

0.5 单位修约方法如下:将拟修约数值 X 乘以 2,按指定修约间隔对 $2X$ 依 2 的规定修约,所得数值($2X$ 修约值)再除以 2。

例 8-17 将下例数字修约到"个"数位的 0.5 单位修约。

拟修约数值 X	$2X$	$2X$ 修约值	X 修约值
60.25	120.50	120	60.0
60.38	120.76	121	60.5
60.28	120.56	121	60.5
-60.75	-121.50	-122	-61.0

例 8-18 某沥青软化点试验测试值为:48.2℃、48.7℃,结果准确至 0.5℃。则该沥青软化点试验结果为:先算得平均值为 48.45℃,修约后试验结果如下。

拟修约数值 X	$2X$	$2X$ 修约值	X 修约值
48.45	96.90	97	48.5

(2)0.2 单位修约

0.2 单位修约是指按指定修约间隔对拟修约的数值 0.2 单位进行的修约。

0.2 单位修约方法如下:将拟修约数值 X 乘以 5,按指定修约间隔对 $5X$ 依 2 的规定修约,所得数值(5X 修约值)再除以 5。

例 8-19 将下列数字修约到"百"数位的 0.2 单位修约。

拟修约数值 X	5X	5X 修约值	X 修约值
830	4 150	4 200	840
842	4 210	4 200	840
832	4 160	4 200	840
-930	-4 650	-4 600	-920

二、有效数字运算规则

在运算中,经常有不同有效位数的数据参加运算。在这种情况下,需将有关数据进行适当的处理。

1. 加减运算

当几个数据相加或相减时,它们的小数点后的数字位数及其和或差的有效数字的保留,应以小数点后位数最少(即绝对误差最大)的数据为依据,如图 8-1 所示。

图 8-1 算例

如果数据的运算量较大时,为了使误差不影响结果,可以对参加运算的所有数据多保留一位数字进行运算。

2. 乘除运算

几个数据相乘相除时,各参加运算数据所保留的位数,以有效数字位数最少的为标准,其积或商的有效数字也依此为准。例如,当 $0.012\ 1 \times 30.64 \times 2.057\ 82$ 时,其中 $0.012\ 1$ 的有效数字位数最少,所以,其余两数应修约成 30.6 和 2.06 与之相乘,即: $0.012\ 1 \times 30.6 \times 2.06 = 0.763$。

第二节　极限数值的表示和判定

一、极限数值的定义与书写极限数值的一般原则

(1) 极限数值定义:标准(或技术规范)中规定考核的以数量形式给出且符合该标准(或技术规范)要求的指标数值范围的界限值。

(2) 标准(或其他技术规范)中规定考核的以数量形式给出的指标或参数等,应当规定极限数值。极限数值表示符合该标准要求的数值范围的界限值,它通过给出最小极限值和(或)最大极限值,或给出基本数值与极限偏差值等方式表达。

(3) 标准中极限数值的表示形式及书写位数应适当,其有效数字应全部写出。书写位数

表示的精确程度,应能保证产品或其他标准化对象应有的性能和质量。

二、表示极限数值的用语

(1)表达极限数值的基本用语及符号见表8-1。

表达极限数值的基本用语及符号　　　　表8-1

基本用语	符号	特定情形下的基本用语			备注
大于A	$>A$	多于A		高于A	测定值或计算值恰好为A值时不符合要求
小于A	$<A$	少于A		低于A	测定值或计算值恰好为A值时不符合要求
大于或等于A	$\geq A$	不小于A	不少于A	不低于A	测定值或计算值恰好为A值时符合要求
小于或等于A	$\leq A$	不大于A	不多于A	不高于A	测定值或计算值恰好为A值时符合要求

注:①A为极限数值。
②允许采用以下习惯用语表达极限数值:
　　a."超过A",指数值大于A($>A$);
　　b."不足A",指数值小于A($<A$);
　　c."A及以上"或"至少A",指数值大于或等于A($\geq A$);
　　d."A及以下"或"至多A",指数值小于或等于A($\leq A$)。

例8-20　钢中磷的残量$<0.035\%$,$A=0.035\%$。

例8-21　钢丝绳抗拉强度$\geq 22 \times 10^2$(MPa),$A=22 \times 10^2$(MPa)。

例8-22　一组沥青混合料试件马歇尔稳定度分别为:13.10、12.38、16.95、10.77、12.98、11.33(单位:kN),求该组试件马歇尔稳定度试验结果。

首先求得稳定度的平均值为12.92kN,由于试件数为6,则k值取1.82,标准差为2.18,若每个测定值与平均值之差大于标准差的k倍,则该测定值应予舍弃,因此16.95超出范围,被舍弃。

(2)基本用语可以组合使用,表示极限值范围。

对特定的考核指标X,允许采用下列用语和符号(表8-2)。同一标准中一般只应使用一种符号表示方式。

对特定的考核指标X,允许采用的表达极限数值的组合用语及符号　　表8-2

组合基本用语	组合允许用语	符号		
		表示方式Ⅰ	表示方式Ⅱ	表示方式Ⅲ
大于或等于A且小于或等于B	从A到B	$A \leq X \leq B$	$A \leq \cdot \leq B$	$A \sim B$
大于A且小于或等于B	超过A到B	$A < X \leq B$	$A < \cdot \leq B$	$>A \sim B$
大于或等于A且小于B	至少A不足B	$A \leq X < B$	$A \leq \cdot < B$	$A \sim <B$
大于A且小于B	超过A不足B	$A < X < B$	$A < \cdot < B$	

①带有极限偏差值的数值。

基本数值A带有绝对极限上偏差值$+b_1$和绝对极限下偏差值$-b_2$,指从$A-b_2$到$A+b_1$符号要求,记为$A_{-b_2}^{+b_1}$。

注:当$b_1 = b_2 = b$时,$A_{-b_2}^{+b_1}$可简记为$A \pm b$。

例8-23　80_{-1}^{+2}mm,指从79mm到82mm符合要求。

②基本数值A带有相对极限上偏差值$+b_1\%$和相对极限下偏差值$-b_2\%$,指实测值或其计算值R对于A的相对偏差值$[(R-A)/A]$从$-b_2\%$到$+b_1\%$符合要求,记为$A_{-b_2}^{+b_1}\%$。

234

注：当 $b_1 = b_2 = b$ 时，$A_{-b_2}^{+b_1}\%$ 可记为 $A(1 \pm b\%)$。

例 8-24　$510\Omega(1 \pm 5\%)$，指实测值或其计算值 $R(\Omega)$ 对于 510Ω 的相对偏差值 $[(R-510)/510]$ 从 -5% 到 $+5\%$ 符合要求。

③对基本数值 A，若极限上偏差值 $+b_1$ 和（或）极限下偏差值 $-b_2$ 使得 $A+b_1$ 和（或）$A-b_2$ 不符合要求，则应附加括号，写成 $A_{-b_2}^{+b_1}$（不含 b_1 和 b_2）或 $A_{-b_2}^{+b_1}$（不含 b_1）、$A_{-b_2}^{+b_1}$（不含 b_2）。

例 8-25　80_{-1}^{+2}（不含 2）mm，指从 79mm 到接近但不足 82mm 符合要求。

例 8-26　$510\Omega(1 \pm 5\%)$（不含 5%），指实测值或其计算值 $R(\Omega)$ 对于 510Ω 的相对偏差值 $[(R-510)/510]$ 从 -5% 到接近但不足 $+5\%$ 符合要求。

三、测定值或其计算值与标准规定的极限数值作比较的方法

1. 总则

（1）在判定测定值或计算值是否符合标准要求时，应将测试所得的测定值或其计算值与标准规定的极限数值作比较，比较的方法可采用全数值比较法、修约值比较法。

（2）当标准或有关文件对极限值（包括带有极限偏差值的数值）无特殊规定时，均应使用全数值比较法。如规定采用修约值比较法，应在标准中加以说明。

（3）若标准或有关文件规定了使用其中一种比较方法时，一经确定，不得改动。

2. 全数值比较法

将测试所得的测定值或计算值不经修约处理（或虽经修约处理，但应标明它是经舍、进或未进未舍而得），用该数值与规定的极限数值作比较，只要超出极限数值规定的范围（不论超出程度大小），都判定为不符合要求，示例见表 8-3。

全数值比较法和修约值比较法的示例与比较　　　　　　　　表 8-3

项　目	极限数值	测定值或其计算值	按全数值比较是否符合要求	修约值	按修约值比较是否符合要求
中碳钢抗拉强度（MPa）	$\geq 14 \times 100$	1 349	不符合	13×100	不符合
		1 351	不符合	14×100	符合
		1 400	符合	14×100	符合
		1 402	符合	14×100	符合
NaOH 的质量分数（%）	≥ 97.0	97.01	符合	97.0	符合
		97.00	符合	97.0	符合
		96.96	不符合	97.0	符合
		96.94	不符合	96.9	不符合
中碳钢的硅的质量分数（%）	≤ 0.5	0.452	符合	0.5	符合
		0.500	符合	0.5	符合
		0.549	不符合	0.5	符合
		0.551	不符合	0.6	不符合
中碳钢的锰的质量分数（%）	$1.2 \sim 1.6$	1.151	不符合	1.2	符合
		1.200	符合	1.2	符合
		1.649	不符合	1.6	符合
		1.651	不符合	1.7	不符合

续上表

项　目	极 限 数 值	测定值或其计算值	按全数值比较是否符合要求	修　约　值	按修约值比较是否符合要求
盘条直径（mm）	10.0 ± 0.1	9.89	不符合	9.9	符合
		9.85	不符合	9.8	不符合
		10.10	符合	10.1	符合
		10.16	不符合	10.2	不符合
盘条直径（mm）	10.0 ± 0.1（不含0.1）	9.94	符合	9.9	不符合
		9.96	符合	10.0	符合
		10.06	不符合	10.1	不符合
		10.05	符合	10.0	符合
盘条直径（mm）	10.0 ± 0.1（不含 +0.1）	9.94	符合	9.9	符合
		9.86	不符合	9.9	符合
		10.06	符合	10.1	不符合
		10.05	符合	10.0	符合
盘条直径（mm）	10.0 ± 0.1（不含 −0.1）	9.94	符合	9.9	不符合
		9.86	不符合	9.9	不符合
		10.06	符合	10.1	符合
		10.05	符合	10.0	符合

注：表中的例并不表明这类极限数值都应采用全数值比较法或修约值比较法。

3. 修约值比较法

(1)将测定值或其计算值进行修约，修约数位应与规定的极限数值数位一致。

当测试或计算精度允许时，应先将获得的数值按指定的修约数位多一位或几位报出，然后按 3.2 的程序修约至规定的数位。

(2)将修约后的数值与规定的极限数值进行比较，只要超出极限数值规定的范围（不论超出程度大小），都判定为不符合要求，示例见表 8-3。

4. 两种判定方法的比较

对测定值或其计算值与规定的极限数值在不同情形用全数值比较法和修约值比较法的比较结果见表 8-3。对同样的极限数值，若它本身符合要求，则全数值比较法比修约值比较法相对较严格。

第三节　测量误差与测量不确定度

一、测量误差及其分类

1. 测量误差

在一定的环境条件下，材料的某些物理量应当具有一个确定的值。但在实际测量中，要准确测定这个值是十分困难的。因为尽管测量环境条件、测量仪器和测量方法都相同,但由于测量仪器计量不准,测量方法不完善以及操作人员水平等各种因素的影响,各次各人的测量值之间总有不同程度的偏离,不能完全反映材料物理量的确定值(真值)。测量值 X 与真值 X_0 之间存在的这一差值 Y,称为测量误差,其关系为:

$$X_0 = X + Y \tag{8-1}$$

大量实践表明,一切实验测量结果都具有这种误差。

了解误差基本知识的目的在于分析这些误差产生的原因,以便采取一定的措施,最大限度地加以消除,同时科学地处理测量数据,使测量结果最大限度地反映真值。因此,由各测量值的误差积累,计算出测量结果的精确度,可以鉴定测量结果的可靠程度和测量者的实验水平;根据生产、科研的实际需要,预先定出测量结果的允许误差,可以选择合理的测量方法和适当的仪器设备,规定必要的测量条件,可以保证测量工作的顺利完成。因此,不论是测量操作或数据处理,树立正确的误差概念是很有必要的。

2. 测量误差的分类

根据误差产生的原因,按照误差的性质,可以把测量误差分为系统误差、过失误差和随机误差。

(1)系统误差

系统误差是指人机系统产生的误差,是由一定原因引起的,在相同条件下多次重复测量同一物理量时,使测量结果总是朝一个方向偏离,其绝对值大小和符号保持恒定,或按一定规律变化,因此有时称之为恒定误差。系统误差主要由下列原因引起。

①仪器误差

仪器误差是指由于测量工具、设备、仪器结构上的不完善,电路的安装、布置、调整不得当,仪器刻度不准或刻度的零点发生变动,样品不符合要求等原因所引起的误差。

②人为误差

人为误差是指由观察者感官的最小分辨力和某些固有习惯引起的误差。例如,由于观察者感官的最小分辨力不同,在测量玻璃软化点和玻璃内应力消除时,不同人观测就有不同的误差。某些人的固有习惯,例如在读取仪表读数时总是把头偏向一边等,也会引起误差。

③外界误差

外界误差也称环境误差,是由于外界环境(如温度、湿度等)的影响而造成的误差。

④方法误差

方法误差是指由于测量方法的理论根据有缺点,或引用了近似公式,或实验室的条件达不到理论公式所规定的要求等造成的误差。

⑤试剂误差

在材料的成分分析及某些性质的测定中,有时要用一些试剂,当试剂中含有被测成分或含有干扰杂质时,也会引起测试误差,这种误差称为试剂误差。

一般地说,系统误差的出现是有规律的,其产生原因往往是可知的或可掌握的。只要仔细观察和研究各种系统误差的具体来源,就可设法消除或降低其影响。

(2) 随机误差

随机误差是由不能预料、不能控制的原因造成的。例如：实验者对仪器最小分度值的估读，很难每次严格相同；测量仪器的某些活动部件所指示的测量结果，在重复测量时很难每次完全相同，尤其是使用年久的或质量较差的仪器时更为明显。

无机非金属材料的许多物化性能都与温度有关。在实验测定过程中，温度应控制恒定，但温度恒定有一定的限度，在此限度内总有不规则的变动，导致测量结果发生不规则的变动。此外，测量结果与室温、气压和湿度也有一定的关系。由于上述因素的影响，在完全相同的条件下进行重复测量时，测量值或大或小，或正或负，起伏不定。这种误差的出现完全是偶然的，无规律性，所以有时称之为偶然误差。

误差偶然（随机误差）特点就个体而言是不确定的，产生的这种误差的原因是不固定的，它的来源往往也一时难以察觉，可能是由于测定过程中外界的偶然波动、仪器设备及检测分析人员某些微小变化等所引起的，误差的绝对值和符号是可变的，检测结果时大时小、时正时负，带有偶然性。但当进行很多次重复测定时，就会发现，误差偶然（随机误差、不定误差）具有统计规律性，即服从于正态分布。有关正态分布的内容见本书第十章第一节。

(3) 过失误差

过失误差，也叫错误，是一种与事实不符的显然误差。这种误差是由于实验者粗心、不正确的操作或测量条件突然变化所引起的。例如：仪器放置不稳，受外力冲击产生毛病；测量时读错数据、记错数据；数据处理时单位搞错、计算出错等。显然，过失误差在实验过程中是不允许的。

3. 误差表示方法

为了表示误差，工程上引入了精密度、准确度和精确度的概念。精密度表示测量结果的重演程度，精密度高表示随机误差小；准确度指测量结果的正确性，准确度高表示系统误差小；精确度（又称精度）包含精密度和准确度两者的含义，精确度高表示测量结果既精密又可靠。根据这些概念，误差的表示方法有三种。

(1) 极差

极差是指测量最大值与最小值之差，即：

$$R = X_{max} - X_{min} \tag{8-2}$$

式中：R——极差，表示测量值的分布区间范围；

X_{max}——同一物理量的最大测量值；

X_{min}——同一物理量的最小测量值。

极差可以粗略地说明数据的离散程度，既可以表征精密度，也可以用来估算标准偏差。

(2) 绝对误差

绝对误差是指测量值与真值间的差异，即：

$$\Delta X_i = X_i - X_0 \tag{8-3}$$

式中：ΔX_i——绝对误差；

X_i——第 i 次测量值；

X_0——真值。

绝对误差反映测量的准确度，同时含有精密度的意思。

(3) 相对误差

相对误差是指绝对误差与真值的比值,一般用百分数表示,即:

$$\varepsilon = \frac{\Delta X_i}{X_0} \qquad (8\text{-}4)$$

相对误差 ε 既反映测量的准确度,又反映测量的精密度。

绝对误差和相对误差是误差理论的基础,在测量中已广泛应用,但在具体使用时要注意它们之间的差别与使用范围。在某些实验测量及数据处理中,不能单纯从误差的绝对值来衡量数据的精确程度,因为精确度与测量数据本身的大小也很有关系。例如,在称量材料的重量时,如果重量接近10t,准确到100kg就够了,这时的绝对误差虽然是100kg,但相对误差只有1%;而称量的量总共不过20kg,即使准确到0.5kg也不能算精确,因为这时的绝对误差虽然是0.5kg,相对误差却有5%;经对比可见,后者的绝对误差虽然比前者小200倍,相对误差却比前者大5倍。相对误差是测量单位所产生的误差,因此,不论是比较各测量值的精度还是评定测量结果的质量,采用相对误差更为合理。

在实验测量中应当注意到,虽然用同一仪表对同一物质进行重复测量时,测量的可重复性越高就越精密,但不能肯定准确度一定高,还要考虑到是否有系统误差存在(如仪表未经校正等);否则,虽然测量很精密也可能不准确。因此,在实验测量中要获得很高的精确度,必须有高的精密度和高的准确度来保证。

二、测量不确定度

1. 测量不确定度的定义

测量不确定度:根据所用到的信息,表征赋予被测量量值分散性的非负参数。

测量结果会受许多因素的影响,因此,测量方法包括:测量原理、测量仪器、测量环境条件、测量程序、测量人员以及数据处理方法等。通常不确定度由多个分量组成,测量的不确定度表示在重复性或复杂性条件下,被测量之值的分散性,因测量不确定度仅与测量方法有关,而与具体测得的数值大小无关。

2. 测量不确定度的来源

测量中,可能导致测量不确定度的因素很多,主要来源如下:

(1) 被测量的定义不完整。如测量烘箱的温度,不同位置烘箱的温度是不同的,当要求测温的准确度较高时,需给出明确定义。

(2) 复现被测量的测量方法不理想。

(3) 取样的代表不够,即被测样本不能完全代表所定义的被测量。

(4) 对测量过程受环境影响的认识不恰如其分,或对环境参数的测量与控制不完善。

(5) 对测量仪表的读数存在人为的偏倚。由于观测者的读数习惯和位置的不同,也会引入与观测者有关的不确定分量。

(6) 测量仪器的计量性能(如灵敏度、鉴别力阈、分辨力、死区及稳定性等)的局限性。

(7) 测量标准或标准物质的不确定度。通常的测量是将被测量与测量标准或标准物质所提供的标准测量值进行比较而实现的,因此测量标准或标准物质所提供标准量值的不确定度将直接影响测量结果。

(8)引用的数据或参数的不确定度。物理学常数,以及某些材料的特性参数,例如密度、线膨胀系数等均可由各种手册得到,这些数值的不确定度同样是测量不确定度的来源之一。

(9)测量方法和测量程序的近似和假设。例如:用于计算测量结果的计算公式的近似程度等所引入的不确定度。

(10)在相同条件下被测量在复现观测中的变化。

由于各种随机效应的影响,无论在实验中如何精确地控制实验条件,所得到的测量结果总会存在一定的分散性,即重复性条件下的各个测量结果不可能完全相同。除非测量仪器的分辨力太低,这几乎是所有测量不确定度评定中都会存在的一种不确定度来源。

测量中可能导致不确定的来源很多,一般说来其主要原因是测量设备、测量人员、测量方法和被测对象的不完善引起的。上面只是列出了测量不确定度可能来源的几个方面,供读者分析和寻找测量不确定度来源时参考。它们既不是寻找不确定度来源的全部依据,也不表示每一个测量不确定度评定必须同时存在上述几方面的不确定度分量。

对于那些尚未认识到的系统误差效应,显然在测量不确定度评定中是无法考虑的,但它们可能导致测量结果的误差。对于那些已经分辨出的系统误差,需对测量结果加以修正,此时应考虑修正值的不确定度。

3. 测量不确定度的评定

(1)测量不确定度的分类

测量不确定度按照评定方法分标准不确定度和扩展不确定度。标准不确定度又分为 A、B 及合成标准不确定度,如图 8-2 所示。

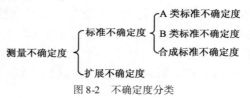

图 8-2 不确定度分类

(2)测量不确定度的评定方法

①A 类评定

A 类评定是指用对观测列进行统计分析的方法进行的评定,其标准不确定度用实验标准差表征。

$$u(x_i) = s(x_i) = \sqrt{\frac{\sum_{i=1}^{n}(x_i - \bar{x})^2}{n-1}} \tag{8-5}$$

A 类评定的特点:

a. A 类评定首先由实验量得到被测量的观测列,并根据需要由观测列计算单次测量结果或平均值的标准偏差。

b. 对观测值的影响量的随机变化,导致每次观测值 x_i 不一定相同,对于某一次观测而言,其结果具有随机性,对于大量的观测值,可发现它们服从正态分布。

c. A 类评点的自由度,可以由测量次数、被测量的个数和其他约束条件的个数算出。

②B 类评定

B 类不确定度的评定标准一般是由系统效应导致的。凡是用非统计方法评定出的标准不确定度都是 B 类标准不确定度。与随机或系统没有对应关系。评定的依据可以是可靠的说明书、检定书或校验证书、测试报告等相关技术资料,也可以是测试人员的个人技术经验和知识。获得 B 类不确定度的信息来源一般有:

a. 以前的观测数据。

b. 对有关技术资料和测量仪器特性的了解和经验。

c. 生产部门提供的技术说明文件。

d. 核准证书、鉴定证书或其他文件提供的数据准确度的级别。

e. 手册或某些资料给出的参考数据及其不确定度等。

f. 规定的试验方法和国家标准或行业标准中给出的复现性限 R 或重复性限 r 情况。

B 类不确定度评定的特点:

a. B 类评定是通过其他已有信息进行评估,如上面所列不确定度的信息来源存在重复观测列。

b. 根据极限值和被测量分布的信息直接估计出标准偏差或由检定证书或校准证书提供的扩展不确定度导出标准不确定度。

可以说,所有与 A 类评定不同的其他评定方法均为 B 类评定。其标准不确定度以标准差表示。

对于 B 类评定的不确定度,给出其标准不确定度的主要信息来源为各种标准和规程等技术性文件对产品和材料性能的规定以及生产部门提供的技术文件,有时还来源于测量人员对有关技术资料和测量仪器特性的了解和经验。因此在测量不确定度的 B 类评定中,往往会在一定程度上带有某种主观的因素,如何恰当并合理地给出 B 类评定的标准不确定度是不确定度的关键问题之一。

B 类评定不确定度分量的信息来源大体上可以分为由检定证书或校准证书得到以及由其他各种资料得到两类。

A 类和 B 类标准不确定度的评定方法虽然不同,但它们是处于同等地位的。不少人认为,A 类评定有计算公式作依据,应该是最可靠的了,其实不然。当评定 A 类不确定度时,可适当增加观测次数,但是观测次数增加很多时,费时费力,得不偿失。

B 类不确定度的可靠程度取决于测试人员或数据处理人员的专业知识水平和数据处理能力,受主观因素影响较大。但是,这种评估大都是以事实为依据的,其可靠程度往往是很高的。

无论采用 A 类评定或 B 类评定,最后均用标准偏差来表示标准不确定度,并且合成不确定度时,两者的合成方法相同。

③合成标准不确定度的评定

当测量结果是由若干个其他量的值求得时,按其他各量的方差和协方差计算所得的标准不确定度称为合成标准不确定度。

合成标准不确定度仍然是标准不确定度,它表征了测量结果的分散性。所用的合成方法,常被称为不确定度传播律。合成不确定度的自由度称为有效自由度,它表明所评定的可靠程度。

用合成不确定度的倍数表示的测量不确定度称扩展不确定度。它是确定测量结果区间的量,合理赋予被测量之值分布的大部分希望含于此区间。

(3) 不确定度的评定步骤

测量的参数确定后,测量结果的不确定度仅与测量方法有关,测量方法包括测量原理、测量仪器、测量条件、测量程序和数据处理程序。

根据标准不确定度的定义,方差即是标准不确定度的平方,故得:

$$u^2(y) = u^2(x_1) + u^2(x_2) + \cdots + u^2(x_0) \tag{8-6}$$

根据方差的性质可得:

$$\begin{aligned} u^2(y) &= u^2(c_1 x_1) + u^2(c_2 x_2) + \cdots + u^2(c_0 x_0) \\ &= c_1^2 u^2(x_1) + c_2^2 u^2(x_2) + \cdots + c_0^2 u^2(x_0) \\ &= u_1^2(y) + u_2^2(y) + \cdots + u_0^2(y) \end{aligned}$$

或中 $u_i(y) = c_i u(x_i)$,即为不确定度分量:

$$u(x_i) = s(x_i) = \sqrt{\frac{\sum_{i=1}^{n}(x_i - \bar{x})^2}{n-1}} \tag{8-7}$$

测量结果 y 的标准不确定度通常由若干个测量不确定度分量合成得到,用 $u_c(y)$ 表示,在对测量结果进行不确定度评定时,需给出测量结果的扩展不确定度 U。

$$U = k u_c(y) \tag{8-8}$$

① 测量不确定度评定步骤

a. 找出所有影响测量不确定度的影响量;

b. 建立满足测量不确定度评定所需的数学模型;

c. 确定各影响因素的估计值以及对应的标准不确定度;

d. 确定对应于各影响因素标准不确定度分量;

e. 列出不确定度分量汇总表;

f. 将各标准不确定度分量合成标准不确定度;

g. 确定测量可能值分布的包含因子;

h. 确定扩展不确定度;

i. 给出测量不确定度报告。

将上述评定步骤汇总可得到如图8-3所示流程图。

交通建设工程质量的控制是通过大量的试验检测工作来实现的,试验检测机构依据相关的规范、标准、规程,使用仪器设备对原材料或产品进行试验、检测,用其测量结果来判定原材料或产品是否符合规定的要求。理论上讲,测量结果位于规范区内就应判定合格规范,标准有单侧规范和双侧规范两类,对于交通工程的大量规范和标准,如压实度、平整度、无侧限抗压强度等,却属单侧规范限。

② 合格与否的判定

合格与否的判定是一个看似简单的事情,日常的大量试验检测工程只要测量结果位于规范区内,就判为合格,反之就不合格。实际上,任何测量结果的测量都存在缺陷,所有的测量结果都会或多或少地偏离被测量的真值,测量结果不等于真值。测量的可能误差范围表明了测量结果的可疑程度,称为不确定度。不确定度是近真值的可能误差的量度,不确定度越小,测量结果越准确。

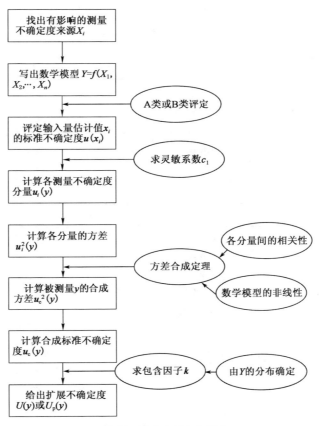

图 8-3 测量不确定度评定流程图

测量结果可能是单次测量的结果,也可能由多次测量所得,是指对测得值经过恰当的处理或经过必要的计算而得到的最后量值。测量结果的定义是"由测量所得的赋予被测量的值,因此测量结果是通过测量得到的被测量的最佳估计值"。

因此,简单地判定测量结果是否合格是不完善的,还必须考虑测量结果不确定度的存在。可以说,合格与否的判定与不确定度的情况有关。合格度与不合格度的大小与估计的测量结果与扩展不确定度有关。

由于测量结果具有不确定度,当测量结果位于规范限两侧以扩展不确定为半宽的区域内时,就无法判断其是否合格。只有当测量结果全部处于扩展不确定度区域的外侧时,才能判定其测量结果为不合格,如图 8-4 所示。

4. 测量误差与测量不确定度的主要区别

(1)误差表示测量结果对真值的偏离量,在数轴上表示为一个点。而测量不确定度表示被测量之值的分散性,在数轴上表示一个区间。

(2)在测量结果中我们只能得到随机误差和系统误差的估计值;而不确定度则是根据对标准不确定度的评定方法不同而分成 A 类评定和 B 类评定两类。

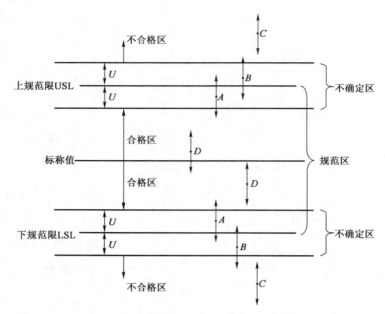

图 8-4 双侧规范的合格区、不合格区、规范区和不确定区

（3）误差的概念和真值相联系，是无法测得的；而不确定度可根据实验、资料、经验等信息进行评定，是可以定量操作的。

（4）测量结果的不确定度表示在重复性或复现性条件下被测量之值的分散性，因此，测量不确定度仅与测量方法有关，而与具体测的数值大小无关。测量方法应包括测量原理、测量仪器、测量环境条件、测量程序、测量人员以及数据处理方法等。测量结果的误差仅与测量结果以及真值有关，而与测量方法无关。

（5）测量结果的误差与测量结果的不确定度两者在数值上没有确定的关系。

（6）误差和不确定度是两个不同的概念，测量得到的误差肯定会有不确定度。反之也是一样，评定得到的不确定度可能存在误差。

（7）对观测列进行统计分析得到的实验标准差表示该观测列中任一个被测量估计值的标准不确定度，而并不表示被测量估计值的随机误差。

（8）自由度是表示测量不确定度评定可靠程度的指标，它与评定得到的不确定度的相对标准不确定度有关，而误差则没有自由度的概念。

（9）当了解被测量的分布时，可以根据置信概率求出置信区间，而置信区间的半宽度则可以用来表示不确定度，而误差则不存在置信概率的概念。

5. 检测实验室中常用不确定度评定方法及符合原则

（1）精密度法

在测量系统偏倚受控情况下，检测方法规定了测量不确定度主要来源的值的极限，并规定了计算结果的表示方式，实验室只要遵守该检测方法和报告说明，其测量不确定度可以由技术指标或规定的文件评定。

（2）控制图法

控制图法适用于存储完整，用量充足的稳定和均匀的物质，其物理或化学特性近似于测量系统的常规样品,测量结果的偏倚受控且符合正态分布,则统计控制下的测量过程的 A 类不确定可以用合并标准偏差表征。

(3)线性拟合法

工作曲线的偏倚和测量工程受控时,输入量的估计值是由试验数据用最小二乘法拟合的曲线上得到时,曲线上任何一点和表征曲线拟合参数的标准不确定度,可用有关的统计程序评定。如果被测量估计值在多次观测中呈现与时间有关的随机变化,则采用适当方法去除相关性,将引起相关的量作为独立的附加输入量进入测量模型,在计算合成不确定度时,就不需要再引入协方差或相关系数。

(4)经验模型法

在可能的情况下,合理的评定应依据对方法特性的理解和测量范围,并尽可能利用按长期积累的数据建立起的经验模型,提出目标不确定度,并做出测量不确定度预先分析报告,论证目标不确定度的可行性。该方法适用于测量偏倚受控情况下,化学检测实验室不确定度的评定。

6. 应用举例

按照以上程序,将对某交通工程试验中心提供的水泥抗压强度试验结果进行不确定度的分析如下。

(1)测量方法

依据《水泥胶砂强度检验方法》(GB/T 17671—1999)(ISO 法)。

本次试验水泥用 P·O 52.5 硅酸盐水泥。

试件按照 1 份水泥、3 份中国标准砂、0.5 的水胶比成型,养生条件为标准养生,不考虑标准砂、抗压时温度及加荷速率影响。

3d 后试件在 300kN,精度为 ±1% 的带有自动记录结果的压力机上进行抗压强度测试,按 2 400~200N/s 的速率进行抗压强度测试。

(2)数学模型

$$R_c = \frac{F_c}{A} = \frac{F_c}{b \cdot h} \tag{8-9}$$

式中:F_c——破坏时的最大荷载;

A——受压部分面积,$A = (宽 \times 高) = b \cdot h$。

式(8-9)中,由于数学模型仅包含输入量的积和商,故被测量 R_c 的合成方差为:

$$u_{crel}^2(R_c) = u_{crel}^2(F_c) + u_{crel}^2(b) + u_{crel}^2(h)$$

(3)测量不确定度分量

①试件尺寸 b 测量

a. 千分尺进行测量产生的不确定度 $u_1(a)$

已知千分尺的最大允许误差为 $\pm 0.25 \mu m$,以均匀分布估计,则:

$$u_1(a) = \frac{0.25}{\sqrt{3}} = 0.144(\mu m)$$

b. 由操作者引入的测量不确定度试模尺寸 $u_2(b)$

测量的最大误差为 $\pm 0.2mm$,以均匀分布,则:

$$u_2(b) = \frac{0.2}{\sqrt{3}} = 0.115(\text{mm})$$

由以上两者引起的不确定度可知:千分尺的测量不确定度相对于操作者引入的测量不确定度可忽略不计,合成后的测量 b 标准不确定度为:

$$u_2(b) = 0.115$$

相对测量不确定度 $u_{\text{cre1}}(b) = \dfrac{0.115}{40} = 0.288\%$

② h(高度)测量引入的测量不确定度 $u(h)$

测量的最大误差为 $\pm 0.1\text{mm}$,以均匀分布,则:

$$u(h) = \frac{0.1}{\sqrt{3}} = 0.058$$

测量不确定度 $u(h)$ 的标准不确定度为:

$$u(h) = 0.058$$

若以相对不确定度表示为:

$$u_{\text{cre1}}(A) = \frac{0.058}{40} = 0.145\%$$

③最大荷载 F_c

a. 仪器校准的不确定度 $\mu_{1\text{re1}}(F_c)$

仪器校准的扩展不确定度 $u_{95} = 0.2\%$,以正态分布估计,标准不确定度为:

$$u_{1\text{re1}}(F_c) = \frac{0.2\%}{2} = 0.1\%$$

b. 仪器的测量不确定度 $u_{2\text{re1}}(F_c)$

仪器的测量不确定度 $U_{95} = 1.0\%$,同样以正态分布估计,标准不确定度为:

$$u_{2\text{re1}}(F_c) = \frac{1.0\%}{2} = 0.5\%$$

c. 读数不确定度 $u_{3\text{re1}}(F_c)$

采用满刻度为 300kN,分度值 0.2kN 的试验机,若读数引入的最大误差为 $\pm 0.1\text{kN}$,相对值估计 $\pm 0.033\%$,测得试件最大破坏荷载为 47.5kN,其读数的最大误差为 $\pm 0.21\%$。

假定读数误差为均匀分布,标准不确定度为:

$$u_{3\text{re1}}(F_c) = \frac{2.1\%}{\sqrt{3}} = 0.121\%$$

最大破坏荷载的不确定度为:

$$\begin{aligned} u_{\text{cre1}}(F_c) &= \sqrt{u_{1\text{re1}}^2(F_c) + u_{2\text{re1}}^2(F_c) + u_{3\text{re1}}^2(F_c)} \\ &= \sqrt{(0.1\%^2 + 0.5\%^2 + 0.121\%^2)} = 0.524\% \end{aligned}$$

④试件的离散性引起的不确定度

由于水泥的胶砂强度是由 6 个试件决定的,其试件的离散性引起的测量不确定度为 6 个试件的破坏荷载值,其值分别是:47.5、47.5、45.0、45.0、45.0、47.5(kN),其标准差:

$$s(x_i) = \sqrt{\frac{\sum\limits_{i=1}^{n}(x_i - \bar{x})^2}{n-1}}$$

算术平均值 $\bar{x}=46.25$，$s(x_i)=1.37$，标准不确定度：

$$u(x_i)=\sqrt{\frac{1.37}{6}}=0.56$$

离散性相对不确定度 $u_{\text{crel}}(F_c)$：

$$u_{\text{crel}}(F_c)=\frac{0.56}{46.25}=1.21\%$$

⑤不确定度概算

测量不确定度分量汇总见表8-4。

测量不确定度分量汇总表 表8-4

序号	测量不确定度来源	误差限	分布	标准不确定度 $u(x)$(mm)	相对不确定度 $u_{\text{crel}}(x)(\%)$	c_i	$u_{\text{crel}}(y)$ (%)
1	试件尺寸测量				0.288	1	0.288
1	b 允许误差为	0.2mm	均匀	0.115			
	试件尺寸测量				0.145		0.145
	h 允许误差为	0.1mm	均匀	0.058			
2	最大破坏荷载				0.524	1	0.524
2	仪器校准	0.2%	正态		0.1		
	仪器测量	1.0%	正态		0.5		
	读数	0.21%	均匀		0.121		
3	试件离散性						
3	估计值46.25kN		正态	0.56	0.121	1	0.121

⑥合成标准不确定度

$$u_{\text{crel}}(R_c)=\sqrt{0.288^2+0.524^2+0.121^2+0.145^2}\times100\%=0.627\%$$

⑦测量结果

$$R_c=\frac{F_c}{A}=\frac{46\,250}{(40\times40)}=28.9$$

⑧合成标准不确定度

$$u_c(R_c)=R_c\cdot u_{\text{crel}}(R_c)=28.9\times0.627\%=0.18$$

⑨扩展不确定度 $u(R_c)$

取扩展因子 $k=2$。

$$u(R_c)=2\times0.18=0.36$$

⑩测量不确定度报告

抗压强度 $R_c=28.9\pm0.36$。

结论：由测量结果判定是否合格是不完善的，还必须考虑测量结果中不确定度的存在。尤其所测结果位于规范标准的临界值时，判断合格与否必须考虑不确定度的情况。因为合格度与不合格度的大小与估计的测量结果的扩展不确定度有关。只有这样判断，才是科学准确的。

第九章 能力验证

第一节 能力验证的基本概念

一、能力验证概念

能力验证是指利用实验室间比对,按照预先制定的准则评价参加者能力的活动,实际上它是为确保实验室维持较高的校准和检测水平而对其能力进行考核、监督和确认的一种验证活动。

所谓实验室间比对是按照预先规定的条件,由两个或多个实验室对相同或类似检测物品进行测量或检测的组织、实施、评价。

能力验证是用于特定目的的实验室间比对。一般来说,用于评价实验室具有特定检测、校准和检测能力的实验室间比对,可以通称为"能力验证"。能力验证属于合格评定的范畴。常用的评价指标是能力评定标准差。能力评定标准差是基于可用信息,用于能力评估的离散型度量,即能力验证中实验室偏倚的大小。

测量审核是能力验证的一种特殊形式。它是将一个参加实验室对被测物品(材料或制品)的测量结果与参考值进行比较,并按预定准则进行评价的活动。测量审核有时也称一对一能力验证计划。

实验室间比对、能力验证、测量审核的概念关系见图9-1。

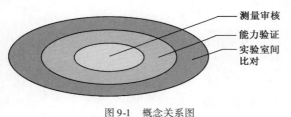

图9-1 概念关系图

依据《合格评定 能力验证的通用要求》(GB/T 27043—2012),能力验证活动的常用类型有:

(1)定量计划——确定能力验证物品的一个或多个被测量的量值。

(2)定性计划——对能力验证物品的一个或多个特性进行鉴别或描述。

(3)顺序计划——将检测或测量的一个或多个能力验证物品按顺序分发,并按期返回能力验证提供者。

(4)同步计划——分发能力验证物品,在规定期限内同时进行检测或测量。

(5)单个计划——为单一需求提供能力验证物品。

(6)连续计划——按规定的时间间隔,持续提供能力验证物品。

(7)抽样——该类计划是针对分析前的抽样环节。

(8)数据转换和解释——该类计划中提供成组的数据或其他信息,要求参加者通过处理这些信息给出解释。

二、能力验证主要目的

(1)评定实验室从事特定检测或测量的能力及监视实验室的持续能力。

(2)识别实验室存在的问题并启动改进措施,这些问题可能与诸如不适当的检测或测量程序、人员培训和监督的有效性、设备校准等因素有关。

(3)建立检测或测量方法的有效性和可比性。

(4)增加实验室用户的信心。

(5)识别实验室间的差异。

(6)根据比对的结果,帮助参加实验室提高能力。

(7)确认实验室声称的不确定度。

(8)评估某种方法的性能特征——通常称为协作试验。

(9)用于标准物质/标准样品赋值,以及评定其应用于特定检测或测量程序中使用时的适用性。

(10)支持由国际计量局(BIPM)及其相关区域计量组织,通过"关键比对"及辅助比对所达成的国家计量院间测量等效性的声明。

能力验证包含以上10类活动,通常不从事最后(8)、(9)、(10)三种活动。

第二节 能力验证计划的类型

能力验证计划是指在检测、测量、校准或检验的某个特定领域,设计和运作一轮或多轮次能力验证。

能力验证已成为检测、校准、检查各领域实验室活动的一项重要内容。根据使用方法的需求、能力验证物品的性质、所用方法及参加者的数量,能力验证计划会有所不同。但是,大部分能力验证计划具有共同的特征,即将一个实验室所得的结果与一个或多个不同实验室所得的结果进行比较。

能力验证计划中的检测或测量类型决定了进行能力比较的方法。实验室能力验证活动有以下三种基本类型:定量的、定性的以及解释性的。

定量测定的结果是数值型的,并用区间尺度或比例尺度标识。定量测量检测的精密度、正确度、分析灵敏度以及特异性可能有所差异。在定量能力验证计划中,对数值结果通常进行统计分析。

定性检测的结果是描述性的,并以分类尺度或顺序尺度表示,如微生物的鉴定,或识别出存在某种特定的被测量(如某种药物或某种特性等级)。用统计分析评定能力可能不适用于定性检测。

对于解释性计划,"能力验证物品"是指与参加者能力的解释性特征相关的一个检测结果(如描述性的形态学说明)、一套数据(如确定校准曲线)或其他一组信息(如案例研究)。

能力验证计划因目的的不同而各具不同的特点,常见的能力验证计划有以下三种类型。

1. 顺序参加的计划（测量比对计划）

将能力验证物品连续的从一个参加者传送到下一个参加者，有时需要传送回能力验证提供者进行再次核查。这些比对通常具有如下特征：

(1) 使用参考实验室，其能力为能力验证物品提供可靠的、具有计量溯源性的指定值，且该指定值具有足够小的测量不确定度。对于分类或顺序的特性，指定值应由专家公议或其他权威公议来确定。只能利用在计划实施过程中，有必要在特定阶段对能力验证物品进行核查，以确保指定值未发生变化。

(2) 各个测量结果要与参考实验室确定的参考值相比较。协调者应考虑各参加实验室声明的测量不确定度或声称的专业水平。

(3) 完成顺序参加能力验证计划需要较长时间，需要确保物品的稳定性，严格监控物品在参加者间的传递及参加者允许的测量时间，在计划实施过程中需向参加者单独反馈结果，而不是等到计划结束。

(4) 用于此类能力验证的物品（测量物品）包括参考标准（如电阻器、量规和仪器）等。

2. 同步参加的计划

同步参加的计划是指从材料中随机抽取子样，同时分发给参加者共同进行测试，完成检测后，将结果返回能力验证提供者与指定值比对，以表明单个参加者的能力和一组参加者整体的能力。

(1) 分割水平设计

一种常用的能力验证设计是"分割水平"，其中两个分离检测物品具有类似（但不相同）水平的被测量。该设计用于评估实验室参加者在某个特定的被测量水平下的精密度，它避免了用同一能力验证物品作重复测量，或在同一轮能力验证中，使用两个完全相同的能力验证物品做重复测量，或在同一轮能力验证中使用两个完全相同的能力验证物品带来的问题。

(2) 分割样品检测计划

"分割样品设计"是经常被参加者的客户以及某些监管机构采用的能力验证特殊类型。分割样品能力验证通常用于少量参加者（通常只有两个参加者）数据的比较。在该类能力验证计划中，某种产品或材料的样品被分成两份或多份，每个参加者检测其中的一份。该类计划的用途包括识别不好的准确度、描述持续偏倚以及验证纠正措施的有效性。该设计可用于评价作为检测服务提供方的一个或两个参加者，或用于参加者数量太少而无法进行适当的结果评价。

(3) 部分过程计划

部分过程计划为能力验证的一种特殊类型，用于评定参加者完成检测或测量全过程中的若干部分的能力。例如，现有的某些能力验证计划是评定参加者转换和报告一套数据的能力（而不是进行实际的测试或测量），或给予一套数据或能力验证物品做出解释的能力，或根据规范抽取及制备样品或试样的能力。在工程实际检测中，样品制备符合要求是检测数据准确的前提。随着近些年来自动化试验检测设备的使用，样品的制备成为试验的关键环节。

3. 外部质量评价（EQA）计划

外部质量评价（EQA）计划指根据传统的能力验证模型提供多种实验室间的比对计划。许多EQA计划设计的目的是对实验室完整的工作流程进行深入了解，而不是针对检测过程。多数的

EQA 计划包括长期实验室能力跟踪的连续性计划。EQA 计划的典型特征是向参加者提供教育机会并促进质量改进。为实现该目的，EQA 计划反馈给参加者的报告中包括了咨询和教育学的评议。

常见能力验证计划类型示例流程见图 9-2。

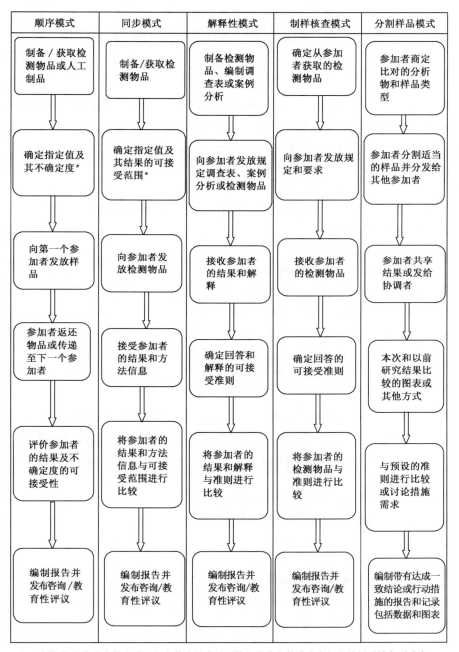

*注：根据指定值确定的方式，指定值在能力验证物品分发之前或在参加者结果反馈之后确定。

图 9-2　常见能力验证计划类型示例流程图

第三节 能力验证计划的设计与实施步骤

能力验证提供者应识别和策划直接影响能力验证计划质量的过程,并应确保这些过程依据既定程序进行。能力验证提供者不应将能力验证计划的策划工作分包。

一、能力验证计划的设计

根据能力验证的目的和实现的目标制订适用于某项具体能力验证的计划,制订文件化的方案,说明本次能力验证计划的目标、目的以及基本设计情况,并提供必要的信息,适当时说明取舍理由,参见《合格评定 能力验证的通用要求》(GB/T 27043—2012)。

实验室能力验证计划应包括以下内容:
(1)能力验证提供者的名称和地址。
(2)协调者以及参与设计和实施验证计划的这些专家的姓名和地址。
(3)验证计划的性质和目的。
(4)参加计划应满足的条件。
(5)能力验证计划预期的参加者数量和类型。
(6)所选定的被测量或特性包括参加者需要鉴别、测量或检测的有关信息。
(7)对能力验证物品预期的量值范围或特性的描述。
(8)所提供能力验证领域中设计的潜在的主要错误来源。
(9)对能力验证物品生产、质量控制、存储、分发的要求。
(10)合理防范参加者串通或伪造结果的措施,以及当怀疑串通或伪造时可执行的程序。
(11)参将提供给参加者的信息描述,以及能力验证计划各阶段时间表。
(12)参加者准备检测材料以及进行检测或测量所采用的方法或程序的有关信息。
(13)用于能力验证物品均匀性和稳定性检验的检测或测量方法的程序,必要时确定其生物活性。
(14)为参加者准备的所有标准化的结果报告格式。
(15)所有指定值的来源、计量溯源性和测量不确定度。
(16)所用统计分析的详细描述。
(17)参加者能力评价的准则。
(18)返回给参加者的数据、中期报告或信息的描述。
(19)参加者结果和根据能力验证计划结果所做结论的公布范围描述。
(20)能力验证物品丢失或损坏时应采取的措施。

二、能力验证计划的实施

能力验证计划实施的主要步骤如下:

1. 能力验证物品的制备

2. 均匀性和稳定性

给予不均匀性和不稳定性对参加者能力评定可能产生的影响,建立合适的均匀性和稳定性判定准则。

3. 统计设计

应根据数据的特性(定量或定性,包括顺序和分类)、统计假设、误差的性质以及预期的结果数量,制定符合计划目标的统计设计。

4. 指定值

所谓指定值,是指对于给定目的的具有适当不确定度的赋予特定量的值,有时该值是约定采用的。

能力验证提供者应将确定能力验证计划被测量或特性指定值的程序形成文件。该程序应考虑所需的计量溯源性和测量不确定度,以证明能力验证计划符合其目标。

5. 方法或程序的选择

通常期望参加者使用他们自己选择的检测方法、校准或测量程序,这些方法或程序应与其日常所使用的一致。能力验证提供者也可依据能力验证计划,要求参加者使用指定的方法。

6. 能力验证计划的运作

(1)给参加者的指导。
(2)能力验证物品制备。
(3)能力验证物品的处置和存储。
(4)能力验证物品的包装、标识和分发。

7. 数据分析和能力验证计划结果的评价

(1)数据的分析和记录。
(2)能力评定。

8. 编写能力验证报告

(1)能力验证计划报告的内容应清晰和全面,包含所有参加者结果的资料,并指出每个参加者的能力。
(2)能力验证计划报告中,通常应包含下列信息:
①提供者的名称和详细联系信息;
②协调者的姓名和详细联系信息;
③报告批准人的姓名、指望、签名或等效标识;
④报告的发布日期和状态;
⑤能力验证计划报告的编号、标识、页码和清晰的结束标记;
⑥结果保密程度的声明;
⑦所用物品或材料的清晰说明,包括样品制备和均匀性和稳定性评定的必要细节;

⑧参加实验室代码和检测结果;
⑨统计数据和总计统计量,包括指定值、可接受结果的范围和图形表示。

以上仅列出了报告的部分内容,完整内容详见《合格评定　能力验证的通用要求》(GB/T 27043—2012)。

9. 与参加者的沟通

10. 保密

三、能力验证注意事项

(1)记录的保密性。

(2)结果的串通和伪造。

能力验证的目的主要是帮助参加者改善其能力,但在参加者中仍可能有一种倾向,即对其能力提供一个虚假的良好印象。例如,在实验室之间可能发生串通,以至不提交真正独立的数据。因此,在可行情况下,能力验证应设计为能确保尽可能少地出现串通和伪造行为。

(3)能力验证组织者选择某个特定的能力验证计划,应由具备相应资格的人员进行审定和监督。

第四节　能力验证结果的统计处理和能力评价

一、统计处理

1. 统计设计

(1)能力验证的结果可以有多种形式出现,设计不同的数学类型和统计分布。分析数据的统计方法应与数据类型及其统计分布特性相适应。无论使用哪一种方法对参加者的结果进行评价,一般均包括以下几个方面的内容:

①确定指定值;
②计算能力统计量;
③评价能力;
④预先确定被测样品的均匀性和稳定性。

(2)在统计设计中应考虑下列事项及其相互影响:

①所涉及测试的精密性和正确性;
②在要求的置信水平下,检出参加者之间的最小差异;
③参加者的数量;
④待检样品的数目和对每一被测样品进行重复性检测、测量的次数;在校准能力验证计划中,应考虑比对的周期;
⑤估算指定值所使用的程序及识别离群值所使用的程序;

⑥校准能力验证计划中,参考试验室必须能够给出优于参加者的测量不确定度。

在检测验证计划中,结果的评价是建立在与给定值的比较之上,给定值通常是从所有参加者的结果中获得,即公议值。

(3)指定值及其不确定度的确定。

①确定指定值的方法有多种,最常用的有以下几种:

a. 已知值——根据特定能力验证物品配方(如制造或稀释)确定的结果,例如沥青混凝土中沥青含量测定、无机结合料中水泥或灰剂量的测定;

b. 有证参考值——由定义的检测或测量方法确定(用于定量检测);

c. 参考值——根据对能力验证物品和可溯源到国家标准或国际标准的标准物质/标准样品或参考标准的并行分析、测量或比对来确定的值;

d. 由各专家试验室获得的公议值——专家参加者(某些情况下可能是参考实验室)应当具有可证实的被测量的能力,其使用的方法已经过确认,并且有较高的精密度和准确度,与通常使用的方法具有可比性;

e. 由参加试验室获得的公议值——使用 ISO 13528 和 IUPAC 国际统计方法,并考虑离群值的影响。利用验证参数中的统计量,并考虑到极端结果的影响。

以上常用的 5 种指定值确定方法,按照排序指定值的不确定度逐渐增大,即已知值不确定度最小,由参加者确定的公议值不确定度值最大。ISO 13528 和 IUPAC 国际协议中详细介绍了确定其不确定度的程序。ISO/IEC 指南 98-3 中给出了不确定度的其他信息。

当利用有证参考值时,可将其标准值作为能力验证统计值的指定值,这在参加的实验室数量较少时较方便。当参加的实验室数量较多时,可以验证统计结果中指定值是否存在偏离,也可以用于分析实验检测结果可能存在的问题。

为公正地评价参加试验室,促进试验室间比对方法的协调一致,应尽量使检测或测量方法间吻合一致。有指定的参数值,通过共同比对,使用共同的参数指定值。

②定性数据(定名的值)或半定量值(顺序的值)。

其指定值需要由专家进行判断或由制造过程确定,某些情况下,能力验证提供者可使用大多数参加者的结果,预先确定的比例如 80% 或更高的参加者的结果来确定公议值。这个比例基于能力验证计划的目标和参加者的能力和经验水平来确定。

a. 定性值——预先确定的多数百分率值;

b. 定量值——适当比对由某组产生的值,如加权平均值、中位值、众数或其他稳定量值。

③离群值的统计处理。

当能力验证的比对参数确定时,所用的统计方法应当使极端结果影响最小。可以剔除离群值后进行计算。但在能力验证报告中还需对剔除结果评估,对机构进行能力评价。

第一类,离群值是明显错误的结果,如单位错误、小数点错误或错报为其他能力验证结果,应予剔除,单独处理。这些结果不再计入离群值检验或稳健统计分析。

第二类,当使用参加者的结果确定指定值,硬是要采用适当的统计方法使离群值的影响降到最低时,可以采用稳健统计方法或计算前剔除离群值。在较大的或常规的能力验证计划中,如存在有效的客观判据,可自动筛除离群值。

第三类,如果其结果作为离群值被剔除,则仅在计算总统计量时剔除该值。但这些结果仍在能力验证计划中予以评价,并进行适当能力评定。

判定和处理离群值的目的如下:

a. 识别与诊断找出离群值,从而进行质量控制;

b. 估计参数估计总体的某个参数,确定这些值是否计入样本,以便准确估计其参数;

c. 检验假设目的在于判定总体是否符合所考察的要求,找出离群值的目的主要在于确定这些值是否计入样本,以使判定结果计量准确。

对于所有的能力验证计划,统计分析只是评价其结果的一个方面。如果一个结果被认为是离群值,这意味着,从统计上看,它明显地不同于本组的其他结果。然而,从所涉及的具体学科(如化学)看,结果可能没有"错"。这就是为什么规定结果的评价应由统计分析和技术专家共同参加的原因。

2. 能力统计量的计算

数据准备在开始进行统计分析之前,应采取措施确保所采集的数据是正确、合理的。必须仔细复查输入的数据。通过这个检查过程,一般可以识别出数据中的粗大误差和潜在问题。

在某些情况下,结果需经过转换,而不是按原始的数据计算。当所有结果已被输入并经过检查(必要时经过转换)后,制作显示结果分布的数据直方图,以检验正态分布假设。

检查直方图可以看出结果是否连续和对称,否则,统计分析可能无效。还可能出现一个问题,即在直方图上出现两组有差异的结果(即双峰分布),这通常是由于使用了产生不同结果的两种检测方法。在这种情况下,应对两种方法的数据进行分离,然后对每一种方法的数据分别进行统计分析。

(1) 定量结果能力统计量

能力验证结果常需转换成一个能力统计量,以便于说明和衡量与指定值的偏差。检测能力的评价对于能力验证的参加者应有意义。因此,对检测项目的能力评价应该和检测的要求相关,并能被理解或符合特定领域的惯例。变动性度量常用于计算能力统计量和能力验证计划的总结报告中。

按照对参加者结果转化由简至繁的顺序,定量结果的常用统计量如下:

① 差值

$$D = x - X \tag{9-1}$$

式中:x——参加者结果;

X——指定值。

② 百分相对差 $D(\%)$

$$D(\%) = \frac{x - X}{X} \times 100 \tag{9-2}$$

③ z 比分数

$$z = \frac{x - X}{\hat{\sigma}} \tag{9-3}$$

式中：x——实验室的检测值；
$\quad X$——能力评估的指定值；
$\quad \hat{\sigma}$——能力评定标准差。

在 ISO 13528 中，能力评定标准差 $\hat{\sigma}$ 可以采取下列方法确定：

a. 根据能力验证的目标和目的，有专家判定或法规规定（规定值）；
b. 根据以前能力验证得到的估计值或由经验得到的预期值（经验值）；
c. 统计模型得到的估计值（一般模型）；
d. 由精密度试验得到的结果；
e. 由参加者结果得到的传统标准差或稳健标准差。

在报告中列表给出计算的 z 比分数，并依据这些 z 比分数来评定实验室的能力。

④ ξ 比分数

$$\xi = \frac{x - X}{\sqrt{u_{\text{lab}}^2 + u_{\text{av}}^2}} \tag{9-4}$$

式中：u_{lab}——参加者的合成不确定度；
$\quad u_{\text{av}}$——指定值的不确定度。

⑤ E_n 值（该统计量通常用于测量比对计划和测量审核活动）

$$E_n = \frac{x - X}{\sqrt{U_{\text{lab}}^2 + U_{\text{ref}}^2}} \tag{9-5}$$

式中：U_{lab}——参加者结果的扩展不确定度；
$\quad U_{\text{ref}}$——参考实验室指定值的扩展不确定度。

只有当 x 和 X 独立时，式(9-4)和式(9-5)才是正确的。

（2）统计注意事项

① 参加者结果和指定值之间的简单差值可能足以确定能力，且易被参加者所理解。
② 百分相对差不依赖于指定值的大小。
③ 对于高度分散或者偏态的结果、顺序响应量、数量有限的不同响应量，百分数和秩是有效的。不要轻易使用该方法。
④ 根据检测数据的特性，须对结果进行转换。例如，稀释的结果呈现几何尺度，需进行对数转换。
⑤ 如果能力评定标准差 $\hat{\sigma}$ 由公议确定，变异度的估计应可靠，即：基于多次的观测以降低离群值的影响，并得到足够小的不确定度。
⑥ 如果能力统计量（例如 E_n 值和 ξ 比分数）需使用参加者报告的测量不确定度的估计值时，只有所有参加者采用一致的方法评估不确定度，该方法才有意义。

（3）定性结果和半定量结果

对于定性结果和半定量结果，如应用统计方法，必须与结果的特性相适应。对于定性数据（也称为"分类数据"），如沥青的延度试验、集料的黏附性试验，可直接将结果与指定值进行比较，结果相同可接受，不同则根据专家判断参加者结果是否满足预期要求。

某些情况下,能力验证提供者可审查参加者的结果,并确定能力验证物品是否适于评估。

用于定性数据的技术也适用于半定量结果(也称为顺序结果),顺序结果包括很多类型,例如,响应为等级或排序、感官评价,化学反应强度。有时这些响应结果用数字表示,如 1 = 差,2 = 不满意,3 = 满意,4 = 良好,5 = 优秀。

对于顺序数据计算常规的总计统计量是不合适的,即使结果以数值表示。对于半定量结果使用 z 比分数的统计量是不合适的;可用特定统计量,如秩或顺序统计量。

描述出(或作图表示)所有参加者结果的分布,以及每一类结果的数量或百分比,并给出总计统计量(如众数和极差)是适当的。根据与指定值的接近程度评价结果也是可行的。例如,结果落在指定值允许误差范围即可接受。

某些情况下,利用百分位数评估能力也可以,如规定距离众数或指定值最远的4%不可接受。当然,这些规则应根据能力验证计划的目的事先确定,并告知参加者。

(4)合成的能力比分数(略)

二、能力验证结果的评价

(1)在建立能力的评价标准前,应考虑能力的度量值是否具有下列特点。

①专家公议:专家直接确定报告的数据是否符合要求,专家公议是评价性检测结果的主要途径。

②与目标的符合性:例如,应考虑方法的使用范围和参与者被认可的操作水平等。

③数值的统计判定:这里的评价准则适用于各种结果值。一般 z 比分数和分为(简单起见,示例仅给出了 z 比分数,对 ξ 比分数也适用):

$$|z| \leq 2.0 \quad 满意结果$$

$$2.0 < |z| < 3.0 \quad 有问题$$

$$|z| \geq 3.0 \quad 不满意或离群的结果$$

当利用测量审核对实验室的能力进行判定时,可利用 E_n 值或参照相关技术标准(包括统计技术方面的标准)进行判定。将 E_n 值分为:

$$|E_n| \leq 1.0 \quad 满意结果$$

$$|E_n| > 1.0 \quad 不满意结果$$

有时某些实验室出具的数据,在能力验证计划中为离群结果,但可能仍在其相关标准规定的允许误差范围之内。鉴于此,利用参加能力验证计划的结果来对实验室的能力进行判定时,通常不做出合格与否的结论,而是使用"满意/不满意"或"离群"的概念。

④分割样品设计的目的可能是为了识别结果中是否有不适当的校准或较大的随机波动,此时,评价需要建立在有足够多结果,并且测试结果的范围要足够宽的基础上,应用图形方法可以有效识别并描述这些问题,可参考《利用实验室间比对进行能力验证的统计方法》(GB/T 28043—2011)相关内容。需要考虑的是一个参加者得到的结果是否有,或预期有较小的测量

不确定度。在此情况下,该结果就是被测量实际水平的最佳估计值。如果两个参加者有几乎相同的测量不确定度,则两者的结果的平均值就是实际水平的优先估计值。

⑤如果可能,应尽量使用图示法表示能力(如直方图、误差条形图、顺序 z 比分数图)。用图来表明参加者结果的分布、多个能力验证物品结果间的关系、不同方法所得结果分布的比较。

(2)实验室进行能力验证并得到结果后,按照以下三条原则进行评价:

①实验室有明确的组织机构和职责保证参加能力验证,制订了完善的质量文件并按程序执行;能够证明其参加过程并对结果进行了有效评价、分析及反馈,满足以上条件的评为符合。

②实验室规定了职责保证参加能力验证,制订了完善的质量文件,但没有完全按照程序实施,没有相关的记录,对此应评为缺陷。

③实验室没有规定明确的职责,也没有制订参加能力验证的质量文件,对此项则评为不符合。

三、能力验证结果的使用

(1)能力验证的结果对于参加实验室和组织机构都有用。但是,当利用这些结果去确定实验室的能力时有其局限性。某一次能力验证计划中的成功,可能只代表这一次活动的能力,而不能反映出持续进行的能力。同样,在某一次计划中的不成功表现,也许反映的是实验室偶然偏离了正常的能力状态。正因为如此,在认可过程中,实验室认可机构不能孤立地使用能力验证。

(2)如果实验室提交的某个结果或一些结果超出了某一次能力验证计划的验收准则,应及早向实验室通报其结果,并建议该实验室对其能力进行调查和评议。组织能力验证机构应有对这些结果采取措施的程序。

(3)对报告不满意结果的实验室,应采取以下措施:

①实验室在约定的时间范围内调查和评议其能力;

②必要时,让实验室随后进行可能的能力验证,以确认实验室采取纠正措施是否有效;

③必要时,由合适的技术评审员对实验室进行现场评价,以确认纠正措施是否有效。

(4)应当告知参加实验室能力验证计划中的不满意表现可能带来的后果,这包括在指定的期限内进行有效的整改后可继续认定;暂停相关项目的认定(要求采取适当的纠正措施);撤销相应项目的认可。通常,组织机构对这些措施的选择将根据该实验室的一贯能力和最近的现场评审而定。

四、实验室的行动和反馈

(1)应要求认可实验室保存它们自己在能力验证计划中能力的记录,包括对不满意结果的调查结论,以及随后的纠正和预防措施。

(2)实验室应从能力验证组织和设计的评价中对自己的能力做出结论。应考虑的信息包括:

①检测样品的来源和特征;
②所用的检测方法,如果可能,对特定方法的结果赋值;
③能力验证的组织(例如统计模式、重复次数、被测参数、执行方式);
④组织机构用于评价参加者能力的准则。

第十章 统计技术和抽样技术

第一节 统计技术的基础

一、随机变量的基本概念

1. 事件和随机事件

事件是指观测或试验的一种结果。例如：测量零件的半径所得的结果为 4.51mm、4.52mm、4.53mm…，这里每个可能出现的测量结果都称为事件。

在客观世界中，我们可以把事件大致分为确定性和不确定性两类。

试验可以在相同的条件下重复进行，每次试验的可能结果不止一个，并在事先能明确所有出现的结果，但是在试验之前不能确定哪一个结果会出现，满足这些条件的试验称为随机试验。

概率论和数理统计就是从两个不同侧面来研究这类不确定性事件的统计规律性。在概率统计中，把客观世界可能出现的事件区分为最典型的 3 种情况：

(1) 必然事件。在一定条件下必然出现的事件，用 U 表示。

(2) 不可能事件。在一定条件下不可能出现的事件，用 V 表示。

(3) 随机事件。在随机试验中，对一次试验可能出现也可能不出现，而在多次重复试验中却具有某种规律的事件。随机事件是概率论的研究对象，常用 A、B、C… 表示。随机事件即是随机现象的某种结果。

2. 概率

频数是指在给定类（组）中，特定事件发生的次数或观测值的个数。频率即各组频数与总体单位总和之比，它反映了各组频数的大小对总体所起的作用的相对强度。在 n 次试验中，事件 A 出现 n_A 次，则称值 n_A/n 为事件 A 在这次试验中出现的频率，记以 $f_n(A)$，即：

$$f_n(A) = \frac{n_A}{n} \tag{10-1}$$

式中：n_A ——频数。

实践证明，当试验次数逐渐增大时，频率 $f_n(A)$ 在某一定值 P 附近摆动。这一性质为频率的稳定性。摆动中心 P 值的大小就是衡量事件 A 出现可能性大小的量。

由于频率的稳定性，因此可把频率的摆动中心 P 作为事件 A 的概率 $P(A)$ 的值。这种方法定义的概率称为统计概率。

根据事件 A 发生的不同情况,其概率的性质如下:

(1)由于频率总是介于 0 和 1 之间,故随机事件 A 的概率也总是介于 0 与 1 之间:$0 < P(A) < 1$。

(2)必然事件的概率:$P(U) = 1$。

(3)不可能事件的概率:$P(V) = 0$。

(4)若事件 A 发生,事件 B 一定不发生;反之,事件 B 发生,事件 A 一定不发生,即 A、B 两事件不同时发生,称 A 与 B 不相容,也成为互斥事件。对于互斥事件 A 与 B,它们和的概率等于 A、B 两事件概率的和,即:

$$P(A + B) = P(A) + P(B) \tag{10-2}$$

(5)若事件 A 的发生不影响 B 的发生,则称事件 A 与 B 互相独立。

对于两个独立事件 A 与 B 之和的概率(同时发生的概率),等于 A、B 单独发生的概率的乘积,即:

$$P(AB) = P(A) \cdot P(B) \tag{10-3}$$

(6)小概率事件:如果某一事件的概率接近零,则这个事件在大量重复试验中出现的频率很小,这种事件称为"小概率事件"。"小概率事件"在一次试验中发生的可能很小,所以通常认为,在一次试验中"小概率事件"几乎是不会发生的。

二、随机变量及其数字特征

1. 随机变量

定义:如果某一变量(例如测量结果)在一定条件下,取某一值或在某一范围内取值是一个随机事件,则这样的量叫作随机变量。

按照随机变量所取数值的分布情况不同,可分为以下两种:

(1)连续性随机变量。若随机变量 X 可在坐标轴上某一区间内取任一数值,即取值布满区间或整个实数轴,则称 X 为连续型随机变量。打靶命中点的可能值是充满整个靶面的,属于连续型随机变量。

(2)离散型随机变量。若随机变量 X 的取值可离散地排列为 $x_1, x_2, \cdots$,而且 X 以各种确定的概率取这些不同的值,即只取有限个或可数个实数值,则称 X 为离散型随机变量。

2. 分布函数

随机变量的特点是以一定的概率取值,但并不是所有的观测或试验都能以一定的概率取某一个固定值。例如:对某工件的直径,作为被测量最佳估计值的测量结果是随机变量,记作 X,它的真值是充满某一个区间的(并非某一个固定值)。此时,我们所关心的问题是:它落在该区间的概率是多少,即:

$$P(a \leqslant X \leqslant b) = ?$$

根据概率加法定理有:

$$P(a \leqslant X \leqslant b) = P(X < b) - P(X < a) \tag{10-4}$$

显然,只要求出 $P(X < b)$ 及 $P(X < a)$ 即可,这要比 $P(a \leqslant X \leqslant b)$ 的计算简单许多,因

为它们只依赖一个参数。

对于任何实数 x,事件($X \leq x$)的概率当然是一个 x 的函数。令 $F(x) = P(X < x)$,这里 $F(x)$ 即为随机变量 X 的分布函数。分布函数 $F(x)$ 完全决定了事件($a \leq X \leq b$)的概率,或者说,分布函数 $F(x)$ 完整地描述了随机变量 X 的统计特性。

3. 随机变量的数字特征

利用分布函数或分布密度函数可以完全确定一个随机变量,但在实际问题中求分布函数或分布密度函数不仅十分困难,而且常常没有必要。例如:测量零件长度得到了一系列的观测值,人们往往只需要知道零件长度这个随机变量的一些特征量就够了。诸如长度的平均值(近似地代表长度的真值)及测量标准(偏)差(观测值对平均值的分散程度)。用一些数字来描述随机变量的主要特征,显然十分方便、直观、实用,在概率论和数理统计中就称他们为随机变量的数字特征。这些特征量有数学期望、方差、矩、协方差等。

(1)数学期望

随机变量 X 的数学期望记为 $E(X)$ 或简记 μ_x,用它可以表示随机变量本身的大小,说明 X 的取值中心或在数轴上的位置,也称为期望值。数学期望表征随机变量分布的中心位置,随机变量围绕着数学期望取值。数学期望的估计值,即为若干个测量结果或一系列观测值的算数平均值。也就是说,数学期望是一个平均的大约数值,随机变量的所有可能值围绕着它而变化。

①离散型随机变量的数学期望

设某机械加工车间有 M 台机床,它们有时工作,有时停顿(如为了调换刀具、零件和进行测量等),为了精确估计车间的电力负荷,需要知道同时工作着的机床的台数。为此做了 N 次观察,记下诸独立事件(所有机床都工作,有 1 台工作,有 2 台工作,…,M 台都工作)的出现次数,其分别为 $m_0, m_1, \cdots, m_M$。显然,$m_0 + m_1 + \cdots + m_M = N$,则该车间同时工作的机床的平均数 $\bar{n}$ 为:

$$\bar{n} = \frac{\sum_{i=1}^{M} x_i m_i}{N} = \sum_{i=1}^{M} x_i \frac{m_i}{N} = \sum_{i=1}^{M} x_i w_i \tag{10-5}$$

式中:w_i —— x_i 台机床同时工作的频率。

当 N 很大时,频率 w_i 趋于稳定而等于概率 p_i,故有:

$$\bar{n} = \sum_{i=1}^{M} x_i p_i \tag{10-6}$$

由上所述,本例中同时工作的机床台数 X 是一个随机变量,其可能值为 x_i,响应的概率为 p_i,其均值 $\sum_{i=1}^{M} x_i p_i$ 即称为随机变量的数学期望的估计值。它的一般形式为 $\mu_x = E(X) = \sum_{i=1}^{\infty} x_i p_i$,而级数 $\sum_{i=1}^{\infty} x_i p_i$ 应绝对收敛。

②连续型随机变量的数学期望

设连续型随机变量 X 具有概率密度 $f(x)$,若 $\int_{-\infty}^{+\infty} |x| f(x) \mathrm{d}x < +\infty$,则称积分值 $\int_{-\infty}^{+\infty} |x| f(x) \mathrm{d}x$

为 X 的数学期望,简称期望或均值,记为 $E(x)$,即:

$$E(X) = \int_{-\infty}^{+\infty} x f(x) \mathrm{d}x \tag{10-7}$$

因此,数学期望是均值这一概念在随机变量上的推广,并不是简单的算数平均值,而是以概率为权的加权平均值。

(2)方差

数学期望是随机变量的一个重要数字特征,它表示随机变量取值水平或者说随机变量的中心位置,从一个角度描述了随机变量,但在许多问题中单用数学期望通常是不够的,往往还要涉及另一类数字特征,它刻化随机变量的取值与其中心位置的偏离程度这一特征,其中最重要的是方差。

①方差的概念

方差是指随机变量的中心化概率分布的二阶矩。即:设 X 为随机变量,若 $E[X-E(X)]^2$ 存在,则称 $E[X-E(X)]^2$ 为 X 的方差,记为 $V(X)$。

$$V(X) = E[X - E(X)]^2 \tag{10-8}$$

在应用中还引入随机变量 X 具有相同量纲的量 $\sqrt{V(X)}$,记为 σ,称为标准差。

②离散型随机变量方差

$$V(X) = \sum_{i=1}^{\infty} [x_i - E(X)]^2 p_i \tag{10-9}$$

其中,$P\{X = x_i\} = p_i, i = 1, 2, \cdots$ 为 X 的分布律。

③连续型随机变量的方差

$$V(X) = \int_{-\infty}^{+\infty} [x - E(X)]^2 f(x) \mathrm{d}x \tag{10-10}$$

计算方差时,更多的是用下面的公式:

$$V(X) = E(X^2) - [E(X)]^2$$

这个公式的证明如下:

$$V(X) = E[X - E(X)]^2 = E\{X^2 - 2XE(X) + [E(X)]^2\}$$
$$= E(X^2) - 2E(X) \cdot E(X) + [E(X)]^2 = E(X^2) - [E(X)]^2$$

(3)矩

设 X、Y 为随机变量,若 $E(|X|^k) < \infty$,记 $a_k = E(x^k)$,称 a_k 为 X 的 k 阶原点矩,简称 k 阶矩。

若 $E|X - E(X)|^k < \infty$,记 $b_k = E|X - E(X)|^k$,称 b_k 为 X 的阶中心矩。

(4)协方差

在联合概率分布下,两个中心化随机变量乘积的均值为协方差。公式表示如下:若随机变量 X 和 Y 的二阶矩都存在,则称 $E[X - E(X)][Y - E(Y)]$ 为 X 与 Y 的协方差,记为 σ_{XY}。

$$\sigma_{XY} = E[X - E(X)][Y - E(Y)] \tag{10-11}$$

三、常见随机变量的概率分布

1. 均匀分布

均匀分布是一种简单的概率分布,分为离散型均匀分布和连续型均匀分布,见图10-1。

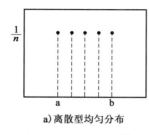
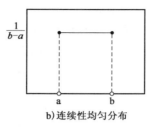

a) 离散型均匀分布　　　b) 连续性均匀分布

图 10-1　均匀分布

设连续型随机变量 X 的分布函数为:

$$F(x) = (x - a)/(b - a) \qquad (a \leq x \leq b) \qquad (10\text{-}12)$$

则称随机变量 X 服从 $[a,b]$ 上的均匀分布,记为 $X \sim U[a,b]$。

若 $[x_1, x_2]$ 是 $[a,b]$ 的任一子区间,则:

$$P\{x_1 \leq x \leq x_2\} = (x_2 - x_1)/(b - a)$$

这表明 X 落在 $[a,b]$ 的子区间内的概率只与子区间长度有关,而与子区间位置无关,因此 X 落在 $[a,b]$ 的长度相等的子区间内的可能性是相等的,所谓的均匀指的就是这种等可能性。

在实际问题中,当我们无法区分在区间 $[a,b]$ 内取值的随机变量 X 取不同值的可能性有何不同时,我们就可以假定 X 服从 $[a,b]$ 上的均匀分布。

统计学中的概率密度函数:用于直观地描述连续性随机变量(离散型的随机变量下该函数称为分布律),表示瞬时幅值落在某指定范围内的概率,因此是幅值的函数。连续样本空间情形下的概率称为概率密度,当试验次数无限增加,直方图趋近于光滑曲线,曲线下包围的面积表示概率,该曲线即这次试验样本的概率密度函数。

统计学中概率密度公式中的平均分布为:

$$f(x) = 1/(b - a) \qquad (a \leq x \leq b) \qquad (10\text{-}13)$$

对于其他 x,$f(x) = 0$。

X 的平均值: $E(X) = \int(b,a) x f(x) \mathrm{d}x = \int(b,a) x \mathrm{d}x/(b-a) = 0.5x^2/(b-a) \mid (b-a) = (a+b)/2$

X 的方差: $D(X) = V_{\mathrm{ar}}(X) = \int(b,a)[x - E(X)]^2 \mathrm{d}x/(b-a)$

$$= \int(b,a)[x - (a+b)/2]^2 \mathrm{d}x/(b-a)$$

$$= (b-a)^2/12$$

均匀分布 X 的平均值为 $(a+b)/2$,方差为 $(b-a)^2/12$。

2. 正态分布

正态分布是数理统计中的一种重要的理论分布,是许多统计方法的理论基础。正态分布有两个参数——μ 和 σ，决定了正态分布的位置和形态。正态分布（图 10-2）指具有如下概率密度函数的连续分布，其中 $-\infty < x < \infty$，且 $-\infty < \mu < \infty$，$\sigma > 0$。

$$f(x) = \frac{1}{\sigma\sqrt{2\pi}} e^{-\frac{(x-\mu)^2}{2\sigma^2}} \tag{10-14}$$

式中：$f(x)$——概率密度函数；
　　　π——圆周率，$\pi = 3.14159\cdots$；
　　　e——自然对数的底，$e = 2.71828\cdots$；
　　　μ——其均值；
　　　σ——其标准差。

通过抽样模拟试验表明，在正态分布总体中以固定 n，抽取若干个样本时，样本均数的分布仍服从正态分布，即 $N(\mu,\sigma)$。所以，对样本均数的分布进行 u 变换，也可变换为标准正态分布 $N(0,1)$。为了应用方便，常将一般的正态变量 X 通过 u 变换 $[(X-\mu)/\sigma]$ 转化成标准正态变量 u，以使原来各种形态的正态分布都转换为 $\mu=0$、$\sigma=1$ 的标准正态分布，亦称 u 分布。

从图 10-2 以及简单的计算可知，正态分布图形具有下列性质：

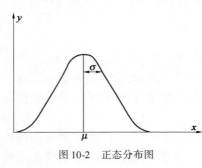

图 10-2　正态分布图

(1) $f(x)$ 处处大于零，且具有各阶连续的导数。

(2) $f(x)$ 在 $(-\infty,\mu)$ 区间严格上升，在 $x=\mu$ 处达到最大值 $1/(\sigma\sqrt{2\pi})$，且其大小只取决于标准差 σ。标准差越大，观测值落在 μ 附近的概率越小，意味着测定精度差，观察值也越分散；标准差越小，观测值落在 μ 附近的概率越大，表示观测的精度好，观测值集中；在 $(\mu,+\infty)$ 区间严格下降；在 $x=\mu$ 处有极值点。

(3) $f(x)$ 关于 $x=\mu$ 对称，即 $f(\mu+x) = f(\mu-x)$。

(4) $\int_{-\infty}^{+\infty} f(x)\mathrm{d}x = 1$。

当 $\mu=0$，$\sigma=1$ 时，称为标准正态分布，记为 $N(0,1)$ 其密度函数用 $\varphi(x)$ 表示，即有：

$$\varphi(x) = \frac{1}{\sqrt{2\pi}} e^{-\frac{x^2}{2}} \tag{10-15}$$

由上述可得出正态分布图具有单峰性、对称性、有界性、和抵偿性。

①单峰性：绝对值小的误差比绝对值大的误差，出现的机会多得多（$\pm 1\sigma$ 占 68.3%）；
②对称性：绝对值相等的正、负误差出现的概率相等；
③有界性：在一定条件下，有限次的检测中，偶然误差的绝对值不会超出一定的界限；
④抵偿性：相同条件下，对同一量进行检测，其偶然误差的平均值，随着测量次数的无限增加，而趋于零。

抵偿性是偶然误差最本质的统计特性，凡有抵偿性的误差都可以按偶然误差处理。

偶然误差（随机误差，不定误差）符合正态分布，且具有上述的基本性质。

由于在实际工作中，往往 σ 是未知的，常用标准差 s 作为 σ 的估计值，为了与 u 变换区别，称为 t 变换，统计量 t 值的分布称为 t 分布。

3. t 分布

在概率论和统计学中,学生 t-分布(Student's t-distribution)经常应用在对呈正态分布的总体的均值进行估计。它是对两个样本均值差异进行显著性测试的学生 t 测定的基础。具有如下概率密度函数的连续分布称 t 分布,见图 10-3。

$$f(t) = \frac{\Gamma[(v+1)/2]}{\sqrt{\pi v}\Gamma(v/2)} \times \left(1 + \frac{t^2}{v}\right)^{-(v+1)^2} \tag{10-16}$$

式中:$f(t)$——概率密度函数;
π——圆周率,$\pi = 3.14159\cdots$;
v——自由度。

当母群体的标准差是未知的但却又需要估计时,我们可以运用学生 t-分布。

t 检定改进了 Z 检定(en:Z-test),不论样本数量大或小皆可应用。在样本数量大(超过 120 等)时,可以应用 Z 检定,但 Z 检定用在小的样本会产生很大的误差,因此样本很小的情况下得改用学生 t 检定。在数据有三组以上时,因为误差无法压低,此时可以用变异数分析代替学生 t 检定。

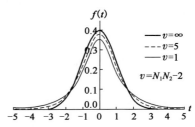

图 10-3 自由度为 1、5、∞ 的 t 分布
注:当自由度为∞时,t 分布就是标准正态分布。

四、统计概念

1. 总体、样本与样本空间

总体是指所考虑对象的全体。样本是指由一个或多个抽样单元组成的总体的子集。样本空间是指所有可能结果的集合。

2. 算术平均值

算术平均值是总体单位某一数量标志值之和除以总体单位总量。

对样本量为 n 的随机样本 $\{X_1, X_2, \cdots, X_n\}$,算术平均值为:

$$\overline{X} = \frac{1}{n}\sum_{i=1}^{n} X_i \tag{10-17}$$

式中:$\overline{X}$——算术平均值;
n——样本量;
$\{X_1, X_2, \cdots, X_n\}$——随机样本。

3. 相关系数

在联合概率分布下,两个标准化随机变量乘积的均值。

第二节 常用数理统计工具

一、调查表

在进行统计工作时,首先要收集数据,收集来的数据要规范化、表格化。统计分析用的调查表,是利用统计表对数据进行整理和初步分析原因的一种工具。

针对不同的需要,常用的格式有以下几种:

(1)不合格项目分类统计调查表。如混凝土施工可按配比、拌和、运输、浇筑、振捣逐一统计;也可统计不合格的频率及百分比,并可分析不合格的原因。

(2)工序质量特性分布统计分析调查表。可以对各种参数分别给予统计分析,找出产生问题的主要原因。

(3)调查缺陷位置的统计分析调查表。

二、分层法

分层法是将所有收集的数据按照数据来源、性质、使用目的和要求,分类加以归纳、总结和分析,然后再用其他统计分析方法将分类后的数据加工成图标。

分层法是数据分析的一项基础工作。分层的好坏直接影响着后期分析的结果。例如:作直方图分层不好时,就会出现峰型和平顺型;排列图分层不好时,矩形高度差不多,无法分清因素的主次。

三、因果图

因果图又称"特性要因图",也有人根据其图形如鱼骨状或树枝状,称其为"鱼骨图"或"树枝图"。这是一种逐步深入研究和讨论质量问题的图示方法。它把对质量问题有影响的一些重要因素加以分析和分类,依照这些原因的大小次序在同一张图上分别用主干、大枝和小枝图形表示出来,即为因果图。有了因果图就可以对因果做出明确而系统的整理,从而可一目了然、系统地观察所产生质量问题的原因,有利于研究解决的办法。

在进行因果分析过程中,对那些认为比较重要的因素,要用特殊记号标注说明,然后根据查找出来的问题,从大到小,通过研究绘制对策表,针对查找出的影响质量的因素,制订对策,落实解决的办法。以混凝土强度不足为例,用因果图表示出来,如图10-4所示。

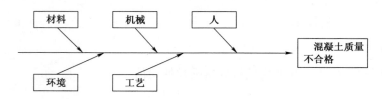

图10-4 某工程混凝土质量不合格的因果分析图

四、直方图

直方图是通过对数据的加工处理,从而分析和掌握质量数据的分布和估算工序不合格品率的一种方法。直方图有频数直方图和频率直方图两种,其中以频数直方图使用较多。样本数据频数直方图,是指将样本观测值 X_1、X_2、$\cdots$、X_n 进行适当的分组,然后计算各组中数据的个数。以样本取值范围为横坐标,以频数为纵坐标,将按样本序列划分的组及其频率的柱状图连续画在图中而得。

1. 直方图的作图方法

(1)作频数(或频率)分布表。
(2)画直方图。
(3)进行有关计算。

例 10-1 某沥青混凝土拌和场,连续拌和 100d,每天抽取一次油石比,将其计量列于表 10-1,设计油石比 6.0%,施工允许偏差 ±0.5%,作频数分布直方图,并计算有关特征值。

基 础 数 据 表　　　　　　　　　　　　　　　　表 10-1

顺序	油石比数据(%)								
1	6.12	6.35	5.84	5.90	5.95	6.14	6.05	6.03	5.81	5.86
2	5.78	6.22	5.94	5.80	5.90	5.86	5.99	6.16	6.18	5.79
3	5.67	6.22	5.88	5.71	5.82	5.94	5.91	5.84	5.68	5.91
4	6.03	6.00	5.95	5.96	5.88	5.74	6.06	5.81	5.76	5.82
5	5.89	5.88	5.64	6.00	6.12	6.07	6.25	5.74	6.16	5.66
6	5.58	5.73	5.81	5.57	5.93	5.96	6.04	6.09	6.01	6.04
7	6.11	5.82	6.26	5.54	6.26	6.01	5.98	5.85	6.06	6.01
8	5.86	5.88	5.97	5.99	5.84	6.03	5.91	5.95	5.82	5.88
9	5.85	6.32	5.92	5.98	5.90	5.94	6.00	6.20	6.14	6.07
10	6.08	5.86	5.96	5.53	6.24	6.19	6.21	6.43	6.05	5.97

解:(1)收集数据。一般应为 50~100 个数据,本例为 100 个。

(2)分析和整理数据。找全体数据中的最大值和最小值。本例中,最大值 X_{max} = 6.43,最小值 X_{min} = 5.53,极值 $R = X_{max} - X_{min}$ = 0.9。

(3)确定组数和组距。分组通常按组距相等原则进行。组数 k 和组距 h 与极差有一定的关系,其表达式为:$h = R/(k-1)$。

由于通常所取的数据总是有限的,且具有随机性,所以组数 k 的大小会影响频数图的分布,应合理选择 k 值,以便所作出的直方图尽量符合总体特性分布形状。根据经验,k 值的变化范围如表 10-2 所示。

组 数 表　　　　　　　　　　　　　　　　表 10-2

数据个数	50 以内	50~100	100~250	250 以上
分组数	5~7	6~11	7~15	10~30

本例取 $k = 11$,组距 $h = 0.9/10 = 0.09$。

(4)确定组界。为避免数据恰好落在组界上,组界值的数据要比原数据的精度高一位。计算第一组的上、下限时,以整批数据中的最小值为第一组的组中值,上、下界限值分别为:

第一组下限　$X_{\min} - h/2 = 5.485$

第一组上限　$X_{\min} + h/2 = 5.575$

第二组的下限等于第一组的上限,第二组的上限则等于第二组的下限加上组距 h 值,同时它又是第三组的下限,其他的以此类推,见频数分布表(表10-3)。

频 数 分 布 表　　　　　　　　　　　　表10-3

序号	分组区间	频数	频率	序号	分组区间	频数	频率
1	5.348 5 ~ 5.575	3	0.03	7	6.025 ~ 6.115	14	0.14
2	5.575 ~ 5.665	4	0.04	8	6.115 ~ 6.205	9	0.09
3	5.665 ~ 5.755	6	0.06	9	6.205 ~ 6.295	6	0.06
4	5.755 ~ 5.845	14	0.14	10	6.295 ~ 6.385	2	0.02
5	5.845 ~ 5.935	21	0.21	11	6.385 ~ 6.475	1	0.01
6	5.935 ~ 6.025 3	20	0.20	12			1.0

(5)画频数分布直方图,如图10-5所示。显然在直方图中,如果产品数量不断增加,分组越来越细,直方图就转化为一条光滑的曲线,这在数理统计上称为频率曲线。

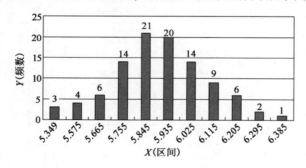

图 10-5　直方图

2. 判断质量分布状态

作完频数直方图后,可以从图形判断工程质量是否正常。直方图从分布类型上可以分为正常型和异常性。

正常型:中间高,两边低,左右对称,呈正态分布。

异常型直方图有以下几种类型:

(1)孤岛型。直方图两边出现孤立小岛。造成原因如材料发生变化,测试有误差等。

(2)双峰型。直方图中出现两个峰,这主要是数据来自两个不同分布的总体,此时应加以分层。

(3)折齿形。直方图出现凹凸不平的形状。这主要是数据分组太多,测量仪器误差过大等造成,此时应重新收集和整理数据。

(4)陡壁行。直方图向一边倾斜,这是由收集数据不正常所致。

(5)偏态型。当受上、下限的限制时,多发生偏态型。下限受限制时,多发生左偏,上限受限制时,多发生右偏。

(6)平顶型。直方图没有突出的顶峰,呈平顶型,这可能是由于数据源于多个不同分布的总体,也可能是由于质量特性在某区间中均匀变化所致。

第三节　抽样技术及应用

一、抽样技术相关术语

1. 抽样分布

抽样分布是指统计量的分布。

2. 抽样方案

抽样方案是指所使用的样本量和有关批接受准则的组合。根据批量大小、接收质量限检验严格程度等因素定出样本大小和判定数组,有了这两个参数就可以对给定的批进行抽样和判定。

3. 抽样程序

抽样程序是指使用抽样方案判断批接收与否的过程。

4. 批

批是指按照抽样的目的,在基本相同条件下组成总体的一个确定部分。
例如:抽样目的可以是判定批的可接受性,或是估计某特定特性的均值。

5. 抽样框

抽样框是指关于抽样单元的完整名录。

6. 单位产品

单位产品是指能被单描述和考虑的一个事物。

7. 孤立批

从一个批序列中分离出来的,不属于当前序列的批。

8. 单批、个体

在特定条件下组成的,不属于常规序列的批。

9. 子批

子批是指批中确定的一部分。

10. 批量

批量是指批中产品的数量。

二、抽样检验

检验是指通过测量、试验等质量检测方法,将工程产品与其质量要求相比较并做出质量评判的过程。工程质量检验是工程质量控制的一个重要环节,是保证工程质量的必要手段。

检验可分为全数检验和抽样检验两大类。全数检验是对一批产品中的每一个产品进行检验,从而判断该批产品质量状况;抽样检验是从一批产品中抽出少量的单个产品进行检验,从而推断该批产品质量状况。全数检验较抽样检验可靠性好,但检验工作量非常大,往往难以实现;抽样检验方法以数理统计学为理论依据,具有很强的科学性和经济性,工程中的大部分检测,只能采用抽样检验方法。

质量检验的目的在于准确判断工程质量状况,以促进工程质量的提高。其有效性取决于检验的可靠性,而检验的可靠性与以下因素有关:

(1)质量检验手段的可靠性;
(2)抽样检验方法的科学性;
(3)抽样检验方案的科学性;

在质检过程中,必须全面考虑上述三个因素,以提高质量检验的可靠性。

三、抽样检验的类型

抽样是从总体中抽取样本的过程,并通过样本了解总体。总的来说,抽样检验的类型如图10-6所示。

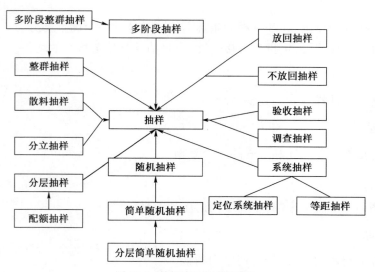

图10-6 抽样检验类型概念图

工程中试验检测常用的抽样方式有:简单随机抽样、散料抽样、系统抽样、整群抽样、多阶段抽样、分层抽样。下面就几种常用抽样方式加以介绍。

1. 简单随机抽样

简单随机抽样也称纯随机抽样。对于大小为 N 的总体,抽样样本量为 n 的样本,若全部可能的样本被抽中的概率都相等,则称这样的抽样为简单随机抽样。具体抽样时,根据抽样单位是否放回可分为重复抽样和不重复抽样。

(1) 重复抽样

重复抽样是每次从总体中随机抽取一个样本单位,经调查观测后,将该单位重新放回总体,然后再在总体中随机抽取下一个单位进行调查观察,依次重复这样的步骤,直到从总体中随机抽够 n 个样本单位为止。其特点是同一个单位有可能在同一个样本中重复出现。但考虑顺序与不考虑顺序之间有明显的区别:一是可能的样本个数不同;二是样本的概率分布不同,由此会导致估计量的概率分布不同。

(2) 不重复抽样

不重复抽样是每次从总体中随机抽取一个样本单位,经调查观测后,不再将该单位放回总体中参加下一个抽样,然后再在剩下的总体单位中随机抽取下一个样本单位进行调查观测,依次重复这样的步骤,直到从总体中随机抽取 n 个样本单位为止。其特点是任何一个总体单位不可能在同一样本中重复出现,并且样本构造的估计量的概率分布相同。

(3) 简单随机抽样的抽选方法

简单随机抽样的抽选,通常有两种方法:抽签法和随机数法。

① 抽签法

当总体不大时,先将总体中每个单位都编上号,写在签上。将签充分混合均匀后,每次抽一个签,签上的号码表示样本中的一个单位。

② 随机数法

当总体较大时,抽签法实施起来比较困难,这时可以利用随机数表、随机数色子等进行抽样。

例 10-2 设批量 $N = 87$,分成 8 组,试对其进行随机抽样。

首先对批中的单位产品从 1~87 连续编号,利用某种科学计算软件随机产生一组随机数,如:0.916,0.139,0.494,0.583,0.824,0.046,0.254,0.385。

生成的第一个样本单元为 $87 \times 0.916 = 79.692$,向上取整的值为 80。

生成的第二个样本单元号为 $87 \times 0.139 = 12.093$,向上取整的值为 12。

以此类推可得到 8 个样本单元的标号分别为 80,12,43,51,72,5,23,34。

2. 散料抽样

散料抽样是指对散料的抽样,其中,散料是指其组成部分在宏观上难以区分的材料。其散料抽样的概念图如图 10-7 所示。

从概念图中可以看出,进行散料抽样可有许多抽样方法,下面将对各种方法做简要介绍。

(1) 常规抽样:散料为确定批质量特性的平均值而按指定标准中的规定程序进行的抽样。

(2) 试验抽样:散料为考察抽样方差和(或)抽样偏倚来源,应用特定实验设计的非常规抽样。

(3) 重复抽样:散料为组成多个集样,同时或相继抽取多份样品的实验抽样。

(4) 交叉抽样:散料为考察批内或子批内方差,从几个批或子批中抽得若干个集样品的重复抽样。

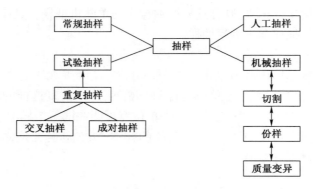

图 10-7 散料抽样概念图

(5) 成对抽样：散料为组成两个集样，同时或相继抽取一对份样品的重复抽样。

(6) 人工抽样：散料使用人力进行的份样品采集。

(7) 机械抽样：散料借助机械手段进行份样品采集。

(8) 切割：散料在机械抽样中，在传送带上使用样本切割器的一次截取。

(9) 份样：散料用抽样装置一次抽取的一定量的散料。

(10) 质量变异：对散料用批或子批的交叉抽样所得样本间的方差进行估计或根据对不同时间间隔抽得的份样品差异的变异图分析估计方差，所确定的初级份样质量特性的标准差。

散料样本的制备作为散料抽样中的重要组成部分，对其抽样效果起着重要作用。散料样本制备概念图如图 10-8 所示。

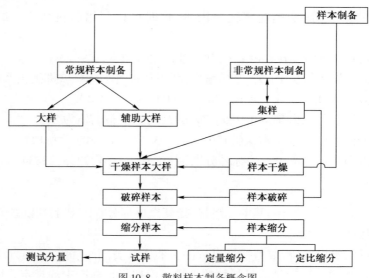

图 10-8 散料样本制备概念图

从散料样本制备的概念图可知，其划分的过程是多样的，因此，对其中重要概念的理解就非常有意义和必要。

(1) 样本制备：将样本转化为试样的一组必要操作。

(2) 常规样本制备：由散料确定该批质量特性平均值，而按指定标准中规定程序进行的样本制备。

(3) 非常规样本制备：散料为实验抽样而进行的样本制备。
(4) 集样：从批中按照实验抽样抽取的两个或以上份样品的集合。
(5) 样本干燥：散料将样本进行适度烘干，使其含水率接近于进一步测试或样本制备要求的一种样本制备操作。
(6) 样本破碎：散料用碾压、磨研或粉碎等方法以减小的一种制备样本操作。
(7) 样本缩分：通过对散料搅拌、分割、四分法等手段将散料样本分成若干子样本，保留其中一个或几个子样本的样本储备操作。
(8) 定比缩分：散料所保留的子样本为原样本的一个固定比例的样本缩分。
(9) 定量缩分：散料无论原样本质量多少，固定所保留的子样本质量的样本缩分。
(10) 辅助大样：散料为特定目的，按常规抽样程序，以质量多少为基准，在批或子批中系统抽取几个相继的初级（一级）份样品的集合。

3. 系统抽样

将总体中的抽样单元按一定顺序排列，在规定的范围内随机抽取一个或一组初始单元，然后按照一定规则确定其他样本单元的抽样叫系统抽样。系统抽样分为等距抽样和定位系统抽样。

定位系统抽样是指一个规定样本量的样本，取自于流水线中的某一规定位置或时间，认为它本身所处的环境具有代表性的系统抽样。例如，从流水线或传输装置中抽取散料样品时，系统抽样可按固定距离或固定时间间隔方式抽取样本，每个抽样单元或每份样品的质量应与抽样时的瞬时流量成比例。

等距抽样是将总体中的 N 个抽样单元按照一定顺序排列，n 个样本单元由满足以下关系的单元编号组成：$h, h+k, h+2k, \cdots, h+(n-1)k$。

其中 h 和 k 是正整数，$n_k < N < n_{k+1}$，且 h 一般是从前 k 个整数中随机抽取的系统抽样。

例如，将批量样品划分为若干层，可采用在每个层中相同位置抽取份样品的方法进行分层系统抽样。应注意使用系统抽样，抽样的随机性受到限制。

例 10-3 某流水线上生产的某批零件批量 $N=220$，按生产时间顺序编号，按系统抽样的方法抽取样本量 $n=8$ 单位零件进行检验。

$(N/n) = (220/8) = 27.5$，不是整数，则取抽样间距 $k=28$，然后在 $1 \sim 220$ 中随机抽取一个数字。假设抽中的是 63，则样本编号依次为 $63, 63+28=91, 91+28=119, 119+28=147, 147+28=175, 175+28=203, 203+28=231$（对应于 $231-220=11$），$11+28=39$。

4. 分层抽样

样本抽自于总体不同的层，且每层至少有一个抽样单元入样的抽样。

在某些场合下，事先规定样本在各层的比例。如果在抽样后进行分层，则事先不需规定此比例。每层中的抽样采用随机抽样。

5. 整群抽样

整群抽样又称为集团抽样，就是将总体各单位分成若干群，然后从其中随机抽取部分群，对中选群的所有单位进行全面调查的抽样组织方式。

在总体单位数很大而且又没有总体单位的原始资料时,如果直接从总体中抽取总体单位进行调查,有时是很难的。例如,要了解某地区的居民出行情况,若从所有的上百万居民中直接抽取样本单位,则有许多困难。可以采用整群抽样,以小区为抽样单位,从全部小区中抽出部分小区,对抽中的小区的所有居民进行调查,就极大地简化了抽样工作,并且节省了经费开支。

6. 多阶段抽样

从总体中通过一次抽样过程就产生一个确定的样本,这种类型的抽样方式,可称为单阶段抽样或初阶段抽样。事实上,单阶段抽样可视为多阶段抽样的一个组成部分,或者说是多阶段抽样的一个特例。

假设总体中的每个单位——初级单位本身就很大,我们可以先在总体各单位(初级单位)中抽取样本单位,在抽中的初级单位中再抽取若干个第二级单位,在抽中的第二级单位中再抽取若干个第三级单位……直至从最后一级单位中抽取所要调查的基本单位的抽样组织形式,这就叫作多阶段抽样。

多阶段抽样的优点是便于组织抽样、可以使抽样方式更加灵活和多样化、能够提高估计精度、可以提高抽样的经济效益、可以为各级机构提供相应的信息。

第十一章 仪器设备计量溯源及期间核查

第一节 仪器设备计量溯源

为保证检测数据的准确可靠，《检验检测机构资质认定能力评价 检验检测机构通用要求》规定，对检验检测结果有重要影响的仪器的关键量或值，应制定校准计划。设备(包括用于抽样的设备)在投入服务前应进行校准或核查，以证实其能够满足检验检测的规范要求和相应标准的要求。

一、计量溯源的有关概念

计量标准：指为了定义、实现、保存或复现量的单位或一个或多个量值，依据一定标准技术文件，建立的一套用作参考的实物量具、测量仪器、参考(标准)物质或测量系统。

计量参数：指除外观质量等目测、手感项目外的影响仪器设备量值准确性的技术参数。当依据标准为计量检定规程及校准规范时，列出依据标准文件中的全部计量技术参数；当依据标准为其他公开发布的技术文件，或者尚无明确的技术文件时，则根据公路水运工程试验检测专业特点，列出推荐检验的技术参数。

依据《公路工程试验检测仪器设备服务手册》文件中所列计量参数，是对仪器设备质量、功能及性能的全面衡量。在实际校准、测试工作中，还应根据具体试验检测工作的需要，有选择地检验，以免造成不必要的资源浪费。如土工试验用烘箱，一般检验温度偏差、湿度偏差、温度均匀度3项计量参数，即可满足试验检测工作需求，而相应依据标准列出的温度波动度、湿度波动度等参数，虽然也是衡量烘箱质量性能的技术参数，但并不影响土工试验检测结果，可不检验。

量值传递：是通过测量仪器的校准或检定，将国家测量标准所实现的单位量值通过各等级的测量标准传递到工作测量仪器的活动，以保证测量所得量值的准确统一。

计量溯源性：是指通过文件规定的不间断校准链，将测量结果与参照对象联系起来的特性。每次校准均会引入测量不确定的度。

计量溯源链：简称溯源链，用于将测量结果与参照对象联系起来的测量标准和校准次序。是通过校准等级关系规定的，用于建立测量结果的计量溯源性。两台测量标准之间的比较，如果用于对其中一台测量标准进行核查以及必要时修正量值并给出测量不确定度，则可视为一次校准。

常见的溯源方式有检定、校准及验证三类。如何为每种设备选择合适的溯源方式，必须了解什么是检定、校准、验证及三种方式的适用范围和差异。

二、计量溯源方式

1. 检定

计量器具和测量仪器的检定简称计量检定。

检定是查明和确认测量仪器符合法定要求的活动，它包括检查、加标记和出具检定证书。

仪器检定是指任何一个测量结果或计算标准的值，都能通过一条具有规定不确定度的比较链，与计量基准（国家基准或国际基准）联系起来，从而使准确性和一致性得到保证。对仪器设备进行检定时，一般应检验列出的全部计量参数。

准确性：是指测量结果与被测真值的一致程度。

仪器设备计量检定的依据是计量检定规程，计量检定规程是指为评定计量器具的计量特性，规定了计量性能、法制计量控制要求、检定条件和检定方法以及检定周期等内容，并对计量器具作出合格与否的判定的计量技术法规。

凡列入《中华人民共和国依法管理的计量器具目录》，直接用于贸易结算、安全防护、医疗卫生、环境检测方面的工作计量器具，必须定点、定期送检，如玻璃液体温度计、天平、流量计、压力表等实行强制检定，取得检定证书的设备均为合格设备。

《中华人民共和国计量法实施细则》规定：计量检定工作应符合经济合理、就地就近的原则，不受行政区划和部门管辖的限制。

2. 校准

校准在规定条件的一组操作，其第一步是确定由测量标准提供的量值与相应示值之间的关系，第二步是用此信息确定由示值获得测量结果的关系，这里测量标准提供的量值与相应示值都具有测量不确定度。

校准可以用文字说明、校准函数、校准图、校准曲线或校准表格的形式表示，某些情况下，可以包含示值的具有测量不确定度的修正值或修正因子。校准不应与测量系统的调整（常被错误称作"自校准"）相混淆，也不应与校准的验证相混淆。对仪器设备进行校准时，可根据仪器设备使用场合的实际需要，检验必要的全部或部分计量参数。

（1）设备校准的基本要求

CNAS-TRL-004:2017《测量设备校准周期的确定和调整方法指南》中规定，实验室应制定设备校准方案，校准方案应包括设备的准确度要求、校准参量、校准点/校准范围、校准周期等信息。制定校准方案时，实验室应参考检测/校准方法对设备的要求、实际使用需求、成本和风险、历次校准结果的趋势、期间核查结果等因素。必要时，实验室应对已制定的校准方案进行复评和调整。

设备送校准时，实验室应对校准服务机构进行评价，校准服务机构应满足 CNAS-CL01-G002:2018《测量结果的计量溯源性要求》的相关规定，实验室应将校准方案的详细需求传达校准服务机构。

收到校准证书后，实验室应进行计量确认，确认的内容包括校准结果的完整性、校准结果与所开展项目方法要求及使用要求的符合性判定等。

（2）设备校准目的和校准周期的确定

①只有理解设备定期校准的主要目的，才能够实现设备校准工作既经济又保障数据的准确可靠。

实验室对设备进行定期校准的目的主要有以下几点：

a. 改善设备测量值与参考值之间的偏差及不确定度；

b. 提高设备不确定度的可信性；

c. 确定设备是否发生变化，该变化可能引起实验室对之前所出具结果的准确性产生怀疑。

②设备初始校准周期的确定。

设备初始校准周期的确定应由具备相关测量经验、设备校准经验或了解其他实验室设备校准周期的一个或多个人完成。确定设备初始校准周期时，实验室可参考计量检定规程/校准规范、所采用的方法和《公路工程试验检测仪器设备服务手册》《水运工程试验检测仪器设备检定/校准指导手册》等文件信息。

此外，实验室可综合考虑以下因素：

a. 预期使用的程度和频次；

b. 环境条件的影响；

c. 测量所需的不确定度；

d. 最大允许误差；

e. 设备调整（或变化）；

f. 被测量的影响（如高温对热电偶的影响）；

g. 相同或类似设备汇总或已发布的测量数据。

③设备后续校准周期的调整。

过长的校准周期，会导致设备失准或失效；过短的校准周期，会增加校准费用及成本。因此，合理的校准周期非常有必要。设备的校准周期以及后续校准周期的调整，一般均应由实验室（设备使用者）自己来确定，即使校准证书给出了校准周期的建议，也不宜直接采用。设备后续校准周期的调整，一般应考虑以下因素：

a. 实验室需要或声明的测量不确定度；

b. 设备超出最大允许误差限值使用的风险；

c. 实验室使用不满足要求设备所采取纠正措施的代价；

d. 设备的类型；

e. 磨损和漂移的趋势；

f. 制造商的建议；

g. 使用的程度和频次；

h. 使用的环境条件（气候条件、振动、电离辐射等）；

i. 历次校准结果的趋势；

j. 维护和维修的历史记录；

k. 与其他参考标准或设备相互核查的频率；

l. 期间核查的频率、质量及结果；

m. 设备的运输安排及风险;
n. 相关测量项目的质量控制情况及有效性;
o. 操作人员的培训程度。

并非试验室的每台设备都需要校准,试验室应评估该设备对最终结果的影响,分析其不确定度对总不确定度的贡献,合理地确定是否需要校准。对不需要校准的设备,试验室应核查其状态是否满足使用要求;对需要校准的设备,试验室应在校准前确定该设备校准的参数、范围、不确定度等,以便送校时提出明确的、针对性的要求。试验室应根据校准证书的信息,判断设备是否满足试验方法或试验规程要求。

有些设备,特别是化学分析中一些常用设备,通常是用标准物质来校准,试验室应当遵循ISO指南32:1997;当使用有证标准物质来评估测量过程时,试验室应当遵循ISO指南33:2000。如果使用标准物质来校准设备,试验室应有充足的标准物质来对设备的预期使用范围进行校准,并保留每种标准物质的名称和来源记录,按照标准物质的管理程序实施期间核查,同时按照程序要求,安全处置、运输、存储和使用标准物质,以防止污染或损坏,确保其在标准物质使用时的有效性。

3. 自校准

"自校准"一般是利用测量设备自带的校准程序或功能(比如智能仪器的开机自校准程序)或设备厂商提供的没有溯源证书的标准样品进行的校准活动,通常情况下,其不是有效的量值溯源活动,但特殊领域另有规定除外。"内部校准"与"自校准(Self-Calibration)"是不同的术语。

4. 自校验(内部校准)

在实验室或其所在组织内部实施的,使用自有的设施和测量标准,为实现获认可的检测活动相关的测量设备的量值溯源而实施的校准。校准结果仅用于内部需要。CNAS-CL01-G002:2018《测量结果的计量溯源性要求》规定,在内部实施的,使用自有人员、设备及环境等条件,为保证仪器量值准确、可靠而开展的校准活动。

内部校准活动的要求:

(1)实施内部校准的人员,应经过相关计量知识、校准技能等必要的培训、考核合格并持证或经授权。

(2)试验室实施内部校准的校准环境、设施应满足校准方法的要求。

(3)实施内部校准应按照校准方法要求配置和使用参考标准和/标准物质(计量标准)以及辅助设备,其量值溯源应满足测量溯源性的要求和CNAS-CL01-G002:2018《测量结果的计量溯源性要求》的要求。

(4)试验室实施内部校准应优先采用标准方法,当没有标准方法时,可以使用自编方法、测量设备制造商推荐的方法等非标方法。使用外部非标方法时应转化为试验室文件。非标方法使用前应经过确认。

(5)内部校准活动应满足CNAS对校准测量不确定度的要求。

(6)内部校准的校准证书可以简化,或不出具校准证书,但校准记录的内容应符合校准方法和认可准则的要求。

(7)试验室的质量控制程序、质量监督计划应覆盖内部校准活动。

范围:对于未列入强检目录的仪器设备,可以检定,也可校准。具体量值溯源方式参见交通运输部工程质量监督局发布的《公路工程试验检测仪器设备服务手册》或《水运工程试验检测仪器设备检定/校准指导手册》。

5. 验证

所谓验证是指"提供客观证据证明测量仪器满足规定的要求"(VIM)。仪器设备进行验证的基本条件是已知规定和使用要求,其次是获得是否满足要求的客观证据。在此基础上对所用仪器设备进行是否满足要求的认定。

可以通过验证方式进行溯源的仪器设备有以下几类:

(1)试验室使用未经定型的专用检测仪器设备,需要由相关技术单位提供客观证据进行验证。

(2)当试验室借用永久控制范围以外的仪器设备时,试验室应当对该仪器设备是否符合规定要求进行验证。

(3)对无量值输出的工具类仪器设备,采取自行维护的管理方式。检测机构应根据仪器设备产品标准、试验检测方法等技术文件,定期对仪器设备进行功能核查,保证其功能运转正常,并留存相应技术和管理记录。

(4)当无法溯源到国家或国际测量标准时,检验检测机构应通过建立对适当测量标准的溯源来提供测量的可信度。测量结果应溯源至标准物质(RM)、公认的或约定的测量方法/标准,或通过检验检测机构间比对等途径,证明其测量结果与同类检验检测机构的一致性。当测量结果溯源至公认的或约定的测量方法/标准时,检验检测机构应提供检验检测结果相关性或准确性的证据。

①使用有能力的供应者提供的有证标准物质(参考标准)来对某种材料给出可靠的物理或化学特性。

②使用规定的方法或被有关各方接受并描述清晰的协议标准。

③参加适当的机构间的比对。

(5)应对试验室所选用的计算机软件是否满足数据处理要求、检测标准要求、使用要求进行验算。

这类验证包括变换方法进行计算、与已证实的进行比较、进行试验和演示、文件发布前进行评审。试验室常用的试验检测软件有测量仪器设备本身自带的用于计算的软件、试验室根据需要自行开发的软件、管理部门推广使用的软件。无论何种软件都应进行验算确认,尤其是仪器设备自带的计算软件,由于对规范标准的理解偏差,导致计算结果的错误,如果是自行开发的软件,应按软件产品设计开发的要求进行评审、验证、确认。

交通行业试验室常用仪器或试验检测的辅助工具,如脱模器、摇筛机、取芯机等属于功能性验证。验证功能正常者贴绿色标识。

玻璃器皿作为特殊器具,当被用作量具提供数据时,必须通过检定合格;当作为器具用作盛水等用途,不传输数据时,可不必检定。考虑量筒、滴定管等有刻度的玻璃器皿易碎的特殊性,检定周期可采取首次检定终身使用。

三、检定和校准的区别

(1)校准不具法制性,是企业的自愿行为;检定具有法制性,属于计量管理范畴的执法行为。

(2)校准主要确定测量器具的示值误差;检定是对测量器具的计量特性及技术要求的全面评定。

(3)校准的依据是校准规范、校准方法,可作统一规定,也可自行制定;检定的依据是检定规程。

(4)校准不判定测量器具合格与否,但当需要时,可确定测量器具的某一性是否符合预期的要求;检定要对所检测量器具做出合格与否的结论。

(5)校准结果通常是发校准证书或校准报告;检定结果合格的发检定证书,不合格的发不合格通知书。

四、仪器设备标识管理

仪器设备的标识管理是检查仪器设备处于受控管理的措施之一。检验检测机构所有的仪器设备实施标识管理。所有仪器设备及其软件、标准物质均应有明显的标识来表明其校准状态,除表明计量检定/校准合格证校准状态标识外,还应有资产管理标识卡,一般为蓝色。

1. 仪器设备的状态标识

仪器设备的状态标识分为"合格""准用"和"停用"三种,通常以"绿""黄""红"三种颜色表示,具体标识为:

(1)合格标志(绿色):表示经校准、检定或验证(比对)合格,确认其符合检验检测技术规范规定的使用要求。

(2)准用标志(黄色):仪器设备存在部分缺陷,但在限定范围内可以使用的(即受限使用的),包括:多功能检测设备,某些功能丧失,但检验检测所用功能正常,且校准、检定或验证(比对)合格者;测试设备某一量程准确度不合格,但检验检测所用量程合格者;降等降级后使用的仪器设备。

(3)停用标志(红色):仪器设备目前状态不能使用,但经校准或核查证明合格或修复后可以使用的,不是检验检测机构不需要的废品杂物。废品杂物应予清理,以保持检验检测机构的整洁。停用包含:

①仪器设备损坏者;
②仪器设备经校准、检定或比对不合格者;
③仪器设备性能暂时无法确定者;
④仪器设备超过周期未校准、检定或比对者;
⑤不符合检验检测技术规范规定的使用要求者。

(4)状态标识中应包含必要的信息,如上次校准的日期,再校准或失效日期。

仪器状态合格证标识的格式内容(参考)如下:

①检定/校准日期;

②检定/校准单位；
③设备自编号；
④有效期。

2. 仪器设备资产管理标识

仪器设备资产管理标识是指通过设备名称、规格型号、生产厂家、出厂编号、设备管理编号等信息表明设备资产管理状态的标识。随着信息技术的发展，采用二维码管理设备已在部分机构实现。仪器设备资产管理卡的格式内容见表11-1。

仪器设备管理卡　　　　　　　　　　　　表 11-1

名称		型号/规格	
生产厂商		购置价格	
出厂编号		购置日期	
管理编号		启用日期	
存放地点		管理人	
（单位名称）_____检测中心			

3. 仪器设备张贴状态标识的注意事项

检验检测机构对所有仪器设备实施标识管理，常见的表明设备使用状态的标识，一般张贴在设备的显著位置，方便使用者查看。当设备出现使用标签将会影响设备的准确性；设备的使用环境或介质不允许加贴标签或标记；设备太小无法使用标签或进行标记；有些设备是由几部分组成，且测试数据部分可以根据需要更换，如测力环、传感器等，还有一部分设备加贴标识会影响使用，如玻璃器皿、土壤密度计等。

针对上述情况，笔者总结各试验机构在张贴标识的常见错误，结合交通的具体设备，就一些特殊设备状态标识的张贴方法给出一些建议，供实际工作中参考。

（1）路强仪标识

路强仪常见的结构形式有两种，一种是测力架加应力环，另一种为测力架加传感器。当使用有应力环的路强仪时，标识应贴在应力环上，同时标识上应标明应力环的编号，避免不同量程应力环用错回归方程；使用直读式传感器路强仪时，可将标识贴在传感器上，使用时注意传感器的精度。

（2）玻璃器皿标识

玻璃仪器贴状态标识会给设备的使用带来不便，常见的有密度计、滴定管、比重瓶等，需根据具体玻璃仪器的使用区别对待。所有玻璃仪器均需编号，做到每个仪器对应唯一的编号，即使规格相同的同样仪器，也不可共用一个编号。玻璃仪器用来量取溶液体积需要读取数据，如量筒、移液管、滴定管等，必须通过检定合格后加贴绿色标识；用作盛装溶液无需读取数据的容器时，如烧杯、三角瓶等，可通过核查使用功能，完好加贴标识。由于玻璃器皿需要冲洗且标识易脱落，可根据编号的区别将标识集中贴在方便查阅处，贴在相应墙面或塑料文件夹中，做到标识与玻璃器具的编号一一对应即可。密度计可以通过包装盒上加贴标识并严格实施包装盒与密度计的对应管理来实现；比重瓶标识同量筒。

(3) 水泥混凝土试模、钢尺标识

由于水泥混凝土试模数量较多,且校准费用较高,许多试验室试模校准采用"抽样调查",校准报告中所有试模使用同一编号,无法确定所用试模是否符合要求。由于无编号,导致标识无法和试模一一对应。对于混凝土试模、钢尺等可以编号后通过使用吊牌张贴标识实现一一对应管理,也可通过刻码或喷码的方式进行标识管理。

(4) 负压筛析仪标识

负压筛析仪由负压筒和筛子两部分组成,由于水泥细度试验规范中,对压力和筛孔尺寸都有要求,两部分应分别校准,分别贴标识。许多试验人员误将规范中筛余系数的修正当作筛孔尺寸的校准,往往忽略筛孔尺寸的校准。用标准粉修正,是对在筛孔尺寸符合要求的前提下,由于使用过程中筛子未清洗干净而产生的误差进行的修正。在实际工作中,建议将负压筛的修正系数也以合适的方式标识在筛子上。

(5) 千分表、百分表标识

由于千分表、百分表、传感器属于精密设备,出厂编号是唯一的,使用后放回包装盒时会出现盒子与表不对应。将标识贴在千分表、百分表的背面,且标识标号、校准报告中设备编号、千分表与百分表出厂编号三者应相一致。

五、设备计量溯源管理

1. 仪器设备校准、检定、验证的总体要求

检验检测机构应制定并实施仪器设备校准、检定、验证的总体要求,确保测量结果溯源至国家基标准,校准时,确保交通行业试验仪器设备检定、校准结果符合规范标准的要求。正确使用校准结果的前提是必须对仪器设备的校准/检定/验证建立总体要求,对每一类、每一台仪器设备通过何种方式实施溯源做出具体规定、校准的参数或范围、结果确认的依据、检定/校准周期、是否期间核查、是否授权使用等;同时根据仪器设备的工作周期要求,制订对检定/校准有影响的仪器设备的周检计划。表11-2、表11-3列出了仪器设备检定/校准(验证)、确认总体计划及仪器设备检定(校验)周期表的相关内容,可供参考。

仪器设备检定/校准(验证)、确认总体计划　　　　表11-2

序号	检测仪器名称	技术性能			量值溯源			确认依据/要求	期间核查		使用		维护		控制措施
		检定/校准参数	量程	准确度等级/最小分度值	方式	周期(月)	机构		方法	周期(月)	条件(温度、湿度、防震)	是否授权	项目	周期(月)	
1															
2															
3															
4															
5															
6															
7															

仪器设备检定(校验)周期表　　　　　　　　表 11-3

序号	仪器名称	型号/规格	出厂编号（管理编号）	检定（校验）周期	检定单位	下次检定（校验）日期	送检人	放置地点	保管人
1									
2									
3									
4									
5									
6									

2. 试验检测机构在仪器设备计量溯源方面的常见问题

（1）无设备管理的总体计划或管理方式不正确，检定/校准/验证概念不清，出现溯源方式错误，将一些无需检定/校准的试验检测工具，如取芯机、脱模器等进行检定/校准。

（2）制定的检定校准周期不正确，设备检定/校准周期除按照检定规程规定进行检定/校准外，还应结合实际使用情况确立合理的校准周期。

（3）试验室未能结合规范要求对仪器设备的检定校准报告结果确认。

（4）校准参数不全或检定、校准参数未覆盖所使用的范围，如沥青针入度试验所用针未能校准或校准参数不全，针入度仪连杆和针安装后的质量、针入度量值未校准或校准结果未覆盖使用范围，马歇尔稳定度仪只有稳定度的校准而无流值的校准；常见烘箱、高温炉、低温或恒温水浴，未能提供检测温度场的多个点检测数据。

（5）仪器设备的校准报告中提供的修正值或修正因子未使用。

（6）期间核查设备名称不明确，方法不正确。

（7）检定、校准报告依据错误。

（8）用于校准的标准器具量程未覆盖设备校准范围或使用错误器具。

（9）检定、校准报告中未提供检测参数，只有合格结论。

（10）压力机、万能机检定量程未按使用需要分档位检定。

（11）校准检定报告的仪器设备编号与实际编号无法对应。

第二节　计量结果的确认及运用

仪器设备的量程精度对检测结果的准确至关重要，对检定/校准机构或试验室出具的检定/校准证书、测试报告，试验室应进行符合性确认评价；评定的内容包括仪器设备的关键量或示值误差是否在该仪器设备允许的误差范围内；是否满足相关检测标准和/或客户的要求；校准值的测量不确定度是否满足检测精度要求，被计量检定或校准的仪器设备是否可用于检测。做好对检定/校准结果与试验检测工作要求符合性的确认是确保试验检测数据准确可靠的前提。

一、计量确认的定义及要求

1. 计量确认的定义

为保证测量设备处于满足预期使用要求的状态所需要的一组操作,称为计量确认。

2. 计量确认的要求

对作为计量溯源性证据的文件(如校准证书)进行确认。确认应至少包含以下几个方面(以校准证书为例):

(1)校准证书的完整性和规范性;

(2)根据校准结果作出与预期使用要求的符合性判定;

(3)适用时,根据校准结果对相关设备进行调整、导入校准因子或在使用中修正。

只有测量设备已被证实适用于预期使用并形成文件,计量确认才算完成;预期使用要求包括:测量范围、分辨力、最大允许误差等。计量要求通常与产品要求不同,并不在产品要求中规定。

计量确认的依据既不是计量检定规程,也不是设备的使用说明书,而是预期的使用要求,往往是依据试验规程。因此,仪器设备在检定或校准之前应依据试验规程或规范明确提出设备使用的量值、测量范围和精度要求。

当仪器设备检定时,一般应检验列出全部的计量参数,对实验检测规范明确规定的测点数值也应列出。例如水泥混凝土抗压弹性模量初始荷载为 11.25kN,应在检定时单独列出,而没有列出的其他力值,检定只要覆盖其使用范围即可;对设备进行校准时,可根据试验规程或规范要求的仪器设备具体数值或实验范围实施校准;检验必要的全部或部分计量参数。无论检定、校准都要对其证书的结果进行计量确认,判定是否满足试验规程的要求。

依据校准结果判断设备是否满足方法要求是试验室自身的工作,不宜由校准服务提供者来做出。必须经技术负责人或设备的使用人对证书或报告的数据进行确认,判定有无偏差,并对偏差进行修正,只有这样,才可确保校准结果的正确使用。

近些年来,随着计算机技术的快速发展,智能化设备的使用越来越普遍,试验室所使用的软件也被视为试验室的设备,因此需要对所有设备及其相应软件进行确认。

计量确认的作用是要将仪器设备校准检定时产生的修正值或修正因子,用于设备的功能设置或实验结果的修正,提高检测数据的准确性。

确认结果除在设备档案中归档外,还应留存一份放置在设备间,方便设备操作人员的使用。

3. 检定/校准证书的内容要求

计量检定证书和校准报告的内容通常包含溯源性信息,包括校准参数、所用标准器具,校准参数的误差或测量结果的不确定度信息,不应仅仅是定性描述而无定量值。检定/校准证书至少包括以下内容:

(1)被检定或校准的设备名称、型号。

(2)检定或校准的依据。
(3)检定或校准所用设备、精度或测量不确定度。
(4)被检定/校准设备参数及测量不确定度或误差。
(5)测试环境温度、相对湿度。
(6)检定证书下结论、校准证书(测试报告)无结论。

注:检定周期一般为1年,也可根据使用频率自定。

目前各计量检定机构水平参差不齐,对交通专有设备的使用范围、所需校准参数不了解,再加上机构对每台设备校准参数或要求不明确,导致提供的校准或检定报告结果无法满足试验要求,甚至有些检定校准报告无数据,检定/校准依据是设备使用说明书,校准结果无测量不确定度,或测量不确定度的值超出试验结果的允许误差。只有通过提高试验检测人员对设备溯源的认识水平,才能解决这些问题,确保设备溯源的有效性。

二、仪器设备示值误差符合性评定的基本方法

1. 检定/校准报告结果确认的几种常见情况

(1)校准证书、测试报告中未对被校准的仪器设备的主要特性进行评定时,为确保测量仪器设备出具测量数据的准确性,试验室在收到仪器设备的校准证书、测试报告时,应对其给出的结果进行符合性判定。

(2)由于校准证书、测试报告上只反映出被校准仪器设备的示值误差(有的是引用误差,有的是相对误差,有的是绝对误差),因此只能对测量仪器设备示值误差的符合性进行评定。

(3)仪器设备的使用说明书和相关标准对仪器设备的精度要求是评定的依据,应对示值误差是否符合某一最大允许误差(MPEV)做出符合性判定,如果各个点均不超出最大允许误差的要求,则得出被评定仪器设备整个范围符合要求。若仪器设备的示值误差在某一使用范围内不超出最大允许误差的要求,则得出被评定仪器设备可在该范围内准用的评定。

2. 符合性评定的基本方法

(1)对仪器设备特性进行符合性评定时,若评定值误差的不确定度与被评定仪器设备的最大允许误差的绝对值(MPEV)之比小于或等于1:3,则可不考虑示值误差评定的测量不确定度的影响。

由于测试报告中未给出被测量值的不确定度,因此认定计量部门出示的测试报告中的测量示值的不确定度应满足如下要求:

如果被评定仪器设备的示值误差在其最大允许误差限内时,可判为合格,即为合格,如果被评定仪器设备的示值误差超出其最大允许误差时,可判为不合格,即为不合格。

如果示值误差的测量不确定度不符合要求,则按以下判据进行评定:

①合格判据:被评定仪器设备的示值误差的绝对值小于或等于其最大允许误差的绝对值(MPEV)与示值误差的扩展不确定度之差时,可判为合格,即为合格。

②不合格判据:被评定仪器设备的示值误差的绝对值大于或等于其最大允许误差的绝对值(MPEV)与示值误差的扩展不确定度之和时,可判为不合格,即为不合格。

③待定区:当被评定仪器设备的示值误差既不符合合格判据,又不符合不合格判据时,处于待定区,这时不能下合格或不合格的结论,即为待定区。

当仪器设备示值误差的评定处在不能做出符合性判定时,可以通过采用准确度更高的测量标准、改善环境条件、增加测量次数和改变测量方法等措施,以降低测量不确定度评定的不确定度,使其满足与最大允许误差绝对值(MPEV)之比小于或等于1:3的要求,然后对仪器设备的示值误差重新进行评定。

(2)对于校准证书、测试报告上测量结果因系统误差造成不合格的情况,则在使用时需按理论值进行修正,具体可以根据实际情况采取曲线拟合方法、插入法等。对于校准证书、测试报告上测量结果离散性较大的,不属于系统误差的设备,则需维修或报废。维修后应重新校准/测试,并按上述方法再次进行评定。

三、结果运用

以上介绍了设备校准结果确认的原则,下面就几台交通试验检测仪器设备的校准结果确认举例说明。

1. 烘箱(干燥箱)

用于试验样品烘干或加热的烘箱是每个试验室都拥有的。依据试验规程的规定,当用作土或集料的烘干用途时,试验常用的温度范围为 105~110℃;当用作无机结合料石灰的试验时,需要在180℃的条件下烘无水碳酸钠4h,允许偏差为±2℃。

图 11-1 和图 11-2 分别为两台烘箱的校准报告结果。为了比较两台烘箱的温度性能,将图 11-1和图 11-2 的数据汇总如表 11-4 所示。

烘箱温度对照表　　　　　　　　　　　　　　　　表 11-4

设备编号	标称温度 (℃)	温度偏差 (℃)	最大值中的极值	最小值中的极值	温度波动度 (℃)	均匀度 (℃)
1号	110	-1.4	111.1	108.7	±0.9	0.6
	180	-1.3	183.1	180.1	±1.1	0.8
2号	105	-3.7	111.1	108.2	±1.1	0.7

由对照表不难发现,1 号烘箱标称温度值为 110℃时,与标准值的偏差为 -1.4℃,考虑修正值,设定值应为 110+1.4=111.4(℃),才能达到实际温度 110℃;同理,要达到 180℃,设定值应为 180+1.3=181.3(℃)。

当考虑设定温度的修正,将温度设定为 111.4℃时,由波动度可以计算烘箱中温度最高点 G 的温度为 111.1+0.9=112(℃),温度最低点 B 的温度为 108.7-0.9=107.8(℃)。

由于最高温度达 112℃,超出 110℃的使用条件,可适当降低设定温度 2℃,即设定温度为 109.4℃满足最高不超过 110℃使用范围,但同时要考虑,最低温度不得低于 105℃,最低温度点的偏差为 107.8 − 105 = 2.8(℃),设定温度最低不得低于 111.4 − 2.8 = 108.6(℃),方能满足要求。

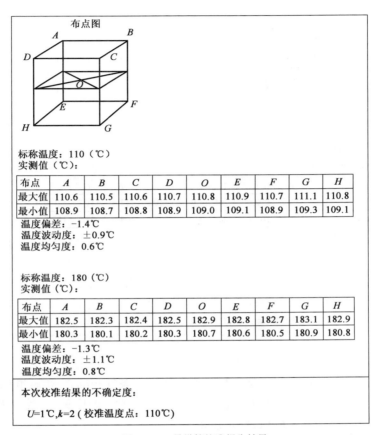

图 11-1　1 号烘箱校准报告结果

同理,当标称温度为 180℃时,设定温度应为 181.3℃,由波动度可以计算烘箱中温度最高点 G 的温度为 183.1 + 1.1 = 184.1(℃),温度最低点 B 的温度为 180.1 − 1.1 = 179(℃)。

依据《公路工程无机结合料稳定材料试验规程》(JTG E51—2009)温度允许偏差 ±2℃的规定,即 178 ~ 182℃的使用范围,要使最高点满足要求,设定温度应为 181.3 − (184.1 − 182) = 179.2(℃),此时最低点 B 的温度为 179 − 2.1 = 176.9(℃),小于 178℃,无法满足要求。因此在使用烘箱时,样品不宜放置在 B 点。

2 号烘箱标称温度为 105℃与标准温度的偏差为 −3.7℃,设定温度应修正为 105 + 3.7 = 108.7(℃),考虑波动度后,温度最高点 F 达 111.1 + 1.1 = 112.2(℃),温度最低点 A 达 108.2 − 1.1 = 107.1(℃)。为满足使用范围 105 ~ 110℃,该设备温度设定值宜为 108.7 − (107.1 − 105) = 106.6(℃),而此时温度最高点为 112.2 − 2.1 = 110.2(℃),基本满足要求。

2 号烘箱的校准结论为:设定温度为 106.6℃,满足 105 ~ 110℃的要求。

该设备未校准 180℃时,不能用于要求 180℃的试验条件。当用于沥青混合料试验的烘箱,其校准温度还需符合沥青试验规定的加热温度条件。

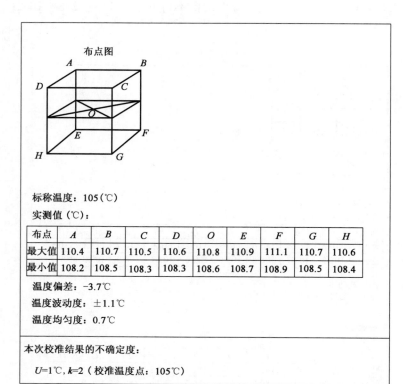

图 11-2 2 号烘箱校准报告结果

由此可以看出,烘箱校准温度必须和试验规程的试验条件相结合,需校准的温度值由试验室根据使用情况提出,然后依据规程和校准报告提供的标称值温度偏差、波动范围、最高温度点、最低温度点对校准报告进行确认,判定设备能否使用。

2. 水泥混凝土养护箱

图 11-3 为水泥混凝土养护箱校准结果。

养护箱温度的确认同烘箱,不再重述,以下就湿度的确认方法进行说明。

图 11-3 中,养护箱的标称湿度 92% 时的偏差为 2.8%RH,修正后应为 90.8%RH,依据规范要求,湿度属于单边控制,相对湿度≥90%,因此,只需考虑波动度后最低点的湿度值能否满足要求。湿度的波动值为 ±1.5%RH,最低点湿度为 88.2 − 1.5 = 86.7%RH,为了满足相对湿度≥90% 的要求,养护箱的湿度设定值应不小于 90.8 + (90 − 86.7) = 94.1%RH,当满足相对湿度≥95% 时,养护箱的湿度设定值应不小于 90.8 + (95 − 86.7) = 99.1%RH。

该养护箱的确认结论为:当使用湿度≥90% 时,湿度设定为 94.1% 满足要求。

当使用湿度≥95% 时,湿度设定为 99.1% 满足要求。

温度设定为 21℃ 时,可以满足 20℃ ±2℃ 的要求。

3. 水泥抗折抗压试验机

水泥抗折抗压试验机的检定数据如表 11-5 所示。

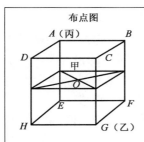

标称温度：21.0（℃）
实测值（℃）：

布点	A	B	C	D	O	E	F	G	H
最大值	21.3	21.2	21.5	21.3	21.4	21.7	21.9	21.2	21.8
最小值	20.1	20.0	20.3	20.1	20.2	20.5	20.7	20.0	20.6

温度偏差：−0.1℃
温度波动度：±0.6℃
温度均匀度：0.7℃

标称湿度：92(%RH)
实测值(%RH)：

布点	甲	乙	丙
最大值	91.2	92.6	94.0
最小值	88.2	89.6	91.2

湿度偏差：+2.8%RH
湿度波动度：±1.5%RH
湿度均匀度：2.9%RH

本次校准结果的不确定度：
U=0.2℃，k=2（校准温度点：21.0℃）
U=1.8%RH，k=2（校准温度点：92%）

图 11-3　水泥混凝土养护箱校准结果

水泥抗折抗压试验机（型号 SYE-300）检定数据　　　表 11-5

最大试验力(kN)	试验力(kN)	示值相对误差(%)	重复性(%)
300	60	0.5	0.3
	120	0.4	0.3
	180	0.7	0.2
	240	0.9	0.2
	300	0.9	0.2

按照设备量程的精度要求，一般仪器设备使用范围宜为量程的 20%～80%。从表 11-5 中可以看出，设备检定的量程范围为总量程的 20%～100%，在 60～300kN 范围，示值相对误差小于 1%，符合一级精度要求，但当量程到 240kN 之后，精度下降，240kN 时产生的荷载偏差为 2.16kN。因此使用时应考虑由于设备误差产生的产品不合格，尤其是数据介于合格与不合格的临界状态时。除此以外，在下次检定后要关注该设备精度是否还能满足要求。

校准报告中未提供低于 60kN 的相对误差，当测试的力值低于 60kN 时，需校准 60kN 以下量程,尤其是低强度水泥 3d 强度测试值会出现低于 60kN 的情况。

该设备检定结论符合一级精度要求,但不得超检定量程范围使用。

设备的校准报告必须由专业人员对其内容进行确认,并对能否使用、使用中的修正值或注意事项提出意见和要求。试验室在进行设备校准之前及对校准后的报告确认应注意的事项如下:

(1)试验室根据规范、标准、使用需要等对仪器设备提出校准的参数及范围,如针入度试验,除对针入度仪校准,还应对针的角度、质量、粗糙度等提出要求。

(2)校准后对照规范标准的要求对校准结果逐一确认,并提出试验时的注意事项或要求。这一点往往对确认人员的技术能力要求较高。

(3)当校准产生一组数据时,需要依据规范标准确认自变量与应变量是否关联,建立自变量与应变量回归方程和相应的曲线(具体内容见下节)。

(4)检查校准报告中使用的依据,所用的计量标准含校准所用设备名称、测量范围、计量标准证书编号、测量不确定度等是否满足要求;尤其需要关注交通行业中专用设备的校准报告。

(5)校准结果的确认不能流于形式,要有确认结论。

第三节　校准数据的线性回归

当两个变量 x 与 y 之间存在一定的关系,利用数理统计中的回归分析,来确定两种变数间相互依赖的定量关系,这种统计分析方法即为回归分析。回归分析可分为线性回归分析和非线性回归分析。如果在回归分析中,只包括一个自变量和一个因变量,且二者的关系可用一条直线近似表示,这种回归分析称为一元线性回归分析。如果回归分析中包括两个或两个以上的自变量,且因变量和自变量之间是线性关系,则称为多元线性回归分析。一元线性回归分析在交通行业的试验检测中运用十分广泛。试验检测仪器设备进行检定校准后会出现成对成组的校准数据,如测力环等,对这一系列的数据需要建立线性回归关系,方便试验室进行计算时使用。下面就介绍一元线性回归的有关内容。

1. 一元线性回归拟合方程

当两个变量 x 与 y 之间用若干组数据表明其关联,每组数据在平面坐标系中,大致分布在一条线附近时,说明 x 与 y 之间存在线性关系,用直线方程表示 x 与 y 的关系:

$$y = bx + a \tag{11-1}$$

式中:a、b——回归系数。

按照最小二乘法的基本原理,当所有测量数据的偏差平方和最小时,所拟合的直线最优。其原理可表示为:

$$Q = \sum_{i=1}^{n}(y_i - Y_i)^2 = \sum_{i=1}^{n}(y_i - a - bx_i)^2 = 最小 \tag{11-2}$$

根据极值原理,要使 Q 最小,只需将上式分别对 a 和 b 求偏导数,并令其等于零,即:

$$\frac{\partial Q}{\partial a} = \sum_{i=1}^{n}[-2(y_i - a - bx_i)] = 0 \tag{11-3}$$

$$\frac{\partial Q}{\partial b} = \sum_{i=1}^{n} [-2(x_i - a - bx_i)] = 0 \quad (11\text{-}4)$$

根据上述两式,可以求得:

$$b = \frac{L_{xy}}{L_{xx}} \quad (11\text{-}5)$$

$$a = \bar{y} - b\bar{x} \quad (11\text{-}6)$$

式中:$L_{xy} = \sum_{i=1}^{n}(x_i - \bar{x})(y_i - \bar{y}) = \sum_{i=1}^{n} x_i y_i - \frac{1}{n}\left(\sum_{i=1}^{n} x_i\right)\left(\sum_{i=1}^{n} y_i\right)$;

$L_{xx} = \sum_{i=1}^{n}(x_i - \bar{x})^2 \sum_{i=1}^{n} x_i^2 - \frac{1}{n}\left(\sum_{i=1}^{n} x_i\right)^2$。

2. 相关系数 r_{xy}

当两个变量 x 与 y 之间存在一定的关系,可以建立回归方程,假如两变量 x、y 之间根本不存在线性关系,那么,所建立的回归方程就毫无实际意义。因此,需要引入一个数量指标来衡量其相关程度,这个指标就是相关系数,用 r_{xy} 表示。

$$r_{xy} = \frac{L_{xy}}{\sqrt{L_{xx}L_{yy}}} = \frac{\sum_{i=1}^{n}(X_i - \bar{X})(Y_i - \bar{Y})}{\sqrt{\sum_{i=1}^{n}(X_i - \bar{X})^2 \sum_{i=1}^{n}(Y_i - \bar{Y})^2}} \quad (11\text{-}7)$$

式中:$L_{xy} = \sum_{i=1}^{n}(x_i - \bar{x})(y_i - \bar{y}) = \sum_{i=1}^{n} x_i y_i - \frac{1}{n}\left(\sum_{i=1}^{n} x_i\right)\left(\sum_{i=1}^{n} y_i\right)$;

$L_{xx} = \sum_{i=1}^{n}(x_i - \bar{x})^2 \sum_{i=1}^{n} x_i^2 - \frac{1}{n}\left(\sum_{i=1}^{n} x_i\right)^2$;

$L_{yy} = \sum_{i=1}^{n}(y_i - \bar{y})^2 \sum_{i=1}^{n} y_i^2 - \frac{1}{n}\left(\sum_{i=1}^{n} y_i\right)^2$。

r_{xy} 是反映 x、y 两个变量的关联程度,是描述回归方程线性相关的密切程度,取值范围为 $[-1,1]$,r_{xy} 的绝对值越接近 1,x、y 的线性关系越好,当 $r_{xy} = \pm 1$ 时,x、y 之间符合直线函数关系,称 x 与 y 完全相关。如果 r_{xy} 趋近于 0,则 x 与 y 之间没有线性关系。

对于一个具体问题,只有当相关系数 r_{xy} 的绝对值大于临界值 r_β 时,才可用直线近似表示 x 与 y 之间的关系,其中临界值 r_β 与测量数据的个数 n 和显著性水平 β 有关。

例如:某千斤顶校准检测数据整理后得到,$y = 1.123x + 0.9856$,显著性水平 $\beta = 0.05$,$n = 10$,$r_{xy} = 0.9074$,查表可得,相关系数的临界值 $r_{0.05} = 0.632$,$r_{xy} > r_{0.05}$ 说明该检测数据建立的回归方程属于线性相关,相关系数检验表参见附录 12。

3. 线性回归计算运用

目前,线性回归一般采用 Origin 和数学中常见的 MATLAB、Excel 等软件进行计算,具体人工计算过程已经得以简化。本书中将以 Excel 软件进行示例,讲述其建立回归方程的操作步骤。下面将以 50kN 应力环校准产生的一组数据为例进行说明(表 11-6)。

50kN 应力环校准数据表　　　　　　　　表 11-6

最大试验力(kN)	试验力(kN)	显示值(mm)	重复性(%)
50	0	1	0.0
	10	1.784	0.1
	20	2.573	0.1
	30	3.380	0.1
	40	4.183	0.1
	50	4.990	0.1

应力与应变符合线性关系：

$$y = bx + a$$

式中：y——试验力，kN；

x——显示值，mm；

a、b——回归系数。

利用 Excel 软件拟合曲线，计算回归方程方便快捷。其操作步骤如下：

(1)打开 Excel,将校准数据输入 Excel 中，如图 11-4 所示。

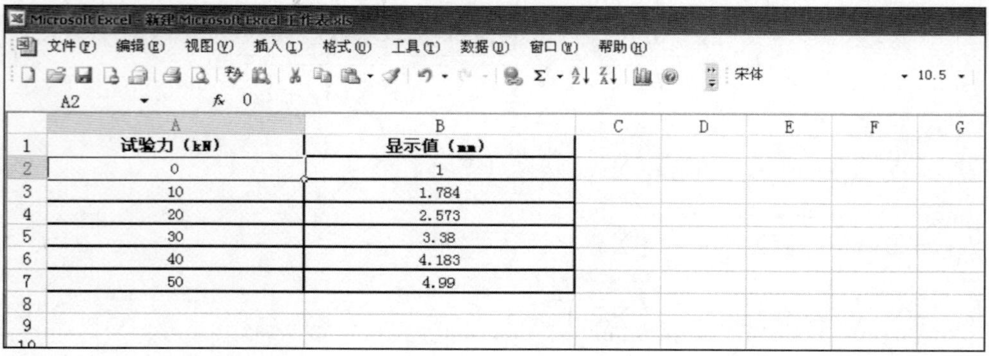

图 11-4　数据表

(2)点击菜单栏中"插入"菜单，并从下拉菜单中选择"图表"选项，如图 11-5 所示。

图 11-5　插入图表选项图

(3)在点击"图表"菜单后，进入"图表向导"中，点击类型为"XY 散点图"，选项如图 11-6

所示。

图 11-6　图表向导

（4）进入如图 11-7 所示的界面,点击系列将百分表示值 X 产生在 B2B7 区域,力值 Y 产生在 A2A7 区域。

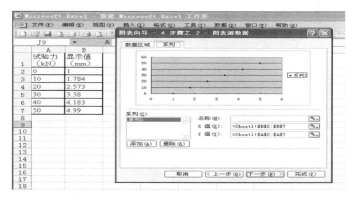

图 11-7　XY 散点图选项

（5）点击"下一步",对图表进行坐标轴、标题的添加,如图 11-8 所示。

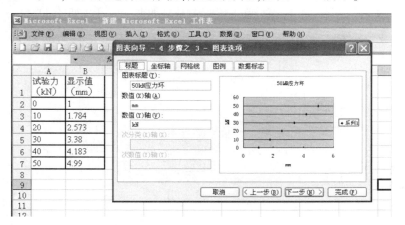

图 11-8　标题图

（6）点击"下一步",进入图表确认界面,如图 11-9 所示。

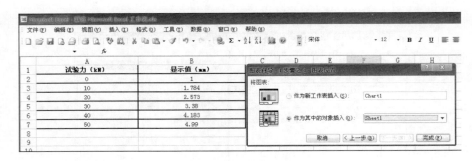

图 11-9　确认插入工作表图

(7) 点击"完成"按钮,图表绘制完成,如图 11-10 所示。

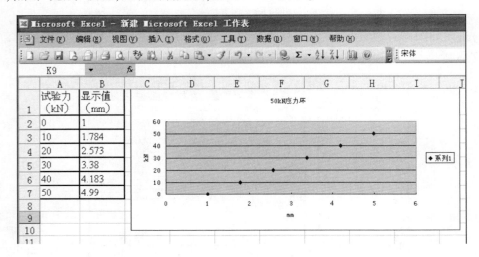

图 11-10　数据曲线图

(8) 用鼠标点在数据"点"上,点击右键出现图中的菜单,点添加"趋势线",然后点击"选项",选择"显示公示"、"显示 R2 值",点击确定完成线性回归方程,如图 11-11、图 11-12 所示。

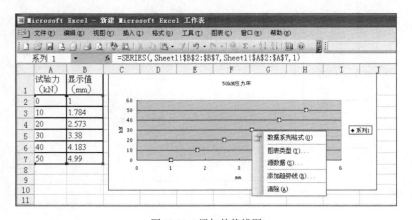

图 11-11　添加趋势线图

图 11-12　公式、R 平方值显示图

(9)点击"确认"按钮,得到线性回归方程,如图 11-13 所示。

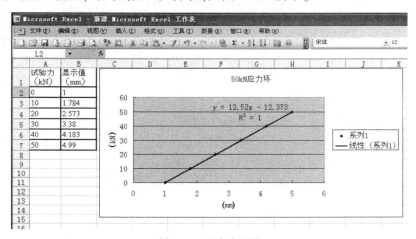

图 11-13　回归方程图

由图表中可以得知,该应力环形成的回归方程为 $y = 12.52x - 12.373$,相关系数的平方 $r_{xy}^2 = 1$。图中所有的点均在一条直线上。该应力环回归方程中的 x 与 y 完全相关。

采用该方法建立应力环的显示值和力值回归方程时,需要注意,在试验过程中百分表的显示值为自变量 x 值,通过百分表显示值计算应变量力值 y,与校准时自变量为试验力、应变量为百分表显示值恰恰相反。当使用建立的回归方程 $y = 12.52x - 12.373$ 计算力值(强度)时,x 为百分表的显示值,而不是试件的变形值。

第四节　期 间 核 查

一、期间核查的概念及目的

测量设备性能的准确性,直接影响试验室检定、校准、检测结果的准确性和可靠性。为保证测量设备性能满足预期的使用要求,保证其量值的溯源性,须定期对其进行校准或检定。然而，由于测量设备固有特性的变化或漂移，在每次检定或校准后并不能保证其量值始终得到维持，因此，在日常工作中需要经常对测量设备的性能进行核查，及时识别可能发生超出预期范围的情况，以便确认其性能是否得到有效维持或是否满足其使用要求，而不会使测量设备得到非预期的使用。

依据《通用计量术语及定义》(JJF 1001—2011)，期间核查是根据规定程序，为了确定计量标准、标准物质或其他测量仪器是否保持其原有状态而进行的操作。期间核查的概念可以表述为：在测量设备相邻两次校准或检定期间，采用可信的方法对其使用功能及测量性能进行的一种核查，验证其是否得到有效维持，旨在确认测量设备校准状态的可信程度。

二、期间核查的对象

不同检验检测机构的测量设备期间核查要求是不尽相同的。按照《检测和校准实验室能力的通用要求》(ISO/IEC 17025)和《法定计量检定机构考核规范》(JJF 1069—2012)以及《检验检测机构资质认定能力评价 检验检测机构通用要求》(RB/T 214—2017)的要求，校准实验室和法定计量检定机构及检验检测机构必须对其计量标准和标准物质进行期间核查。

期间核查不是一般的功能检查，更不是缩短检定校准周期，其目的是在两次校准/检定的间隔期间保持原有状态，防止使用不符合技术规范要求的设备。检测机构应在期间核查程序中列出期间核查设备的名称、方法、周期等内容。检验检测机构应根据设备的稳定性和使用情况来确定是否需要进行期间核查。

判断设备是否需要期间核查至少需考虑以下因素：
(1)设备校准周期。因设备使用频率较低，校准周期长于校准规范规定的时间。
(2)历次校准结果。历次校准结果的数值相差较大，设备稳定性较差。
(3)质量控制结果。用于质量控制活动的设备如参加能力验证、试验室间比对，其结果不稳定或误差较大。
(4)设备使用频率。
(5)设备维护情况。
(6)设备操作人员及环境的变化。
(7)设备使用范围的变化。

期间核查的重点测量设备有：
(1)仪器设备性能不稳定，漂移率大的。
(2)使用非常频繁的。
(3)经常携带到现场检测的。
(4)在恶劣环境下使用的仪器设备。
(5)曾经过载或怀疑有质量问题的等。
(6)因设备使用频率较低，校准周期长于校准规范规定的时间。

不是所有的设备都要进行期间核查，对无法寻找核查标准(物质)(如破坏性试验)的设备就无法进行期间核查。对于可以进行期间核查的设备，检验检测机构应制订期间核查计划，明确期间核查的方法与周期，必要时制定相应的作业指导书，保存期间核查记录并归档到相应设备档案中。

三、仪器设备期间核查的方法及其判定原则

期间核查的方法有多种,可根据试验室及其检定、校准、检测样品的特点,从测量设备的特性以及经济性、实用性、可靠性、可行性等方面综合考虑。

首先要有一个核查标准,用以对测量设备进行期间核查。核查标准的性能必须稳定,它可以是上一等级、下一等级或同等级计量标准、标准物质,也可以是准确度等级更高或较低的同类测量设备、实物样品等。

期间核查的方法基本上采用等精度核查方式进行,常用方法有仪器间的比对、标准物质验证、方法比对、加标回收、单点自校、用稳定性好的样品留样再测等。下面就几种方法的内容进行介绍。

1. 仪器间的比对

(1) 传递测量法

当对计量标准进行核查时,如果试验室内具备高一等级的计量标准,则可方便地对用其被核查计量标准的功能和范围进行检查,当结果表明被核查的相关特性符合其技术指标时,可认为核查通过。如利用高精度的万分之一电子天平检查其他较低精度的天平,将万分之一电子天平称量的物质放在低精度天平称量,看其是否满足相应天平精度的要求。

当对其他测量设备进行核查时,如果试验室具备更高准确度等级的同类测量设备或可以测量同类参数的设备,当这类设备的测量不确定度不超过被核查设备不确定度的 1/3 时,则可以用其对被核查设备进行检查,当结果表明被核查的相关特性符合其技术指标时,认为核查通过。当测量设备属于标准信号源时,也可以采用此方法。

(2) 多台(套)设备比对法

当试验室没有高一等级的计量标准或其他测量设备,但具有多台(套)同类的具有相同准确度等级的计量标准或测量设备时,可以采用这一方法。

首先,用被核查的测量设备对核查标准进行测量,得到的测量值为 y_1;然后,用其他几台设备分别对核查标准进行测量,得到的测量值分别为 y_1、y_2、y_3、$\cdots$、y_n,计算 y_1、y_2、y_3、$\cdots$、y_n 的平均值为 $\bar{y}$,则当 $|y_1 - \bar{y}| \leq \sqrt{\dfrac{n-1}{n}} U$ 时,认为核查结果满意(式中,U 为用被核查设备对核查标准进行测量时的扩展不确定度)。

(3) 两台(套)设备比对法

当试验室只有两台(套)同类测量设备时,可用它们对核查标准进行测量,得到的测量值分别为 y_1、y_2。假如它们的测量不确定度分别为 U_1、U_2,则当满足 $|y_1 - y_2| \leq \sqrt{U_1^2 - U_2^2}$ 时,认为核查结果满意。如试验室用于钢筋试验的万能试验机间可采用上述方法进行比对,但选择的钢筋一定是在同一根上截取的。

若这两台(套)设备是溯源到同一计量标准,它们之间具有相关性,在评定不确定度时应予以考虑。

当对标准物质进行核查时,也可用此法。这时标准物质为被核查的测量设备,选取性能稳定、具有满足标准物质量值分辨力的测量设备作为核查标准,分别用两个同类的、性能指标相

同的标准物质对核查标准进行测量,得到两个结果。按上述判别准则进行判定。由于被核查的标准物质类型相同、技术指标相同,因此两次测量具有相同的不确定度。同时,由于两次测量在同一台测量设备上进行,因此其判别准则为:

$$|y_1 - y_2| \leqslant \sqrt{2}U \tag{11-8}$$

式中:U——扣除由系统效应引起的标准不确定度分量后的扩展不确定度。

2. 标准物质法

当试验室具有被核查设备的标准物质时,可用标准物质作为核查标准。若用标准物质去检查被核查设备的参数,得到的测量值为 y,判别准则为:

$$\left|\frac{y-Y}{\Delta}\right| \leqslant 1 \tag{11-9}$$

式中:y——测量值;
  Y——标准物质代表的值;
  Δ——与被核查设备准确度等级对应的允差限。

用于期间核查的标准物质应能溯源至 SI,或是在有效期内的有证标准物质。

当无标准物质时,可用已经过定值的标准溶液对测量设备进行核查。如 pH 计、离子计、电导仪等可用定值溶液进行核查。

3. 留样再测法

留样再测法又可称作稳定性实验法、重复测量法。

当测量设备经检定或校准得到其性能数据后,立即用其对核查标准进行测量,把得到的测量值 y_1 作为参考值。这时的核查标准可以是测量设备,也可以是实物样品。然后在规定条件下保存好该核查标准,并尽可能不作他用。在规定或计划的核查频次上,用测量设备分别对该核查标准进行测量,得到测量值 y_1、y_2、y_3、$\cdots$、y_n。判别准则为:

$$|y_1 - y_2| \leqslant \sqrt{2}U$$
$$|y_1 - y_3| \leqslant \sqrt{2}U$$
$$\vdots$$
$$|y_1 - y_n| \leqslant \sqrt{2}U$$

式中:U——扣除由系统效应引起的标准不确定度分量后的扩展不确定度。

用于钢筋试验的万能试验机可按照上述方法进行期间核查。在同一根钢筋上截取的样品分阶段进行试验,比较在设备检定后立即测量的力值和使用一段时间测得的力值的变化情况。

4. 实物样件检查法

某些测量设备是用于测量限值的,当测量值超过限定值时即自动报警。对于这类设备可用本方法进行期间核查。

首先,根据被核查设备的工作原理以及被核查参数的性质,设计、制作或购买相应的实物样件。然后,设定该参数的限定值,将实物样件施加于测量设备上,操作设备并调节到规定的输出量,观察测量设备是否具有相应的响应。

例如,对准确度等级为 5 级、输出电压为 1500V、设置的泄漏电流为 5mA 的耐压测试仪进行期间核查时,可以用 300kΩ 的电阻作为核查标准。将其接入耐压测试仪的两测试棒中,调节输出电压在 (1500±5%)V 时应报警,此时认为耐压测试仪的性能正常。

5. 自带标样核查法

有些测量设备自带标准样块,有的还带有自动校准系统,这时可将标准样块作为核查标准,按照制造商提供的方法进行核查。例如,电子天平往往自带一个标准工作砝码、射线监测仪自带标准膜片并能自动校准,这时可将标准工作砝码、标准膜片作为核查标准,按照设备说明书上规定的方法进行核查。

6. 直接测量法

当测量设备属于标准信号源时,若试验室具备计量标准,可直接用方法 1;若不具备计量标准,则可使用本方法。

首先确定需要核查的功能以及测量点,然后选取具有相应功能的测量设备作核查标准,在相应测量点上对核查标准的性能进行校准,得到相应的修正值,再用核查标准来测量被核查设备的性能,对核查结果进行修正后,观察是否符合其相应的技术要求。

例如,对标准电压源进行核查时,首先应根据需要确定核查的测量点(如 5V),这时可以选取数字多用表作为核查标准。对数字多用表直流电压挡上的 5V 测量点的示值进行校准,得到的修正值为 e;再用数字多用表去测量标准电压源 5V 输出时的实际值,得到的结果为 V,则 $V+e$ 为核查结果。根据标准信号源的技术要求,即可判定其是否满意。

(1) 试验室间比对法

当试验室条件无法满足以上方法时,可用试验室间比对法来进行核查。当确定被核查设备所在试验室为比对的主导试验室时,判别原则按方法 2;当没有确定主导试验室时,判别原则按方法 3。

当参加比对试验室的测量设备均溯源到同一校准试验室的同一计量标准时,在评定不确定度时应考虑相关性的影响。

(2) 方法比对法

可以采用不同的方法对测量设备进行核查。当利用同一台被核查测量设备对核查标准进行测量时,核查结果的判别原则可按方法 5。当两种方法的两次测量是在不同测量设备上进行的,可按方法 3 进行判别。

检验检测机构进行期间核查后,应对数据进行分析,确认设备的稳定性。经分析发现仪器设备已出现较大偏离,可能导致检测结果不准确时,应按照相关规定处理(包括重新校准),直到确认设备数据稳定后才可再使用。

四、标准物质/标准样品的特性及期间核查

标准物质是具有足够均匀和稳定的特定特性的物质,其特性被证实适用于测量中或标称特性检查中的预期用途。标准物质分为有证标准物质和参考标准物质。

1. 有证标准物质

附有认定证书的标准物质,其一种或多种特性量值用建立了溯源性的程序确定,使之可溯源至准确复现的表示该特性值的测量单位,每一种认定的特性量值都附有给定置信水平的不确定度。所有有证标准物质都需经国家计量行政主管部门批准发布。

有证标准物质在研制过程中,对材料的选择、制备、稳定性、均匀性、检测、定值、存储、包装、运输等均进行了充分的研究,为了保证标准物质量值的准确可靠,研制者一般都要选择 6~8 家的机构共同为标准物质进行测量、定值。

根据准确度的高低,标准物质分为两级,一级标准物质由国家计量部门制作颁发或出售,二级标准物质由各专业部门制作,供厂矿或检验检测机构日常使用。一般一级标准物质的准确度比二级标准物质高 3~5 倍,二级标准物质应溯源到一级标准物质,一级标准物质应溯源到 SI 单位。

2. 标准物质的作用

(1)作为校准物质用于仪器的定度。

一般化学分析仪器都是按相对测量方法设计的,所以在使用前或使用中必须用标准物质进行定度或制备"校准曲线"。

(2)作为已知物质,用以评价测量方法。

(3)作为控制物质,与待测物质同时进行分析。

当标准物质得到的分析结果与证书给出的量值在规定限度一致时,证明待测物质的分析结果是可信的。

3. 有证标准物质证书应有的基本信息

(1)标准物质名称及编号。

(2)研制和生产单位名称、地址。

(3)包装形式。

(4)制备方法。

(5)特性量值及测量方法。

(6)标准值的不确定度。

(7)均匀性及稳定性说明。

(8)存储方法。

(9)使用中注意事项及必要的参考文献等。

在标准物质证书和标签上均有 CMC 标识。

检验检测机构应建立标准物质的采购验收记录,记录内容应包含以上信息。

4. 有证标准物质的期间核查

有证标准物质的期间核查按照证书所规定的适用范围、使用说明、测量方法与操作步骤、存储条件和环境要求使用和核查。使用有证标准物质时,检验检测机构通过比对试验、能力验证等方式证明量值的准确和溯源。

有证标准物质的期间核查方法有:试验室间比对试验、能力验证等。

5. 参考标准物质

参考标准物质是指未经国家行政主管部门审批备案的标准物质,包括参考(标准)、质控样品、校准物、自行配置的标准溶液、标准气体等。

参考标准物质的期间核查包括:

(1)定期使用有证标准物质核查。

(2)无法获得有证标准物质时,可采用:

①试验室间比对。

②送有资质的校准机构。

③测试近期参加过的水平测试结果满意的样品(留样再测)。

④使用试验室的质控样品。

赋值或未赋值的标准物质都可用于测量精密度的控制,只有赋值的标准物质才可用于校准或测量正确度控制。

测量正确度是无穷多次重复测量所得量值的平均值与一个参考量值之间的一致程度。

在某个特定测量中,所给定的标准物质只能用于校准或质量保证两者中的一种用途。如pH值测定用的标准物质,只能用于校准设备。

五、期间核查与校准、检定的区别

期间核查与校准、检定的区别见表11-7。

期间核查与校准、检定的区别　　　　　　　　　　　　表11-7

项目	检定	校准	期间检查
目的	解决仪器设备是否合格	解决仪器设备是否准确	解决仪器设备是否稳定
实施主体	经授权的法定计量部门	有资格的校准机构	检验检测机构
方法	采用经溯源的计量标准依据检定规程	采用经溯源的计量标准依据校准规程	使用参考标准;与相同等级的另一个设备或几个设备进行比对,对稳定的被检件的量值再次测定,也可以用高等级精度的设备进行核查
对象	有检定规程的仪器设备	凡是对检测、校准和抽样结果或有效性、准确性设备有显著影响的,包括辅助测量设备	当需要时进行,包括某些关键性能需要控制、稳定性差、使用频率高和使用环境条件恶劣等仪器设备
周期	由法规规定	有自行规定校准证书(或校准标识),不应包含对校准时间间隔的建议	在两次校准的间隔内自行确定
范围	检定规程规定的各个点	校准规范规定、试验规程的要求	检测机构自己规定

六、期间核查结果处理及期间核查频次

检验检测机构进行期间核查后,应对数据进行分析和评价,其判定原则如下:

当通过期间核查发现测量设备性能超出预期使用要求时,首先,应立即停止使用并进行维修,在重新检定或校准表明其性能满足要求后,方可投入使用;其次,应立即采取适当的方法或措施,对上次核查后开展的检定、校准、检测工作进行追溯,以尽可能减少和降低由于设备失准而造成的风险。

检定、校准、检测工作的追溯是需要成本的,如果仪器设备失准会给试验室和顾客带来风险,从而损害试验室和顾客的利益。因此,检验检测机构应建立实施期间核查程序,详细描述标准物质的安全处置、运输、存储、使用等规定,防止污染和损坏。同时从自身资源、技术能力、测量设备的重要程度、可能产生的风险等因素综合考虑,确定对仪器设备、标准物质的期间核查频次、方式、结果并形成记录,严格管理,以确保仪器设备及标准物质校准状态的置信度。

第五节 公路水运工程试验检测仪器设备计量要求

为提高试验检测机构仪器设备管理水平,规范仪器设备检定/校准工作,确保试验检测数据可靠准确,交通运输部工程质量监督局于2013年3月发布了《公路工程试验检测仪器设备检定/校准指导手册》,对《公路水运工程试验检测机构等级标准》中公路工程综合甲级、桥梁隧道工程专项及交通工程专项3个等级所涉及的仪器设备,明确了公路工程试验检测仪器设备的管理方式、依据标准及计量参数,是公路水运工程试验检测机构仪器设备检定/校准工作的重要依据。2019年7月,交通运输部对《公路工程试验检测仪器设备检定/校准指导手册》进行了修订,并以交办安监函〔2019〕66号文发布《公路工程试验检测仪器设备服务手册》(以下简称《服务手册》)。《服务手册》适用于公路工程等级试验检测机构、工地试验室仪器设备的检定/校准工作,以及质量监督机构对试验检测行业的管理工作。其他仪器设备使用、生产单位可参考使用。

2018年3月7日,交通运输部办公厅以交办安监〔2018〕33号文发布《水运工程试验检测仪器设备检定/校准指导手册》(以下简称《指导手册》),涵盖《公路水运工程试验检测机构等级标准》中水运工程材料甲级、结构甲级和《测绘资质分级标准》中海洋工程测量所涉及的仪器设备,明确了水运工程试验检测仪器设备的管理方式、依据标准及计量参数,是试验检测仪器设备检定/校准工作的重要依据。《指导手册》适用于工程质量监督机构对试验检测行业的计量管理,指导水运工程试验检测机构(含工地试验室)和水运工程水文勘察测绘机构开展仪器设备的检定/校准工作。仪器设备生产、使用等单位可参考使用。

公路工程《服务手册》、水运工程《指导手册》,结合各自的工程特点,对使用的试验检测仪器设备提出了针对性较强的要求,只有准确理解有关概念,才能做好计量溯源工作,做到既经济又能让使用的设备满足指导手册及相应法律、法规、规范的要求。

一、《服务手册》知识要点

《服务手册》由编制说明和相应的表格组成。其中,编制说明包括四部分内容,分别为工作目的、适用范围、工作依据和内容释义,其中"内容释义"针对表格中的编号、溯源类别、设备名称、溯源方式、检验参数、附加说明等 6 项内容进行了释义。《服务手册》的核心内容均体现在对应的表格中。作为公路水运工程试验检测从业人员,应该知晓《服务手册》表格中所列仪器设备的编号规则、溯源方式分类情况、常见仪器设备的溯源方式及其对应的检验参数,对计量溯源所依据的标准也应该予以掌握。有关内容的具体情况请参阅《关于印发〈公路工程试验检测仪器设备服务手册〉的通知》(交办安监函〔2019〕66 号)原文。

二、《指导手册》知识要点

《指导手册》同样由编制说明和相应的表格组成。其中,编制说明包括四部分内容,分别为适用范围、引用文件、术语和定义和有关说明,其中"有关说明"针对表格中的编号、项目类别、设备名称、管理类别、依据标准、计量参数、建议检定/校准周期、备注等 8 项内容进行了说明。《指导手册》的核心内容均体现在对应的表格中。作为公路水运工程试验检测从业人员,应该知晓《指导手册》表格中所列仪器设备的编号规则、管理类别分类情况、常见仪器设备的溯源方式及其对应的计量参数,对计量溯源所依据的标准也应该予以掌握,对表格中所列出的建议检定/校准周期需予以关注。有关内容的具体情况请参阅《水运工程试验检测仪器设备检定/校准指导手册》(交办安监〔2018〕33 号)原文。

第十二章 公路水运工程标准体系

标准体系是编制标准制、修订规划和计划的重要依据。《公路工程标准体系》于1981年首次建立，2002年进行了修订，并沿用至2017年。水运工程标准体系于1996年建立，为适应形势的发展，在2001年和2007年进行了两次修订。水运工程标准体系是水运工程标准的结构和组成，是水运工程标准发展的规划蓝图，包括《水运工程标准体系表》和《水运工程标准项目库》。为落实深化标准化工作改革要求，推动实施标准化战略，2017年国家新修订发布了《中华人民共和国标准化法》，提出了标准化工作改革的新要求。

为贯彻落实国务院《深化标准化工作改革方案》《国家标准化体系建设规划（2016—2020年）》和《"十三五"现代综合交通运输体系发展规划》，加强和改进交通运输标准化工作，推进现代综合交通运输体系建设，促进铁路、公路、水运、民航、邮政等各种运输方式深度融合和协调发展，交通运输部、国家标准化管理委员会发布了《交通运输标准化体系》（交科技发〔2017〕48号）。交通运输标准化体系是行业标准化工作的顶层设计，是按照交通运输行业发展需求，围绕标准化工作的全要素、全过程及其内在联系构建而成的科学有机整体。《交通运输标准化体系》是统筹协调铁路、公路、水运、民航和邮政标准化工作的基础，内容包括政策制度体系、技术标准体系、标准国际化体系、实施监督体系和支撑保障体系5个方面。加强交通运输标准化体系建设，有助于促进各种交通运输方式标准化工作协调衔接和融合发展，对于实现交通运输治理体系和治理能力现代化，构建现代综合交通运输体系，推动交通运输行业转型升级、提质增效具有重要意义。

为适应交通运输标准化工作的改革与发展，提高标准管理水平；指导公路水运工程建设标准的制定和修订工作；编制交通运输标准化发展规划提供支撑。依据《标准体系表编制原则和要求》（GB/T 13016—2018），有关部门对已有的《公路工程标准体系》《水运工程建设标准体系表》进行了修订。

新修订的《公路工程标准体系》（JTG 1001—2017）立足公路交通发展实际，从公路建设、管理、养护、运营符合"四好"协调发展的要求出发，全面贯彻落实"创新、协调、绿色、开放、共享"的发展理念。修订后的体系结构分为三层，第一层为板块，由总体、通用、公路建设、公路管理、公路养护、公路运营六大板块构成；各板块界面清晰并各有侧重，公路建设板块重在提升，公路养护板块重在补充，公路管理和公路运营板块重在创立；第二层为模块，第三层为标准。《公路工程标准体系》是公路领域现有、应有和预计制定标准的蓝图，随着科学技术的发展而不断更新和充实。《公路工程标准体系》作为公路领域行业标准的顶层设计，将引导今后一段时期行业标准的发展方向，指导行业标准的制修订管理工作。

新修订的《水运工程标准体系》在07体系的基础上,将名称由《水运工程建设标准体系表》改为《水运工程标准体系》。修订后的《水运工程标准体系》结构共分为三个层次,将07体系中的第一层次"工程建设管理类""工程建设技术类"和"工程维护技术类"分别修改为"工程管理类""工程建设类"和"工程维护类";第二层次中增加了"规划类""安全类""节能环保类"和"工程信息类"标准,删除了"质量检验类"标准,将"试验检(监)测标准"拆为"试验类标准""检测与监测类标准";第三层次中增加了"航运枢纽及通航建筑物工程""港航设备安装工程""水上交管工程"专用标准,删除了"支持系统标准"。本次录入体系表中的标准项共150项,每项赋予一个体系号,以便于体系表的管理。本次修订同时对07体系中的标准项目库进行了调整和完善。修订后的《水运工程标准体系》进一步突出了基础性、战略性和引领性,对推动我国交通强国建设、促进水运工程建设事业的健康持续发展、深化水运行业供给侧结构性改革、服务国家"一带一路"倡议和中国标准"走出去"等方面具有重要意义。

为了进一步了解《交通运输标准化体系》《公路工程标准体系》《水运工程标准体系》,充分发挥标准的引领和支撑作用,就相关内容介绍如下。

第一节 交通运输标准化体系

为加强和改进交通运输标准化工作,推进现代综合交通运输体系建设,促进铁路、公路、水运、民航、邮政等各种运输方式深度融合和协调发展,交通运输部、国家标准化管理委员会编制了《交通运输标准化体系》。

一、概述

1. 内涵特征

交通运输标准化体系是按照交通运输行业发展需求,围绕标准化工作的全要素、全过程及其内在联系构建而成的科学有机整体,包括政策制度、标准研究、制修订、国际化、实施监督、支撑保障等内容,涵盖铁路、公路、水运、民航和邮政各领域。

交通运输标准化体系具有以下特征:

1)系统性

在范围上覆盖各种交通运输方式,在层次上涵盖标准化工作全过程,在内容上包含综合交通运输、安全应急、运输服务、工程建设与养护、信息化、节能环保等重点领域,层次清晰,框架合理,内容全面。

2)协调性

按照国家深化标准化工作改革要求,在国家标准化体系框架下,理清强制性标准、推荐性标准边界,明晰国家标准、行业标准、地方标准、团体标准、企业标准范围,实现政府主导制定的标准与市场自主制定的标准协同发展、协调配套。

3)前瞻性

着眼于实现交通运输现代化和建设交通运输强国的战略目标,对今后一段时期行业标准化工作进行整体设计和总体布局,强化标准化工作在交通运输行业发展中的地位和作用,促进科技创新与产业发展。积极与国际接轨,统筹"引进来"与"走出去",提高交通运输标准国际化程度。

2. 总体定位

交通运输标准化体系是行业标准化工作的顶层设计,是对今后一段时期标准化政策制度建设、标准制修订、标准国际化活动、标准实施监督及支撑保障工作的宏观布局,是统筹协调铁路、公路、水运、民航和邮政标准化工作的基本依据。加强交通运输标准化体系建设,促进各种交通运输方式标准协调衔接和融合发展,对于实现交通运输治理体系和治理能力现代化,构建现代综合交通运输体系,推动交通运输行业转型升级、提质增效具有重要意义。标准化体系与规划均是对交通运输标准化工作的全面布置。标准化体系定位于宏观布局,是对较长一段时期标准化工作的整体设计,标准化规划是按照标准化体系框架和发展方向,立足交通运输阶段性发展要求,制定的具有一定时效和范围的工作计划,提出阶段性发展目标和重点任务。标准化体系是标准化规划编制的依据,标准化规划是标准化体系建设的保障。交通运输标准化体系依靠制定和实施不同阶段、不同范围的行业标准化规划实现。交通运输行业按照不同领域、不同专业已形成比较完善的技术标准体系,如《综合交通运输标准体系》《铁路行业技术标准体系》《公路工程标准体系》《水运工程标准体系》《民用航空标准体系》《邮政业标准体系》等,以及各专业标准化技术委员会编制的技术标准体系。交通运输标准化体系是构建各领域、各专业技术标准体系的基础,覆盖各领域、各专业技术标准体系的标准需求。各领域技术标准体系根据行业重点任务需求编制,确定一定时期内标准制修订任务。各专业技术标准体系根据专业发展方向编制,指导本专业标准制修订等工作。

3. 体系框架

交通运输标准化体系包括标准化政策制度体系、技术标准体系、标准国际化体系、实施监督体系和支撑保障体系5个部分,覆盖交通运输各领域标准化工作全过程。

政策制度体系是交通运输标准化体系的基础,是规范标准化工作,实现科学管理的重要依据,包括标准化法律法规、部门规章、规范性文件等内容,主要规定了标准化全过程管理要求,涵盖标准立项、制修订、审查、发布、出版、复审、标委会管理、经费管理、实施评价和统计等方面。

技术标准体系是交通运输标准化体系的核心,是开展标准制修订工作的重要依据。根据标准体系编制原则和要求,按照综合交通运输、铁路、公路、水运、民航、邮政不同运输方式,围绕综合运输、安全应急、运输服务、工程建设与养护、信息化、节能环保等重点领域,构建技术标准体系框架,包含现行有效的国家标准、行业标准和标准制修订需求。

标准国际化体系是交通运输标准化体系的窗口,是加强交通运输国际合作,提升交通运输行业国际影响力和话语权的重要途径。包括国际标准制修订、参与国际标准化活动和国内外标准翻译等。

标准实施监督体系是交通运输标准化体系的重点,是强化标准化意识,落实标准应用,加强标准监督管理,提升标准化工作基础能力的重要保障。实施监督体系包括标准宣贯、工程和产品质量监督、标准实施效果评价,以及计量、检验检测、认证等工作。

标准支撑保障体系是交通运输标准化体系的保证,包括标准化组织保障、人才队伍、经费支持等内容。

接下来重点对交通运输标准化体系中的技术标准体系、实施监督体系和支撑保障体系的要点进行介绍。

二、技术标准体系要点介绍

技术标准体系是一定范围内的标准按其内在联系形成的有机整体，主要通过编制标准体系结构图、标准明细表、标准统计表等内容，构建一定范围内现有、应有和预计制定标准的蓝图，是编制标准制修订计划的依据。技术标准体系的构建应目标明确、全面成套、层次适当、划分清楚，按行业、专业等标准化活动性质的同一性划分。交通运输技术标准体系是按照国家深化标准化工作改革精神，根据交通运输标准制修订管理的实际情况，充分吸收以往各领域、各专业技术标准体系建设成果，构建的包含综合交通运输、铁路、公路、水运、民航、邮政标准的集合。技术标准体系是交通运输标准化体系建设的核心，是合理规划和有效管理标准制修订工作的重要手段，有助于明确交通运输行业不同类型标准的边界，减少标准间的重复、交叉、矛盾等问题，理清政府与市场标准制修订范围，规范标准的制修订管理，提高标准的整体质量和水平，对于完善各领域、各标准化技术委员会标准体系布局，具有指导作用。

交通运输标准按照性质分为强制性标准、推荐性标准两类；按照发布主体划分为国家标准、行业标准、地方标准、团体标准、企业标准五类；按专业领域分为综合交通运输、铁路、公路、水运、民航、邮政标准等。根据国务院深化标准化工作改革方案，政府主导制定的交通运输标准分为强制性国家标准、推荐性国家标准、推荐性行业标准、推荐性地方标准，工程建设标准按现有模式管理。

交通运输强制性标准严格限定在保障人身健康和生命财产安全、生态环境安全和满足社会经济管理基本要求的范围内，具有充分的法律法规依据，技术内容与安全、健康和环保直接相关，具有可操作性和可验证性，能够保证强制执行效果，主要涉及标志标识、安全生产、安全产品、职业健康与劳动保护、运输工具能源消耗限值和工程建设标准等方面。

推荐性标准包括基础通用、与强制性标准相配套的国家标准，能够满足行业重要产品、工程技术、服务和管理需求的行业标准，以及满足地方自然条件、先进管理能力和技术水平的特殊技术要求的地方标准。

政府主导制定的国家标准、行业标准、地方标准与市场自主制定的团体标准、企业标准协同发展、协调配套。政府主导制定的标准侧重于保基本，市场自主制定的标准侧重于提高竞争力。交通运输行业管理部门推动团体标准、企业标准的培育和发展，引导团体组织在市场化程度高、技术创新活跃、产品类标准较多的领域，按照国家相关规范制定团体标准，鼓励企业制定高于国家标准、行业标准、地方标准的企业标准。

交通运输技术标准体系以《综合交通运输标准体系》《铁路行业技术标准体系》《公路工程标准体系》《水运工程建设标准体系》《民用航空标准体系》《邮政业标准体系》等技术标准体系为基础构建，包括6489项标准，其中现行有效3475项，需求计划3014项。按照标准性质分类，强制性标准785项，推荐性标准5704项；按照标准层次分类，国家标准1174项，行业标准5315项；按照专业领域分类，综合交通运输标准323项，铁路标准1399项，公路标准1692项，水运标准2026项，民航标准889项，邮政标准138项，其他标准22项。技术标准体系应建立动态管理机制，将随着技术和业务需求的发展而不断更新。

1. 综合交通运输标准

综合交通运输标准包括涉及两种及两种以上交通运输方式协调衔接的相关标准，各运输方式单独使用和单一服务所涉及的标准不纳入综合交通运输标准体系范畴，对于促进不同运输方式之间的有效衔接与协同发展，提高综合交通运输一体化服务水平，促进综合交通运输体系建设具有重要作用。综合交通运输标准分为基础、运输服务、运输装备与产品、工程设施、安全应急、信息化、节能环保、统计评价等8类。综合交通运输标准合计323项。已发布国家标准46项，行业标准32项，拟制定国家标准101项，行业标准144项。

2. 铁路标准

铁路标准分为铁路装备、工程建设和运营与服务等3类。铁路装备标准包括通用与综合、机车车辆、工务工程、通信信号、牵引供电等；工程建设标准包括基础、综合、勘察、设计、施工、验收等；运输服务标准包括基础通用、行车组织、客运与服务、货运与服务、治安防控等。铁路标准合计1399项，已发布国家标准185项，行业标准1139项，拟制定国家标准19项，行业标准56项。

3. 公路标准

公路标准分为基础、安全应急、运输服务、公路建设、公路养护、公路管理、公路运营、信息化、节能环保、设施装备等10类。基础标准包含术语、符号与标识、分类与编码等；安全应急标准包含道路工程建设安全、道路运输与作业安全、安全管理、应急救助等；运输服务标准包含道路运输作业条件与规范、汽车维修、服务质量与评价等；公路建设标准包括勘测、设计、施工、监理、改扩建、造价等；公路养护标准包括养护管理、评定、设计与施工等；公路管理标准包括收费公路、公路执法等；公路运营标准包括运行评估与组织协调、出行服务等；信息化标准包含信息采集与格式、数据交换与共享等；节能环保标准包含生态保护、污染防治等；设施装备标准包含运输车辆、交通工程设施产品等标准。公路标准合计1692项，已发布国家标准289项，行业标准584项，拟制定国家标准144项，行业标准675项。

4. 水运标准

水运标准分为基础、安全应急、运输服务、工程建设、信息化、节能环保、设施设备等7类。基础标准包含术语、符号与标识、分类与编码等；安全应急标准包含水路运输与作业安全、航海安全、救助打捞、事故应急等；运输服务标准包含水路运输作业条件与规范、测绘服务、服务质量与评价等；工程建设标准包括综合、规划、勘测、设计、施工、试验、检测与监测、监理、安全、工程造价、环保、工程信息等；信息化标准包含信息采集与格式、数据交换与共享等；节能环保标准包含生态保护、污染防治等；设施装备标准包含运输船舶、港口设施设备、疏浚装备等标准。水运标准合计2026项，已发布国家标准158项，行业标准479项，拟制定国家标准161项，行业标准1228项。

5. 民航标准

民航标准包括民用航空领域的各类标准，分为信息化、航空运输、通用航空、航空安全、航空器维修工程、机场工程建设、民用机场地面保障与服务、航油航化、空中交通管理、航空安保、航空医学和其他等 12 类。民航标准合计 889 项,已发布国家标准 42 项,行业标准 435 项,拟制定行业标准 412 项。

6. 邮政标准

邮政标准分为基础、安全、设施设备与用品、服务与管理、信息化等 5 类。邮政标准合计 138 项,已发布国家标准 15 项,行业标准 56 项,拟制定国家标准 14 项,行业标准 53 项。

7. 其他标准

其他标准包括交通运输标准化工作管理、科技信息和报告管理、政府网站管理、行政执法、反恐怖防范要求、信用管理等。其他标准合计 22 项,已发布行业标准 15 项,拟制定行业标准 7 项。

三、实施监督体系要点介绍

标准实施监督是贯彻执行标准和保障标准得到有效应用的重要手段,是提高交通运输服务、工程建设和产品质量的重要技术支撑,是标准化体系的重要组成部分。交通运输标准化实施监督体系主要包括标准宣贯、工程与产品质量监督、标准实施效果评价,以及计量、检验检测、认证等内容。工程与产品质量监督是标准实施监督的重要方式,计量、检验检测和认证是保证标准实施监督的重要技术基础。

1. 工程和产品质量监督

交通运输行业主管部门根据有关法律法规和技术标准规范,对重点工程和产品开展质量监督,有效促进了标准实施应用。在工程质量监督方面,发布了《铁路建设工程质量监督管理规定》《铁路建设工程质量安全监管暂行办法》《民航专业工程质量监督管理规定》《公路水运建设工程质量安全督查办法》,为依法加强工程质量监管提供了制度保障。在产品质量监督抽查方面,发布了《交通运输产品质量行业监督抽查管理办法(试行)》《交通运输行业重点监督管理产品目录》《铁路产品质量监督抽查管理办法》,以及 56 项产品质量监督抽查实施规范和实施细则,涵盖铁路、公路和水运领域的重点产品。国家邮政局依据相关标准开展了住宅信报箱建设规范检查和邮政业安全生产设备配置检查工作,促进了标准的实施。

为进一步完善工程与产品质量监督制度体系,应修订《交通运输产品质量行业监督抽查管理办法》,规范公路水运产品质量监督抽查工作。修订《交通运输行业重点监督管理产品目录》,加快编制产品质量监督抽查实施规范,为产品质量监督抽查提供依据。按照"双随机"的要求,健全工程与产品质量监督工作机制,扩大质量监督覆盖面,增强监督力度。

2. 计量

计量是实现单位统一、保障量值准确可靠的活动,通过对检验检测设备进行计量检定、校准,为检测数据的准确可靠提供技术保障。交通运输行业十分重视计量工作。在机构设置方面,成立了国家轨道衡计量站、国家铁路罐车容积计量站、国家道路与桥梁工程检测设备计量站、国家水运工程检测设备计量站和国家船舶舱容积计量站,组建了全国铁路专用计量器具计量技术委员会、全国公路专用计量器具计量技术委员会。在管理制度方面,制定了铁路、民航领域计量管理办法和计量人员管理办法,发布了铁路、公路工程和水运工程试验检测仪器设备计量管理目录。为满足交通运输发展和标准化发展对计量的紧迫需求,需着力提升交通运输计量技术创新能力,加快交通运输专用计量测试技术的基础研究工作,系统开展计量标准体系建设,完善专业量传溯源体系。重点研究与动态测量、远程测试、无损检测、多参数集成测试等相关的量传溯源方法,加强专业计量校准服务能力建设,加快计量技术规范的制修订。构建行业计量服务网络,成立全国水运专用计量器具计量技术委员会。完善交通运输试验检测仪器设备计量管理目录,加强对贸易结算、安全防护、环境监测、行政执法等领域计量器具的监管,提升行业重点计量器具质量。交通运输行业计量技术规范合计364项,已发布264项,在编和待编100项。其中已发布铁路129项,公路49项,水运21项,民航65项。在编和待编公路54项,水运34项,民航12项。

3. 检验检测

检验检测是依据方法标准,对工程和产品进行质量判定,并出具判定结果的行为,是标准实施的重要技术基础。交通运输行业制定了《公路水运工程试验检测管理办法》和《道路运输车辆技术管理规定》,设立了涵盖公路水运工程检验检测、汽车综合性能检测两类业务领域的检验检测机构。公路工程和水运工程等级试验检测机构共计2193家,以及汽车综合性能检测机构2061家;通过国家计量认证交通评审组评审并获得国家级实验室资质认定的检测机构3432家。为进一步提升检验检测机构服务质量,根据国家和行业关于整合检验检测认证机构相关意见精神,指导和推动检验检测机构立足行业实际,科学确定功能定位,优化布局结构,转变发展方式,着力构建运行有效的试验检测诚信体系,开展行为规范、流程标准、技术先进的检验检测工作,逐步发展为具有较强综合能力的社会第三方检验检测服务机构,提升综合实力和市场竞争力,更好地服务于交通运输事业发展。

4. 认证

认证是由认证机构证明产品、服务、管理体系符合相关标准或技术规范强制性要求的合格评定活动,是标准实施的有效途径之一。认证对象包括体系、产品和服务。交通运输产品认证工作围绕行业重点监督管理产品目录开展,覆盖交通工程建设和运输各个领域,已制定交通运输产品认证规则128项,涵盖道路用沥青、公路桥梁支座、波形梁钢护栏等交通运输产品,对推动行业产品标准实施,从源头强化交通建设质量和交通运输安全管理具有重要作用。要进一步加强市场自愿性产品认证,提高自愿性产品认证在设计、招投标、工程建设等活动中的采信度。加快公路工程构件、交通工程、船舶及用品、港口产品、道路运输产品、汽车维修检测设备等方面产品认证规则的制定。拓展产品认证范围,开展节能减排产品等的认证工作。探索服务认证方法及模式,开展运输服务、物流、邮政速递服务、汽车租赁或出租服务、汽车船舶保养和修理等服务认证工作。

四、支撑保障体系要点介绍

标准化支撑保障体系,为标准化工作的开展提供了基本条件,包括标准化组织机构、人才队伍和经费保障。现已形成涵盖交通运输各专业领域的标准化技术组织体系,建设了一支1500余人的标准化管理人员和专业技术人员队伍,拥有稳定的标准化工作资金来源。

1. 组织保障

交通运输部成立了交通运输部标准化管理委员会,统筹协调综合交通运输、铁路、公路、水运、民航和邮政领域标准化工作。部科学研究院成立部标准化管理工作支撑机构,负责标准化政策制度研究、交通运输技术标准审查和信息平台维护等工作。行业现有标准化研究单位、专业标准化技术委员会和标准技术归口管理单位40余家,组织开展交通运输各领域标准制修订、技术审查、宣贯、复审等工作。要进一步加强标准化科研及技术支撑机构能力建设,改善科研基础条件,加大人才培养力度,激发科研人员创新活力,支持其承担标准化科研项目,提高标准化工作支撑能力。优化专业标委会布局,减少专业交叉,强化标委会管理,形成覆盖全面、范围清晰、责任明确、布局合理的组织体系。加强跨领域、综合性联合工作组建设,提高标准化技术委员会成员构成的广泛性、代表性。支持标准化科研机构、标准化技术委员会及标准出版发行机构等发展,加强标准化服务能力建设。

2. 人才队伍

交通运输行业建立了一支1500余人的标准化队伍,含铁路、公路、水运、民航和邮政各领域标准化管理人员和专业技术人员,在加快推进标准化工作、提升行业标准化总体水平方面,发挥着重要作用,有力保障了行业标准化工作的开展。随着对标准重要性认识的提高,越来越多的专业人员加入到标准化队伍中,参与标准研究、制修订及论证咨询等工作。要进一步加强标准化人才队伍建设,实施标准化人才培养计划,加强标准化人员保障,重点加强标准化专业人才、管理人才和企业标准化人员培养,加强行业计量、检验检测、认证人才队伍建设。加强行业亟需的国际型、复合型标准化领军人才培养,提高行业实质性参与国际标准化活动的能力。培养既掌握标准化专业知识,又熟悉专业技术、精通外语、了解国际规则、懂得国家政策和行业发展规划的标准化专家人才,建立行业标准化专家库。将从事标准化工作的业绩与技术职称评定、个人荣誉与待遇挂钩,吸引优秀专业人才从事标准化工作。

3. 经费支持

经费保障是标准化工作发展的基础。标准化经费的来源,包括交通运输行业的标准化项目经费、国家标准制修订经费和工程与产品质量监督工作经费,主要用于开展标准研究、制修订、翻译、复审、实施监督等工作。在保障现有标准化经费投入的基础上,需进一步加大对基础性、公益性标准研究制定的支持力度,集中优势资源,保障重要标准研究制定和推广实施,加大对标准实施工作的投入。拓展标准化经费来源渠道,逐步建立标准化工作社会多元化投入机制,引导鼓励企业、团体和社会加大标准化活动投入,形成政府资助、多方投入、共同支持的标准化经费保障格局。建立经费统筹管理机制,统筹用好标准化资金,加强项目管理,合理有效使用资金,形成健全的经费保障机制。

第二节 公路工程标准体系

一、公路工程标准体系构成

公路工程标准体系分为三层,分别为板块、模块及标准。第一层为板块,按照公路建设、管理、养护、运营协调发展要求做的标准分类,由总体、通用、公路建设、公路管理、公路养护、公路运营六大板块构成,各板块界面清晰并各有侧重,公路建设板块重在提升,公路养护板块重在补充,公路管理和公路运营板块重在创立。第二层为模块,模块参考《公路工程标准体系》(JTG A01—2002)中的类别进行划分,模块之间具有相对独立性,在各板块中归纳现有、应有和计划制修订的标准的具体类别。第三层为标准。

公路工程标准体系框架结构及层次如图12-1所示。

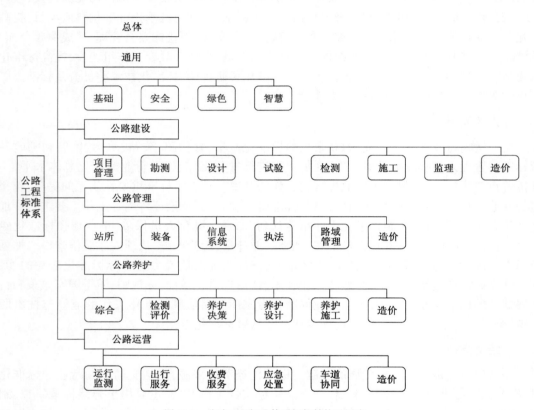

图12-1 公路工程标准体系框架结构及层次

二、公路工程标准体系中板块的分类及作用

(1)总体板块是指导公路工程标准体系建设、标准管理及标准编制的统领性要求,它明确了公路工程标准的定位,是公路工程标准管理及编写应执行的规定和要求。

(2)通用板块体现公路建设、管理、养护、运营所涉及专业标准的共性要求,划分为基础、安全、绿色、智慧4个模块,在强调各环节业务应遵循的界面接口和基本要求外,突出质量、安全、绿色、智慧的发展导向。

(3)公路建设板块是实施公路新建和改扩建工程所遵循的技术和管理要求。由项目管理、勘测、设计、试验、检测、施工、监理、造价8个模块构成。该板块是在总结近几年公路建设经验的基础上,结合项目管理需求和工程管理实际,目的是加强工程项目的规范化、精细化管理,并强化工程造价控制。

(4)公路管理板块是贯彻"全面推进依法治国"精神,旨在解决执法队伍建设、业务流程管理的规范化和统一化问题,以提升公路执法整体水平,规范公路执法行为,保障公路基础环境,提升公路通行能力、安全水平和服务水平。公路管理板块按照执法保障、实施和监督内容,划分为站所、装备、信息系统、执法、路域环境、造价6个模块,站所、装备、信息系统、造价模块用于指导公路管理支撑条件建设,执法模块和路域环境模块用于指导公路管理工作开展,以促进公路执法严格规范公正文明,推动创建"畅、安、舒、美"的交通环境。

(5)公路养护板块的设置将养护相关的内容独立划分成单独板块。按照公路养护的主要业务内容,划分综合、检测评价、养护决策、养护设计、养护施工、造价6个模块,综合模块明确了公路养护的要求和方向,检测评价、养护决策、养护设计、养护施工和造价用于指导具体养护工作的开展。

(6)公路运营板块旨在提升公路基础设施的信息化和智能化水平,推动"智慧公路"建设,最大程度发挥路网运行效率,更好地满足公路出行者的服务需求。公路运营板块由运行监测、出行服务、收费服务、应急处置、车路协同、造价6个模块构成。运行监测模块用于指导公路运行监测体系建设;出行服务、车路合作、收费服务模块用于指导公众出行服务系统建设;应急处置模块用于指导公路突发事件应急处置相关工作开展;造价模块用于指导路网运行监测、应急处置、出行服务等资金预算的确定和控制。

三、公路工程标准体系板块中各模块的作用

1. 总体板块

总体板块不设模块一级,由《公路工程标准体系》《公路工程标准制修订管理导则》《公路工程标准编写导则》等标准构成。

2. 通用板块

通用板块确定公路工程中有关安全、环保、公众利益、工程质量等基础性技术指标的标准。由基础、安全、绿色、智慧4个模块构成,用于规范公路建设、管理、养护、运营各环节应达到的基本技术指标、安全防范要求,并体现对绿色公路、智慧公路的技术引领。

基础模块是支撑公路建设、管理、养护、运营各环节的工程技术基础类标准,包括公路工程技术标准、工程质量检验评定、结构可靠性设计统一标准、设计文件编制办法及图表示例、名词术语、自然区划、通行能力等内容。安全模块以保障公路建设、管理、养护、运营过程中的人身健康和生命财产安全为目的,确定设计、施工、运营等环节的安全评价、风险防控、应急处置等基础性标准。绿色模块以促进公路环境保护、资源节约与节能减排为目的,确定生态保护与修复、材料循环利用、能效与排放等基础性标准。智慧模块以提升公路信息化、智能化水平为目的,确定公路信息化总体框架、系统功能、基础数据、数据质量、传输网络、网络安全、信用体系、能源网络等基础性标准。

3. 公路建设板块

公路建设板块由项目管理、勘测、设计、试验、检测、施工、监理、造价8个模块构成。项目

管理模块用于指导公路建设项目的过程管理,由组织实施、过程监管、考核评价等标准构成。勘测模块用于指导公路调查与测量,由公路勘测、工程地质勘察、工程水文勘测设计等标准构成。设计模块用于指导公路新建或改扩建工程设计,由路线、路基、路面、桥涵、隧道、交通工程及沿线设施等设计标准构成。试验模块用于指导公路设计、施工、养护、运营等环节的室内试验时应遵循的技术要求。试验模块由土工试验、土工合成材料试验、岩石试验、集料试验、结合料试验、沥青及沥青混合料试验、水泥及水泥混凝土试验等标准构成。试验模块中规定的各项技术要求,不仅适用于公路设计和施工环节,也适用于公路的管理、养护、运营等环节。检测模块是公路设计、施工、运营等环节现场检测时应遵循的技术要求。用于指导公路设计、施工、运营等环节的现场检测,由路基路面现场测试、桥梁现场检测、隧道现场检测、机电系统现场检测等标准构成。施工模块用于指导公路新建或改扩建工程施工作业及管理,由路基、路面、桥涵、隧道、交通工程及沿线设施等施工标准构成。监理模块用于指导公路工程施工的监督管理、咨询服务,由工程施工监理等标准构成。造价模块用于指导公路建设立项、设计、施工及竣工验收等各个阶段造价确定和控制,由造价文件编制导则、投资估算、概算预算、工程量清单等标准构成。

4. 公路管理板块

公路管理板块由站所、装备、信息系统、执法、路域环境、造价6个模块构成。站所模块用于指导基层路政执法、运政执法的站所建设,由基层站所建设等标准构成。装备模块用于指导基层路政、运政执法的装备配置和设施建设,由执法车辆配置、取证仪器设备配备、现场处置设备配备等标准构成。信息系统模块用于指导路政、运政执法的执法信息系统建设,由行政执法信息系统、信用系统等标准构成。执法模块用于指导路政、运政行政执法行为及评价,由行政许可、行政处罚、行政强制、行政检查、执法评价等标准构成。路域环境模块用于指导路域环境的治理,由路域环境管理的评定指标、现状检查、效果评价等标准构成。造价模块用于指导公路管理资金预算及实施的造价确定和控制,由站所、装备、信息系统、人员、业务经费指标等标准构成。

5. 公路养护板块

公路养护板块由综合、检测评价、养护决策、养护设计、养护施工、造价6个模块构成。综合模块用于指导公路及其各类设施的养护,由公路养护总体要求和各专业养护要求等标准构成。检测评价模块用于指导既有公路基础设施的检测、评价,由现场检测及监测、技术状况评定、设施性能评价等标准构成。养护决策模块用于指导公路养护规划及计划编制,由决策方法、数据管理等标准构成。养护设计模块用于指导公路既有设施的养护设计由路基、路面、桥涵、隧道、交通工程及沿线设施等标准构成。养护施工模块用于指导公路既有设施的养护施工作业及管理,由路基、路面、桥涵、隧道、交通工程及沿线设施、施工作业和施工管理等标准构成。造价模块用于指导公路养护资金预算以及养护工程各阶段的造价确定和控制,由公路养护预算导则、预算、工程量清单等标准构成。

6. 公路运营板块

公路运营板块由运行监测、出行服务、收费服务、应急处置、车路协同、造价6个模块构成。运行监测模块用于指导公路沿线设施及与互联网技术融合的监测体系建设、运行与管理,由公路沿线监测设施设置、基于移动终端的智能感知、云平台技术要求、"互联网+"技术融合应用等标准构成。出行服务模块用于指导公路沿线服务区及沿线信息发布设施的运行、管理及服务，由服务设施和出行信息服务等标准构成。收费服务模块用于指导收费公路联网收费系统的建设、管理、运营和服务，由软硬件技术要求、操作流程、联网运营和服务规范、收费信用体系等标准构成。应急处置模块用于指导公路应急能力建设、应急资源管理和公路突发事件应急处置，由应急中心建设、装备与物资配备、应急处置技术等标准构成。车路协同模块用于指导车路交互方式的驾驶安全预警与交通控制系统的建设、运营服务，由路侧智能设施设置、车路交互通信、安全预警等标准构成。造价模块用于指导路网运行监测、应急处置、出行服务等资金预算的确定和控制，由人员、设备、业务经费指标等标准构成。

四、标准编号规则

（1）标准编号由标准代号、板块序号、模块序号、标准序号、标准发布年组成。

（2）标准编号规则为 JTG(/T) ××××.×—××××。推荐性标准的编号在标准代号后加"/T"表示；JTG 是交、通、公三字汉语拼音的首字母；后面的第一位数字为标准的板块序号，其中 1 代表总体、2 代表通用、3 代表公路建设、4 代表公路管理、5 代表公路养护、6 代表公路运营；第二位数字为标准的模块序号，模块顺序由左往右分别从 1 开始相应编号，未设模块一级的，按 0 编号；第三、四位数字为所属模块的标准序号，按顺序编号，在具体标准编制中，若同属同一标准，但需要分成若干部分单独成册，并构成系列标准的，从 1~9 按顺序编号，前面加"."表示；破折号后为标准发布年份，按 4 位编号。公路工程推荐性标准编号示意图如图 12-2 所示。

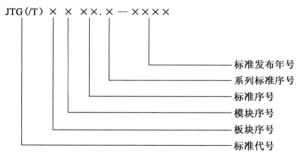

图 12-2　公路工程推荐性标准编号示意图

第三节　水运工程标准体系

水运工程标准体系是水运工程标准的结构和组成，是水运工程标准发展的规划蓝图，包括《水运工程标准体系表》和《水运工程标准项目库》。《水运工程标准体系表》是标准体系的具体体现，是编制《水运工程标准项目库》的依据，是水运工程标准管理工作的指导性文件。

一、水运工程标准体系的体系构成及编号规则

1. 水运工程标准体系表

（1）水运工程标准体系表构成

水运工程标准体系结构共分为三个层次。第一层反映了国民经济建设领域所具有的共同

特征,分为工程管理类标准、工程建设类标准和工程维护类标准。第二层反映了服务于水运工程建设活动的共性特点,分为综合类标准、规划类标准、勘察测量类标准、设计类标准、施工类标准、试验类标准、检测与监测类标准、监理类标准、安全类标准、工程造价类标准、节能环保类标准和工程信息类标准。第三层反映了水运工程的应用特点,按标准的使用范围分为通用标准和专用标准,为体现水运工程行业的特色,将专用标准又分为港口工程标准、航道工程标准、航运枢纽及通航建筑物工程标准、修造船厂水工工程标准、港航设备安装工程标准、水上交管工程标准。体系构成图如图12-3所示。

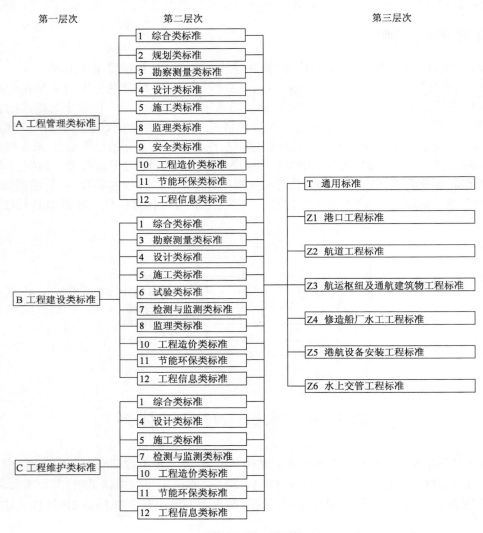

图12-3 体系构成图

(2)标准体系编号

标准体系号由标准体系门类号、分类号、专业类别号和标准序号组成,并以符号"."分隔。标准体系号的第1位编码为标准的门类号,按结构层次第一层分类分别取A、B或C;第2位编码为标准的分类号,按结构层次第二层分类分别取 1~12;第 3 位编码为标准的专业类别号,按结构层次第三层次分别取 T 或 Z1~Z6;第 4 位编码为标准的序号,分别取从 1 开始的自然数;如图 12-4 所示。

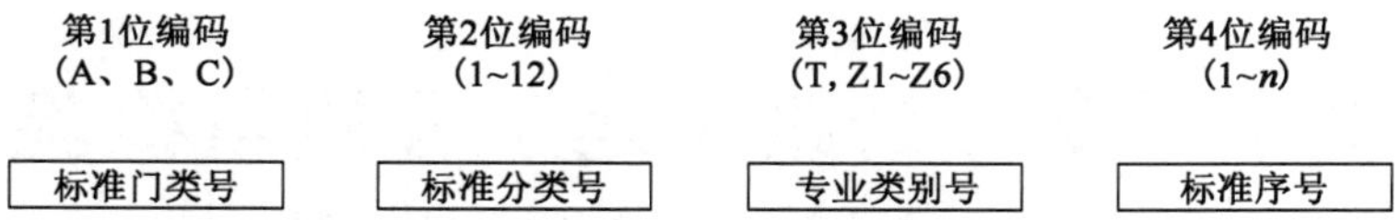

```
第1位编码          第2位编码          第3位编码          第4位编码
(A、B、C)         (1~12)           (T, Z1~Z6)        (1~n)

 标准门类号         标准分类号         专业类别号          标准序号
```

图 12-4　标准体系号

在标准项目库中出现的第 4 位编码后的序号,代表本体系标准号包含的"标准"的分序号,分别取从 1 开始的自然数,如图 12-5 所示。

```
第4位编码          －          序号
(1~n)                       (1~n)

 标准序号          －     项目库标准分序号
```

图 12-5　第 4 位编码及其后序号

2. 水运工程标准项目库

(1)项目库的构成

水运工程标准项目库具有可整合性和可扩展性。项目库包括水运工程现行标准、在编标准和待编标准,同时给出了已译、在译和待译的部分水运工程标准,其中"E"表示英文版,"F"表示法文版。

(2)标准代码

水运工程标准代码采用英文字母和阿拉伯数字表示,强制性标准表示为"JTS ×××-n—××××",推荐性标准表示为"JTS/T ×××-n—××××",其中"JT"表示"交通运输行业标准","S"表示"水运工程标准","T"表示"推荐性标准","×××"表示标准顺序号,"n"表示分序号,"××××"表示发布年。

第十三章 公路水运工程质量检验评定相关标准基础知识

公路水运工程质量检验和等级评定是依据交通运输部颁布的《公路工程质量检验评定标准 第一册 土建工程》(JTG F80/1—2017)(以下简称《公路工程质量检评标准》)和《水运工程质量检验标准》(JTS 257—2008)(以下简称《水运工程质量检验标准》)进行的。该标准是公路水运工程质量等级评定的标准尺度,是公路水运工程质量监督机构进行质量检查监督、监理工程师进行质量检查认定与施工单位质量自检,以及工程交竣工验收质量评定的依据。

一、公路工程质量检验评定标准简介

《公路工程质量检评标准》包含检验标准和评定准则两部分内容,如图 13-1 所示。检验标准部分规定了检查项目、方法、数量及检查项目合格应满足的要求,评定准则部分规定了质量等级制度和如何利用检验结果进行评判的方法。按照《公路工程质量检评标准》进行质量检验时,具体试验检测还要以设计文件以及相关施工技术规范中的有关规定为依据。设计文件中对结构尺寸、材料强度的要求是试验检测的基本依据,结构施工过程的工艺要求、施工阶段结构材料强度、结构内力和变形控制等则应以施工技术规范的有关规定为依据。

对于新结构或采用新材料、新工艺的桥梁、隧道,或特殊地区、特殊要求的公路工程,在《公路工程质量检评标准》缺乏适宜的技术规定时,在确保工程质量的前提下,可参照相关标准(国内外公路行业或其他行业的标准、规范)按照实际情况制定相应的技术标准,并按规定报主管部门批准。

1. 公路工程质量检评标准的主要变化

《公路工程质量检评标准》修订的总体思路是:坚持目标导向和问题导向,在保持本标准作为公路工程质量检验评定技术依据的基础上,突出其强制性、限值要求和刚性要求;保持原有整体框架不变,简化评定程序,合理确定检验评定标准,明确公路工程质量检验评定的定位和主导作用。新修订的《公路工程质量检评标准》发生的主要变化包括:

(1)取消原标准采用的综合评分法,改为采用合格率法进行质量评定,相应地对分项工程检验项目和标准等进行了全面修订。

(2)对适用范围、质量检验评定程序和内容进行了修订,进一步提高了标准的刚性要求、适应性和可操作性。

(3) 调整修订了部分章节,第 3 章改为基本规定,原标准第 12 章环保工程改为第 12 章绿化工程和第 13 章声屏障工程两章。

(4) 调整、修订了部分实测项目质量标准,增加了一般项目的最低合格率要求。

(5) 调整了部分实测项目的检查频率,在明确标准方法的基础上,鼓励采用精度高、效率高的快速检测方法。

(6) 增加了结构混凝土外观质量限制缺陷标准和波形梁护栏板之间连接件的要求等。

(7) 对工程划分进行整体修订,调整了单位工程、分部工程和分项工程。

(8) 保持与公路工程相关标准的协调一致,调整了相应的检验评定指标、检查方法和内容。

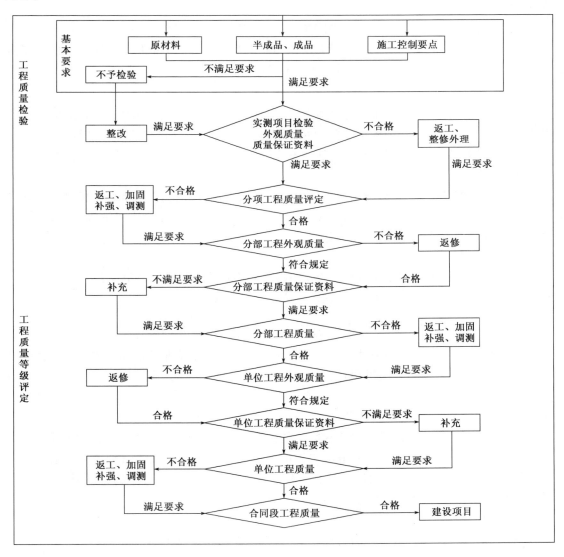

图 13-1　工程质量检验与等级评定组成内容框架图

2. 质量等级评定的方法

质量等级评定首先应进行工程划分,然后按照"两级制度、逐级评定、合规定质"的原则进行评定。

1) 质量等级评定的工程划分

《公路工程质量检评标准》按工程建设规模大小、结构部位和施工工序将建设项目划分为单位工程、分部工程和分项工程,对复杂工程,还可设立子分部工程。

单位工程:在建设项目中,根据签订的合同,具有独立施工条件和结构功能的工程。

分部工程:在单位工程中,应按结构部位、路段长度及施工特点或施工任务划分为若干个分部工程。

分项工程:在分部工程中,应按不同的施工工序、工艺或材料等划分为若干个分项工程。

工程划分应注意规模均衡、主次区别、层次清晰。单位工程、分部工程和分项工程应在施工准备阶段按《公路工程质量检评标准》附录 A 进行划分。

2) 工程质量检验

工程质量检验评定以分项工程为基本单元,采用合格率法进行。分项工程质量检验内容包括基本要求、实测项目、外观鉴定和质量保证资料四个部分。只有在基本要求符合规定,且外观质量无限制缺陷和质量保证资料真实并基本齐全时,方能对分项工程质量进行检验评定。

(1) 基本要求检查

分项工程所列基本要求,对施工质量优劣具有关键作用,应按基本要求对工程进行认真检查。并应检查工程所用的各种原材料的品种、规格、质量及混合料配合比和半成品、成品是否符合有关技术标准规定并满足设计要求。

(2) 实测项目检验

对规定检查项目采用现场随机抽样方法,按照规定频率和下列合格率计算方法对分项工程的各检查项目直接计算合格率,按数理统计方法评定的项目除外。

$$检查项目合格率(\%) = \frac{合格的点(组)数}{该检查项目的全部检查点(组)数} \times 100$$

检查项目分为一般项目和关键项目。涉及结构安全和使用功能的重要实测项目为关键项目,其他项目均为一般项目。关键项目在《公路工程质量检评标准》中以"△"标示,其合格率不得低于 95%(机电工程为 100%),一般项目的合格率应不低于 80%,否则该检查项目为不合格。

对少数实测项目还有规定极值的限制,这是指任何一个检测值都不能突破的极限值,不符合要求时该实测项目为不合格,所在分项工程可直接判为不合格,并要求必须进行返工处理。

采用《公路工程质量检评标准》附录 B 至附录 N 等所列方法进行评定的关键项目,不符合要求时则该分项工程评为不合格。

(3) 外观质量检查

外观质量应进行全面检查,并满足规定要求,否则该检验项目为不合格。

(4) 质量保证资料

工程应有真实、准确、齐全、完整的施工原始记录、试验检测数据、质量检验结果等质量保证资料。质量保证资料应包括下列内容：

①所用原材料、半成品和成品质量检验结果；
②材料配合比、拌和加工控制检验和试验数据；
③地基处理、隐蔽工程施工记录和桥梁、隧道施工监控资料；
④质量控制指标的试验记录和质量检验汇总图表；
⑤施工过程中遇到的非正常情况记录及其对工程质量影响分析评价资料；
⑥施工过程中如发生质量事故，经处理补救后达到设计要求的认可证明文件等。

3）工程质量等级评定

工程质量等级评定分为合格与不合格，应按分项工程、分部工程、单位工程、合同段和建设项目逐级评定。

（1）分项工程质量等级评定

当分项工程的检验记录完整，实测项目合格，外观质量满足要求时，该分项工程评定为合格，否则为不合格。

（2）分部工程质量等级评定

当分部工程的评定资料完整、所含分项工程及实测项目合格、外观质量满足要求时，该分部工程评定为合格，否则为不合格。

（3）单位工程质量等级评定

当单位工程的评定资料完整、所含分部工程合格、外观质量满足要求时，该单位工程评定为合格，否则为不合格。

（4）合同段和建设项目质量等级评定

所含单位工程合格，该合同段评定为合格；所含合同段合格，该建设项目评定为合格。

评定为不合格的分项工程、分部工程，经返工、加固、补强或调测，满足设计要求后，可重新进行检验评定。

二、水运工程质量检验标准简介

《水运工程质量检验标准》涵盖了港口工程、航道工程、修造船厂水工建筑物等水运建设工程质量的检验方法、检验程序和质量标准等内容。其中第一篇"水运工程质量检验统一规定"对于从事水运工程试验检测的人员来讲，应该熟练掌握。在统一规定中，其"基本规定""水运工程质量的检验划分""水运工程质量检验合格标准"和"水运工程质量检验的程序和组织"等四部分内容，分别对水运工程质量检验涉及的有关规定做出了统一要求，具有极强的指导作用。相关内容的细节请参阅标准原文。

附录

附录1

交通强国建设纲要

建设交通强国是以习近平同志为核心的党中央立足国情、着眼全局、面向未来作出的重大战略决策，是建设现代化经济体系的先行领域，是全面建成社会主义现代化强国的重要支撑，是新时代做好交通工作的总抓手。为统筹推进交通强国建设，制定本纲要。

一、总体要求

（一）指导思想。以习近平新时代中国特色社会主义思想为指导，深入贯彻党的十九大精神，紧紧围绕统筹推进"五位一体"总体布局和协调推进"四个全面"战略布局，坚持稳中求进工作总基调，坚持新发展理念，坚持推动高质量发展，坚持以供给侧结构性改革为主线，坚持以人民为中心的发展思想，牢牢把握交通"先行官"定位，适度超前，进一步解放思想、开拓进取，推动交通发展由追求速度规模向更加注重质量效益转变，由各种交通方式相对独立发展向更加注重一体化融合发展转变，由依靠传统要素驱动向更加注重创新驱动转变，构建安全、便捷、高效、绿色、经济的现代化综合交通体系，打造一流设施、一流技术、一流管理、一流服务，建成人民满意、保障有力、世界前列的交通强国，为全面建成社会主义现代化强国、实现中华民族伟大复兴中国梦提供坚强支撑。

（二）发展目标

到2020年，完成决胜全面建成小康社会交通建设任务和"十三五"现代综合交通运输体系发展规划各项任务，为交通强国建设奠定坚实基础。

从2021年到本世纪中叶，分两个阶段推进交通强国建设。

到2035年，基本建成交通强国。现代化综合交通体系基本形成，人民满意度明显提高，支撑国家现代化建设能力显著增强；拥有发达的快速网、完善的干线网、广泛的基础网，城乡区域交通协调发展达到新高度；基本形成"全国123出行交通圈"（都市区1小时通勤、城市群2小时通达、全国主要城市3小时覆盖）和"全球123快货物流圈"（国内1天送达、周边国家2天送达、全球主要城市3天送达），旅客联程运输便捷顺畅，货物多式联运高效经济；智能、平安、绿色、共享交通发展水平明显提高，城市交通拥堵基本缓解，无障碍出行服务体系基本完善；交通科技创新体系基本建成，交通关键装备先进安全，人才队伍精良，市场环境优良；基本实现交通治理体系和治理能力现代化；交通国际竞争力和影响力显著提升。

到本世纪中叶，全面建成人民满意、保障有力、世界前列的交通强国。基础设施规模质量、技术装备、科技创新能力、智能化与绿色化水平位居世界前列，交通安全水平、治理能力、文明程度、国际竞争力及影响力达到国际先进水平，全面服务和保障社会主义现代化强国建设，人民享有美好交通服务。

二、基础设施布局完善、立体互联

（一）建设现代化高质量综合立体交通网络。以国家发展规划为依据，发挥国土空间规划的指导和约束作用，统筹铁路、公路、水运、民航、管道、邮政等基础设施规划建设，以多中心、网络化为主形态，完善多层次网络布局，优化存量资源配置，扩大优质增量供给，实现立体互联，增强系统弹性。强化西部地区补短板，推进东北地区提质改造，推动中部地区大通道大枢纽建设，加速东部地区优化升级，形成区域交通协调发展新格局。

（二）构建便捷顺畅的城市（群）交通网。建设城市群一体化交通网，推进干线铁路、城际铁路、市域（郊）铁路、城市轨道交通融合发展，完善城市群快速公路网络，加强公路与城市道路衔接。尊重城市发展规律，立足促进城市的整体性、系统性、生长性，统筹安排城市功能和用地布局，科学制定和实施城市综合交通体系规划。推进城市公共交通设施建设，强化城市轨道交通与其他交通方式衔接，完善快速路、主次干路、支路级配和结构合理的城市道路网，打通道路微循环，提高道路通达性，完善城市步行和非机动车交通系统，提升步行、自行车等出行品质，完善无障碍设施。科学规划建设城市停车设施，加强充电、加氢、加气和公交站点等设施建设。全面提升城市交通基础设施智能化水平。

（三）形成广覆盖的农村交通基础设施网。全面推进"四好农村路"建设，加快实施通村组硬化路建设，建立规范化可持续管护机制。促进交通建设与农村地区资源开发、产业发展有机融合，加强特色农产品优势区与旅游资源富集区交通建设。大力推进革命老区、民族地区、边疆地区、贫困地区、垦区林区交通发展，实现以交通便利带动脱贫减贫，深度贫困地区交通建设项目尽量向进村入户倾斜。推动资源丰富和人口相对密集贫困地区开发性铁路建设，在有条件的地区推进具备旅游、农业作业、应急救援等功能的通用机场建设，加强农村邮政等基础设施建设。

（四）构筑多层级、一体化的综合交通枢纽体系。依托京津冀、长三角、粤港澳大湾区等世界级城市群，打造具有全球竞争力的国际海港枢纽、航空枢纽和邮政快递核心枢纽，建设一批全国性、区域性交通枢纽，推进综合交通枢纽一体化规划建设，提高换乘换装水平，完善集疏运体系。大力发展枢纽经济。

三、交通装备先进适用、完备可控

（一）加强新型载运工具研发。实现3万吨级重载列车、时速250公里级高速轮轨货运列车等方面的重大突破。加强智能网联汽车（智能汽车、自动驾驶、车路协同）研发，形成自主可控完整的产业链。强化大中型邮轮、大型液化天然气船、极地航行船舶、智能船舶、新能源船舶等自主设计建造能力。完善民用飞机产品谱系，在大型民用飞机、重型直升机、通用航空器等方面取得显著进展。

（二）加强特种装备研发。推进隧道工程、整跨吊运安装设备等工程机械装备研发。研发水下机器人、深潜水装备、大型溢油回收船、大型深远海多功能救助船等新型装备。

（三）推进装备技术升级。推广新能源、清洁能源、智能化、数字化、轻量化、环保型交通装备及成套技术装备。广泛应用智能高铁、智能道路、智能航运、自动化码头、数字管网、智能仓储和分拣系统等新型装备设施,开发新一代智能交通管理系统。提升国产飞机和发动机技术水平,加强民用航空器、发动机研发制造和适航审定体系建设。推广应用交通装备的智能检测监测和运维技术。加速淘汰落后技术和高耗低效交通装备。

四、运输服务便捷舒适、经济高效

(一)推进出行服务快速化、便捷化。构筑以高铁、航空为主体的大容量、高效率区际快速客运服务,提升主要通道旅客运输能力。完善航空服务网络,逐步加密机场网建设,大力发展支线航空,推进干支有效衔接,提高航空服务能力和品质。提高城市群内轨道交通通勤化水平,推广城际道路客运公交化运行模式,打造旅客联程运输系统。加强城市交通拥堵综合治理,优先发展城市公共交通,鼓励引导绿色公交出行,合理引导个体机动化出行。推进城乡客运服务一体化,提升公共服务均等化水平,保障城乡居民行有所乘。

(二)打造绿色高效的现代物流系统。优化运输结构,加快推进港口集疏运铁路、物流园区及大型工矿企业铁路专用线等"公转铁"重点项目建设,推进大宗货物及中长距离货物运输向铁路和水运有序转移。推动铁水、公铁、公水、空陆等联运发展,推广跨方式快速换装转运标准化设施设备,形成统一的多式联运标准和规则。发挥公路货运"门到门"优势。完善航空物流网络,提升航空货运效率。推进电商物流、冷链物流、大件运输、危险品物流等专业化物流发展,促进城际干线运输和城市末端配送有机衔接,鼓励发展集约化配送模式。综合利用多种资源,完善农村配送网络,促进城乡双向流通。落实减税降费政策,优化物流组织模式,提高物流效率,降低物流成本。

(三)加速新业态新模式发展。深化交通运输与旅游融合发展,推动旅游专列、旅游风景道、旅游航道、自驾车房车营地、游艇旅游、低空飞行旅游等发展,完善客运枢纽、高速公路服务区等交通设施旅游服务功能。大力发展共享交通,打造基于移动智能终端技术的服务系统,实现出行即服务。发展"互联网+"高效物流,创新智慧物流营运模式。培育充满活力的通用航空及市域(郊)铁路市场,完善政府购买服务政策,稳步扩大短途运输、公益服务、航空消费等市场规模。建立通达全球的寄递服务体系,推动邮政普遍服务升级换代。加快快递扩容增效和数字化转型,壮大供应链服务、冷链快递、即时直递等新业态新模式,推进智能收投终端和末端公共服务平台建设。积极发展无人机(车)物流递送、城市地下物流配送等。

五、科技创新富有活力、智慧引领

(一)强化前沿关键科技研发。瞄准新一代信息技术、人工智能、智能制造、新材料、新能源等世界科技前沿,加强对可能引发交通产业变革的前瞻性、颠覆性技术研究。强化汽车、民用飞行器、船舶等装备动力传动系统研发,突破高效率、大推力/大功率发动机装备设备关键技术。加强区域综合交通网络协调运营与服务技术、城市综合交通协同管控技术、基于船岸协同的内河航运安全管控与应急搜救技术等研发。合理统筹安排时速600公里级高速磁悬浮系统、时速400公里级高速轮轨(含可变轨距)客运列车系统、低真空管(隧)道高速列车等技术储备研发。

(二)大力发展智慧交通。推动大数据、互联网、人工智能、区块链、超级计算等新技术与交通行业深度融合。推进数据资源赋能交通发展,加速交通基础设施网、运输服务网、能源网与信息网络融合发展,构建泛在先进的交通信息基础设施。构建综合交通大数据中心体系,深化交通公共服务和电子政务发展。推进北斗卫星导航系统应用。

(三)完善科技创新机制。建立以企业为主体、产学研用深度融合的技术创新机制,鼓励交通行业各类创新主体建立创新联盟,建立关键核心技术攻关机制。建设一批具有国际影响力的实验室、试验基地、技术创新中心等创新平台,加大资源开放共享力度,优化科研资金投入机制。构建适应交通高质量发展的标准体系,加强重点领域标准有效供给。

六、安全保障完善可靠、反应快速

(一)提升本质安全水平。完善交通基础设施安全技术标准规范,持续加大基础设施安全防护投入,提升关键基础设施安全防护能力。构建现代化工程建设质量管理体系,推进精品建造和精细管理。强化交通基础设施养护,加强基础设施运行监测检测,提高养护专业化、信息化水平,增强设施耐久性和可靠性。强化载运工具质量治理,保障运输装备安全。

(二)完善交通安全生产体系。完善依法治理体系,健全交通安全生产法规制度和标准规范。完善安全责任体系,强化企业主体责任,明确部门监管责任。完善预防控制体系,有效防控系统性风险,建立交通装备、工程第三方认证制度。强化安全生产事故调查评估。完善网络安全保障体系,增强科技兴安能力,加强交通信息基础设施安全保护。完善支撑保障体系,加强安全设施建设。建立自然灾害交通防治体系,提高交通防灾抗灾能力。加强交通安全综合治理,切实提高交通安全水平。

(三)强化交通应急救援能力。建立健全综合交通应急管理体制机制、法规制度和预案体系,加强应急救援专业装备、设施、队伍建设,积极参与国际应急救援合作。强化应急救援社会协同能力,完善征用补偿机制。

七、绿色发展节约集约、低碳环保

(一)促进资源节约集约利用。加强土地、海域、无居民海岛、岸线、空域等资源节约集约利用,提升用地用海用岛效率。加强老旧设施更新利用,推广施工材料、废旧材料再生和综合利用,推进邮件快件包装绿色化、减量化,提高资源再利用和循环利用水平,推进交通资源循环利用产业发展。

(二)强化节能减排和污染防治。优化交通能源结构,推进新能源、清洁能源应用,促进公路货运节能减排,推动城市公共交通工具和城市物流配送车辆全部实现电动化、新能源化和清洁化。打好柴油货车污染治理攻坚战,统筹油、路、车治理,有效防治公路运输大气污染。严格执行国家和地方污染物控制标准及船舶排放区要求,推进船舶、港口污染防治。降低交通沿线噪声、振动,妥善处理好大型机场噪声影响。开展绿色出行行动,倡导绿色低碳出行理念。

(三)强化交通生态环境保护修复。严守生态保护红线,严格落实生态保护和水土保持措施,严格实施生态修复、地质环境治理恢复与土地复垦,将生态环保理念贯穿交通基础设施规划、建设、运营和养护全过程。推进生态选线选址,强化生态环保设计,避让耕地、林地、湿地等具有重要生态功能的国土空间。建设绿色交通廊道。

八、开放合作面向全球、互利共赢

（一）构建互联互通、面向全球的交通网络。以丝绸之路经济带六大国际经济合作走廊为主体，推进与周边国家铁路、公路、航道、油气管道等基础设施互联互通。提高海运、民航的全球连接度，建设世界一流的国际航运中心，推进21世纪海上丝绸之路建设。拓展国际航运物流，发展铁路国际班列，推进跨境道路运输便利化，大力发展航空物流枢纽，构建国际寄递物流供应链体系，打造陆海新通道。维护国际海运重要通道安全与畅通。

（二）加大对外开放力度。吸引外资进入交通领域，全面落实准入前国民待遇加负面清单管理制度。协同推进自由贸易试验区、中国特色自由贸易港建设。鼓励国内交通企业积极参与"一带一路"沿线交通基础设施建设和国际运输市场合作，打造世界一流交通企业。

（三）深化交通国际合作。提升国际合作深度与广度，形成国家、社会、企业多层次合作渠道。拓展国际合作平台，积极打造交通新平台，吸引重要交通国际组织来华落驻。积极推动全球交通治理体系建设与变革，促进交通运输政策、规则、制度、技术、标准"引进来"和"走出去"，积极参与交通国际组织事务框架下规则、标准制定修订。提升交通国际话语权和影响力。

九、人才队伍精良专业、创新奉献

（一）培育高水平交通科技人才。坚持高精尖缺导向，培养一批具有国际水平的战略科技人才、科技领军人才、青年科技人才和创新团队，培养交通一线创新人才，支持各领域各学科人才进入交通相关产业行业。推进交通高端智库建设，完善专家工作体系。

（二）打造素质优良的交通劳动者大军。弘扬劳模精神和工匠精神，造就一支素质优良的知识型、技能型、创新型劳动者大军。大力培养支撑中国制造、中国创造的交通技术技能人才队伍，构建适应交通发展需要的现代职业教育体系。

（三）建设高素质专业化交通干部队伍。落实建设高素质专业化干部队伍要求，打造一支忠诚干净担当的高素质干部队伍。注重专业能力培养，增强干部队伍适应现代综合交通运输发展要求的能力。加强优秀年轻干部队伍建设，加强国际交通组织人才培养。

十、完善治理体系，提升治理能力

（一）深化行业改革。坚持法治引领，完善综合交通法规体系，推动重点领域法律法规制定修订。不断深化铁路、公路、航道、空域管理体制改革，建立健全适应综合交通一体化发展的体制机制。推动国家铁路企业股份制改造、邮政企业混合所有制改革，支持民营企业健康发展。统筹制定交通发展战略、规划和政策，加快建设现代化综合交通体系。强化规划协同，实现"多规合一""多规融合"。

（二）优化营商环境。健全市场治理规则，深入推进简政放权，破除区域壁垒，防止市场垄断，完善运输价格形成机制，构建统一开放、竞争有序的现代交通市场体系。全面实施市场准入负面清单制度，构建以信用为基础的新型监管机制。

（三）扩大社会参与。健全公共决策机制，实行依法决策、民主决策。鼓励交通行业组织积极参与行业治理,引导社会组织依法自治、规范自律,拓宽公众参与交通治理渠道。推动政府信息公开,建立健全公共监督机制。

(四)培育交通文明。推进优秀交通文化传承创新,加强重要交通遗迹遗存、现代交通重大工程的保护利用和精神挖掘,讲好中国交通故事。弘扬以"两路"精神、青藏铁路精神、民航英雄机组等为代表的交通精神,增强行业凝聚力和战斗力。全方位提升交通参与者文明素养,引导文明出行,营造文明交通环境,推动全社会交通文明程度大幅提升。

十一、保障措施

(一)加强党的领导。坚持党的全面领导,充分发挥党总揽全局、协调各方的作用。建立统筹协调的交通强国建设实施工作机制,强化部门协同、上下联动、军地互动,整体有序推进交通强国建设工作。

(二)加强资金保障。深化交通投融资改革,增强可持续发展能力,完善政府主导、分级负责、多元筹资、风险可控的资金保障和运行管理体制。建立健全中央和地方各级财政投入保障制度,鼓励采用多元化市场融资方式拓宽融资渠道,积极引导社会资本参与交通强国建设,强化风险防控机制建设。

(三)加强实施管理。各地区各部门要提高对交通强国建设重大意义的认识,科学制定配套政策和配置公共资源,促进自然资源、环保、财税、金融、投资、产业、贸易等政策与交通强国建设相关政策协同,部署若干重大工程、重大项目,合理规划交通强国建设进程。鼓励有条件的地方和企业在交通强国建设中先行先试。交通运输部要会同有关部门加强跟踪分析和督促指导,建立交通强国评价指标体系,重大事项及时向党中央、国务院报告。

附录 2

公路水运工程淘汰危及生产安全施工工艺、设备和材料目录

(2020 年 10 月 30 日　交通运输部　应急管理部公告 2020 年第 89 号)

为防范化解公路水运重大事故风险,推动相关行业淘汰落后工艺、设备和材料,提升本质安全生产水平,根据《中华人民共和国安全生产法》《公路水运工程安全生产监督管理办法》等法律法规,交通运输部会同应急管理部组织制定了《公路水运工程淘汰危及生产安全施工工艺、设备和材料目录》(以下简称《目录》),现予发布。

各公路水运工程从业单位要采取有力措施,在规定的实施期限后,全面停止使用本《目录》所列"禁止"类施工工艺、设备和材料,不得在限制的条件和范围内使用本《目录》所列"限制"类施工工艺、设备。负有安全生产监督管理职责的各级交通运输主管部门,依据《中华人民共和国安全生产法》有关规定,开展对本《目录》执行情况的监督检查工作。

特此公告。

交通运输部　应急管理部
2020 年 10 月 30 日

公路水运工程淘汰危及生产安全施工工艺、设备和材料目录

序号	编码	名称	简要描述	淘汰类型	限制条件和范围	可替代的施工工艺、设备、材料(供参考)	实施时间
一、通用(公路、水运)工程							
施工工艺							
1	1.1.1	卷扬机钢筋调直工艺	利用卷扬机拉直钢筋	禁止		普通钢筋调直机、数控钢筋调直切断机的钢筋调直工艺等	发布之日起 6 个月后实施
2	1.1.2	现场简易制作钢筋保护层垫块工艺	在施工现场采用拌制砂浆,通过切割成型等方法制作钢筋保护层垫块	禁止		专业化压制设备和标准模具生产垫块工艺等	发布之日起 6 个月后实施
3	1.1.3	空心板、箱形梁气囊内模工艺	用橡胶充气气囊作为空心梁板或箱形梁的内模	禁止		空心板、箱形梁预制刚性(钢质、PVC、高密度泡沫)内模工艺等	发布之日起 9 个月后新开工项目实施

续上表

序号	编码	名称	简要描述	淘汰类型	限制条件和范围	可替代的施工工艺、设备、材料(供参考)	实施时间
4	1.1.4	人工挖孔桩手摇井架出渣工艺	采用人工手摇井架吊装出渣	禁止		带防冲顶限位器、制动装置的卷扬机吊装出渣工艺等	发布之日起6个月后实施
5	1.1.5	基桩人工挖孔工艺	采用人工开挖进行基桩成孔	限制	存在下列条件之一的区域不得使用:1.地下水丰富,孔内空气污染物超标准、软弱土层等不良地质条件的区域;2.机械成孔设备可以到达的区域	冲击钻、回转钻、旋挖钻等机械成孔工艺	发布之日起9个月后新开工项目实施
6	1.1.6	"直接凿除法"桩头处理工艺	在未对桩头凿除边线采用割刀等工具进行预先切割处理的情况下,直接由人工采用风镐或其他工具凿除基桩桩头混凝土	限制	在下列工程项目中,均不得使用:1.二级及以上公路工程;2.独立大桥,特大桥;3.水运工程	"预先切割法+机械凿除"桩头处理工艺、"环切法"整体桩头处理工艺等	发布之日起6个月后实施
7	1.1.7	钢筋闪光对焊工艺	人工操作闪光对焊机进行钢筋焊接	限制	同时具备以下条件时不得使用:1.在非固定的专业预制厂(场)或钢筋加工厂(场)内进行钢筋连接作业;2.直径大于或等于22mm的钢筋连接	套筒冷挤压连接、滚压直螺纹套筒连接等机械连接工艺等	发布之日起6个月后实施
8	1.1.8	水泥稳定类基层、垫层拌合料"路拌法"施工工艺	采用人工辅以机械(如挖掘机)就地拌和水泥稳定混合料	限制	在下列工程项目中,均不得使用:1.二级及以上公路工程;2.大、中型水运工程	水泥稳定类拌合料"厂拌法"施工工艺等	发布之日起9个月后新开工项目实施
施工设备							
9	1.2.1	竹(木)脚手架	采用竹(木)材料搭设的脚手架	禁止		承插型盘扣式钢管脚手架、扣件式非悬挑钢管脚手架等	发布之日起9个月后新开工项目实施
10	1.2.2	门式钢管满堂支撑架	采用门式钢管架搭设的满堂承重支撑架	禁止		承插型盘扣式钢管支撑架、钢管柱梁式支架、移动模架等	发布之日起9个月后新开工项目实施
11	1.2.3	扣件式钢管满堂支撑架、普通碗扣式钢管满堂支撑架(立杆材质为Q235级钢,或构配件表面防腐处理采用涂刷防锈漆、冷镀锌)	采用扣件式钢管架搭设的满堂承重支撑架。采用普通碗扣式钢管架搭设的满堂承重支撑架;普通碗扣式钢管架指的是具备以下一条件的碗扣式钢管架:(1)立杆材质为Q235级钢;(2)构配件表面采用涂刷防锈漆或冷镀锌防腐处理	限制	具有以下任一情况的混凝土模板支撑工程不得使用:1.搭设高度5m及以上;2.搭设跨度10m及以上;3.施工总荷载(荷载效应基本组合的设计值,以下简称设计值)10kN/m^2及以上;4.集中线荷载(设计值)15kN/m及以上;5.高度大于支撑水平投影宽度且相对独立无联系构件的混凝土模板支撑工程	Q355及以上等级材质并采用热浸镀锌表面处理工艺的碗扣式钢管脚手架、承插型盘扣式钢管支撑架、钢管柱梁式支架、移动模架等	发布之日起9个月后新开工项目实施

续上表

序号	编码	名称	简要描述	淘汰类型	限制条件和范围	可替代的施工工艺、设备、材料(供参考)	实施时间
12	1.2.4	非数控预应力张拉设备	采用人工手动操作张拉油泵,从压力表读取张拉力,伸长量靠尺量测的张拉设备	限制	在下列工程项目预制场内进行后张法预应力构件施工时,均不得使用:1.二级及以上公路工程;2.独立大桥,特大桥;3.大、中型水运工程	数控预应力张拉设备等	发布之日起9个月后新开工项目实施
13	1.2.5	非数控孔道压浆设备	采用人工手动操作进行孔道压浆的设备	限制	在下列工程项目预制场内进行后张法预应力构件施工时,均不得使用:1.二级及以上公路工程;2.独立大桥,特大桥;3.大、中型水运工程	数控压浆设备等	发布之日起9个月后新开工项目实施
14	1.2.6	单轴水泥搅拌桩施工机械	采用单轴单方向搅拌土体、喷浆下沉、上提成桩的施工机械	限制	在下列工程项目中,均不得使用:1.二级及以上公路工程;2.大、中型水运工程	双轴多向(双向及以上)水泥搅拌桩施工机械、三轴及以上水泥搅拌桩施工机械、三轴及以上智能数控打印型水泥搅拌桩施工机械等	发布之日起9个月后新开工项目实施
15	1.2.7	碘钨灯	施工工地用于照明等的碘钨灯	限制	不得用于建设工地的生产、办公、生活等区域的照明	节能灯、LED灯等	发布之日起6个月后实施
工程材料							
16	1.3.1	有碱速凝剂	氧化钠当量含量大于1.0%且小于生产厂控制值的速凝剂	禁止		溶液型液体无碱速凝剂、悬浮型液体无碱速凝剂等	发布之日起9个月后新开工项目实施
二、公路工程							
施工工艺							
17	2.1.1	盖梁(系梁)无漏油保险装置的液压千斤顶卸落模板工艺	盖梁或系梁施工时底模采用无保险装置液压千斤顶做支撑,通过液压千斤顶卸压脱模	禁止		砂筒、自锁式液压千斤顶等卸落模板工艺等	发布之日起6个月后实施
18	2.1.2	高墩滑模施工工艺	采用滑升模板进行墩柱施工,模板沿着(直接接触)刚成型的墩柱混凝土表面进行滑动、提升	限制	不同时具备以下条件时不得使用:1.专业施工班组(50%及以上工人施工过类似工程);2.施工单位具有三个项目以上施工及管理经验	翻模、爬模施工工艺等	发布之日起9个月后新开工项目实施
19	2.1.3	隧道初期支护混凝土"潮喷"工艺	将集料预加少量水,使之呈潮湿状,再加水泥拌和后喷射黏结到岩石或其他材料表面	限制	非富水围岩地质条件下不得使用	隧道初期支护喷射混凝土台车、机械手湿喷工艺等	发布之日起9个月后新开工项目实施

续上表

序号	编码	名称	简要描述	淘汰类型	限制条件和范围	可替代的施工工艺、设备、材料(供参考)	实施时间
20	2.1.4	桥梁悬浇挂篮上部与底篮精轧螺纹钢吊杆连接工艺	采用精轧螺纹钢作为吊点吊杆,将挂篮上部与底篮连接	限制	在下列任一条件下不得使用:1.前吊点连接;2.其他吊点连接:(1)上下钢结构直接连接(未穿过混凝土结构);(2)与底篮连接未采用活动铰;(3)吊杆未设外保护套	挂篮锰钢吊带连接工艺等	发布之日起6个月后实施
施工设备						
21	2.2.1	桥梁悬浇配重式挂篮设备	挂篮后锚处设置配重块平衡前方荷载,以防止挂篮倾覆	禁止		自锚式挂篮设备等	发布之日起9个月后新开工项目实施
三、水运工程						
施工工艺						
22	3.1.1	沉箱气囊直接移运下水工艺	沉箱下水浮运前,通过延伸至水中一定深度的斜坡台,用充气气囊在水中移运直至将沉箱移运到满足浮运的水深	禁止		起重船起吊、半潜驳或浮船坞下水、干浮船坞预制出坞、滑道下水工艺等	发布之日起9个月后新开工项目实施
23	3.1.2	沉箱、船闸闸墙混凝土木模板(普通胶合板)施工工艺	沉箱、船闸闸墙采用木模板(普通胶合板)浇筑混凝土	禁止		钢模、新型材料模板工艺等	发布之日起9个月后新开工项目实施
24	3.1.3	沉箱预制"填砂底模+气囊顶升"工艺	沉箱预制时采用钢框架内填砂形成底模,沉箱移运前用人工掏出(或高压水冲)型钢间的砂,穿入气囊顶升沉箱	限制	单个沉箱重量超过300t时不得使用	自升降可移动钢结构底模工艺、预留混凝土沟槽的千斤顶(自锁式或机械式)顶升工艺等	发布之日起9个月后新开工项目实施
25	3.1.4	沉箱预制滑模施工工艺	采用滑升模板进行沉箱预制,模板沿着(直接接触)刚成型的混凝土表面滑动、提升	限制	不同时具备以下条件时不得使用:1.正规或固定的沉箱预制场;2.专业施工班组(50%及以上工人施工过类似工程);3.施工单位具有三个项目以上施工及管理经验	整体模板、大模板分层预制工艺等	发布之日起9个月后新开工项目实施
26	3.1.5	纳泥区围堰埋管式和溢流堰式排水工艺	埋管式排水口工艺是指通过埋设不同高程的多组排水管,将堰内水直接排出的工艺;溢流堰式排水口工艺是指设置顶高程比围埝顶低的排水口,通过漫溢将堰内水直接排出	限制	在大、中型水运工程项目中均不得使用	设置防污帘的纳泥区薄壁堰式排水闸、闸管组合式排水工艺等	发布之日起6个月后实施

续上表

序号	编码	名称	简要描述	淘汰类型	限制条件和范围	可替代的施工工艺、设备、材料(供参考)	实施时间
27	3.1.6	透水框架杆件组合焊接工艺	透水框架由多根杆件组合焊接而成	限制	在大、中型水运工程项目中均不得使用	透水框架一次整体成型工艺、透水框架非焊接式组合制作工艺等	发布之日起9个月后新开工项目实施
28	3.1.7	人工或挖掘机抛投透水框架施工工艺	采用人工或挖掘机逐个抛投透水框架	限制	在大、中型水运工程项目中均不得使用	透水框架群抛(一次性抛投不少于4个)工艺等	发布之日起6个月后实施
29	3.1.8	甲板驳双边抛枕施工工艺	采用甲板驳在船舶两侧同时进行抛枕施工	限制	在大、中型水运工程项目中均不得使用	滑枕施工工艺、专用抛枕船抛枕施工工艺等	发布之日起6个月后实施
备注	(一)大、中型水运工程等级划分范围： 1.港口工程：沿海1万吨级及以上，内河300吨级及以上； 2.航道工程：沿海1万吨级及以上，内河航道等级V级(300吨级)及以上； 3.通航建筑：航道等级V级(300吨级)及以上； 4.防波堤、导流堤等水工工程。 (二)可替代的工艺、设备、材料包括但不限于表格中所列名称。 (三)《目录》中列出的工艺、设备、材料淘汰范围(禁止或限制使用)，不包含除临时码头、临时围堰外的小型临时工程、养护工程。						

附录 3

公路水运工程试验检测管理办法

(2019 年 11 月 28 日　交通运输部令 2019 年第 38 号)

(2005 年 10 月 19 日交通部发布　根据 2016 年 12 月 10 日《交通运输部关于修改〈公路水运工程试验检测管理办法〉的决定》第一次修正　根据 2019 年 11 月 28 日《交通运输部关于修改〈公路水运工程试验检测管理办法〉的决定》第二次修正)

第一章　总　　则

第一条　为规范公路水运工程试验检测活动,保证公路水运工程质量及人民生命和财产安全,根据《建设工程质量管理条例》,制定本办法。

第二条　从事公路水运工程试验检测活动,应当遵守本办法。

第三条　本办法所称公路水运工程试验检测,是指根据国家有关法律、法规的规定,依据工程建设技术标准、规范、规程,对公路水运工程所用材料、构件、工程制品、工程实体的质量和技术指标等进行的试验检测活动。

本办法所称公路水运工程试验检测机构(以下简称检测机构),是指承担公路水运工程试验检测业务并对试验检测结果承担责任的机构。

本办法所称公路水运工程试验检测人员(以下简称检测人员),是指具备相应公路水运工程试验检测知识、能力,并承担相应公路水运工程试验检测业务的专业技术人员。

第四条　公路水运工程试验检测活动应当遵循科学、客观、严谨、公正的原则。

第五条　交通运输部负责公路水运工程试验检测活动的统一监督管理。交通运输部工程质量监督机构(以下简称部质量监督机构)具体实施公路水运工程试验检测活动的监督管理。

省级人民政府交通运输主管部门负责本行政区域内公路水运工程试验检测活动的监督管理。省级交通质量监督机构(以下简称省级交通质监机构)具体实施本行政区域内公路水运工程试验检测活动的监督管理。

部质量监督机构和省级交通质监机构以下称质监机构。

第二章　检测机构等级评定

第六条　检测机构等级,是依据检测机构的公路水运工程试验检测水平、主要试验检测仪器设备及检测人员的配备情况、试验检测环境等基本条件对检测机构进行的能力划分。

检测机构等级,分为公路工程和水运工程专业。

公路工程专业分为综合类和专项类。公路工程综合类设甲、乙、丙 3 个等级。公路工程专项类分为交通工程和桥梁隧道工程。

水运工程专业分为材料类和结构类。水运工程材料类设甲、乙、丙 3 个等级。水运工程结构类设甲、乙 2 个等级。

检测机构等级标准由部质量监督机构另行制定。

第七条 部质量监督机构负责公路工程综合类甲级、公路工程专项类和水运工程材料类及结构类甲级的等级评定工作。

省级交通质监机构负责公路工程综合类乙、丙级和水运工程材料类乙、丙级、水运工程结构类乙级的等级评定工作。

第八条 检测机构可以同时申请不同专业、不同类别的等级。

检测机构被评为丙级、乙级后须满 1 年且具有相应的试验检测业绩方可申报上一等级的评定。

第九条 申请公路水运工程试验检测机构等级评定，应向所在地省级交通质监机构提交以下材料：

（一）《公路水运工程试验检测机构等级评定申请书》；

（二）质量保证体系文件。

第十条 公路水运工程试验检测机构等级评定工作分为受理、初审、现场评审 3 个阶段。

第十一条 省级交通质监机构认为所提交的申请材料齐备、规范、符合规定要求的，应当予以受理；材料不符合规定要求的，应当及时退还申请人，并说明理由。

所申请的等级属于部质量监督机构评定范围的，省级交通质监机构核查后出具核查意见并转送部质量监督机构。

第十二条 初审主要包括以下内容：

（一）试验检测水平、人员及检测环境等条件是否与所申请的等级标准相符；

（二）申报的试验检测项目范围及设备配备与所申请的等级是否相符；

（三）采用的试验检测标准、规范和规程是否合法有效；

（四）检定和校准是否按规定进行；

（五）质量保证体系是否具有可操作性；

（六）是否具有良好的试验检测业绩。

第十三条 初审合格的进入现场评审阶段；初审认为有需要补正的，质监机构应当通知申请人予以补正直至合格；初审不合格的，质监机构应当及时退还申请材料，并说明理由。

第十四条 现场评审是通过对申请人完成试验检测项目的实际能力、检测机构申报材料与实际状况的符合性、质量保证体系和运转等情况的全面核查。

现场评审所抽查的试验检测项目，原则上应当覆盖申请人所申请的试验检测各大项目。抽取的具体参数应当通过抽签方式确定。

第十五条 现场评审由专家评审组进行。

专家评审组由质监机构组建，3 人以上单数组成（含 3 人）。评审专家从质监机构建立的试验检测专家库中选取，与申请人有利害关系的不得进入专家评审组。

专家评审组应当独立、公正地开展评审工作。专家评审组成员应当客观、公正地履行职责，遵守职业道德，并对所提出的评审意见承担个人责任。

第十六条 专家评审组应当向质监机构出具《现场评审报告》，主要内容包括：

（一）现场考核评审意见；

（二）公路水运工程试验检测机构等级评分表；

（三）现场操作考核项目一览表；

（四）两份典型试验检测报告。

第十七条　质监机构依据《现场评审报告》及检测机构等级标准对申请人进行等级评定。

质监机构的评定结果，应当通过交通运输主管部门指定的报刊、信息网络等媒体向社会公示，公示期不得少于 7 天。

公示期内，任何单位和个人有权就评定结果向质监机构提出异议，质监机构应当及时受理、核实和处理。

公示期满无异议或者经核实异议不成立的，由质监机构根据评定结果向申请人颁发《公路水运工程试验检测机构等级证书》（以下简称《等级证书》）；经核实异议成立的，应当书面通知申请人，并说明理由，同时应当为异议人保密。

省级交通质监机构颁发证书的同时应当报部质量监督机构备案。

第十八条　《公路水运工程试验检测机构等级评定申请书》和《等级证书》由部质量监督机构统一规定格式。

《等级证书》应当注明检测机构从事公路水运工程试验检测的专业、类别、等级和项目范围。

第十九条　《等级证书》有效期为 5 年。

《等级证书》期满后拟继续开展公路水运工程试验检测业务的，检测机构应提前 3 个月向原发证机构提出换证申请。

第二十条　换证的申请、复核程序按照本办法规定的等级评定程序进行，并可以适当简化。在申请等级评定时已经提交过且未发生变化的材料可以不再重复提交。

第二十一条　换证复核以书面审查为主。必要时，可以组织专家进行现场评审。

换证复核的重点是核查检测机构人员、仪器设备、试验检测项目、场所的变动情况，试验检测工作的开展情况，质量保证体系文件的执行情况，违规与投诉情况等。

第二十二条　换证复核合格的，予以换发新的《等级证书》。不合格的，质监机构应当责令其在 6 个月内进行整改，整改期内不得承担质量评定和工程验收的试验检测业务。整改期满仍不能达到规定条件的，质监机构根据实际达到的试验检测能力条件重新作出评定，或者注销《等级证书》。

换证复核结果应当向社会公布。

第二十三条　检测机构名称、地址、法定代表人或者机构负责人、技术负责人等发生变更的，应当自变更之日起 30 日内到原发证质监机构办理变更登记手续。

第二十四条　检测机构停业时，应当自停业之日起 15 日内向原发证质监机构办理《等级证书》注销手续。

第二十五条　等级评定不得收费，有关具体事务性工作可以通过政府购买服务等方式实施。

第二十六条　"等级证书"遗失或者污损的，可以向原发证质监机构申请补发。

第二十七条　任何单位和个人不得伪造、涂改、转让、租借《等级证书》。

第三章　试验检测活动

第二十八条　取得《等级证书》，同时按照《计量法》的要求经过计量行政部门考核合格的检测机构,可在《等级证书》注明的项目范围内,向社会提供试验检测服务。

第二十九条 取得《等级证书》的检测机构,可设立工地临时试验室,承担相应公路水运工程的试验检测业务,并对其试验检测结果承担责任。

工程所在地省级交通质监机构应当对工地临时试验室进行监督。

第三十条 检测机构应当严格按照现行有效的国家和行业标准、规范和规程独立开展检测工作,不受任何干扰和影响,保证试验检测数据客观、公正、准确。

第三十一条 检测机构应当建立严密、完善、运行有效的质量保证体系。应当按照有关规定对仪器设备进行正常维护,定期检定与校准。

第三十二条 检测机构应当建立样品管理制度,提倡盲样管理。

第三十三条 检测机构应当重视科技进步,及时更新试验检测仪器设备,不断提高业务水平。

第三十四条 检测机构应当建立健全档案制度,保证档案齐备,原始记录和试验检测报告内容必须清晰、完整、规范。

第三十五条 检测机构在同一公路水运工程项目标段中不得同时接受业主、监理、施工等多方的试验检测委托。

第三十六条 检测机构依据合同承担公路水运工程试验检测业务,不得转包、违规分包。

第三十七条 检测人员分为试验检测师和助理试验检测师。

检测机构的技术负责人应当由试验检测师担任。

试验检测报告应当由试验检测师审核、签发。

第三十八条 检测人员应当重视知识更新,不断提高试验检测业务水平。

第三十九条 检测人员应当严守职业道德和工作程序,独立开展检测工作,保证试验检测数据科学、客观、公正,并对试验检测结果承担法律责任。

第四十条 检测人员不得同时受聘于两家以上检测机构,不得借工作之便推销建设材料、构配件和设备。

第四章 监督检查

第四十一条 质监机构应当建立健全公路水运工程试验检测活动监督检查制度,对检测机构进行定期或不定期的监督检查,及时纠正、查处违反本规定的行为。

第四十二条 公路水运工程试验检测监督检查,主要包括下列内容:

(一)《等级证书》使用的规范性,有无转包、违规分包、超范围承揽业务和涂改、租借《等级证书》的行为;

(二)检测机构能力变化与评定的能力等级的符合性;

(三)原始记录、试验检测报告的真实性、规范性和完整性;

(四)采用的技术标准、规范和规程是否合法有效,样品的管理是否符合要求;

(五)仪器设备的运行、检定和校准情况;

(六)质量保证体系运行的有效性;

(七)检测机构和检测人员试验检测活动的规范性、合法性和真实性;

(八)依据职责应当监督检查的其他内容。

第四十三条 质监机构实施监督检查时,有权采取以下措施:
(一)查阅、记录、录音、录像、照相和复制与检查相关的事项和资料;
(二)进入检测机构的工作场地(包括施工现场)进行抽查;
(三)发现有不符合国家有关标准、规范、规程和本办法规定的试验检测行为时,责令即时改正或限期整改。

第四十四条 质监机构应当组织比对试验,验证检测机构的能力。

部质量监督机构不定期开展全国检测机构的比对试验。各省级交通质监机构每年年初应当制定本行政区域检测机构年度比对试验计划,报部质量监督机构备案,并于年末将比对试验的实施情况报部质量监督机构。

检测机构应当予以配合,如实说明情况和提供相关资料。

第四十五条 任何单位和个人都有权向质监机构投诉或举报违法违规的试验检测行为。

质监机构的监督检查活动,应当接受交通运输主管部门和社会公众的监督。

第四十六条 质监机构在监督检查中发现检测机构有违反本规定行为的,应当予以警告、限期整改,情节严重的列入违规记录并予以公示,质监机构不再委托其承担检测业务。

实际能力已达不到《等级证书》能力等级的检测机构,质监机构应当给予整改期限。整改期满仍达不到规定条件的,质监机构应当视情况注销《等级证书》或者重新评定检测机构等级。重新评定的等级低于原来评定等级的,检测机构1年内不得申报升级。被注销等级的检测机构,2年内不得再次申报。

质监机构应当及时向社会公布监督检查的结果。

第四十七条 质监机构在监督检查中发现检测人员违反本办法的规定,出具虚假试验检测数据或报告的,应当给予警告,情节严重的列入违规记录并予以公示。

第四十八条 质监机构工作人员在试验检测管理活动中,玩忽职守、徇私舞弊、滥用职权的,应当依法给予行政处分。

第五章 附 则

第四十九条 本办法施行前检测机构通过的资质评审,期满复核时应当按照本办法的规定进行《等级证书》的评定。

第五十条 本办法自2005年12月1日起施行。交通部1997年12月10日公布的《水运工程试验检测暂行规定》(交基发〔1997〕803号)和2002年6月26日公布的《交通部水运工程试验检测机构资质管理办法》(交通部令2002年第4号)同时废止。

附录4

公路水运工程试验检测人员继续教育办法(试行)

(2011年10月25日 交通运输部 厅质监字〔2011〕229号)

第一章 总 则

第一条 为巩固并不断提高试验检测人员的能力和技术水平,适应公路水运工程试验检测工作发展需要,促进试验检测人员继续教育制度化、规范化、科学化,依据《公路水运工程试验检测管理办法》(原交通部令2005年第12号),制定本办法。

第二条 本办法所称试验检测人员是指取得公路水运工程试验检测工程师和试验检测员证书的从业人员。

本办法所称继续教育是指为持续提高试验检测人员的专业技术和理论水平,在规定期限内完成的教育。

第三条 接受继续教育是试验检测人员的义务和权利。试验检测人员应按照本办法规定参加继续教育。

试验检测机构应督促本单位试验检测人员按要求参加继续教育,并保证试验检测人员参加继续教育的时间,提供必要的学习条件。

第四条 继续教育应坚持切合实际、注重实效,方便工程现场试验检测人员学习的原则。

第二章 继续教育的组织

第五条 交通运输部工程质量监督局(简称"部质监局")主管全国公路水运工程试验检测人员继续教育工作,负责制定继续教育相关制度,确定继续教育主体内容,统一组织继续教育师资培训,监督、指导各省开展继续教育工作。交通运输职业资格中心配合部质监局开展相关具体工作。

第六条 各省级交通运输主管部门质量监督机构(简称"省级质监机构")负责本省范围内试验检测人员继续教育工作,负责制定本行政区域继续教育相关制度和年度计划,结合实际确定继续教育补充内容,组织、协调本省继续教育工作。

第七条 省级质监机构可委托相关机构(以下称"继续教育机构")具体组织实施试验检测人员继续教育事宜,并按要求将委托的继续教育机构情况报部质监局备案。

第八条 省级质监机构应选择具备以下条件的继续教育机构进行委托:

(一)具有较丰富的公路、水运工程试验检测和工程经验,能够独立按照教学计划和有关规定开展继续教育相关工作;

(二)具有独立法人资格,具备完善的教学、师资等组织管理及评价体系;

(三)有不少于10名师资人员;

（四）有教学场所、实操场所（如租用场所应至少有三年以上的协议）；

（五）收支管理规范，有收费许可证、税务登记证；能够按照相关规定核算有关费用，合理确定收费项目和收费标准；

（六）师资人员一般应具备以下条件：

（1）具有较高的政治、业务素质，较强的政策能力，在专业技术领域内有较高的理论水平和较丰富的工程经验；

（2）具有相关专业高级技术职称；

（3）通过部质监局组织的师资培训。

第九条 省级质监机构应建立委托的继续教育机构和师资人员的数据库，根据各省需求情况，动态、合理地控制委托的继续教育机构的数量和师资规模。委托的继续教育机构和师资人员名单应向社会公布。

第三章 继续教育的实施

第十条 省级质监机构应根据部质监局确定的继续教育主体内容，结合实际制定并公布本省继续教育计划和内容，指导试验检测机构合理、有序地组织试验检测人员参加继续教育。

第十一条 公路水运工程试验检测继续教育采取集中面授方式，逐步推行网络教学和远程教育。

第十二条 受委托的继续教育机构应根据继续教育计划和内容，按照确定的科目和课程编制教学计划、组织教学，并采取措施加强管理，保证教学质量。

第十三条 继续教育的授课内容应突出实用性、先进性、科学性，侧重试验检测工作实际需要，注重与实际操作技能相结合，一般应包括：

（一）与试验检测工作有关的法律法规、标准、规范、规程；

（二）试验检测人员职业道德教育；

（三）试验检测业务的新理论、新方法；

（四）试验检测新技术、新设备；

（五）试验检测案例分析；

（六）实际操作技能；

（七）其他有关知识。

第十四条 试验检测人员可就近参加省级质监机构组织的继续教育，有关情况经相应省级质监机构确认后在管理系统中予以记载。

第十五条 公路水运工程试验检测继续教育周期为2年（从取得证书的次年起计算）。试验检测人员在每个周期内接受继续教育的时间累计不应少于24学时。

第十六条 试验检测人员在其资格证件有效期内，未按规定完成继续教育的，应当补充完成继续教育后办理审验手续（审验办法另行制定）。

第十七条 试验检测人员的以下专业活动可以折算为继续教育学时。每个继续教育周期内，不同形式的专业活动折算的学时可叠加。

（一）参加试验检测考试大纲及教材编写工作的，折算12学时；

（二）参加试验检测考试命题工作的，折算24学时；

（三）参加试验检测工程师考试阅卷工作的，折算 12 学时；参加试验检测员考试阅卷工作的，折算 8 学时；

（四）担任继续教育师资的，折算 24 学时；

（五）参加部组织的机构评定、试验检测专项检查等专业活动的，折算 12 学时；

（六）参加省组织的机构评定、试验检测专项检查等专业活动的，折算 8 学时。

第四章　继续教育的监督检查

第十八条　省级质监机构应当加强对试验检测人员参加继续教育情况的检查，督促试验检测机构和试验检测人员参加继续教育。

第十九条　省级质监机构应采取措施对师资水平、授课效果、课程内容和组织管理等进行综合评估，适时调整委托的继续教育机构及师资，不断提高教学质量，完善继续教育管理工作。

第二十条　受委托的继续教育机构应当加强档案管理，将继续教育计划、继续教育师资情况、参培学员登记表、学员学习情况及结果等纳入档案管理，并接受省级质监机构的监督检查。

第二十一条　受委托的继续教育机构违反本办法规定，有下列情形之一的，不予确认其所开展的有关工作或取消对其继续教育的委托：

（一）未经委托擅自从事继续教育或者提供虚假继续教育资料的；

（二）未按照继续教育计划和内容要求组织相应继续教育的；

（三）发布继续教育虚假信息的。

第二十二条　试验检测人员在继续教育过程中有弄虚作假、冒名顶替等行为的，取消其本周期内已取得的继续教育记录，并纳入诚信记录。

第二十三条　质监机构工作人员在继续教育管理工作中有徇私舞弊、弄虚作假等情形的，依法给予行政处分；构成犯罪的，依法追究刑事责任。

第五章　附　　则

第二十四条　本办法由部质监局负责解释。省级质监机构可依据本办法制定具体实施办法。

第二十五条　本办法自 2012 年 1 月 1 日起施行。

附录 5

公路水运工程安全生产监督管理办法

(2017年6月12日 交通运输部令2017年第25号)

第一章 总 则

第一条 为了加强公路水运工程安全生产监督管理,防止和减少生产安全事故,保障人民群众生命和财产安全,根据《中华人民共和国安全生产法》《建设工程安全生产管理条例》《生产安全事故报告和调查处理条例》等法律、行政法规,制定本办法。

第二条 公路水运工程建设活动的安全生产行为及对其实施监督管理,应当遵守本办法。

第三条 本办法所称公路水运工程,是指经依法审批、核准或者备案的公路、水运基础设施的新建、改建、扩建等建设项目。

本办法所称从业单位,是指从事公路、水运工程建设、勘察、设计、施工、监理、试验检测、安全服务等工作的单位。

第四条 公路水运工程安全生产工作应当以人民为中心,坚持安全第一、预防为主、综合治理的方针,强化和落实从业单位的主体责任,建立从业单位负责、职工参与、政府监管、行业自律和社会监督的机制。

第五条 交通运输部负责全国公路水运工程安全生产的监督管理工作。

长江航务管理局承担长江干线航道工程安全生产的监督管理工作。

县级以上地方人民政府交通运输主管部门按照规定的职责负责本行政区域内的公路水运工程安全生产监督管理工作。

第六条 交通运输主管部门应当按照保障安全生产的要求,依法制修订公路水运工程安全应急标准体系。

第七条 交通运输主管部门应当建立公路水运工程从业单位和从业人员安全生产违法违规行为信息库,实行安全生产失信黑名单制度,并按规定将有关信用信息及时纳入交通运输和相关统一信用信息共享平台,依法向社会公开。

第八条 有关行业协会依照法律、法规、规章和协会章程,为从业单位提供有关安全生产信息、培训等服务,发挥行业自律作用,促进从业单位加强安全生产管理。

第九条 国家鼓励和支持公路水运工程安全生产科学技术研究成果和先进技术的推广应用,鼓励从业单位运用科技和信息化等手段对存在重大安全风险的施工部位加强监控。

第十条 在改善项目安全生产条件、防止生产安全事故、参加抢险救援等方面取得显著成绩的单位和个人,交通运输主管部门依法给予奖励。

第二章 安全生产条件

第十一条 从业单位从事公路水运工程建设活动,应当具备法律、法规、规章和工程建设强制性标准规定的安全生产条件。任何单位和个人不得降低安全生产条件。

第十二条 公路水运工程应当坚持先勘察后设计再施工的程序。施工图设计文件依法经审批后方可使用。

第十三条 公路水运工程施工招标文件及施工合同中应当载明项目安全管理目标、安全生产职责、安全生产条件、安全生产信用情况及专职安全生产管理人员配备的标准等要求。

第十四条 施工单位从事公路水运工程建设活动,应当取得安全生产许可证及相应等级的资质证书。施工单位的主要负责人和安全生产管理人员应当经交通运输主管部门对其安全生产知识和管理能力考核合格。

施工单位应当设置安全生产管理机构或者配备专职安全生产管理人员。施工单位应当根据工程施工作业特点、安全风险以及施工组织难度,按照年度施工产值配备专职安全生产管理人员,不足 5000 万元的至少配备 1 名;5000 万元以上不足 2 亿元的按每 5000 万元不少于 1 名的比例配备;2 亿元以上的不少于 5 名,且按专业配备。

第十五条 从业单位应当依法对从业人员进行安全生产教育和培训。未经安全生产教育和培训合格的从业人员,不得上岗作业。

第十六条 公路水运工程从业人员中的特种作业人员应当按照国家有关规定取得相应资格,方可上岗作业。

第十七条 施工中使用的施工机械、设施、机具以及安全防护用品、用具和配件等应当具有生产(制造)许可证、产品合格证或者法定检验检测合格证明,并设立专人查验、定期检查和更新,建立相应的资料档案。无查验合格记录的不得投入使用。

第十八条 特种设备使用单位应当依法取得特种设备使用登记证书,建立特种设备安全技术档案,并将登记标志置于该特种设备的显著位置。

第十九条 翻模、滑(爬)模等自升式架设设施,以及自行设计、组装或者改装的施工挂(吊)篮、移动模架等设施在投入使用前,施工单位应当组织有关单位进行验收,或者委托具有相应资质的检验检测机构进行验收。验收合格后方可使用。

第二十条 对严重危及公路水运工程生产安全的工艺、设备和材料,应当依法予以淘汰。交通运输主管部门可以会同安全生产监督管理部门联合制定严重危及公路水运工程施工安全的工艺、设备和材料的淘汰目录并对外公布。

从业单位不得使用已淘汰的危及生产安全的工艺、设备和材料。

第二十一条 从业单位应当保证本单位所应具备的安全生产条件必需的资金投入。

建设单位在编制工程招标文件及项目概预算时,应当确定保障安全作业环境及安全施工措施所需的安全生产费用,并不得低于国家规定的标准。

施工单位在工程投标报价中应当包含安全生产费用并单独计提,不得作为竞争性报价。

安全生产费用应当经监理工程师审核签认,并经建设单位同意后,在项目建设成本中据实列支,严禁挪用。

第二十二条 公路水运工程施工现场的办公、生活区与作业区应当分开设置,并保持安全距离。办公、生活区的选址应当符合安全性要求,严禁在已发现的泥石流影响区、滑坡体等危险区域设置施工驻地。

施工作业区应当根据施工安全风险辨识结果,确定不同风险等级的管理要求,合理布设。在风险等级较高的区域应当设置警戒区和风险告知牌。

施工作业点应当设置明显的安全警示标志,按规定设置安全防护设施。施工便道便桥、临时码头应当满足通行和安全作业要求,施工便桥和临时码头还应当提供临边防护和水上救生等设施。

第二十三条　施工单位与从业人员订立的劳动合同,应当载明有关保障从业人员劳动安全、防止职业危害等事项。施工单位还应当向从业人员书面告知危险岗位的操作规程。

施工单位应当向作业人员提供符合标准的安全防护用品,监督、教育从业人员按照使用规则佩戴、使用。

第二十四条　公路水运工程建设应当实施安全生产风险管理,按规定开展设计、施工安全风险评估。

设计单位应当依据风险评估结论,对设计方案进行修改完善。

施工单位应当依据风险评估结论,对风险等级较高的分部分项工程编制专项施工方案,并附安全验算结果,经施工单位技术负责人签字后报监理工程师批准执行。

必要时,施工单位应当组织专家对专项施工方案进行论证、审核。

第二十五条　建设、施工等单位应当针对工程项目特点和风险评估情况分别制定项目综合应急预案、合同段施工专项应急预案和现场处置方案,告知相关人员紧急避险措施,并定期组织演练。

施工单位应当依法建立应急救援组织或者指定工程现场兼职的、具有一定专业能力的应急救援人员,配备必要的应急救援器材、设备和物资,并进行经常性维护、保养。

第二十六条　从业单位应当依法参加工伤保险,为从业人员缴纳保险费。

鼓励从业单位投保安全生产责任保险和意外伤害保险。

第三章　安全生产责任

第二十七条　从业单位应当建立健全安全生产责任制,明确各岗位的责任人员、责任范围和考核标准等内容。从业单位应当建立相应的机制,加强对安全生产责任制落实情况的监督考核。

第二十八条　建设单位对公路水运工程安全生产负管理责任。依法开展项目安全生产条件审核,按规定组织风险评估和安全生产检查。根据项目风险评估等级,在工程沿线受影响区域作出相应风险提示。

建设单位不得对勘察、设计、监理、施工、设备租赁、材料供应、试验检测、安全服务等单位提出不符合安全生产法律、法规和工程建设强制性标准规定的要求。不得违反或者擅自简化基本建设程序。不得随意压缩工期。工期确需调整的,应当对影响安全的风险进行论证和评估,经合同双方协商一致,提出相应的施工组织和安全保障措施。

第二十九条　勘察单位应当按照法律、法规、规章、工程建设强制性标准和合同文件进行实地勘察,针对不良地质、特殊性岩土、有毒有害气体等不良情形或者其他可能引发工程生产安全事故的情形加以说明并提出防治建议。

勘察单位提交的勘察文件必须真实、准确,满足公路水运工程安全生产的需要。

勘察单位及勘察人员对勘察结论负责。

第三十条 设计单位应当按照法律、法规、规章、工程建设强制性标准和合同文件进行设计,防止因设计不合理导致生产安全事故的发生。

设计单位应当考虑施工安全操作和防护的需要,对涉及施工安全的重点部位和环节在设计文件中加以注明,提出安全防范意见。依据设计风险评估结论,对存在较高安全风险的工程部位还应当增加专项设计,并组织专家进行论证。

采用新结构、新工艺、新材料的工程和特殊结构工程,设计单位应当在设计文件中提出保障施工作业人员安全和预防生产安全事故的措施建议。

设计单位和设计人员应当对其设计负责,并按合同要求做好安全技术交底和现场服务。

第三十一条 监理单位应当按照法律、法规、规章、工程建设强制性标准和合同文件进行监理,对工程安全生产承担监理责任。

监理单位应当审核施工项目安全生产条件,审查施工组织设计中安全措施和专项施工方案。在实施监理过程中,发现存在安全事故隐患的,应当要求施工单位整改;情节严重的,应当下达工程暂停令,并及时报告建设单位。施工单位拒不整改或者不停止施工的,监理单位应当及时向有关主管部门书面报告,并有权拒绝计量支付审核。

监理单位应当如实记录安全事故隐患和整改验收情况,对有关文字、影像资料应当妥善保存。

第三十二条 依合同承担试验检测或者施工监测的单位应当按照法律、法规、规章、工程建设强制性标准和合同文件开展工作。所提交的试验检测或者施工监测数据应当真实、准确,数据出现异常时应当及时向合同委托方报告。

第三十三条 依法设立的为安全生产提供技术、管理服务的机构,依照法律、法规、规章和执业准则,接受从业单位的委托为其安全生产工作提供技术、管理服务。

从业单位委托前款规定的机构提供安全生产技术、管理服务的,保障安全生产的责任仍由本单位负责。

第三十四条 施工单位应当按照法律、法规、规章、工程建设强制性标准和合同文件组织施工,保障项目施工安全生产条件,对施工现场的安全生产负主体责任。施工单位主要负责人依法对项目安全生产工作全面负责。

建设工程实行施工总承包的,由总承包单位对施工现场的安全生产负总责。分包单位应当服从总承包单位的安全生产管理,分包单位不服从管理导致生产安全事故的,由分包单位承担主要责任。

第三十五条 施工单位应当书面明确本单位的项目负责人,代表本单位组织实施项目施工生产。

项目负责人对项目安全生产工作负有下列职责:

(一)建立项目安全生产责任制,实施相应的考核与奖惩;

(二)按规定配足项目专职安全生产管理人员;

(三)结合项目特点,组织制定项目安全生产规章制度和操作规程;

（四）组织制定项目安全生产教育和培训计划；
（五）督促项目安全生产费用的规范使用；
（六）依据风险评估结论，完善施工组织设计和专项施工方案；
（七）建立安全预防控制体系和隐患排查治理体系，督促、检查项目安全生产工作，确认重大事故隐患整改情况；
（八）组织制定本合同段施工专项应急预案和现场处置方案，并定期组织演练；
（九）及时、如实报告生产安全事故并组织自救。

第三十六条 施工单位的专职安全生产管理人员履行下列职责：
（一）组织或者参与拟订本单位安全生产规章制度、操作规程，以及合同段施工专项应急预案和现场处置方案；
（二）组织或者参与本单位安全生产教育和培训，如实记录安全生产教育和培训情况；
（三）督促落实本单位施工安全风险管控措施；
（四）组织或者参与本合同段施工应急救援演练；
（五）检查施工现场安全生产状况，做好检查记录，提出改进安全生产标准化建设的建议；
（六）及时排查、报告安全事故隐患，并督促落实事故隐患治理措施；
（七）制止和纠正违章指挥、违章操作和违反劳动纪律的行为。

第三十七条 施工单位应当推进本企业承接项目的施工场地布置、现场安全防护、施工工艺操作、施工安全管理活动记录等方面的安全生产标准化建设，并加强对安全生产标准化实施情况的自查自纠。

第三十八条 施工单位应当根据施工规模和现场消防重点建立施工现场消防安全责任制度，确定消防安全责任人，制定消防管理制度和操作规程，设置消防通道，配备相应的消防设施、物资和器材。

施工单位对施工现场临时用火、用电的重点部位及爆破作业各环节应当加强消防安全检查。

第三十九条 施工单位应当将专业分包单位、劳务合作单位的作业人员及实习人员纳入本单位统一管理。

新进人员和作业人员进入新的施工现场或者转入新的岗位前，施工单位应当对其进行安全生产培训考核。

施工单位采用新技术、新工艺、新设备、新材料的，应当对作业人员进行相应的安全生产教育培训，生产作业前还应当开展岗位风险提示。

第四十条 施工单位应当建立健全安全生产技术分级交底制度，明确安全技术分级交底的原则、内容、方法及确认手续。

分项工程实施前，施工单位负责项目管理的技术人员应当按规定对有关安全施工的技术要求向施工作业班组、作业人员详细说明，并由双方签字确认。

第四十一条 施工单位应当按规定开展安全事故隐患排查治理，建立职工参与的工作机制，对隐患排查、登记、治理等全过程闭合管理情况予以记录。事故隐患排查治理情况应当向从业人员通报，重大事故隐患还应当按规定上报和专项治理。

第四十二条 事故发生单位应当依法如实向项目建设单位和负有安全生产监督管理职责

的有关部门报告。不得隐瞒不报、谎报或者迟报。

发生生产安全事故,施工单位负责人接到事故报告后,应当迅速组织抢救,减少人员伤亡,防止事故扩大。组织抢救时,应当妥善保护现场,不得故意破坏事故现场、毁灭有关证据。

事故调查处置期间,事故发生单位的负责人、项目主要负责人和有关人员应当配合事故调查,不得擅离职守。

第四十三条 作业人员应当遵守安全施工的规章制度和操作规程,正确使用安全防护用具、机械设备。发现安全事故隐患或者其他不安全因素,应当向现场专(兼)职安全生产管理人员或者本单位项目负责人报告。

作业人员有权了解其作业场所和工作岗位存在的风险因素、防范措施及事故应急措施,有权对施工现场存在的安全问题提出检举和控告,有权拒绝违章指挥和强令冒险作业。

在施工中发生可能危及人身安全的紧急情况时,作业人员有权立即停止作业或者在采取可能的应急措施后撤离危险区域。

第四章 监督管理

第四十四条 交通运输主管部门应当对公路水运工程安全生产行为和下级交通运输主管部门履行安全生产监督管理职责情况进行监督检查。

交通运输主管部门应当依照安全生产法律、法规、规章及工程建设强制性标准,制定年度监督检查计划,确定检查重点、内容、方式和频次。加强与其他安全生产监管部门的合作,推进联合检查执法。

第四十五条 交通运输主管部门对公路水运工程安全生产行为的监督检查主要包括下列内容:

(一)被检查单位执行法律、法规、规章及工程建设强制性标准情况;

(二)本办法规定的项目安全生产条件落实情况;

(三)施工单位在施工场地布置、现场安全防护、施工工艺操作、施工安全管理活动记录等方面的安全生产标准化建设推进情况。

第四十六条 交通运输主管部门在职责范围内开展安全生产监督检查时,有权采取下列措施:

(一)进入被检查单位进行检查,调阅有关工程安全管理的文件和相关照片、录像及电子文本等资料,向有关单位和人员了解情况;

(二)进入被检查单位施工现场进行监督抽查;

(三)责令相关单位立即或者限期停止、改正违法行为;

(四)法律、行政法规规定的其他措施。

第四十七条 交通运输主管部门对监督检查中发现的安全问题或者安全事故隐患,应当根据情况作出如下处理:

(一)被检查单位存在安全管理问题需要整改的,以书面方式通知存在问题的单位限期整改;

(二)发现严重安全生产违法行为的,予以通报,并按规定依法实施行政处罚或者移交有关部门处理;

（三）被检查单位存在安全事故隐患的，责令立即排除；重大事故隐患排除前或者排除过程中无法保证安全的，责令其从危险区域撤出作业人员，暂时停止施工，并按规定专项治理，纳入重点监管的失信黑名单；

（四）被检查单位拒不执行交通运输主管部门依法作出的相关行政决定，有发生生产安全事故的现实危险的，在保证安全的前提下，经本部门负责人批准，可以提前24小时以书面方式通知有关单位和被检查单位，采取停止供电、停止供应民用爆炸物品等措施，强制被检查单位履行决定；

（五）因建设单位违规造成重大生产安全事故的，对全部或者部分使用财政性资金的项目，可以建议相关职能部门暂停项目执行或者暂缓资金拨付；

（六）督促负有直接监督管理职责的交通运输主管部门，对存在安全事故隐患整改不到位的被检查单位主要负责人约谈警示；

（七）对违反本办法有关规定的行为实行相应的安全生产信用记录，对列入失信黑名单的单位及主要责任人按规定向社会公布；

（八）法律、行政法规规定的其他措施。

第四十八条 交通运输主管部门执行监督检查任务时，应当将检查的时间、地点、内容、发现的问题及其处理情况作出书面记录，并由检查人员和被检查单位的负责人签字。被检查单位负责人拒绝签字的，检查人员应当将情况记录在案，向本单位领导报告，并抄告被检查单位所在的企业法人。

第四十九条 交通运输主管部门对有下列情形之一的从业单位及其直接负责的主管人员和其他直接责任人员给予违法违规行为失信记录并对外公开，公开期限一般自公布之日起12个月：

（一）因违法违规行为导致工程建设项目发生一般及以上等级的生产安全责任事故并承担主要责任的；

（二）交通运输主管部门在监督检查中，发现因从业单位违法违规行为导致工程建设项目存在安全事故隐患的；

（三）存在重大事故隐患，经交通运输主管部门指出或者责令限期消除，但从业单位拒不采取措施或者未按要求消除隐患的；

（四）对举报或者新闻媒体报道的违法违规行为，经交通运输主管部门查实的；

（五）交通运输主管部门依法认定的其他违反安全生产相关法律法规的行为。

对违法违规行为情节严重的从业单位及主要责任人员，应当列入安全生产失信黑名单，将具体情节抄送相关行业主管部门。

第五十条 交通运输主管部门在专业性较强的监督检查中，可以委托具备相应资质能力的机构或者专家开展检查、检测和评估，所需费用按照本级政府购买服务的相关程序要求进行申请。

第五十一条 交通运输主管部门应当健全工程建设安全监管制度，协调有关部门依法保障监督执法经费和装备，加强对监督管理人员的教育培训，提高执法水平。

监督管理人员应当忠于职守，秉公执法，坚持原则。

第五十二条 交通运输主管部门在进行安全生产责任追究时，被问责部门及其工作人员按照法律、法规、规章和工程建设强制性标准规定的方式、程序、计划已经履行安全生产督查职责,但仍有下列情形之一的,可不承担责任:

(一)对发现的安全生产违法行为和安全事故隐患已经依法查处,因从业单位及其从业人员拒不执行导致生产安全责任事故的;

(二)从业单位非法生产或者经责令停工整顿后仍不具备安全生产条件,已经依法提请县级以上地方人民政府决定中止或者取缔施工的;

(三)对拒不执行行政处罚决定的从业单位,已经依法申请人民法院强制执行的;

(四)工程项目中止施工后发生生产安全责任事故的;

(五)因自然灾害等不可抗力导致生产安全事故的;

(六)依法不承担责任的其他情形。

第五十三条 交通运输主管部门应当建立举报制度,及时受理对公路水运工程生产安全事故、事故隐患以及监督检查人员违法行为的检举、控告和投诉。

任何单位或者个人对安全事故隐患、安全生产违法行为或者事故险情等,均有权向交通运输主管部门报告或者举报。

第五章 法 律 责 任

第五十四条 从业单位及相关责任人违反本办法规定,国家有关法律、行政法规对其法律责任有规定的,适用其规定;没有规定的,由交通运输主管部门根据各自的职责按照本办法规定进行处罚。

第五十五条 从业单位及相关责任人违反本办法规定,有下列行为之一的,责令限期改正;逾期未改正的,对从业单位处1万元以上3万元以下的罚款;构成犯罪的,依法移送司法部门追究刑事责任:

(一)从业单位未全面履行安全生产责任,导致重大事故隐患的;

(二)未按规定开展设计、施工安全风险评估,或者风险评估结论与实际情况严重不符,导致重大事故隐患未被及时发现的;

(三)未按批准的专项施工方案进行施工,导致重大事故隐患的;

(四)在已发现的泥石流影响区、滑坡体等危险区域设置施工驻地,导致重大事故隐患的。

第五十六条 施工单位有下列行为之一的,责令限期改正,可以处5万元以下的罚款;逾期未改正的,责令停产停业整顿,并处5万元以上10万元以下的罚款,对其直接负责的主管人员和其他直接责任人员处1万元以上2万元以下的罚款:

(一)未按照规定设置安全生产管理机构或者配备安全生产管理人员的;

(二)主要负责人和安全生产管理人员未按照规定经考核合格的。

第五十七条 交通运输主管部门及其工作人员违反本办法规定,有下列情形之一的,对直接负责的主管人员和其他直接责任人员依法给予行政处分;构成犯罪的,依法移送司法部门追究刑事责任:

(一)发现公路水运工程重大事故隐患、生产安全事故不予查处的;

(二)对涉及施工安全的重大检举、投诉不依法及时处理的;

(三)在监督检查过程中索取或者接受他人财物,或者谋取其他利益的。

第六章 附 则

第五十八条 地方人民政府对农村公路建设的安全生产另有规定的,适用其规定。

第五十九条 本办法自2017年8月1日起施行。交通部于2007年2月14日以交通部令2007年第1号发布、交通运输部于2016年3月7日以交通运输部令2016年第9号修改的《公路水运工程安全生产监督管理办法》同时废止。

附录6

关于进一步加强公路水运工程工地试验室管理工作的意见

(2009年8月10日　交通运输部　厅质监字〔2009〕183号)

公路水运工程工地试验室是工程质量控制和评判的重要基础数据来源,是工程建设质量保证体系的重要组成部分。为进一步加强工地试验室管理,规范试验检测行为,提高试验检测数据的客观性、准确性,保证公路水运工程质量,现提出以下意见:

第一条　各地交通运输主管部门及其质量监督机构要以科学发展观为指导,高度重视工地试验室管理。结合本地区实际情况,建立健全工地试验室监督管理制度,加强对工地试验室的指导与监督管理。要以规范试验检测行为和提高工地试验检测工作水平为主线,落实责任制,推动诚信体系建设,营造有利于工地试验室独立规范运行的外部环境,有效发挥工地试验室对工程质量的控制和指导作用,促进公路水运工程质量水平不断提高。

第二条　需设立工地试验室的公路水运工程建设项目,建设单位应在招标文件、合同文件中明确工地试验室的检测能力、人员、仪器设备配备要求,督促中标单位保证工地试验室的投入,加强对工地试验室试验检测工作的监督检查,按照《公路水运工程试验检测信用评价办法》的要求开展对工地试验室和试验检测人员的信用评价工作。

第三条　施工单位、监理单位应根据工程质量安全管理需要或合同约定,在工程现场可自行设立工地试验室,也可委托第三方试验检测机构设立工地试验室,设立工地试验室的母体均应具有相应的"公路水运试验检测机构等级证书"(以下简称等级证书)。

建设单位也可通过招标等方式直接委托具有等级证书和"计量认证证书"(以下简称计量证书)的第三方试验检测机构设立工地试验室,承担工程建设项目监理的全部或部分试验检测工作。

任何单位不得干预工地试验室独立、客观地开展试验检测活动。

第四条　设立工地试验室的母体试验检测机构,应当在其等级证书核定的业务范围内,根据工程现场管理需要或合同约定,对工地试验室进行授权。授权内容包括工地试验室可开展的试验检测项目及参数、授权负责人、授权工地试验室的公章、授权期限等。"公路水运工程工地试验室设立授权书"(见附件1)应加盖母体试验检测机构公章及等级专用标识章。

第五条　工地试验室设立实行登记备案制。经试验检测机构授权设立的工地试验室,应当填写"公路水运工程工地试验室备案登记表"(见附件2),经建设单位初审后报送项目质监机构登记备案,质监机构对通过备案的工地试验室出具"公路水运工程工地试验室备案通知书"。

工地试验室被授权的试验检测项目及参数或试验检测持证人员进行变更的,应当由母体试验检测机构报经建设单位同意后,向项目质监机构备案。

第六条　母体试验检测机构应加强对授权工地试验室的管理和指导,根据工程现场管理需要或合同约定,合理配备工地试验室试验检测人员和仪器设备,并对工地试验室试验检测结果的真实性和准确性负责。

第七条 工地试验室应按照母体试验检测机构质量管理体系的要求,建立完整的试验检测人员档案、仪器设备管理档案和试验检测业务档案,严格按照试验检测规程操作,并做到试验检测台账、仪器设备使用记录、试验检测原始记录、试验检测报告相互对应。试验检测报告签字人必须是持证的试验检测人员。

工地试验室试验检测环境(包括所设立的养护室、样品室、留样室等)应满足试验检测规程要求和试验检测工作需要。

鼓励工地试验室推行标准化、信息化管理。

第八条 工地试验室应在母体试验检测机构授权的范围内,为工程建设项目提供试验检测服务,不得对外承揽试验检测业务。

工地试验室出具的试验检测报告应加盖工地试验室印章,印章包含的基本信息有:母体试验检测机构名称+建设项目标段名称+工地试验室。

第九条 工地试验室实行授权负责人责任制。工地试验室授权负责人对工地试验室运行管理工作和试验检测活动全面负责,授权负责人必须是母体试验检测机构委派的正式聘用人员,且须持有试验检测工程师证书。

第十条 授权负责人有以下职责:

(一)审定和管理工地试验室资源配置,确保工地试验室人员、设备、环境等满足试验检测工作需要。签发工地试验室出具的试验检测报告,对试验检测数据及报告的真实性、准确性负责。对违规人员有权辞退。

(二)建立完善的工地试验室质量保证体系和管理制度,包括人员、设备、环境以及试验检测流程、样品管理、操作规程、不合格品处理等各项制度,监督各项制度的有效执行。

(三)严格按照国家和行业标准、规范、规程以及合同的约定独立开展试验检测工作。有权拒绝影响试验检测活动公正性、独立性的外部干扰和影响,保证试验检测数据客观、公正、准确。

(四)实行不合格品报告制度,对于签发的涉及结构安全的产品或试验检测项目不合格报告,工地试验室授权负责人应在2个工作日之内报送试验检测委托方,抄送项目质量监督机构,并建立不合格试验检测项目台账。

第十一条 工地试验室授权负责人的管理。

(一)母体试验检测机构应制定工地试验室授权负责人管理制度,对其工作进行监督管理。

(二)质监机构应建立工地试验室授权负责人专用信息库,加强监督检查。按照《公路水运工程试验检测信用评价办法》对其从业情况进行全面的信用评价。

(三)工地试验室授权负责人变更,需由母体试验检测机构提出申请,经项目建设单位同意后报项目质监机构备案。擅自离岗或同时任职于两家及以上工地试验室,均视为违规行为,按照《公路水运工程试验检测信用评价办法》予以扣分。

(四)工地试验室授权负责人信用等级被评为信用较差的,2年内不能担任工地试验室授权负责人。信用等级被评为信用很差的,5年内不能担任工地试验室授权负责人。

(五)工地试验室信用评价结果小于等于70分的,其授权负责人两年内不能担任工地试验室授权负责人。

附录 7

工地试验室标准化建设要点

(2012 年 9 月 3 日　交通运输部　厅质监字〔2012〕200 号)

1　基本要求

1.1　工地试验室是工程质量控制和评判工作的重要基础数据来源,是工程建设质量保证体系的重要组成部分。

1.2　工地试验室必须严格执行国家有关法律、法规、技术标准和交通运输主管部门的有关规范、规程,遵循科学、客观、严谨、公正的原则,独立开展试验检测活动,为工程建设提供真实、准确的试验检测数据和报告。

1.3　工地试验室应根据工程项目内容和规模进行设置,既要满足工程质量控制需要,又要满足合理布局、安全环保、环境整洁等要求。

2　机构设置

2.1　施工、监理单位和检测机构应根据工程质量安全管理需要或合同约定,在工程现场设立工地试验室;设立工地试验室的母体机构应取得《公路水运工程试验检测机构等级证书》。

2.2　工地试验室应按合同段单独设立,工程规模过大时应设立分试验室。同一合同段内施工、监理单位的工地试验室不得由同一家母体检测机构授权设立。

2.3　母体检测机构应在其等级证书核定的业务范围内对工地试验室进行授权,上年度信用评价等级在 C 级及以下的检测机构不宜作为授权设立工地试验室的母体检测机构。

2.4　工地试验室按照规定到项目质监机构登记备案后,方可开展试验检测工作。

2.5　工地试验室应在母体检测机构授权的范围内,为工程建设项目提供试验检测数据,不得对外承揽试验检测业务。

3　工地试验室建设

3.1　驻地建设

3.1.1　工地试验室选址应充分考虑安全、环保、交通便利及工程质量管理要求等因素,其周边场地一般应进行硬化处理。

3.1.2　工地试验室规划应遵循总体布局合理、功能分区明确、组织协调顺畅的原则。

3.1.3　工地试验室应将工作区和生活区分开设置,工作区总体上可分为功能室、办公室和资料室三部分。

3.1.4　功能室应根据工程内容和特点设置,一般分为土工室、集料室、石料室、水泥室、水泥混凝土室、力学室、沥青室、沥青混合料室、化学室、标准养护室、样品室、留样室、外检室、储藏室等。

3.1.5 工地试验室用房可新建或租用现有房屋。新建房屋应选择保温、环保材料,并综合考虑极端气候和自然灾害的影响,必要时采取加固处理措施,保证其在使用周期内的安全性。租用房屋应安全、坚固,其空间、面积、通风、采光和保温等条件应满足使用要求。

3.1.6 工地试验室的空间和面积应满足试验检测工作和环境条件要求,一般应综合考虑仪器设备放置、人员操作和行动通道所占用空间和面积以及门窗位置等因素。对有温度、湿度条件要求的功能室,必要时可进行吊顶处理,以便降低有效高度、提高保温保湿效果。

3.1.7 工地试验室应有良好的通风采光条件,化学室、沥青及沥青混合料室应设置机械强制通风设施。

3.1.8 工地试验室应设置较完善的排水设施,并配备必要的应急水源,保证试验检测工作正常、连续开展。各功能室均应铺设上、下水管道,配备水池,地面应设置地漏。水泥混凝土室、石料室等房间地面应设置水槽和沉淀池。

3.1.9 工地试验室应采用独立的专用线路集中配电,并设置应急电源,保证试验检测工作正常、连续开展。电线、电缆的布设应符合有关技术标准,保证使用安全。

3.1.10 工地试验室应根据检测工作需要和当地气候特点设置集中采暖设备、集中空调或分散式空调等设施。

3.1.11 工地试验室应配备必要的安全防护、防盗和环保设施,确保人员和设备安全,避免造成环境污染。

3.1.12 标准养护室的墙体和屋顶应进行防潮和保温处理,地面应设置储水装置,方便养护水回流,防止地面积水。

3.1.13 功能室应设置一定数量的操作台,操作台应选用坚固、防滑、耐腐蚀材料,几何尺寸应符合有关技术标准,外观应整洁、美观、方便操作。功能室地面应平整、防滑、耐磨。

3.1.14 工地试验室标牌应悬挂于醒目处,其内容应与工地试验室印章内容一致。各功能室、办公室和资料室应设置统一规格的门牌标识,对有环境和安全条件要求的区域应设置警示及限入标识。

3.1.15 办公室内应悬挂组织机构框图、主要管理制度、人员考勤表、工地晴雨表等。各功能室内应悬挂主要仪器设备的操作规程。

3.2 人员配备

3.2.1 工地试验室应综合考虑工程特点、工程量大小及工程复杂程度、工期要求等因素,科学合理地确定试验检测人员数量,确保试验检测工作正常开展。

3.2.2 试验检测人员应持证上岗、专业配置合理,能涵盖工程涉及专业范围和内容。试验检测人员应注册登记在母体检测机构。

3.2.3 授权负责人须持有试验检测工程师证书,全面负责工地试验室的管理和试验检测活动。

3.2.4 试验检测人员不得同时受聘于两家或两家以上的工地试验室。

3.2.5 工地试验室不得聘用信用较差或很差的试验检测人员担任授权负责人,不得聘用信用很差的试验检测人员从事试验检测工作。

3.3 设备配置

3.3.1 工地试验室应按照合同要求和母体检测机构授权范围内的试验检测项目及参数配备相应的仪器设备和辅助工具,使用频率高的仪器设备在数量上应能满足周转需要。仪器设备的功能、准确度和技术指标均应符合现行规范、规程要求。

3.3.2 仪器设备应按照优化试验检测工作流程、整体布局合理、同步作业不形成相互干扰的原则进行布置。

3.3.3 仪器设备应严格按照试验检测规程和使用说明书中相关要求进行安装与调试。

3.3.4 对有环境条件要求的功能室,应配置相应的温、湿度控制设备。

3.3.5 标准养护室应配置一定数量的试件存放架,其刚度、尺寸应满足使用要求,且方便存取。

3.3.6 办公室一般应配置计算机、打印机、复印机、空调等设备,以具备良好的工作和网络通讯条件。

3.3.7 资料室应配置一定数量的金属资料柜,并应采取防潮、防虫等措施。

3.3.8 工地试验室应配置一定数量的交通工具,满足检测工作需要。

3.4 体系和文化建设

3.4.1 工地试验室应依据母体检测机构的质量体系文件,结合工程特点,编制简洁、适用、针对性和操作性强的质量体系文件及各项管理制度。

3.4.2 管理制度一般包括试验室工作职责、主要岗位人员职责、试验检测工作制度、人员管理制度、仪器设备管理制度、样品管理制度、档案资料管理制度、安全生产管理制度、工作环境管理制度等。

3.4.3 工地试验室应加强质量体系文件和各项管理制度的宣贯工作,并予以记录。

3.4.4 工地试验室应积极营造"诚实守信、科学规范"的工地检测文化氛围,将"科学、客观、严谨、公正"的理念,融入到具体试验检测工作中。

4 工地试验室管理

4.1 人员管理

4.1.1 工地试验室应加强试验检测人员考勤管理,确保日常工作有效开展。

4.1.2 工地试验室应保持试验检测人员相对稳定,因特殊情况确需变动的,应由母体检测机构报经建设单位同意,并向项目质监机构备案。

4.1.3 工地试验室应将试验检测人员的姓名、岗位、照片等信息予以公开。试验检测人员进行作业时应统一着装并挂牌上岗。

4.1.4 工地试验室应重视试验检测人员劳动保护工作。试验检测人员在进行有毒、有腐蚀性、有强噪声等试验操作时,必须按要求佩戴相应的防护用具。

4.1.5 工地试验室应制定全员学习培训计划,定期或不定期地组织学习有关政策、质量体系文件、标准规范规程以及试验检测操作技能、职业素养等知识,不断提高试验检测人员综合能力和水平。

4.1.6 工地试验室应按照规定及时对试验检测人员进行年度信用评价。

4.2 设备管理

4.2.1 工地试验室应制定仪器设备管理制度,一般应包括采购、验收、检定/校准、使用维护、故障处理、核实降级与质量处理、仪器设备档案管理等制度。

4.2.2 仪器设备经检定/校准或功能检验合格后方可投入使用。工地试验室应编制仪器设备的检定/校准计划,通过检定/校准和功能检验等方式对仪器设备进行量值溯源管理。

4.2.3 仪器设备在检定/校准周期内如存在修理、搬运、移动等情况,应重新进行检定/校准。对于性能不稳定、使用频率高和进行现场检测的仪器设备,以及在恶劣环境下使用的仪器设备应进行期间核查。

4.2.4 仪器设备应实施标识管理,分为管理状态标识和使用状态标识:管理状态标识包括设备名称、编号、生产厂商、型号、操作人员和保管人员等信息;使用状态标识分为"合格""准用""停用"三种,分别用"绿""黄""红"三色标签进行标识。

4.2.5 在使用仪器设备过程中,相关人员应注意人身和设备安全,使用完毕应切断电源、清扫现场,保持仪器设备的清洁。使用仪器设备时应按要求填写使用记录。

4.2.6 仪器设备应定期进行维护和保养,并按要求填写维护保养记录。

4.2.7 化学试剂(危险品)存放地点应按有关规定设置,并严格管理。

4.2.8 办公设备和交通工具应加强日常管理和维护,确保使用状态良好。

4.3 环境管理

4.3.1 工地试验室应保持室内外环境干净、整洁,日常清扫及检查工作应落实到人。

4.3.2 工地试验室产生的废水、废气、废渣应安全排放。试验废水应经沉淀后方能排放,化学废液应进行中和处理后方能排放。试验固体废弃物应集中存放,定期清理到指定位置,不得随意摆放、丢弃。

4.3.3 工地试验室的消防设施应有专人管理,并定期对灭火器材进行检查,始终保持有效。

4.4 档案管理

4.4.1 工地试验室应对相关资料分类建档,便于管理和查询。档案资料应及时填写、整理和归档。

4.4.2 人员档案应一人一档,内容包括个人简历、身份证件、毕业证、职称证、资格证、劳动合同、任职文件、培训和考核记录等。

4.4.3 设备档案一般应按一台一档建立,对于同类型的多个小型仪器设备可集中建立一套档案,但每个仪器均应进行唯一性编号。设备档案包括设备履历表、出厂合格证、产品说明书、历次检定/校准证书或记录、维修保养记录、使用记录等内容。

4.4.4 试验检测台账分为管理和技术台账。管理台账一般包括人员、设备、标准规范等台账;技术台账一般包括原材料进场台账、样品台账、试验/检测台账、不合格材料台账、外委试验台账等。台账应格式统一、简洁适用、信息齐全,台账的填写和统计应及时、规范。

4.4.5 试验检测数据报告的格式和要素、记录表和报告的编制应符合《公路试验检测数据报告编制导则》(JT/T 828—2012)要求。试验记录一律用蓝、黑色钢笔或签字笔书写,字迹应清晰、工整,试验报告结论表述应规范、准确。

4.4.6 工地试验室应根据工程内容配齐试验检测工作所需的标准、规范和规程,并进行控制管理；及时进行查新更新，确保在用标准规范有效。

4.4.7 工地试验室应注意收集隐蔽工程、关键部位的工程质量检验图片及影像资料，及时整理归档。

4.4.8 工地试验室应按相关要求做好文件的收发、登记和流转工作。

4.5 样品管理

4.5.1 工地试验室应制定样品管理制度，对样品的取样、运输、标识、存储、留样及处置等全过程实施严格的控制和管理。

4.5.2 样品的取样方法、数量应符合规范、规程要求，满足试验过程需要。如有必要，在取样的同时要留存满足复验需要的样品。取样应具有代表性，并有相应记录。

4.5.3 样品应进行唯一性标识，确保在流转过程中不发生混淆且具有可追溯性。样品标识信息应完整、规范。样品在流转过程中应标明流转状态。

4.5.4 试验结束后，如无异议，工地试验室应按有关规定对试验样品进行处置，处置过程应符合安全和环保要求。如需留样，样品的留存方法、数量和期限等应符合有关规定，留存样品应有留样记录。

4.6 外委管理

4.6.1 工地试验室应加强外委试验管理，超出母体检测机构授权范围的试验检测项目和参数应进行外委，外委试验应向项目建设单位报备。

4.6.2 接受外委试验的检测机构应取得"公路水运工程试验检测机构等级证书"（含相应参数）、通过计量认证（含相应参数）且上年度信用等级为B级及以上。工地试验室应将接受外委试验的检测机构的有关证书复印件存档备查。

4.6.3 外委试验取样、送样过程应进行见证。工地试验室应对外委试验结果进行确认。

4.6.4 工程建设项目的同一合同段中的施工、监理单位和检测机构不得将外委试验委托给同一家检测机构。

4.7 其他要求

4.7.1 工地试验室应加强质量控制和管理，确保工地试验检测活动规范有效，试验检测数据客观准确。严禁编造虚假数据、记录和报告，严禁代签试验检测报告。

4.7.2 工地试验室应按有关规范和合同文件规定的频率开展试验检测工作。

4.7.3 试验检测操作应严格按照试验检测规程进行。试验检测所需的环境条件应满足有关标准、规范和规程要求。

4.7.4 工地试验室应加强岗位技术培训，积极参加项目质监机构、建设单位组织的能力验证等活动，持续提高业务技能。

4.7.5 工地试验室应重视试验检测信息化建设。鼓励质监机构或项目建设单位构建统一的试验检测信息化管理平台，平台建设应考虑运用数据资源共享、遏制数据造假、远程监控等功能。

4.7.6 母体检测机构应定期对授权工地试验室进行检查指导，确保授权工作规范有效，检查过程应有记录，检查结果应有落实和反馈。

附录 8

检验检测机构资质认定管理办法

(2015 年 4 月 9 日 国家质量监督检验检疫总局令第 163 号)

第一章 总 则

第一条 为了规范检验检测机构资质认定工作,加强对检验检测机构的监督管理,根据《中华人民共和国计量法》及其实施细则、《中华人民共和国认证认可条例》等法律、行政法规的规定,制定本办法。

第二条 本办法所称检验检测机构,是指依法成立,依据相关标准或者技术规范,利用仪器设备、环境设施等技术条件和专业技能,对产品或者法律法规规定的特定对象进行检验检测的专业技术组织。

本办法所称资质认定,是指省级以上质量技术监督部门依据有关法律法规和标准、技术规范的规定,对检验检测机构的基本条件和技术能力是否符合法定要求实施的评价许可。

资质认定包括检验检测机构计量认证。

第三条 检验检测机构从事下列活动,应当取得资质认定:

(一)为司法机关作出的裁决出具具有证明作用的数据、结果的;

(二)为行政机关作出的行政决定出具具有证明作用的数据、结果的;

(三)为仲裁机构作出的仲裁决定出具具有证明作用的数据、结果的;

(四)为社会经济、公益活动出具具有证明作用的数据、结果的;

(五)其他法律法规规定应当取得资质认定的。

第四条 在中华人民共和国境内从事向社会出具具有证明作用的数据、结果的检验检测活动以及对检验检测机构实施资质认定和监督管理,应当遵守本办法。

法律、行政法规另有规定的,依照其规定。

第五条 国家质量监督检验检疫总局主管全国检验检测机构资质认定工作。

国家认证认可监督管理委员会(以下简称国家认监委)负责检验检测机构资质认定的统一管理、组织实施、综合协调工作。

各省、自治区、直辖市人民政府质量技术监督部门(以下简称省级资质认定部门)负责所辖区域内检验检测机构的资质认定工作;

县级以上人民政府质量技术监督部门负责所辖区域内检验检测机构的监督管理工作。

第六条 国家认监委依据国家有关法律法规和标准、技术规范的规定,制定检验检测机构资质认定基本规范、评审准则以及资质认定证书和标志的式样,并予以公布。

第七条 检验检测机构资质认定工作应当遵循统一规范、客观公正、科学准确、公平公开的原则。

第二章 资质认定条件和程序

第八条 国务院有关部门以及相关行业主管部门依法成立的检验检测机构,其资质认定由国家认监委负责组织实施;其他检验检测机构的资质认定,由其所在行政区域的省级资质认定部门负责组织实施。

第九条 申请资质认定的检验检测机构应当符合以下条件:
(一)依法成立并能够承担相应法律责任的法人或者其他组织;
(二)具有与其从事检验检测活动相适应的检验检测技术人员和管理人员;
(三)具有固定的工作场所,工作环境满足检验检测要求;
(四)具备从事检验检测活动所必需的检验检测设备设施;
(五)具有并有效运行保证其检验检测活动独立、公正、科学、诚信的管理体系;
(六)符合有关法律法规或者标准、技术规范规定的特殊要求。

第十条 检验检测机构资质认定程序:
(一)申请资质认定的检验检测机构(以下简称申请人),应当向国家认监委或者省级资质认定部门(以下统称资质认定部门)提交书面申请和相关材料,并对其真实性负责;
(二)资质认定部门应当对申请人提交的书面申请和相关材料进行初审,自收到之日起5个工作日内作出受理或者不予受理的决定,并书面告知申请人;
(三)资质认定部门应当自受理申请之日起45个工作日内,依据检验检测机构资质认定基本规范、评审准则的要求,完成对申请人的技术评审。技术评审包括书面审查和现场评审。技术评审时间不计算在资质认定期限内,资质认定部门应当将技术评审时间书面告知申请人。由于申请人整改或者其他自身原因导致无法在规定时间内完成的情况除外;
(四)资质认定部门应当自收到技术评审结论之日起20个工作日内,作出是否准予许可的书面决定。准予许可的,自作出决定之日起10个工作日内,向申请人颁发资质认定证书。不予许可的,应当书面通知申请人,并说明理由。

第十一条 资质认定证书有效期为6年。
需要延续资质认定证书有效期的,应当在其有效期届满3个月前提出申请。
资质认定部门根据检验检测机构的申请事项、自我声明和分类监管情况,采取书面审查或者现场评审的方式,作出是否准予延续的决定。

第十二条 有下列情形之一的,检验检测机构应当向资质认定部门申请办理变更手续:
(一)机构名称、地址、法人性质发生变更的;
(二)法定代表人、最高管理者、技术负责人、检验检测报告授权签字人发生变更的;
(三)资质认定检验检测项目取消的;
(四)检验检测标准或者检验检测方法发生变更的;
(五)依法需要办理变更的其他事项。
检验检测机构申请增加资质认定检验检测项目或者发生变更的事项影响其符合资质认定条件和要求的,依照本办法第十条规定的程序实施。

第十三条 资质认定证书内容包括:发证机关、获证机构名称和地址、检验检测能力范围、有效期限、证书编号、资质认定标志。

检验检测机构资质认定标志，由 China Inspection Body and Laboratory Mandatory Approval 的英文缩写 CMA 形成的图案和资质认定证书编号组成。式样如下：

第十四条 外方投资者在中国境内依法成立的检验检测机构，申请资质认定时，除应当符合本办法第九条规定的资质认定条件外，还应当符合我国外商投资法律法规的有关规定。

第十五条 检验检测机构依法设立的从事检验检测活动的分支机构，应当符合本办法第九条规定的条件，取得资质认定后，方可从事相关检验检测活动。

资质认定部门可以根据具体情况简化技术评审程序、缩短技术评审时间。

第三章 技术评审管理

第十六条 资质认定部门根据技术评审需要和专业要求，可以自行或者委托专业技术评价机构组织实施技术评审。

资质认定部门或者其委托的专业技术评价机构组织现场技术评审时，应当指派两名以上与技术评审内容相适应的评审员组成评审组，并确定评审组组长。必要时，可以聘请相关技术专家参加技术评审。

第十七条 评审组应当严格按照资质认定基本规范、评审准则开展技术评审活动，在规定时间内出具技术评审结论。

专业技术评价机构、评审组应当对其承担的技术评审活动和技术评审结论的真实性、符合性负责，并承担相应法律责任。

第十八条 评审组在技术评审中发现有不符合要求的，应当书面通知申请人限期整改，整改期限不得超过30个工作日。逾期未完成整改或者整改后仍不符合要求的，相应评审项目应当判定为不合格。

评审组在技术评审中发现申请人存在违法行为的，应当及时向资质认定部门报告。

第十九条 资质认定部门应当建立并完善评审员专业技能培训、考核、使用和监督制度。

第二十条 资质认定部门应当对技术评审活动进行监督，建立责任追究机制。

资质认定部门委托专业技术评价机构组织开展技术评审的，应当对专业技术评价机构及其组织的技术评审活动进行监督。

第二十一条 专业技术评价机构、评审员在评审活动中有下列情形之一的，资质认定部门可以根据情节轻重，作出告诫、暂停或者取消其从事技术评审活动的处理：

（一）未按照资质认定基本规范、评审准则规定的要求和时间实施技术评审的；

（二）对同一检验检测机构既从事咨询又从事技术评审的；

（三）与所评审的检验检测机构有利害关系或者其评审可能对公正性产生影响，未进行回避的；

(四)透露工作中所知悉的国家秘密、商业秘密或者技术秘密的;
(五)向所评审的检验检测机构谋取不正当利益的;
(六)出具虚假或者不实的技术评审结论的。

第四章　检验检测机构从业规范

第二十二条　检验检测机构及其人员从事检验检测活动,应当遵守国家相关法律法规的规定,遵循客观独立、公平公正、诚实信用原则,恪守职业道德,承担社会责任。

第二十三条　检验检测机构及其人员应当独立于其出具的检验检测数据、结果所涉及的利益相关各方,不受任何可能干扰其技术判断因素的影响,确保检验检测数据、结果的真实、客观、准确。

第二十四条　检验检测机构应当定期审查和完善管理体系,保证其基本条件和技术能力能够持续符合资质认定条件和要求,并确保管理体系有效运行。

第二十五条　检验检测机构应当在资质认定证书规定的检验检测能力范围内,依据相关标准或者技术规范规定的程序和要求,出具检验检测数据、结果。

检验检测机构出具检验检测数据、结果时,应当注明检验检测依据,并使用符合资质认定基本规范、评审准则规定的用语进行表述。

检验检测机构对其出具的检验检测数据、结果负责,并承担相应法律责任。

第二十六条　从事检验检测活动的人员,不得同时在两个以上检验检测机构从业。

检验检测机构授权签字人应当符合资质认定评审准则规定的能力要求。非授权签字人不得签发检验检测报告。

第二十七条　检验检测机构不得转让、出租、出借资质认定证书和标志;不得伪造、变造、冒用、租借资质认定证书和标志;不得使用已失效、撤销、注销的资质认定证书和标志。

第二十八条　检验检测机构向社会出具具有证明作用的检验检测数据、结果的,应当在其检验检测报告上加盖检验检测专用章,并标注资质认定标志。

第二十九条　检验检测机构应当按照相关标准、技术规范以及资质认定评审准则规定的要求,对其检验检测的样品进行管理。

检验检测机构接受委托送检的,其检验检测数据、结果仅证明样品所检验检测项目的符合性情况。

第三十条　检验检测机构应当对检验检测原始记录和报告归档留存,保证其具有可追溯性。

原始记录和报告的保存期限不少于 6 年。

第三十一条　检验检测机构需要分包检验检测项目时,应当按照资质认定评审准则的规定,分包给依法取得资质认定并有能力完成分包项目的检验检测机构,并在检验检测报告中标注分包情况。

具体分包的检验检测项目应当事先取得委托人书面同意。

第三十二条　检验检测机构及其人员应当对其在检验检测活动中所知悉的国家秘密、商业秘密和技术秘密负有保密义务,并制定实施相应的保密措施。

第五章 监督管理

第三十三条 国家认监委组织对检验检测机构实施监督管理,对省级资质认定部门的资质认定工作进行监督和指导。

省级资质认定部门自行或者组织地(市)、县级质量技术监督部门对所辖区域内的检验检测机构进行监督检查,依法查处违法行为;定期向国家认监委报送年度资质认定工作情况、监督检查结果、统计数据等相关信息。

地(市)、县级质量技术监督部门对所辖区域内的检验检测机构进行监督检查,依法查处违法行为,并将查处结果上报省级资质认定部门。涉及国家认监委或者其他省级资质认定部门的,由其省级资质认定部门负责上报或者通报。

第三十四条 资质认定部门根据检验检测专业领域风险程度、检验检测机构自我声明、认可机构认可以及监督检查、举报投诉等情况,建立检验检测机构诚信档案,实施分类监管。

第三十五条 检验检测机构应当按照资质认定部门的要求,参加其组织开展的能力验证或者比对,以保证持续符合资质认定条件和要求。

鼓励检验检测机构参加有关政府部门、国际组织、专业技术评价机构组织开展的检验检测机构能力验证或者比对。

第三十六条 资质认定部门应当在其官方网站上公布取得资质认定的检验检测机构信息,并注明资质认定证书状态。

国家认监委应当建立全国检验检测机构资质认定信息查询平台,以便社会查询和监督。

第三十七条 检验检测机构应当定期向资质认定部门上报包括持续符合资质认定条件和要求、遵守从业规范、开展检验检测活动等内容的年度报告,以及统计数据等相关信息。

检验检测机构应当在其官方网站或者以其他公开方式,公布其遵守法律法规、独立公正从业、履行社会责任等情况的自我声明,并对声明的真实性负责。

第三十八条 资质认定部门可以根据监督管理需要,就有关事项询问检验检测机构负责人和相关人员,发现存在问题的,应当给予告诫。

第三十九条 检验检测机构有下列情形之一的,资质认定部门应当依法办理注销手续:

(一)资质认定证书有效期届满,未申请延续或者依法不予延续批准的;
(二)检验检测机构依法终止的;
(三)检验检测机构申请注销资质认定证书的;
(四)法律法规规定应当注销的其他情形。

第四十条 对检验检测机构、专业技术评价机构或者资质认定部门及相关人员的违法违规行为,任何单位和个人有权举报。相关部门应当依据各自职责及时处理,并为举报人保密。

第六章 法律责任

第四十一条 检验检测机构未依法取得资质认定,擅自向社会出具具有证明作用数据、结果的,由县级以上质量技术监督部门责令改正,处3万元以下罚款。

第四十二条 检验检测机构有下列情形之一的,由县级以上质量技术监督部门责令其1个月内改正;逾期未改正或者改正后仍不符合要求的,处1万元以下罚款:

(一)违反本办法第二十五条、第二十八条规定出具检验检测数据、结果的;
(二)未按照本办法规定对检验检测人员实施有效管理,影响检验检测独立、公正、诚信的;
(三)未按照本办法规定对原始记录和报告进行管理、保存的;
(四)违反本办法和评审准则规定分包检验检测项目的;
(五)未按照本办法规定办理变更手续的;
(六)未按照资质认定部门要求参加能力验证或者比对的;
(七)未按照本办法规定上报年度报告、统计数据等相关信息或者自我声明内容虚假的;
(八)无正当理由拒不接受、不配合监督检查的。

第四十三条 检验检测机构有下列情形之一的,由县级以上质量技术监督部门责令整改,处3万元以下罚款:
(一)基本条件和技术能力不能持续符合资质认定条件和要求,擅自向社会出具具有证明作用数据、结果的;
(二)超出资质认定证书规定的检验检测能力范围,擅自向社会出具具有证明作用数据、结果的;
(三)出具的检验检测数据、结果失实的;
(四)接受影响检验检测公正性的资助或者存在影响检验检测公正性行为的;
(五)非授权签字人签发检验检测报告的。
前款规定的整改期限不超过3个月。整改期间,检验检测机构不得向社会出具具有证明作用的检验检测数据、结果。

第四十四条 检验检测机构违反本办法第二十七条规定的,由县级以上质量技术监督部门责令改正,处3万元以下罚款。

第四十五条 检验检测机构有下列情形之一的,资质认定部门应当撤销其资质认定证书:
(一)未经检验检测或者以篡改数据、结果等方式,出具虚假检验检测数据、结果的;
(二)违反本办法第四十三条规定,整改期间擅自对外出具检验检测数据、结果,或者逾期未改正、改正后仍不符合要求的;
(三)以欺骗、贿赂等不正当手段取得资质认定的;
(四)依法应当撤销资质认定证书的其他情形。
被撤销资质认定证书的检验检测机构,三年内不得再次申请资质认定。

第四十六条 检验检测机构申请资质认定时提供虚假材料或者隐瞒有关情况的,资质认定部门不予受理或者不予许可。检验检测机构在一年内不得再次申请资质认定。

第四十七条 从事资质认定和监督管理的人员,在工作中滥用职权、玩忽职守、徇私舞弊的,依法予以处理;构成犯罪的,依法追究刑事责任。

第七章 附 则

第四十八条 资质认定收费,依据国家有关规定执行。

第四十九条 本办法由国家质量监督检验检疫总局负责解释。

第五十条 本办法自2015年8月1日起施行。国家质量监督检验检疫总局于2006年2月21日发布的《实验室和检查机构资质认定管理办法》同时废止。

附录 9

公路水运工程试验检测专业技术人员职业资格制度规定

（2015年6月23日　人力资源社会保障部　交通运输部　人社部发〔2015〕59号）

第一章　总　　则

第一条　为加强公路水运工程试验检测专业技术人员队伍建设，提高试验检测专业技术人员素质，根据《中华人民共和国公路法》、《中华人民共和国港口法》、《中华人民共和国航道法》和国家职业资格证书制度的有关规定，制定本规定。

第二条　本规定所称试验检测专业技术人员是指在公路水运工程领域从事试验检测专业活动的技术人员。

第三条　国家设立公路水运工程试验检测专业技术人员水平评价类职业资格制度，纳入全国专业技术人员职业资格证书制度统一规划，面向全社会提供公路水运工程试验检测专业技术人员能力水平评价服务。评价结果与工程系列相应级别职称有效衔接，为用人单位科学使用公路水运工程试验检测专业技术人才提供依据。

第四条　公路水运工程试验检测专业技术人员职业资格（以下简称公路水运工程试验检测职业资格）包括道路工程、桥梁隧道工程、交通工程、水运结构与地基、水运材料5个专业，分为助理试验检测师和试验检测师2个级别。助理试验检测师和试验检测师职业资格实行考试的评价方式。

公路水运工程试验检测专业技术人员英文译为：Highway and Waterway Testing & Inspection Professionals。

第五条　通过公路水运工程助理试验检测师和试验检测师职业资格考试，并取得相应级别职业资格证书的人员，表明其已具备从事公路水运工程试验检测专业相应级别专业技术岗位工作的能力。

第六条　人力资源社会保障部、交通运输部共同负责公路水运工程试验检测职业资格制度的政策规定，并按职责分工对职业资格制度的实施进行指导、监督和检查。

交通运输部职业资格中心具体承担公路水运工程试验检测职业资格评价工作。

第二章　考　　试

第七条　公路水运工程助理试验检测师和试验检测师职业资格考试，统一大纲、统一命题、统一组织。原则上每年举行一次考试。

第八条　交通运输部职业资格中心负责公路水运工程助理试验检测师和试验检测师职业资格考试的组织和实施工作。组织成立考试专家委员会，研究拟定考试科目、考试大纲、考试试题和考试合格标准。

第九条 人力资源社会保障部、交通运输部对交通运输部职业资格中心实施的考试工作进行监督和检查,指导交通运输部职业资格中心确定公路水运工程助理试验检测师和试验检测师职业资格考试科目、考试大纲、考试试题和考试合格标准。

第十条 遵守国家法律、法规,恪守职业道德,并符合公路水运工程助理试验检测师和试验检测师职业资格考试报名条件的人员,均可申请参加相应级别职业资格考试。

第十一条 符合下列条件之一者,可报考公路水运工程助理试验检测师职业资格考试:

(一)取得中专或高中学历,累计从事公路水运工程试验检测专业工作满 4 年;

(二)取得工学、理学、管理学学科门类专业大专学历,累计从事公路水运工程试验检测专业工作满 2 年;或者取得其他学科门类专业大专学历,累计从事公路水运工程试验检测专业工作满 3 年;

(三)取得工学、理学、管理学学科门类专业大学本科及以上学历或学位;或者取得其他学科门类专业大学本科学历,从事公路水运工程试验检测专业工作满 1 年。

第十二条 符合下列条件之一者,可报考公路水运工程试验检测师职业资格考试:

(一)取得中专或者高中学历,并取得公路水运工程助理试验检测师证书后,从事公路水运工程试验检测专业工作满 6 年;

(二)取得工学、理学、管理学学科门类专业大专学历,累计从事公路水运工程试验检测专业工作满 6 年;

(三)取得工学、理学、管理学学科门类专业大学本科学历或者学位,累计从事公路水运工程试验检测专业工作满 4 年;

(四)取得含工学、理学、管理学学科门类专业在内的双学士学位或者工学、理学、管理学学科门类专业研究生班毕业,累计从事公路水运工程试验检测专业工作满 2 年;

(五)取得工学、理学、管理学学科门类专业硕士学位,累计从事公路水运工程试验检测专业工作满 1 年;

(六)取得工学、理学、管理学学科门类专业博士学位;

(七)取得其他学科门类专业的上述学历或者学位人员,累计从事公路水运工程试验检测专业工作年限相应增加 1 年。

第十三条 公路水运工程试验检测职业资格考试合格,由交通运输部职业资格中心颁发人力资源社会保障部、交通运输部监制,交通运输部职业资格中心用印的相应级别《中华人民共和国公路水运工程试验检测专业技术人员职业资格证书》(以下简称公路水运工程试验检测职业资格证书)。该证书在全国范围有效。

第十四条 对以不正当手段取得公路水运工程试验检测职业资格证书的,按照国家专业技术人员资格考试违纪违规行为处理规定处理。

第三章 职业能力

第十五条 取得公路水运工程试验检测职业资格证书的人员,应当遵守国家法律和相关法规,维护国家和社会公共利益,恪守职业道德。

第十六条 取得公路水运工程助理试验检测师职业资格证书的人员,应当具备的职业能力:

（一）了解公路水运工程行业管理的法律法规和规章制度，熟悉公路水运工程试验检测管理的规定和实验室管理体系知识；

（二）熟悉主要的工程技术标准、规范、规程；掌握所从事试验检测专业方向的试验检测方法和结果判定标准，较好识别和解决试验检测专业工作中的常见问题；

（三）独立完成常规性公路水运工程试验检测工作；

（四）编制试验检测报告。

第十七条 取得公路水运工程试验检测师职业资格证书的人员，应当具备的职业能力：

（一）熟悉公路水运工程行业管理的法律法规、规章制度，工程技术标准、规范和规程；掌握试验检测原理；掌握实验室管理体系知识和所从事试验检测专业方向的试验检测方法和结果判定标准；

（二）了解国内外工程试验检测行业的发展趋势，有较强的试验检测专业能力，独立完成较为复杂的试验检测工作和解决突发问题；

（三）熟练编制试验检测方案、组织实施试验检测活动、进行试验检测数据分析、编制和审核试验检测报告；

（四）指导本专业助理试验检测师工作。

第十八条 取得公路水运工程试验检测职业资格证书的人员，应当按照国家专业技术人员继续教育有关规定自觉接受继续教育，更新专业知识，不断提高职业素质和试验检测专业工作能力。

第四章 登 记

第十九条 公路水运工程试验检测职业资格证书实行登记制度。登记具体工作由交通运输部职业资格中心负责。登记情况应向社会公布。

第二十条 登记机构应建立持证人员的从业信息和诚信档案，并为用人单位提供查询服务。

第二十一条 取得公路水运工程试验检测职业资格证书的人员，在工作中违反相关法律、法规、规章或者职业道德，造成不良影响的，取消登记并由交通运输部职业资格中心收回其职业资格证书。

第二十二条 公路水运工程试验检测职业资格考试机构和登记机构在工作中，应当严格遵守国家和本行业的有关各项管理规定。

第五章 附 则

第二十三条 通过考试取得公路水运工程试验检测职业资格证书，且符合《工程技术人员职务试行条例》中助理工程师或者工程师任职条件的人员，用人单位可根据工作需要聘任其相应级别工程专业技术职务。

第二十四条 本规定施行前，依据《公路水运工程试验检测管理办法》（交通部令2005年第12号）及相应试验检测人员考试办法要求，取得的试验检测员、试验检测工程师证书效用不变。

第二十五条 本规定自2015年9月1日起施行。

附录 10

公路水运工程试验检测专业技术人员职业资格考试实施办法

(2015 年 6 月 23 日　人力资源社会保障部　交通运输部　人社部发〔2015〕59 号)

第一条　人力资源社会保障部、交通运输部按照职责分工负责指导、监督和检查公路水运工程助理试验检测师、试验检测师职业资格考试的实施工作。

第二条　交通运输部职业资格中心具体负责公路水运工程助理试验检测师、试验检测师职业资格考试的实施工作。

第三条　公路水运工程助理试验检测师、试验检测师均设公共基础科目和专业科目,专业科目为《道路工程》《桥梁隧道工程》《交通工程》《水运结构与地基》和《水运材料》。公共基础科目考试时间为 120 分钟,专业科目考试时间为 150 分钟。

第四条　公路水运工程助理试验检测师、试验检测师考试成绩均实行 2 年为一个周期的滚动管理。在连续 2 个考试年度内,参加公共基础科目和任一专业科目的考试并合格,可取得相应专业和级别的公路水运工程试验检测专业技术人员职业资格证书。

第五条　符合《公路水运工程试验检测专业技术人员职业资格制度规定》规定的助理试验检测师、试验检测师职业资格考试报名条件者均可申请参加相应级别和专业类别的考试。

第六条　参加考试由本人提出申请,按有关规定办理报名手续。考试实施机构按规定的程序和报名条件审核合格后,核发准考证。参加考试人员凭准考证和有效证件在指定的日期、时间和地点参加考试。

中央和国务院各部门所属单位、中央管理企业的人员按属地原则报名参加考试。

第七条　公路水运工程助理试验检测师、试验检测师职业资格考试的考点原则上设在直辖市和省会城市的大、中专院校或者高考定点学校。如确需在其他城市设置考点,须经交通运输部职业资格中心批准。考试日期原则上为每年的第三季度。

第八条　坚持考试与培训分开的原则。凡参与考试工作(包括命题、审题与组织管理等)的人员,不得参加考试,也不得参加或者举办与考试内容相关的培训工作。应考人员参加培训坚持自愿原则。

第九条　考试实施机构及工作人员应当严格执行考试工作的各项规章制度,遵守考试工作纪律,切实做好从考试试题的命制到使用等各环节的安全保密工作,严防泄密。

第十条　对违反考试工作纪律和有关规定的人员,按照国家专业技术人员资格考试违纪违规行为处理规定处理。

附录 11

公路水运工程试验检测信用评价办法

(2018 年 6 月 15 日　交通运输部　交安监发〔2018〕78 号)

第一章　总　　则

第一条　为加强公路水运工程试验检测管理和信用体系建设,增强试验检测机构和人员诚信意识,促进试验检测市场健康有序发展,营造诚信守法的检测市场环境,依据《建设工程质量管理条例》《港口工程建设管理规定》《航道建设管理规定》《公路建设市场管理办法》《水运建设市场监督管理办法》和《公路水运工程试验检测管理办法》,制定本办法。

第二条　本办法所称信用评价是指交通运输主管部门对持有公路水运工程试验检测师或助理试验检测师(试验检测工程师或试验检测员)资格证书的试验检测从业人员(以下简称检测人员)和取得公路水运工程试验检测等级证书并承担公路水运工程试验、检测及监测业务的试验检测机构的从业承诺履行状况等诚信行为的综合评价。

第三条　信用评价应遵循公开、客观、公正、科学的原则。

第四条　交通运输部负责公路水运工程试验检测机构和人员信用评价工作的统一管理。负责持有试验检测师(试验检测工程师)资格证书的检测人员和取得公路水运甲级(专项)等级证书并承担高速公路、独立特大桥、长大隧道及大中型水运工程试验、检测及监测业务试验检测机构的信用评价和信用评价结果的发布。交通运输部工程质量监督机构(以下简称部质监机构)负责信用评价的具体组织实施工作。

省级交通运输主管部门负责在本行政区域内从事公路水运工程试验检测业务的持有助理试验检测师(试验检测员)资格证书的检测人员和乙级、丙级试验检测机构信用评价工作的管理。省级交通运输主管部门所属的质量监督机构(以下简称省级交通质监机构)负责信用评价的具体组织实施工作。

上一级质监机构应当对下一级质监机构信用评价工作进行监督检查。

第五条　信用评价周期为 1 年,评价的时间段从 1 月 1 日至 12 月 31 日。评价结果定期公示、公布。

第二章　试验检测机构信用评价

第六条　试验检测机构的信用评价实行综合评分制。试验检测机构设立的公路水运工程工地试验室(以下简称工地试验室)及单独签订合同承担的工程试验、检测及监测等现场试验检测项目(以下简称现场检测项目)的信用评价,是信用评价的组成部分。

评价标准见《公路水运工程试验检测机构信用评价标准》(附件 1)和《公路水运工程工地试验室及现场检测项目信用评价标准》(附件 2)。

第七条 试验检测机构、工地试验室及现场检测项目的信用评价基准分为 100 分。试验检测机构的综合得分按附件 4 的公式计算。

第八条 试验检测机构信用评价分为 AA、A、B、C、D 五个等级，评分对应的信用等级分别为：

AA 级：信用评分≥95 分，信用好；

A 级：85 分≤信用评分＜95 分，信用较好；

B 级：70 分≤信用评分＜85 分，信用一般；

C 级：60 分≤信用评分＜70 分，信用较差；

D 级：信用评分＜60 分或直接确定为 D 级，信用差。

被评为 D 级的试验检测机构直接列入黑名单，并按《公路水运工程试验检测管理办法》等相关规定予以处理。

对被直接确定为 D 级的试验检测机构应当及时公布。

第九条 试验检测机构信用评价程序：

（一）试验检测机构应于次年 1 月中旬完成信用评价自评，并将自评表（附件 5）报其注册地的省级交通质监机构。

（二）工地试验室及现场检测项目，未完工的应于当年 12 月底前、已完工的应于项目完工时完成信用评价自评，并将自评表（附件 6）报项目业主；项目业主根据项目管理过程中所掌握的情况提出评价意见，于次年 1 月中旬将工地试验室、现场检测项目的评价意见和扣分依据材料以及发现的母体试验检测机构的失信行为以文件形式报负责该项目监督的质监机构，项目业主应对评价意见的客观性负责；负责项目监督的质监机构根据业主评价意见结合日常监督情况进行评价，评价结果于 1 月底前报省级交通质监机构。

（三）省级交通质监机构对工地试验室和现场检测项目信用评价结果进行复核评价。工地试验室和现场检测项目的授权机构或母体试验检测机构为外省区注册的，信用评价结果于 2 月上旬前转送其注册地省级交通质监机构。

省级交通质监机构对在本省注册的试验检测机构信用进行综合评分。属交通运输部发布范围的试验检测机构信用评价结果及相关资料，经省级交通运输主管部门审核后于 3 月中旬前报送部质监机构。属本省发布范围的试验检测机构的信用评价结果，由省级交通运输主管部门审定后于 4 月底前完成公示、公布。

（四）属交通运输部发布范围的试验检测机构信用评价结果，由部质监机构在汇总各省信用评价结果的基础上，结合掌握的相关信用信息进行复核评价，于 4 月底前在"信用交通"网站等交通运输主管部门指定的渠道向社会统一公示、公布。

第十条 质监机构用于复核评价的不良信用信息采集每年至少 1 次且要覆盖到评价标准的所有项。评价依据包括：

1. 检测机构自评情况；

2. 各级交通运输主管部门、质监机构开展事中事后监管活动中和建设单位、监理单位在工程建设管理中发现的失信行为；

3. 投诉举报查实的违规行为；

4. 交通运输主管部门或质监机构通报批评或行政处罚的失信行为；

5. 等级评定、换证复核中发现的失信行为；

6. 检测机构及其设立的工地试验室在各级质监机构、行业组织开展的比对试验活动中出现的失信行为；

7. 相关交通运输管理部门在公共信用信息服务平台中发布的有关行政处罚行为。

第三章 试验检测人员信用评价

第十一条 试验检测人员信用评价实行累计扣分制，评价标准见《公路水运工程试验检测人员信用评价标准》（附件3），评价表见《试验检测人员信用评价表》（附件7）。

第十二条 评价周期内累计扣分分值大于等于20分，小于40分的试验检测人员信用等级为信用较差；扣分分值大于等于40分的试验检测人员信用等级为信用差。

连续2年信用等级被评为信用较差的试验检测人员，其当年信用等级为信用差。

被确定为信用差的试验检测人员列入黑名单。

第十三条 在评价周期内，试验检测人员在不同项目和不同工作阶段发生的违规行为累计扣分。一个具体行为涉及两项以上违规行为的，以扣分标准高者为准。

第十四条 各省级交通质监机构负责对在本省从业的试验检测人员进行信用评价。

试验检测师（试验检测工程师）的信用评价结果及相关资料经省级交通运输主管部门审核后于3月中旬前报送部质监机构。

跨省从业的助理试验检测师（试验检测员）的信用评价结果及相关资料于2月上旬前转送其注册地省级交通质监机构。

在本省注册的助理试验检测师（试验检测员）的信用评价结果，由省级交通运输主管部门审定后于4月底前完成公示、公布。

部质监机构对试验检测师（试验检测工程师）在全国范围内的扣分进行累加评价，于4月底前在"信用交通"网站等交通运输主管部门指定的渠道向社会统一公示、公布。

第四章 信用评价管理

第十五条 信用评价结果公布前应予以公示，公示期为10个工作日，最终确定的信用评价结果自正式公布之日起5年内，向社会提供公开查询。

第十六条 质监机构应指定专人负责试验检测机构和试验检测人员信用评价工作，及时完成相关信用信息的数据录入、整理、资料归档等工作。

第十七条 信用评价实行评价人员及评价机构负责人签认负责制，并接受上级部门及社会各界的监督。发现评价结果不符合实际情况的应予以纠正；发现在评价工作中徇私舞弊、打击报复、谋取私利的，按有关规定追究相关人员的责任。

第五章 附 则

第十八条 省级交通运输主管部门可根据本省实际情况，参照本办法制定实施细则。实施细则报交通运输部备案。

第十九条 本办法自2018年7月1日起施行，有效期5年。交通运输部于2009年6月25日发布的《公路水运工程试验检测信用评价办法（试行）》（交质监发〔2009〕318号）同时废止。

第二十条 本办法由交通运输部负责解释。

附件1

公路水运工程试验检测机构信用评价标准

序号	行为代码	失信行为	扣分标准	备注
1	JJC201001	租借试验检测等级证书承揽试验检测业务的	直接确定为D级	
2	JJC201002	以弄虚作假或其他违法形式骗取等级证书或承接业务的,伪造、涂改、转让等级证书的	直接确定为D级	
3	JJC201003	出具虚假数据报告并造成质量安全事故或质量标准降低的	直接确定为D级	
4	JJC201004	所设立的工地试验室及现场检测项目总得分为0分的	直接确定为D级	
5	JJC201005	存在虚假数据报告及其他虚假资料	扣10分/份、单次扣分不超过50分	
6	JJC201006	在《等级证书》注明的项目范围外出具试验检测报告且使用专用标识章的	扣5分/参数	
7	JJC201007	未对设立的工地试验室及现场检测项目有效监管的	扣10分/个	
8	JJC201008	聘用重复执业的检测人员从事试验检测工作的,或所聘用的试验检测人员被评为信用差的	扣10分/人	
9	JJC201009	报告签字人不具备资格;试验记录、报告存在代签事实的	扣2分/份、单次扣分不超过10分	
10	JJC201010	试验检测机构的变更未在规定期限内办理变更手续	扣5分/次	
11	JJC201011	评价期内,持证人员数量达不到相应等级标准要求	扣5分/(试验检测师·次)、扣3分/(助理试验检测师·次)	
12	JJC201012	评价期内,试验检测机构技术负责人、质量负责人上岗资格达不到相应等级要求	扣10分/人	
13	JJC201013	评价期内,试验检测设备配备不满足等级标准要求	必选设备扣10分/台;可选设备扣5分/台	
14	JJC201014	试验检测设备未按规定检定校准的	扣2分/台,单次扣分不超过20分	
15	JJC201015	试验检测环境达不到技术标准规定要求的	扣4分/处,单次扣分不超过20分	
16	JJC201016	试验检测记录或报告不规范,格式未做统一要求的,相关内容不完整的	扣3分/类,单次扣分不超过15分	
17	JJC201017	无故不参加质监机构组织的比对试验等能力验证活动的	扣10分/次	
18	JJC201018	存在严重失信行为,作为责任单位被部、省级交通运输及以上有关部门行政处罚的	直接确定为D级	
19	JJC201019	使用已过期的《等级证书》和专用标识章出具报告的	扣20分	

续上表

序号	行为代码	失信行为	扣分标准	备注
20	JJC201020	试验检测结论表述不正确的	扣5分/份	
21	JJC201021	试验检测记录报告使用标准不正确的	扣5分/类	
22	JJC201022	参加质监机构组织的比对试验等能力验证活动,结果为不满意的	扣5分/次	
23	JJC201023	参加质监机构组织的比对试验等能力验证时,无故遮挡或未显示试验数据的	扣15分/次	
24	JJC201024	对各级交通运输主管部门及质监机构提出的意见整改未闭合的	扣10分/次	

注:对失信行为的监督复查中,若仍存在同样问题应再次扣分。

附件2

公路水运工程工地试验室及现场检测项目信用评价标准

序号	行为代码	失信行为	扣分标准	备注
1	JJC202001	出虚假数据报告造成质量安全事故或质量标准降低的	扣100分	
2	JJC202002	存在虚假数据和报告及其他虚假资料的	扣10分/份,单次扣分不超过30分	
3	JJC202003	聘用重复执业试验检测人员从事试验检测工作的,或所聘用的试验检测人员被评为信用差的	扣10分/人	
4	JJC202004	工地试验室或授权负责人未经母体机构有效授权	扣20分	▲
5	JJC202005	授权负责人不是母体机构派出人员或长期不在岗的	扣10分	▲
6	JJC202006	超出授权范围开展业务	扣5分/参数	▲
7	JJC202007	未按规定或合同配备相应条件的试验检测人员或擅自变更试验检测人员	扣5分/(试验检测师·次)、3分/(助理试验检测师·次)	
8	JJC202008	未按规定或合同配备满足要求的仪器设备、设备未按规定检定校准的	扣2分/台,单次扣分不超过20分	
9	JJC202009	试验检测环境达不到技术标准规定要求的	扣2分/处,单次扣分不超过10分	
10	JJC202010	报告签字人不具备资格;试验记录、报告存在代签事实的	扣2分/份,单次扣分不超过10分	
11	JJC202011	试验检测原始记录信息及数据记录不全,结论不准确,试验检测报告不完整(含漏签、漏盖及错盖章),试验检测频率不满足规范或合同要求	扣3分/类	
12	JJC202012	未按规定上报发现的试验检测不合格事项或不合格报告	扣10分/次	
13	JJC202013	对各级监督部门提出的检查意见整改未闭合的或监督部门认定的监理工程师、项目业主提出的检查意见整改未闭合的	扣10分/项	
14	JJC202015	严重违反试验检测技术规程操作的	扣10分/项	
15	JJC202016	工地试验室未履行合同擅自撤离工地的	扣100分	
16	JJC202017	存在严重失信行为,作为责任单位被部、省级交通运输及以上有关部门通报批评或行政处罚的	扣20分/次	
17	JJC202018	未按规定参加信用评价的	扣40分	
18	JJC202019	试验样品管理存在人为选择性取样、样品流转工作失控、样品保管条件不满足要求、未按规定留样等不规范行为的	扣5分/项	
19	JJC202020	试验检测档案管理不规范	扣5分/项	

注:在对失信行为进行监督复查时,若仍存在同样问题应再次扣分。▲仅适用于工地试验室。

附件 3

公路水运工程试验检测人员信用评价标准

序号	行为代码	失信行为	扣分标准	备注
1	JJC203001	有关试验检测工作被司法部门认定构成犯罪的	扣40分	
2	JJC203002	出具虚假数据报告造成质量安全事故或质量标准降低的	扣40分	
3	JJC203003	出现JJC201001~JJC201006、JJC201018及JJC201019项行为对相应负责人的处理	JJC201001、JJC201002行为扣40分；JJC201003~JJC201006、JJC201018及JJC201019行为扣20分	
4	JJC203004	同时受聘于两个或两个以上试验检测机构的	扣20分	
5	JJC203005	授权检测工地人员资料虚假；出借试验检测人员资格证书的	扣40分/次	
6	JJC203006	在试验检测工作中，有徇私舞弊、吃拿卡要行为	扣20分/次	
7	JJC203007	利用工作之便推销建筑材料、构配件和设备的	扣20分/次	
8	JJC203009	出现JJC201007、JJC201014及JJC201015项行为的对技术或质量负责人的处理，出现JJC201008、JJC201010~JJC201013、JJC201017、JJC201023及JJC202005项行为的对行政负责人的处理	扣5分/项	
9	JJC203010	未按相关标准、规范、试验规程等要求开展试验检测工作，试验检测数据失真的	扣5分/次	
10	JJC203011	超出《等级证书》中规定项目范围进行试验检测活动并使用专用标识章的	扣5分/项	
11	JJC203012	出具虚假数据和报告的	扣10分/份	
12	JJC203013	越权签发、代签、漏签试验检测报告的	扣5分/类	
13	JJC203014	工地试验室信用评价得分<70分时对其授权负责人的处理	扣20分	
14	JJC203015	工地试验室有JJC202002、JJC202003、JJC202006、JJC202012、JJC202015项行为时对其授权负责人的处理	JJC202002、JJC202003行为扣5分/项；JJC202006、JJC202012、JJC202015行为扣4分/项	

附件4

试验检测机构信用评价综合得分计算公式

试验检测机构信用评价综合得分计算公式为:

$$W = W'(1-\gamma) + \frac{\gamma}{n} \cdot \sum_{i=1}^{n} W''_i$$

W——试验检测机构信用评价综合得分;
W'——母体机构得分;
W''——工地试验室及现场检测项目得分;
n——工地试验室及现场检测项目数;
γ——权重:

  $n = 0$ 时 $\gamma = 0$
  $n = 1 \sim 3$ 时 $\gamma = 0.3$
  $n = 4 \sim 6$ 时 $\gamma = 0.4$
  $n = 7 \sim 10$ 时 $\gamma = 0.6$
  $n > 10$ 时 $\gamma = 0.7$

附件 5

_____年度试验检测机构信用评价表

机构名称					（盖章）
机构等级	\multicolumn{5}{l}{1. 等级类型：　　　　　　　　2. 工地试验室及现场检测项目设立数量： 3. 等级证书编号：　　　　　　　4. 向社会提供试验检测服务合同额（万元）： 5. 联系电话：}
发证日期		试验检测师（人）		助理试验检测师（人）	
行政负责人	姓名	职称		持职业资格证书号	
技术负责人	姓名	职称		持职业资格证书号	
质量负责人	姓名	职称		持职业资格证书号	

机构评价情况

序号	行为代码	失信行为	扣分标准	自我评价	项目监督部门或市级质监机构评价	省级交通质监机构评价	部级质监机构复核评价	备注
1	JJC201001	租借试验检测等级证书承揽试验检测业务的	直接确定为D级	/				
2	JJC201002	以弄虚作假或其他违法形式骗取等级证书或承接业务的，伪造、涂改、转让等级证书的	直接确定为D级	/				
3	JJC201003	出具虚假数据报告并造成质量安全事故或质量标准降低的	直接确定为D级	/				
4	JJC201004	所设立的工地试验室及现场检测项目总得分为0分的	直接确定为D级	/				
5	JJC201005	存在虚假数据报告及其他虚假资料	扣10分/份、单次扣分不超过50分					
6	JJC201006	在《等级证书》注明的项目范围外出具试验检测报告且使用专用标识章的	扣5分/参数					
7	JJC201007	未对设立的工地试验室及现场检测项目有效监管的	扣10分/个					
8	JJC201008	聘用重复执业的检测人员从事试验检测工作的，或所聘用的试验检测人员被评为信用差的	扣10分/人					

续上表

序号	行为代码	失信行为	扣分标准	自我评价	项目监督部门或市级质监机构评价	省级交通质监机构评价	部级质监机构复核评价	备注
9	JJC201009	报告签字人不具备资格；试验记录、报告存在代签事实的	扣2分/份，单次扣分不超过10分					
10	JJC201010	试验检测机构的变更未在规定期限内办理变更手续	扣5分/次					
11	JJC201011	评价期内，持证人员数量达不到相应等级标准要求	扣5分/试验检测师·次、扣3分/助理试验检测师·次					
12	JJC201012	评价期内，试验检测机构技术负责人、质量负责人上岗资格达不到相应等级要求	扣10分/人					
13	JJC201013	评价期内，试验检测设备配备不满足等级标准要求	必选设备扣10分/台；可选设备扣5分/台					
14	JJC201014	试验检测设备未按规定检定校准的	扣2分/台，单次扣分不超过20分					
15	JJC201015	试验检测环境达不到技术标准规定要求的	扣4分/处，单次扣分不超过20分					
16	JJC201016	试验检测记录或报告不规范，格式未做统一要求的，相关内容不完整的	扣3分/类，单次扣分不超过15分					
17	JJC201017	无故不参加质监机构组织的比对试验等能力验证活动的	扣10分/次					
18	JJC201018	存在严重失信行为，作为责任单位被部、省级交通运输及以上有关部门行政处罚的	直接确定为D级	/				
19	JJC201019	使用已过期的《等级证书》和专用标识章出具报告的	扣20分					
20	JJC201020	试验检测结论表述不正确的	扣5分/份					
21	JJC201021	试验检测记录报告使用标准不正确的	扣5分/类					
22	JJC201022	参加质监机构组织的比对试验等能力验证活动，结果为不满意的	扣5分/次					

续上表

序号	行为代码	失信行为	扣分标准	自我评价	项目监督部门或市级质监机构评价	省级交通质监机构评价	部级质监机构复核评价	备注
23	JJC201023	参加质监机构组织的比对试验等能力验证时,无故遮挡或未显示试验数据的	扣15分/次					
24	JJC201024	对各级交通运输主管部门及质监机构提出的意见整改未闭合的	扣10分/次					
		合计						
		得分	100-扣分值					最低0分

注:后一级信用评价应对前一级信用评价的失信行为进行复核。本级评价发现的其他失信行为,应累加扣分或定级。

自评人:　　　　　　　　　　　　　　　　市级质监机构(盖章)
　　　　　　　　　　　　　　　　　　　　评价人:
负责人:　　　　日　期:　　　　　　　　负责人:　　　　日　期:

省级交通质监机构:(盖章)　　　　　　　部级质监机构:(盖章)
评价人:　　　　　　　　　　　　　　　　复核人:
负责人:　　　　日　期:　　　　　　　　负责人:　　　　日　期:

附件6

_____年度工地试验室及现场检测项目信用评价表

工地试验室或现场检测项目名称						(盖章)	
授权机构							
授权机构等级		1.等级类型：		2.等级证书编号：			
工地试验室设立日期			试验检测师(人)		助理试验检测师(人)		
工地试验室或现场检测项目授权负责人		1.姓名： 3.职称：		2.持职业资格证书号： 4.联系电话：			
工地试验室或现场检测项目评价情况							
序号	行为代码	失信行为	扣分标准	自我评价	业主评价	项目质监部门或市级质监机构评价	省级交通质监机构复核评价	备注
1	JJC202001	出虚假数据报告造成质量安全事故或质量标准降低的	扣100分					
2	JJC202002	存在虚假数据和报告及其他虚假资料的	扣10分/份,单次扣分不超过30分					
3	JJC202003	聘用重复执业试验检测人员从事试验检测工作的,或所聘用的试验检测人员被评为信用差的	扣10分/人					
4	JJC202004	工地试验室或授权负责人未经母体机构有效授权	扣20分					▲
5	JJC202005	授权负责人不是母体机构派出人员或长期不在岗的	扣10分					▲
6	JJC202006	超出授权范围开展业务	扣5分/参数					▲
7	JJC202007	未按规定或合同配备相应条件的试验检测人员或擅自变更试验检测人员	扣5分/(试验检测师·次)、3分/(助理试验检测师·次)					
8	JJC202008	未按规定或合同配备满足要求的仪器设备、设备未按规定检定校准的	扣2分/台,单次扣分不超过20分					
9	JJC202009	试验检测环境达不到技术标准规定要求的	扣2分/处,单次扣分不超过10分					
10	JJC202010	报告签字人不具备资格;试验记录、报告存在代签事实的	扣2分/份,单次扣分不超过10分					

续上表

序号	行为代码	失信行为	扣分标准	自我评价	业主评价	项目质监部门或市级质监机构评价	省级交通质监机构复核评价	备注
11	JJC202011	试验检测原始记录信息及数据记录不全,结论不准确,试验检测报告不完整(含漏签、漏盖及错盖章),试验检测频率不满足规范或合同要求	扣3分/类					
12	JJC202012	未按规定上报发现的试验检测不合格事项或不合格报告	扣10分/次					
13	JJC202013	对各级监督管理部门提出的检查意见整改未闭合的或监督部门认定的监理工程师、项目业主提出的检查意见整改未闭合的	扣10分/项					
14	JJC202015	严重违反试验检测技术规程操作的	扣10分/项					
15	JJC202016	工地试验室未履行合同擅自撤离工地的	扣100分					
16	JJC202017	存在严重失信行为,作为责任单位被部、省级交通运输有关部门通报批评或行政处罚的	扣20分/次					
17	JJC202018	未按规定参加信用评价的	扣40分					
18	JJC202019	试验样品管理存在人为选择性取样、样品流转工作失控、样品保管条件不满足要求、未按规定留样等不规范行为的	扣5分/项					
19	JJC202020	试验检测档案管理不规范	扣5分/项					
		合计						
		得分	100－扣分值					最低0分

注:1. 后一级信用评价应对前一级信用评价的失信行为进行复核。本级评价发现的其他失信行为,应累加扣分或定级。
  2. ▲仅适用于工地试验室。

自评人: 业主单位(盖章)
授权负责人: 日 期: 负责人: 日 期:

市级质监机构:(盖章)   省级交通质监机构:(盖章)
评价人: 复核人:
负责人: 日 期: 负责人: 日 期:

附件 7

试验检测人员信用评价表

姓名			年龄		身份证号	
职称			职业资格证书号			
登记的试验检测机构						
工作岗位及职务						
失信行为代码	具体失信行为			扣分标准		扣分值
信用等级				合计扣分		

被评价人签名：　年　月　日

业主评价意见：

评价单位：
评价人：　年　月　日

质监机构评价意见：

质监机构：
审核人：　年　月　日

附录 12

相关系数检验表

相关系数检验表(γ_β)

$n-2$	显著性水平 β		$n-2$	显著性水平 β		$n-2$	显著性水平 β	
	0.01	0.05		0.01	0.05		0.01	0.05
1	1.000	0.997	15	0.606	0.482	29	0.456	0.355
2	0.990	0.950	16	0.590	0.468	30	0.499	0.349
3	0.959	0.878	17	0.575	0.456	35	0.418	0.325
4	0.917	0.811	18	0.561	0.444	40	0.393	0.304
5	0.847	0.754	19	0.549	0.433	45	0.372	0.288
6	0.834	0.707	20	0.537	0.423	50	0.354	0.273
7	0.798	0.666	21	0.526	0.413	60	0.325	0.250
8	0.765	0.632	22	0.515	0.404	70	0.302	0.232
9	0.735	0.602	23	0.505	0.396	80	0.283	0.217
10	0.708	0.576	24	0.496	0.388	90	0.267	0.205
11	0.684	0.553	25	0.487	0.381	100	0.254	0.195
12	0.661	0.532	26	0.478	0.374	200	0.181	0.138
13	0.641	0.514	27	0.470	0.367	300	0.148	0.133
14	0.623	0.497	28	0.463	0.361	400	0.128	0.098

附录 13

关于进一步推进检验检测机构资质认定改革工作的意见

（2019 年 10 月 24 日　市场监管总局　国市监检测〔2019〕206 号）

各省、自治区、直辖市及新疆生产建设兵团市场监管局(厅、委)：

为深入贯彻"放管服"改革要求，认真落实"证照分离"工作部署，进一步推进检验检测机构资质认定改革，创新完善检验检测市场监管体制机制，优化检验检测机构准入服务，加强事中事后监管，营造公平竞争、健康有序的检验检测市场营商环境，充分激发检验检测市场活力，现就有关事项提出如下意见。

一、主要改革措施

（一）依法界定检验检测机构资质认定范围，逐步实现资质认定范围清单管理。

1. 法律、法规未明确规定应当取得检验检测机构资质认定的，无需取得资质认定。对于仅从事科研、医学及保健、职业卫生技术评价服务、动植物检疫以及建设工程质量鉴定、房屋鉴定、消防设施维护保养检测等领域的机构，不再颁发资质认定证书。已取得资质认定证书的，有效期内不再受理相关资质认定事项申请，不再延续资质认定证书有效期。

2. 法律、行政法规对检验检测机构资质管理另有规定的，应当按照国务院有关要求实施检验检测机构资质认定，避免相同事项的重复认定、评审。

（二）试点推行告知承诺制度。

在检验检测机构资质认定工作中，对于检验检测机构能够自我承诺符合告知的法定资质认定条件，市场监管总局和省级市场监管部门通过事中事后予以核查纠正的许可事项，采取告知承诺方式实施资质认定。具体工作按照国务院有关要求和市场监管总局制定的《检验检测机构资质认定告知承诺实施办法（试行）》（见附件）实施。

市场监管总局负责的检验检测机构资质认定事项和省级市场监管部门负责的涉及本行政区域内自由贸易试验区检验检测机构资质认定事项，先行试点实施告知承诺制度。根据试点工作情况，待条件成熟后，在全国范围内推行。

（三）优化准入服务，便利机构取证。

1. 检验检测机构申请延续资质认定证书有效期时，对于上一许可周期内无违法违规行为，未列入失信名单，并且申请事项无实质变化的，市场监管总局和省级市场监管部门可以采取形式审查方式，对于符合要求的，予以延续资质认定证书有效期，无需实施现场评审。

2. 检验检测机构申请无需现场确认的机构法定代表人、最高管理者、技术负责人、授权签字人等人员变更或者无实质变化的有关标准变更时，可以自我声明符合资质认定相关要求，并向市场监管总局或者省级市场监管部门报备。

3. 对于选择一般资质认定程序的,许可时限压缩四分之一,即:15 个工作日内作出许可决定、7 个工作日内颁发资质认定证书;全面推行检验检测机构资质认定网上许可系统,逐步实现申请、许可、发证全过程电子化。

(四)整合检验检测机构资质认定证书,实现检验检测机构"一家一证"。

1. 逐步取消检验检测机构以授权名称取得的资质认定证书,以在机构实体取得的资质认定证书上背书的形式保留其授权名称;检验检测机构与其依法设立的分支机构实行统一质量体系管理的,按照机构自愿申请原则,试点推行证书"一体化"管理,资质认定证书附分支机构地点以及检验检测能力。

2. 检验检测机构具有的检验检测基本条件、技术能力、资质认定信息等相关内容统一接入对外公布的全国检验检测机构大数据平台,纳入全国检验检测服务业统计工作。

二、抓好相关落实工作

(一)加强组织领导,做好宣传培训、指导工作。

各省级市场监管部门要高度重视资质认定改革工作,积极组织做好相关改革措施的宣传、解读工作。加强相关资质认定工作人员和监管人员培训,加快完善网上许可系统、信息系统建设,确保资质认定改革工作顺利推进。

(二)坚持依法推进,切实履职到位。

各省级市场监管部门要依法推进检验检测机构资质认定相关改革措施,切实履行相关职责,充分释放改革红利。积极配合市场监管总局做好相关法律法规立法协调和修订工作,不断完善法制保障。

(三)加强事中事后监管,落实主体责任。

各省级市场监管部门要全面落实"双随机、一公开"监管要求,对社会关注度高、风险等级高、投诉举报多、暗访问题多的领域实施重点监管,加大抽查比例,严查伪造、出具虚假检验检测数据和结果等违法行为;积极运用信用监管手段,逐步完善"互联网+监管"系统,落实检验检测机构主体责任和相关产品质量连带责任;对以告知承诺方式取得资质认定的机构承诺的真实性进行重点核查,发现虚假承诺或者承诺严重不实,应当撤销相应资质认定事项,予以公布并记入其信用档案。

本意见规定的相关改革事项自 2019 年 12 月 1 日起施行。

附件

检验检测机构资质认定告知承诺实施办法(试行)

第一条 为进一步简政放权、优化检验检测市场营商环境,完善检验检测机构资质认定管理制度,提高检验检测机构资质认定审批效率,依照《国务院关于在全国推开"证照分离"改革的通知》《检验检测机构资质认定管理办法》等相关规定,制定本办法。

第二条 本办法所称的告知承诺,是指检验检测机构提出资质认定申请,国家市场监督管理总局或者省级市场监督管理部门(以下统称资质认定部门)一次性告知其所需资质认定条件和要求以及相关材料,检验检测机构以书面形式承诺其符合法定条件和技术能力要求,由资质认定部门作出资质认定决定的方式。

第三条 检验检测机构首次申请资质认定、申请延续资质认定证书有效期、增加检验检测项目、检验检测场所变更时,可以选择以告知承诺方式取得相应资质认定。特殊食品、医疗器械检验检测除外。

第四条 国家市场监督管理总局负责检验检测机构资质认定告知承诺统一管理、组织实施、后续核查监督工作。

各省级市场监督管理部门负责实施所辖区域内检验检测机构资质认定告知承诺、后续核查监督工作。

第五条 对实行检验检测机构资质认定告知承诺的事项,资质认定部门应当向申请机构告知下列内容:

(一)资质认定事项所依据的主要法律、法规、规章的名称和相关条款;
(二)检验检测机构应当具备的条件和技术能力要求;
(三)需要提交的相关材料;
(四)申请机构作出虚假承诺或者承诺内容严重不实的法律后果;
(五)资质认定部门认为应当告知的其他内容。

第六条 申请机构愿意作出承诺的,应当对下列内容作出承诺:

(一)所填写的相关信息真实、准确;
(二)已经知悉资质认定部门告知的全部内容;
(三)本机构能够符合资质认定部门告知的条件和技术能力要求,并按照规定接受后续核查;
(四)本机构能够提交资质认定部门告知的相关材料;
(五)愿意承担虚假承诺或者承诺内容严重不实所引发的相应法律责任;
(六)所作承诺是本机构的真实意思表示。

第七条 对实行检验检测机构资质认定告知承诺的事项,应当由资质认定部门提供告知承诺书。告知承诺书文本式样(见附件)由国家市场监督管理总局统一制定。

资质认定部门应当在其政务大厅或者网站上公示告知承诺书,便于检验检测机构索取或者下载。

第八条 检验检测机构可以通过登录资质认定部门网上审批系统或者现场提交加盖机构公章的告知承诺书以及符合要求的相关申请材料,资质认定部门应当自收到机构申请之日起5个工作日内作出是否受理的决定,告知承诺书和相关申请材料不齐全或者不符合法定形式的,资质认定部门应当一次性告知申请机构需要补正的全部内容。

告知承诺书一式两份,由资质认定部门和申请机构各自留档保存,鼓励申请机构主动公开告知承诺书。

第九条 申请机构在规定时间内提交的申请材料齐全、符合法定形式的,资质认定部门应当当场作出资质认定决定。

资质认定部门应当自作出资质认定决定之日起7个工作日内,向申请机构颁发资质认定证书。

第十条 资质认定部门作出资质认定决定后,应当在3个月内组织相关人员按照《检验检测机构资质认定管理办法》有关技术评审管理的规定以及评审准则的相关要求,对机构承诺内容是否属实进行现场核查,并作出相应核查判定;对于机构首次申请或者检验检测项目涉及强制性标准、技术规范的,应当及时进行现场核查。

现场核查人员应当在规定时限内出具现场核查结论,并对其承担的核查工作和核查结论的真实性、符合性负责,依法承担相应法律责任。

第十一条 对于机构作出虚假承诺或者承诺内容严重不实的,由资质认定部门依照《行政许可法》的相关规定撤销资质认定证书或者相应资质认定事项,并予以公布。

被资质认定部门依法撤销资质认定证书或者相应资质认定事项的检验检测机构,其基于本次行政许可取得的利益不受保护,对外出具的相关检验检测报告不具有证明作用,并承担因此引发的相应法律责任。

第十二条 对于检验检测机构作出虚假承诺或者承诺内容严重不实的,由资质认定部门记入其信用档案,该检验检测机构不再适用告知承诺的资质认定方式。

第十三条 以告知承诺方式取得资质认定的检验检测机构发生违法违规行为的,依照法律法规的相关规定,予以处理。

第十四条 资质认定部门工作人员在实施告知承诺工作中存在滥用职权、玩忽职守、徇私舞弊行为的,依照相关法律法规的规定,予以处理。

第十五条 对实行告知承诺的相关资质认定事项,检验检测机构不选择告知承诺方式的,资质认定部门应当依照《检验检测机构资质认定管理办法》的有关规定实施资质认定。

第十六条 本办法由国家市场监督管理总局负责解释。

第十七条 本办法自2019年12月1日起施行。

参 考 文 献

[1] 中华人民共和国计量法(1985年9月6日 中华人民共和国主席令第28号,根据2017年12月27日第十二届全国人民代表大会常务委员会第三十一次会议《全国人民代表大会常务委员会关于修改〈中华人民共和国招标投标法〉、〈中华人民共和国计量法〉的决定》修改).

[2] 中华人民共和国标准化法(1988年12月29日 中华人民共和国主席令第11号,2017年11月4日第十二届全国人民代表大会常务委员会第三十次会议修订).

[3] 中华人民共和国产品质量法(2000年7月8日 中华人民共和国主席令第33号,根据2009年8月27日第十一届全国人民代表大会常务委员会第十次会议《关于修改部分法律的决定》第二次修正).

[4] 中华人民共和国标准化法实施条例(1990年4月6日 国务院令第53号).

[5] 建设工程质量管理条例(2000年1月30日 国务院令第279号,根据2017年10月7日中华人民共和国国务院令第687号《国务院关于修改部分行政法规的决定》修订).

[6] 中华人民共和国计量法实施细则(1987年2月1日 国家计量局发布,根据2018年3月19日《国务院关于修改和废止部分行政法规的决定》第三次修正.

[7] 检验检测机构资质认定管理办法(2015年4月9日 国家质量监督检验检疫总局令第163号).

[8] 国家认监委关于印发检验检测机构资质认定配套工作程序和技术要求的通知(国认实〔2015〕50号)中未修订的有关附件.

[9] 中华人民共和国认证认可行业标准.检验检测机构资质认定能力评价 检验检测机构通用要求:RB/T 214—2017[S].北京:中国标准出版社,2017.

[10] 国家认监委关于印发检验检测机构资质认定相关配套文件的通知(国认实〔2017〕10号).

[11] 中华人民共和国认证认可行业标准.检验检测机构资质认定能力评价 评审员管理要求:RB/T 213—2017[S].北京:中国标准出版社,2017.

[12] 中华人民共和国认证认可行业标准.检验检测机构管理和技术能力评价 设施和环境通用要求:RB/T 047—2020[S].北京:中国标准出版社,2020.

[13] 中华人民共和国认证认可行业标准.建材领域检测机构技术能力评价指南:RB/T 144—2018[S].北京:中国标准出版社,2018.

[14] 中华人民共和国认证认可行业标准.实验室信息管理系统管理规范:RB/T 028—2020.

[15] 中华人民共和国认证认可行业标准.能力验证计划的选择与核查及结果利用指南:RB/T 031—2020[S].北京:中国标准出版社,2020.

[16] 交通运输部关于修改《公路水运工程试验检测管理办法》的决定(交通运输部令2019年第38号).

[17] 交通运输部关于公布《公路水运工程试验检测机构等级标准》及《公路水运工程试验检测机构等级评定及换证复核工作程序》的通知(交安监发〔2017〕113号).

[18] 交通运输部办公厅"关于公路水运工程试验检测机构等级评定工作有关事项的通知(交办安监函〔2018〕549 号).

[19] 关于进一步加强公路水运工程工地试验室管理工作的意见(2009 年 8 月 10 日 交通运输部厅质监字〔2009〕183 号).

[20] 关于印发《公路水运工程试验检测专业技术人员职业资格制度规定》和《公路水运工程试验检测专业技术人员职业资格考试实施办法》的通知(2015 年 6 月 23 日 人力资源社会保障部 交通运输部 人社部发〔2015〕59 号).

[21] 《关于印发〈公路水运工程试验检测信用评价办法〉的通知》(交安监发〔2018〕78 号).

[22] 关于印发公路水运工程试验检测人员继续教育办法(试行)的通知(2011 年 10 月 25 日 交通运输部厅质监字〔2011〕229 号).

[23] 中华人民共和国国家标准.检验检测机构诚信基本要求:GB/T 31880—2015[S].北京:中国标准出版社,2015.

[24] 中华人民共和国交通运输行业标准.公路水运工程试验检测等级管理要求:JT/T 1181—2018[S].北京:人民交通出版社股份有限公司,2018.

[25] 中华人民共和国交通运输行业标准.公路水运试验检测数据报告编制导则:JT/T 828—2019[S].北京:人民交通出版社股份有限公司,2019.

[26] 交通运输部公路科学研究院.《公路水运试验检测数据报告编制导则》释义手册[M].北京:人民交通出版社股份有限公司,2019.

[27] 关于印发工地试验室标准化建设要点的通知(2012 年 9 月 3 日 交通运输部 厅质监字〔2012〕200 号).

[28] 交通运输部工程质量监督局.公路工程工地试验室标准化指南[M].北京:人民交通出版社,2013.

[29] 关于印发《公路工程试验检测仪器设备服务手册》的通知(交办安监函〔2019〕66 号).

[30] 关于印发《水运工程试验检测仪器设备检定/校准指导手册》的通知(交办安监〔2018〕33 号).

[31] 中华人民共和国行业标准.公路工程标准体系:JTG 1001—2017[S].北京:人民交通出版社股份有限公司,2017.

[32] 关于发布《水运工程标准体系》的公告(交通运输部公告 2018 年第 34 号).

[33] 中华人民共和国行业标准.公路工程质量检验评定标准 第一册 土建工程:JTG F80/1—2017[S].北京:人民交通出版社股份有限公司,2018.

[34] 中华人民共和国国家标准.检验检测实验室技术要求验收规范:GB/T 37140—2018[S].北京:中国标准出版社,2018.

[35] 中华人民共和国行业标准.水运工程质量检验标准:JTS 257—2008[S].北京:人民交通出版社,2008.

[36] 中国合格评定国家认可委员会.CNAS-GL033:2018 建设领域典型检验检测设备计量溯源指南.

[37] 中华人民共和国国家标准.数值修约规则与极限数值的表示和判定:GB/T 8170—2008[S].北京:中国标准出版社,2008.

[38] 中华人民共和国国家标准.量和单位:GB 3100～3102—1993[S].北京:中国标准出版社,1993.

[39] 中华人民共和国国家计量技术规范.通用计量术语及定义:JJF 1001—2011[S].北京:中国质检出版社,2011.

[40] 中国合格评定国家认可委员会.CNAS-CL01-G004:2018 内部校准要求.

[41] 中国合格评定国家认可委员会.CNAS-TRL-004:2017 测量设备校准周期的确定和调整方法指南.

[42] 中华人民共和国法定计量单位(1984年2月27日 国务院发布).

[43] 中华人民共和国国家标准.合格评定能力验证的通用要求:GB/T 27043—2012[S].北京:中国标准出版社,2012.

[44] 中华人民共和国国家标准.利用实验室间比对进行能力验证的统计方法:GB/T 28043—2019[S].北京:中国标准出版社,2019.

[45] 中华人民共和国国家标准.统计学词汇及符号 第1部分:一般统计术语与用于概率的术语:GB/T 3358.1—2009[S].北京:中国标准出版社,2009.

[46] 中华人民共和国国家标准.统计学词汇及符号 第2部分:应用统计:GB/T 3358.2—2009[S].北京:中国标准出版社,2009.

[47] 中华人民共和国国家标准.数据的统计处理和解释正态样本离群值的判断和处理:GB/T 4883—2008[S].北京:中国标准出版社,2008.

[48] 中华人民共和国国家标准.检测实验室中常用不确定度评定方法与表示:GB/T 27411—2012[S].北京:中国标准出版社,2012.

附 2021年度《公共基础》科目考试大纲

第一部分 考试说明

一、考试科目

考试分为试验检测师、助理试验检测师两个级别,均设《公共基础》科目和专业科目,其中,专业科目包括《道路工程》《桥梁隧道工程》《交通工程》《水运结构与地基》和《水运材料》等5个科目。公路水运工程试验检测师和助理试验检测师两者考试科目的设置和考试范围相同,考试内容的难易程度结合实际工作的性质不同有所侧重。

二、考试题型

考试题型共有四种形式:单选题、判断题、多选题和综合题。《公共基础》科目不设综合题,试卷设置单选题40道、判断题30道、多选题25道,总计120分;专业科目每套试卷设置单选题30道、判断题30道、多选题20道、综合题5道(含25道小题),总计150分。

(一)单选题:每道题目有四个备选项,要求考生通过对题干的审查理解,从四个备选项中选出唯一的正确答案,每题1分。

(二)判断题:每道题目列出一个可能的事实,通过审题给出该事实是正确还是错误的判断,每题1分。

(三)多选题:每道题目所列备选项中,有两个或两个以上正确答案,每题2分。选项全部正确得满分,选项部分正确按比例得分,出现错误选项该题不得分。

(四)综合题:设5大题25小题,内容包括试验检测原理、试验操作、案例分析及计算题等。每小题有四个备选项,要求考生从中选出一个或一个以上正确答案,每小题2分,选项部分正确按比例得分,出现错误选项该题不得分。其中,《桥梁隧道工程》《交通工程》科目设有选答题。

三、考试时间

《公共基础》科目考试时间为120分钟;专业科目考试时间为150分钟。

四、参考教材

交通运输部职业资格中心组织专家编写了公路水运工程试验检测专业技术人员职业资格考试用书,供广大考生复习备考。特别强调,考试用书中的内容和现行有效的国家法律法规、标准规范相对应的内容不一致时,应以现行有效的国家法律法规、标准规范的内容为准。

第二部分 《公共基础》考试大纲

★ 试验检测师

【考试目的】

本科目考试主要检验应考人员对公路水运工程试验检测工作中所涉及的法律、法规、规章及规范性文件,试验检测管理及技术要求,试验检测基础相关知识等掌握情况,以及在试验检测工作中熟练灵活应用这些知识的能力。

【考试内容】

一、法律、法规、规章及规范性文件

(一)相关法律:《中华人民共和国计量法》、《中华人民共和国计量法实施细则》、《中华人民共和国标准化法》、《中华人民共和国产品质量法》;

(二)相关法规:《中华人民共和国认证认可条例》、《建设工程质量管理条例》;

(三)相关规章及规范性文件:现行《检验检测机构资质认定管理办法》、《强制性国家标准管理办法》(国家市场监督管理总局令第 25 号)、《国家认监委关于实施〈检验检测机构资质认定管理办法〉的若干意见》、《关于印发检验检测机构资质认定配套工作程序和技术要求的通知》(国认实〔2015〕50 号)中继续有效的有关附件、《关于印发检验检测机构资质认定相关配套文件的通知》(国认实〔2017〕10 号);《关于修改〈公路水运工程试验检测管理办法〉的决定》(交通运输部令 2019 年第 38 号)、《关于印发〈公路水运工程试验检测信用评价办法〉的通知》(交安监发〔2018〕78 号);《关于公布〈公路水运工程试验检测机构等级标准〉及〈公路水运工程试验检测机构等级评定及换证复核工作程序〉的通知》(交安监发〔2017〕113 号)、《关于做好当前公路水运工程试验检测工程有关事项的通知》(交办安监函〔2017〕1124 号)、《关于公路水运工程试验检测机构等级评定工作有关事项的通知》(交办安监函〔2018〕549 号);《关于印发工地试验室标准化建设要点的通知》(厅质监字〔2012〕200 号);《关于印发〈公路水运工程试验检测专业技术人员职业资格制度规定〉和〈公路水运工程试验检测专业技术人员职业资格考试实施办法〉的通知》(人社部发〔2015〕59 号)、《公路水运工程试验检测人员继续教育办法(试行)》(厅质监字〔2011〕229 号);《关于印发〈公路工程试验检测仪器设备服务手册〉的通知》(交办安监函〔2019〕66 号)、《水运工程试验检测仪器设备检定/校准指导手册》(交办安监〔2018〕33 号)、《交通运输部关于印发〈交通运输标准化体系〉的通知》(交科技发〔2017〕48 号)、《关于进一步推进检验检测机构资质认定改革工作的意见》(国市监检测〔2019〕206 号)、《交通强国建设纲要》、《交通运输部 应急管理部关于公布〈公路水运工程淘汰危及生产安全施工工艺、设备和材料目录〉的公告》(2020 年第 89 号)。

二、试验检测管理及技术要求

（一）《检测和校准实验室能力的通用要求》（GB/T 27025—2019/ISO/IEC 17025：2017）的相关内容；

（二）《检验检测机构资质认定能力评价　检验检测机构通用要求》（RB/T 214—2017）的相关内容；

（三）《检验检测机构资质认定能力评价　评审员管理要求》（RB/T 213—2017）的相关内容；

（四）《检验检测机构管理和技术能力评价　设施和环境通用要求》（RB/T 047—2020）的相关内容；

（五）《建材领域检测机构技术能力评价指南》（RB/T 144—2018）的相关内容；

（六）《实验室信息管理系统管理规范》（RB/T 028—2020）的相关内容；

（七）《能力验证计划的选择与核查及结果利用指南》（RB/T 031—2020）；

（八）《公路水运工程试验检测等级管理要求》（JT/T 1181—2018）的相关内容；

（九）《检验检测机构诚信基本要求》（GB/T 31880—2015）的相关内容；

（十）《检验检测实验室技术要求验收规范》（GB/T 37140—2018）的相关内容；

（十一）《公路水运试验检测数据报告编制导则》（JT/T 828—2019）和《公路水运试验检测数据报告编制导则》释义手册的相关内容。

三、试验检测基础相关知识

（一）试验检测常用技术术语；

（二）我国计量管理体系、法定计量单位及国际单位制的相关规定；

（三）数值修约方法及修约规则的运用；

（四）极限数值的表示和判定；

（五）误差分析理论及测量误差计算方法；

（六）测量不确定度理论、测量不确定度的评定及应用；

（七）能力验证相关知识、能力验证结果的统计处理和能力评价；

（八）概率相关知识；

（九）数理统计相关知识；

（十）常用数理统计工具及应用；

（十一）抽样技术及其应用；

（十二）仪器设备计量溯源相关知识、计量结果的确认及运用；

（十三）《公路工程质量检验评定标准　第一册　土建工程》（JTG F80/1—2017）中"基本规定"和《水运工程质量检验评定标准》（JTS 257—2008）中"统一规定"的主要内容；

（十四）《公路工程标准体系》（JTG 1001—2017）和《关于发布〈水运工程标准体系〉的公告》（交通运输部公告2018年第34号）的相关知识；

（十五）公路水运工程试验检测安全管理、环境保护及职业卫生等方面的相关知识。

★ 助理试验检测师

【考试目的】

本科目考试主要检验应考人员对公路水运工程试验检测工作中所涉及的法律、法规、规章及规范性文件,试验检测管理及技术基本要求,试验检测基础相关知识等掌握情况,以及在试验检测工作中应用这些知识的基本能力。

【考试内容】

一、法律、法规、规章及规范性文件

(一)相关法律:《中华人民共和国计量法》;

(二)相关法规:《建设工程质量管理条例》;

(三)相关规章及规范性文件:现行《检验检测机构资质认定管理办法》;《关于修改〈公路水运工程试验检测管理办法〉的决定》(交通运输部令 2019 年第 38 号)、《关于印发〈公路水运工程试验检测信用评价办法〉的通知》(交安监发〔2018〕78 号);《关于公布〈公路水运工程试验检测机构等级标准〉及〈公路水运工程试验检测机构等级评定及换证复核工作程序〉的通知》(交安监发〔2017〕113 号);《关于印发工地试验室标准化建设要点的通知》(厅质监字〔2012〕200 号);《关于印发〈公路水运工程试验检测专业技术人员职业资格制度规定〉和〈公路水运工程试验检测专业技术人员职业资格考试实施办法〉的通知》(人社部发〔2015〕59 号)、《公路水运工程试验检测人员继续教育办法(试行)》(厅质监字〔2011〕229 号);《关于印发〈公路工程试验检测仪器设备服务手册〉的通知》(交办安监函〔2019〕66 号)、《水运工程试验检测仪器设备检定/校准指导手册》(交办安监〔2018〕33 号)、《交通运输部 应急管理部关于公布〈公路水运工程淘汰危及生产安全施工工艺、设备和材料目录〉的公告》(2020 年第 89 号)。

二、试验检测管理及技术要求

(一)《检验检测机构资质认定能力评价 检验检测机构通用要求》(RB/T 214—2017)的相关内容;

(二)《检验检测机构管理和技术能力评价 设施和环境通用要求》(RB/T 047—2020)的相关内容;

(三)《建材领域检测机构技术能力评价指南》(RB/T 144—2018)的相关内容;

(四)《公路水运工程试验检测等级管理要求》(JT/T 1181—2018)中等级标准应用说明、等级评定及换证复核工作程序应用说明及检测机构运行通用要求的相关内容;

(五)《检验检测机构诚信基本要求》(GB/T 31880—2015)的相关内容;

(六)《公路水运试验检测数据报告编制导则》(JT/T 828—2019)的相关内容。

三、试验检测基础相关知识

(一)试验检测常用技术术语;

(二)我国法定计量单位;

(三)数字修约规则;

(四)测量误差计算;

(五)测量不确定度理论、测量不确定度的分类;

(六)能力验证结果评价;

(七)抽样技术及其应用;

(八)常用数理统计工具种类及其应用;

(九)《公路工程质量检验评定标准 第一册 土建工程》(JTG F80/1—2017)中"基本规定"和《水运工程质量检验标准》(JTS 257—2008)中"统一规定"的主要内容;

(十)《公路工程标准体系》(JTG 1001—2017)和《关于发布〈水运工程标准体系〉的公告》(交通运输部公告2018年第34号)的相关知识;

(十一)仪器检定校准结果的使用。